普通高校经济管理类应用型本科系列规划教材

安徽财经大学规划教材

公司经济学

主 编/任志安
副主编/高莉莉　廖信林　李勇刚
　　　　胡　联
编 委/任志安　刘　巍　张　俊
　　　　周泽炯　汤新云　胡　联
　　　　廖信林　高莉莉　汪增洋
　　　　黄敦平　李勇刚

中国科学技术大学出版社

内 容 简 介

本书主要遵循公司经济分析的基本方法，运用经济学和管理学交叉理论，对公司运营的全流程进行分析，较系统地探讨了公司运营的基本规律和运营法则。全书共12章，包括引论、公司的历史沿革、公司选址、现代公司产权制度、公司投融资与资本配置、公司经营策略、公司价值链、公司治理与激励机制、公司合作与竞争战略、公司兼并与收购、公司国际化经营、企业生命周期。

本书注重内容安排的延展性、编写方式的系统性以及语言文字的易懂性，可用于经济管理类专业本科生和研究生教学，也可用于公司经理人员培训，还可供公司内从业者自学。

图书在版编目(CIP)数据

公司经济学/任志安主编. —合肥：中国科学技术大学出版社，2019.1(2023.1重印)
ISBN 978-7-312-04465-6

Ⅰ.公⋯ Ⅱ.任⋯ Ⅲ.公司—企业经济 Ⅳ.F276.6

中国版本图书馆 CIP 数据核字(2019)第 007372 号

出版	中国科学技术大学出版社
	安徽省合肥市金寨路96号，230026
	http://press.ustc.edu.cn
	http://zgkxjsdxcbs.tmall.com
印刷	合肥市宏基印刷有限公司
发行	中国科学技术大学出版社
经销	全国新华书店
开本	787 mm×1092 mm 1/16
印张	20.25
字数	518千
版次	2019年1月第1版
印次	2023年1月第2次印刷
定价	49.80元

前　言

市场经济的快速发展，使作为经济主体的公司在发展迅速的同时也面临着诸多经济属性方面的问题。因此，从经济学的角度更理性地认识公司经营活动的规律和揭示公司经营管理的规律，就成为研究者们的一个非常重要的任务。同时，为了满足市场对公司经营管理人才的素质要求，以及培养出适合我国公司发展需要的经济管理人才，我们力图将经济学与管理学有机结合，直面当前公司发展所遇到的经济问题，并结合我国公司的实际情况，在借鉴前人研究成果的基础上编写尽量适合我国国情的公司经济学教材。

公司经济学是一门新兴的学科，在我国的研究起步相对较晚。公司经济学是经济学和企业（工商）管理相关专业的综合基础课程，它属于应用经济学范畴。公司经济学是从经济性角度来研究公司运行规律的，是对公司运行过程中的各种经济关系的描述。它以经济理论为基础，通过一定的决策方法和分析工具，帮助管理者进行决策，以完成公司优化资源配置的目标。公司经济学作为一门应用经济学，一是为公司管理决策实践提供经济分析的基本思路和逻辑框架；二是使学生了解公司在市场经济体系中的地位，以及公司的运作流程和运作机制，使公司决策能够适应市场发展。

现有的公司经济学教材非常少，而且已有的教材中对于公司的经营决策以及发展趋势的叙述都过于狭隘，显然已经不能满足当前的需要。公司经济学不同于管理经济学和企业管理学，它是研究公司运行、发展的客观规律的。管理经济学的研究对象着重于企业微观经济活动，而企业管理学研究的对象是企业生产经营过程中的管理活动。现与公司经济学相关的课程有"公司金融学""公司治理""跨国公司"等，而已出版的这些课程的教材仅仅着重于对公司的某一方面进行研究，公司经济学涵盖的内容则非常广泛。公司经济学课程对于培养经济管理类专业学生的经济学思维，将经济学理论应用于公司决策实践，指导公司优化资源配置具有重要的意义。公司经济学教材同样为经济学类其他的学科提供理论基础。

相比已有的公司经济学教材，本教材新添加了现代公司的产权制度、公司投融资与资本的配置、公司经营策略、公司价值链、公司的合作战略、公司的兼并与收购、公司国际化经营以及企业的生命周期等内容。同时，本书还充分吸收了微观经济学、管理学、制度经济学、产业经济学等相关方面的研究成果。此外，本书建立在现有的学术研究基础上，反映公司经济学的多学科本质并关注实践性，对现代的公司经营全过程活动提出了新的依据。本书的结构和章次安排围绕公司的经营活动展开,共分为12章。第一章为引论。本部分从公司经济学的多种定义入手,对公司经济学的形成、发展以及其对我国的影响进行概述,并将公司经济学与管理经济学、企业管理学进行区别比较。第二章介绍公司的历史沿革。这部分从回顾公司的起源与演变开始,以公司的发展为理论基础,论述现代公司的发展趋势以及当前我国公司的产生与发展。第三章探讨了公司的选址。内容涉及公司选址的影响因素、常用方法以及服务业与制造业在选址上的差异。第四章阐述了现代公司产权制度。本部分采用比较法,对产权与产权制度进行了描述,具体介绍了公司产权制度的相关内容。第五章介绍了公司投融资与资本配置。本部分对公司投资与融资方法、规模、管理体制以及如何相互协调进行了具体介绍。另外,对于资本结构的最优确定以及公司的经营效率进行了相关分析。第六章重点研究公司如何良好地运行公司经营策略。本部分从生产要素开始分析,以定价理论为基础,论述公司经营风险与财务管理,以及公司在风险和不确定性下的营销策略。第七章介绍了公司价值链。本部分对公司价值链的内涵、特性、内容与分析方法等分别进行了描述。第八章阐述了公司治理与激励机制。本部分从公司治理定义入手,论述公司治理的内部框架以及如何灵活处理公司治理问题等。第九章探讨了公司的合作与竞争战略。本部分除了借鉴管理经济学中的竞争战略,还新增加了合作战略,以适应现代合作共赢的发展模式。第十章从公司的兼并与收购进行展开,对于并购的特征、动因、类型进行描述性分析,再结合具体的实证对并购效应进行分析,提出如何应对恶意收购策略。第十一章从国际角度阐述了公司的经营,对企业国际化经营理论、动因与模式进行了描述,同时对跨国公司的经营与管理进行了案例分析。第十二章对公司的生命周期进行了概述,具体描述公司在各个发展阶段的特征以及公司自身定位和战略选择。综上所述,本书既是面向在校经济管理类的本科学生、MBA硕士研究生以及致力于企业管理工作人士的经典教材,又是面向实践管理者的案头读本。

"读书忌迟,写书忌早。"本书是编者结合自己近年来公司经济学的研究成果,把握我国公司经济学发展的最新动态,立足于我国教材改革的实际编写而成的。本书具有以下特点:

第一,内容选取上突出应用性。一方面,本书拓宽了公司经济学的研究框架,吸收了大量战略管理学、制度经济学、产业经济学等方面的知识,丰富了公司经济学研究的内涵。另一方面,本书甄选了大量的经典案例作为公司经济理论的有益补充,强调理论与实践相结合,注重用案例说明公司经济理论的实际运用。

第二,内容新颖,具有前瞻性。我们努力将公司经济学理论研究的新成果、全球关注的公司治理问题、公司的兼并与收购策略以及跨国公司的先进经验和理论总结等反映在本书中。在现有的理论基础上,把握当前公司经济学的最新动向,对于广大读者,尤其是那些有志于在此领域深入学习的人来说,具有重要的价值。

第三,编写体例上强调系统性。本书的编写体例注重系统性,在每章内容之前设有"本章要点"和"引导案例",章后有"知识点"和"习题",书中同时穿插的有与学习内容相关的案例和延伸阅读的专栏,帮助学生直观地理解知识和系统地掌握知识、运用知识。

第四,在语言文字上注重易懂性。本书涉及的主要是公司经济学的基本理论,没有特别难的问题,对数学的要求比较低,语言文字运用上注重通俗易懂、深入浅出。

本书内容安排的延展性、编写方式的系统性以及语言文字运用的易懂性决定本教材适用的广泛性。它既可以用于本科和研究生教学,也可以用于公司经营人员的培训,还可以用于公司内从业者自学。

本书是"公司经济学"安徽省教学团队、安徽省名师工作室以及安徽财经大学教学团队建设的重要成果之一,由团队负责人任志安教授及其团队成员共同编写,并被立项为安徽财经大学校级规划教材(项目编号:acghjc201802)。其中第一章、第三章由任志安教授编写,第二章由刘巍博士编写,第四章由张俊教授编写,第五章由周泽炯教授编写,第六章由汤新云博士编写,第七章由胡联副教授编写,第八章由廖信林副教授编写,第九章由高莉莉副教授编写,第十章由汪增洋副教授编写,第十一章由黄敦平博士编写,第十二章由李勇刚副教授编写。全书由任志安教授统稿、修改。同时2016级理论经济学学术型硕士研究生贺雪莹、李敬、符田凤、肖传友、施春红也参与相关内容的编写和校对。

在本书的撰写过程中,编者参考和引用了众多学者的文献、教材和著作,也参阅了大量的案例、新闻报道和专家评论,已在最后部分列出了相关的参考文献,书中也尽可能地对一些引用材料的出处作了说明,但可能还会有遗漏,在此一并对这些参考资料的作者表示衷心的感谢。

尽管我们很努力,付出了很多时间和精力,但是由于水平有限,书中难免有错误和不当之处,热忱欢迎广大读者批评指正,让本书有精益求精的机会,再版时能得以完善。

任志安
2018年11月8日

目 录

前言 ·· (i)

第一章 引论 ·· (1)
  第一节 公司经济学简介 ··· (3)
  第二节 公司经济学的重要性 ·· (7)
  第三节 公司经济学与管理经济学、企业管理学的联系与区别 ········ (10)

第二章 公司的历史沿革 ··· (13)
  第一节 公司的起源 ·· (14)
  第二节 公司的发展 ·· (19)
  第三节 现代公司的发展历程 ·· (22)

第三章 公司选址 ·· (31)
  第一节 公司选址的基本问题及其重要性 ······························· (32)
  第二节 公司选址的影响因素 ·· (36)
  第三节 公司选址的常用方法 ·· (39)
  第四节 服务业与制造业公司在选址上的差异 ······················· (44)

第四章 现代公司产权制度 ··· (49)
  第一节 产权与公司产权 ··· (50)
  第二节 现代公司产权制度的基本内容 ·································· (56)
  第三节 现代公司产权运行的市场化和法制化 ······················· (64)
  第四节 产权市场交易的对象和形式 ····································· (68)
  第五节 我国国有企业产权制度改革分析 ······························ (71)

第五章 公司投融资与资本配置 ·· (77)
  第一节 公司投资与融资方式 ·· (77)
  第二节 投资与融资的协调 ·· (80)
  第三节 投资和融资规模分析 ·· (82)
  第四节 投资和融资管理体制 ·· (89)
  第五节 融资与资本结构的形成 ··· (92)
  第六节 资本结构与公司经营效率 ··· (100)
  第七节 资本成本与最优资本结构的确定 ······························ (105)
  第八节 我国国有企业中的资本结构问题分析 ······················· (110)

第六章　公司经营策略 …… (119)

- 第一节　生产与成本决策 …… (120)
- 第二节　定价理论与实践 …… (125)
- 第三节　公司经营风险与财务管理分析 …… (130)
- 第四节　公司信息化管理策略 …… (133)
- 第五节　在风险和不确定下的营销策略 …… (135)
- 第六节　公司利润分配 …… (141)

第七章　公司价值链 …… (145)

- 第一节　价值链的思想内涵及其特性 …… (146)
- 第二节　价值链的内容及分析方法 …… (149)
- 第三节　价值链分析在竞争中的应用 …… (152)
- 第四节　不同公司的价值链分析 …… (157)

第八章　公司治理与激励机制 …… (166)

- 第一节　效率与激励 …… (167)
- 第二节　公司治理概述 …… (177)
- 第三节　公司治理的内部架构 …… (179)
- 第四节　信息不对称与人力资源管理 …… (185)
- 第五节　公司治理的应用与拓展 …… (190)
- 第六节　我国国有企业制度改革 …… (198)

第九章　公司合作与竞争战略 …… (205)

- 第一节　博弈论初步 …… (206)
- 第二节　公司合作 …… (214)
- 第三节　公司竞争 …… (228)
- 第四节　竞争分析与战略选择 …… (237)

第十章　公司兼并与收购 …… (244)

- 第一节　并购的特性与动因 …… (245)
- 第二节　并购的类型 …… (246)
- 第三节　并购的风险分析 …… (246)
- 第四节　并购效应及其实证研究 …… (252)
- 第五节　公司跨国并购 …… (256)
- 第六节　法律与监管 …… (257)

第十一章　公司国际化经营 …… (260)

- 第一节　公司国际化的动因与模式 …… (261)
- 第二节　跨国公司的经营与管理 …… (270)
- 第三节　国际市场进入方式 …… (285)

第十二章　企业生命周期理论 ……………………………………………………（297）
　第一节　企业生命周期理论概述 ……………………………………………（298）
　第二节　不同生命周期阶段企业的发展特征 ………………………………（300）
　第三节　不同生命周期阶段企业的战略选择 ………………………………（306）
　第四节　企业生命周期理论的应用 …………………………………………（310）

参考文献 ………………………………………………………………………（313）

第一章 引 论

公司经济学是经济学和企业(工商)管理相关专业的综合基础课程,它属于经济学和管理学交叉范畴的理论。本书的理论体系主要运用经济分析和管理分析综合方法,遵循公司运营基本逻辑,针对公司运营全过程中的主要问题进行系统阐述。同时本书还包含较多经验研究内容,且这些经验研究较多是以中国的公司现实问题为研究对象的,也是近年来学术界科研成果的最新反映。本章作为本书的开篇之章,主要介绍了公司经济学的概念和重要性,并对其与管理经济学、企业管理学的联系和区别进行了详细论述。

一个成功企业家的难题

一、企业概况

1983年,在江南某省的一个小镇上,刘月自行筹资13.5万元兴办的第一家乡镇工业企业——伟业铜带厂正式诞生。

到1998年,该厂已发展成为一个拥有16亿元资产、9家境内独资或控股子公司、4家境外独资公司的大型综合性铜冶炼加工的企业集团——伟业集团。

从20世纪80年代中期开始,该企业依托机制上的优势,铜加工行业上演了乡镇企业大战国有大型铜加工企业的"灵猴斗大象"的精彩一幕。90年代以后,大型国有铜加工企业已经日趋衰落,困难重重,几乎全面亏损。而乡镇、合资企业则成为行业龙头,一派兴旺。

伟业集团投资2亿元将中原铜加工厂的一条板带连铸连轧生产线购入,在生产线购入后3个月内就生产出第一批优质铍青铜带,并直接出口美国,效益十分可观。企业经营状况良好,前景一片光明,此时公司正在实施低成本扩张战略,已成功地兼并了几家关联企业,按计划将在5年内成为中国铜业的霸主。

但是不可思议的是一个拥有16亿元资产的大型企业集团的高层决策者们竟然没有一个受过正规的高等教育,该企业面临的可能是中国当代企业所遇到的典型难题。

二、企业管理概况

伟业集团是先有一个核心企业,再由"核"扩散发展起来的,产权纽带紧密,实际上属于一种较典型的母子控股公司模式。集团公司对下属子公司的经营战略、重大投资决策和人事任免均有绝对控制权。刘月既是集团公司董事长兼总经理,又是二级控股(独资)公司董事长、法人代表。集团公司总部管理班子十分精干,总共不到80人。新老"三会"在职能上实际是交叉互兼的:党委会、工会与职代会的主要领导是监事会的主要成员。集团董事会是最高权力和决策机构,由集团正副总和二级公司总经理组成的理事会实质上是协商和执行机构,无决策权。这是一种较典型的中小型企业集团的管理模式。

在职能部门设置方面,实际上只有董事会办公室是实体,其职能并未与董事会的需求相吻合。理事会的"一办四部"是到1998年才设立的,职能也未明确界定。从人员配置上看,各部部长都是由对应的主管副总兼任,形式上是直线职能模式,实质上是职能式组织模式,即职能部门除了能实际协助所在层级的领导人工作外,还有权在自己的职能范围内向下层人员下达指令。这种模式运行起来可能会不利于集中统一指挥,各副总之间协调工作量大,主要负责人易陷入事务之中,不利于责任制的建立和健全。公司组织机构变动频繁,高层管理人员的职位更迭更是像走马灯,许多高层经理都弄不清公司现在的组织结构。

三、面临的困惑

一是集权分权问题。当高级人事顾问杨教授听说公司采购员差旅费报销也要董事长亲自签字时,不禁惊讶地问:"其他副总和部门负责人怎么不分忧?不分权怎么能经营这种大型企业?"刘月敏感地解释道:"我也懂得要分权,而且曾坚决奉行'用人不疑'的原则,可是教训太大了。曾经因放权,贸易公司经理用假提单卷走了980万元人民币,至今没有下落。我只得集权,工作不到2年,实在不行,只好再度放权,没想到总经理携款1500万元跑到国外去了,他还是我的亲戚,公司的创业元老。我只好再次集权,如今是董事长、总经理一肩挑,每天上午8:00—10:00就成了专门审批资金报告的时间。我知道这不是长久之计,但现在实在不知道该相信谁了。该怎么办?到底人家外国人是怎么分权的?请杨教授帮助筹划。"

二是决策风险问题。公司越做越大,大小决策都集中在刘月身上。刘月诚恳地说:"过去我拍板下去,涉及的资金少的只有几十元,多的也就几万、几十万元,现在任何决策动辄就是几千万、上亿元,弄不好就是全军覆没。我心里没底,但也得硬着头皮拍板,怎么会不紧张惧怕呢?我表面故作轻松,其实心理压力太大了。才四十岁,头发几乎全白了。"

三是控制问题。在深入的交谈中,刘月向杨教授袒露了心迹:外面的人总以为他在公司里是绝对权威,甚至耀武扬威、随心所欲。其实他自己觉得要控制这家公司是越来越困难了。过去,他给员工发一个小红包,拜个年什么的,就会得到员工真诚努力的回报。近年来,员工们的心理似乎在悄悄地变化,过去最亲密的战友都和他疏远了,表面上工作很努力,实际上大多是在应付他。他给他们的工资一加再加,现在高层经理年薪已达10万~15万元,还每人配备了专车、司机和秘书,但他们就是怪怪的,提不起劲。现在公款消费和大手大脚浪费的现象也开始在公司蔓延,原有民营企业的优势正在逐步消失,两起携款外逃事件似乎是必然的,而且以后还可能发生类似事情。他感觉到公司在全面地腐化堕落。更糟的是,他控制不了局面,在这个庞大的公司面前竟显得那么虚弱和无能为力。他对前景感到害怕……

伟业集团在企业管理中存在哪些问题?如果你是董事长的话会如何解决?在学习本书后,你对该企业管理中面临的问题有什么建议?

资料来源:http://www.doc88.com/p-6791164149420.html. (本文引用时有删减。)

第一节 公司经济学简介

公司经济学是经济学和管理学相关专业课程中的综合基础课程,它属于应用经济学和企业管理学交叉学科的理论范畴。

一、公司与企业的区别和联系

(一)"公司"的概念及分类

公司是指依公司法组织、登记而成立,以营利为目的的法人组织。公司按股东对公司债权人所负的责任分为无限公司、有限公司、两合公司、股份公司等。我国《公司法》指出,公司是指依照该法在中国境内设立的有限责任公司和股份有限公司。公司的具体特征主要包括以下几个方面:

(1) 必须依法设立。即按照《公司法》所规定的条件、方式和程序设立。

(2) 以营利为目的。《公司法》规定,公司"以提高经济效益、劳动生产率和实现资产保值增值为目的"。这是公司区别于其他法人组织的一个显著特征。

(3) 必须具备法人资格。《公司法》规定,有限责任公司和股份有限公司是企业法人。这说明公司属于企业范畴。

(二)"企业"的概念及分类

1. "企业"的一般概念

"企业"是现代社会的经济主体,是社会政治、经济和文化生活的基本单位。企业不仅是社会财富的创造者,也是社会财产的消费者;不仅是生产经营活动的执行者,也是社会政治、文化生产的组织者和参与者。

2. 经济学的"企业"概念

企业是集经济的、技术的、社会的、生态环境的目标于一体的,以不断满足社会需求为己任的,具有自主决策、自我承担风险特点的基本经济单位。

按照企业财产组织方式的不同,企业在法律上又可以分为三种类型:

第一种是独资企业,即由单个主体出资兴办、经营、管理、收益和承担风险的企业;

第二种是合伙企业,即由两个或者两个以上的出资人共同出资兴办、经营、管理、收益和承担风险的企业;

第三种是公司企业,即依照《公司法》设立的企业。

(三) 公司与企业的区别

1. 成立的基础不同

公司以章程为基础而成立,而合伙企业是以合伙协议为基础而成立的,当然,合伙协议的约定不能对抗善意第三人。

2. 当事人之间的关系不同

公司,特别是股份有限公司,股东之间是典型的资合关系,虽然有限责任公司具有一点人合性,但由于有限责任制度的存在,资合的色彩更重。合伙企业的合伙人之间就是靠人合关系成立的,具体来说,就是靠人与人之间的信任基础成立的,所以合伙人之间依附性关系比较强,对信用度要求比较高。

3. 主体地位不同

公司是法人企业,它能够以自己的财产对外独立承担民事责任,合伙企业不具有法人资格,所以它不能对外以企业的财产独立承担民事责任。合伙企业的财产不够偿还债务时,还要靠合伙人的个人财产来偿还。

4. 承担责任的方式不同

公司的股东都是承担有限责任,而企业合伙人承担的是无限连带清偿责任。

5. 规模大小不同

合伙企业一般规模都比较小,因为它靠人的信用基础来成立,其规模不可能太大。而公司特别是股份有限公司,规模会很大,股东人数众多。当然,有些合伙企业的规模也会比较大,但一般的合伙企业的规模都小于公司。

6. 出资方式不同

合伙企业的合伙人可以用劳务出资,而公司的股东却不行。

7. 注册资本的要求不同

设立合伙企业没有最低注册资本限额的规定,而设立公司却有注册资本最低限额的规定,有限责任公司的法定最低注册资本额为10万～50万元,股份有限公司法定的最低注册资本额是1000万元。

(四) 公司与企业的联系

由上可知,公司是企业的一种形式,因此,它属于企业的范畴。反之,企业不一定是公司,企业是一个大概念,除了公司外,还包含独资企业和合伙企业。不过就其从事营利性目的的活动来看,公司和企业并无本质区别。因此,本书中企业和公司也是交替使用的。

二、公司经济学的形成与发展

公司经济学属于应用经济学和管理学交叉学科的范畴,是从经济性角度来研究公司运行规律的科学,是对公司运行过程中的各种经济关系的描述。公司经济学是在20世纪60年代发展起来的,并于70年代在西方管理教学中开始盛行。公司经济学在我国的引入开始于80年代。随着我国改革开放的深入,社会主义市场经济体制的确立,以及国有企业的改革,需要结合我国的实际情况,研究公司的经营目标、环境、活动、行为、效果等问题,在借鉴的基础上逐步形成适合我国实际的公司经济学。

(一) 公司经济学的定义与研究范畴

公司经济学,类似于管理经济学(Managerial Economics)、企业经济学(Economics of Enterprise)、商业经济学(Business Economics)。实际上,许多差别都是语义上的,真正理解这门学科还在于认识其本身的内容、方法,它在领域中的地位,以及它和其他学科(包括传统的经济学)的联系与区别。

一般地说,公司经济学属于应用经济学科的范畴。对于什么是公司经济学,目前有各种各样的定义和解释。此处引用国外有关管理经济学及相关称呼的定义,以便本书更好地对公司经济学进行定义。

● 迈格根(J. R. Megulgan)和莫耶(R. C. Moyer)认为:"管理经济学是经济学的一个应用分支。其主旨是提供分析和解决对厂商和社会有重要经济影响的问题所必不可少的理论和工具。""管理经济学与私人经济部门、公共经济部门和非营利经济部门的企业管理者所做的资源分配决策相关。管理经济学家追求以最有效的方式实现组织的目标,同时考虑实现目标所遇到的各种显性的和隐性的约束条件。此外，管理的效率宗旨为在所有公司中进行资源分配决策提供了一个共同基础。"我国学术界有人认为，管理经济学是一门研究如何把传统经济的理论和经济分析方法应用于公司管理决策实践的学科。也有人认为，公司经济学是有关公司经营管理决策的经济理论，即用经济理论来解释和分析有关公司经营管理决策的技术和环境。公司经济学侧重于经济理论中与公司管理决策有最直接关系的那些部分。因此，他们认为，从这一意义上说，公司经济学可以说是传统经济学与企业管理决策两者之间的一座桥梁。公司经济学在公司管理决策中的作用如图1.1所示，它表示了上述管理经济学与经济理论、经济分析方法之间的关系及其解决公司经营管理的典型问题和现实问题中的桥梁作用。

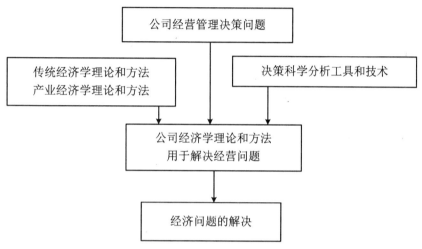

图1.1 公司经济学在公司经营管理决策中的作用

● 奥地利经济学家米歇尔·霍夫曼（M. Hofmann）认为，公司经济中的"经济"是一个团体构成的概念，即"由人组成的团体中的成员的相互服务性"。经济性就是在经济过程中运用经济要素的收益，包括：① 生产率，即投入劳动这一生产要素的"经济性"，它是产量与所需劳动力之间的比例；② 营利性，即投入资本这一生产要素的"经济性"，它是资本的投入与营利之间的比例。此处的经济性，即作为企业行为合理性原则的狭义上的经济性，其宗旨是，按照最大或最佳原则，利用给定的资源尽可能达到最大的效率，或根据最小或节省原则，为了达到某一特定效率而投入尽量少的资源。这也就是我们今天普遍理解的"经济行为"的概念。霍夫曼对公司经济中"经济"的解释是：个人通常不会单独完成任务，而是在公司组织形式中，以个人与公司之间的相互服务方式，为满足第三者的需要而进行劳动。在这样的劳动中，目的性和自我目的性两个因素不可分割地融合在一起。通常是，在公司内有组织的相互性服务劳动中，在运用资源达到目的的过程中保持一种生产率经济性和营利性的行为方式。

根据上述分析，我们认为，公司经济学是从经济性角度来研究公司的运行规律的，是对公司运行过程中的各种经济关系的描述。公司经济学对公司的选址以及公司资本的投资和配置起到决定性的作用，同时为公司的经营策略和治理提供理论基础，是我国一门新兴的经济学科。

（二）公司经济学的形成和发展

伴随公司迅速发展的是公司经济理论的研究。然而，与古老的经济理论相比，公司经济理论的研究可以说是姗姗来迟。至20世纪30年代，几乎没有经济学家对公司的起源、本质及成长进行论述。公司经济学的形成与发展可以分为以下三个时期：

1. 19世纪末20世纪初是公司经济学的创建时期

公司经济学作为一门学科在欧洲等国家发展得较为成熟，在中国的发展起步较晚。公司经济学的发展可以说是由如何作为商人的科学——商业学发展而来的。1675年，法国人萨瓦里(J. Svaary)写出有关商业交易知识的一本书——《完全的商人》，流行于欧洲。而后，法国人路德维希(C. G. Ludovici)根据萨瓦里的著作写了《商人的入门知识》(也有人将书名译作《完全的商人的百科全书》)，试图取代萨瓦里的实践体系，建立起商业学的理论基础。第一次产业革命的发生使商业逐渐退居次要的地位。由于工厂制度的兴起，商业科学在19世纪衰落。由于政府管理的需要，出现了营利经济学，后来逐渐发展成为国民经济学，并与商业经营学结合在一起。为了使商业经济学与国民经济学课程区别开来，成为一个独立的学科，后来出现了公司经济学。

2. 20世纪初到第二次世界大战结束是公司经济学的发展时期

在此时期，这门学科研究的"经济性"，不同于美国研究的"营利性"技术。公司经济学的"经济性"是经济上的理性。京特·沃厄(G. Whoe)说过，注重经济性原则的原因可能多种多样的，而该原则的本身与经济活动的动机无关，而仅仅是经济活动开展的方式和方法，因此是纯粹形式上的原则。因此公司经济学产生之初就考虑到外部因素，而美国起初则采用封闭性的管理。早期的企业经济学观点认为，除了"经济性"问题外，企业还需要有社会、法律、政治、心理方面的知识，而这些是不能纳入管理学科中的。

3. 第二次世界大战以后至今是公司经济学的理论化时期

20世纪50年代形成的理论体系包括生产论、销售论、成本理论等。这些领域的研究后来都得到了大的发展。首先，研究对象为公司的经营过程，即生产各要素的结合过程，包括结合的行为和结合的结果，有基本要素(人、财、物)、处理要素(公司治理、计划、组织等)；其次，其研究的特点是并不以经济性作为唯一的研究内容，除了经济原因之外，也讲"营利原则"和"技术原则"等，以求得这些原则之间的平衡；最后，吸纳国家经济学的有关理论(成本理论、价格理论、生命周期理论等)、分析工具(数学关系)和成本函数来说明公司经营过程。60年代公司经济学走向理论的统一和方法的一体化。因此，从公司经济学的发展可以看出，公司经济学是经济学的一个分支，它不包括公司中的其他方面，从一开始就把公司的外部环境看得很重要，后来才逐渐转到研究公司内部经营管理问题，进行整体的理论性研究。

(三) 公司经济学在中国的发展

对公司经济学的研究在中国的起步较晚，20世纪80年代才开始引入我国。随着我国改革开放的深入，社会主义市场经济体制的确立，需要结合我国的实际情况，研究公司的经营目标、环境、活动、行为、效果等问题，进而在借鉴的基础上形成适合我国实际的公司经济学。

自经济体制改革以来，我国企业的自主权逐步扩大，尤其是随着我国社会主义市场经济体制的确立，企业主体地位逐渐增强。19世纪中叶以后，现代公司制企业成为世界各国公司的主要形式。20世纪初，公司已经普遍流行，并在实力上成为统治地位的企业组织形式。早在20世纪80年代初，在我国一些培训中心里外国老师已开始给学员讲授企业经济学课程，个别出版社也翻译出版了这方面的著作，但是那时中国经济的市场化程度还不高，企业还没有走入市场，并没有引起人们的足够重视。随着我国经济体制改革特别是企业改革的深化，我国学者对企业在市场经济条件下运行和发展规律方面的研究逐步多起来。特别是在高校的管理学院里,为适应工商管理硕士教育的需要都相继开设了企业经济学课程,相关教材陆续出版。比较有影响的有吴德庆编著的《管理经济学》(中国人民大学出版社,1987年)、毛蕴诗编著的《公司经济学》(中山大学出版社,1994年)、陈章武编著的《管理经济学》(清华大学出版社,1996年)等。它们在传播西方企业经济学的知识方面起到了积极作用。但如何把企业经济学的一般原理和中国企业的具体运行实践结合起来,逐步形成具有中国特色的企业经济学或管理经济学的内容和结构,是我们进行认真研究需要解决的问题和努力的方向。理论界对公司经济学的学科体系、内容和相关理论的研究也正在逐步开展起来。公司经济学阐述的原理和方法正被越来越多的公司用于经营管理的实践。

自改革开放以来,国家把国有企业改革作为经济体制改革的中心环节,坚持解放思想、实事求是,积极探索、循序渐进,作了一系列重要决策部署。经过30多年的探索和实践,国有企业改革不断深入推进,国有企业经营机制、管理体系、企业面貌都发生了根本性变化。现代企业制度建设成效显著,全国90%以上的国有企业完成了公司制股份制改革,多数企业建立了股东会、董事会、经理层和监事会等机构,公司治理结构逐步规范。一大批国有企业实现了股权多元化,形成了混合所有制的股份有限公司。当前,我国已经进入全面深化改革的新阶段。国有企业属于全民所有,是推进国家现代化、保障人民共同利益的重要力量。党的十八届三中全会明确提出,必须适应市场化、国际化的新形势,进一步深化国有企业改革,推动国有企业完善现代企业制度。面对当前的问题,需要结合我国的实际情况,在借鉴的基础上形成适合我国实际的公司经济学。

【专栏1-1】

联合邮包公司的科学管理

UPS的工程师们对每一位司机的行驶路线都进行了时间研究,并对每种送货、暂停和取货活动都设立了标准。他们记录了红灯、通行、按门铃、穿过院子、上楼梯、中间休息和喝咖啡的时间,甚至上厕所的时间,将这些数据输入计算机中,从而给出每一位司机每天工作的详细时间标准。

为了完成每天取送130件包裹的目标,司机们必须严格遵循工程师设定的程序。当他们接近发送站时,他们松开安全带,按喇叭,关发动机,拉起紧急制动,把变速器推到1挡上,为送货完毕的启动离开做好准备,这一系列动作严丝合缝。然后司机从驾驶室下到地面上,右臂夹着文件夹,左手拿着包裹,右手拿着车钥匙。他们看一眼包裹上的地址并记在脑子里,然后以每秒钟30.48厘米的速度快步走到顾客门前,先敲一下门以免浪费时间找门铃。送货完毕后,他们在回到卡车上的路途中完成登录工作。

你是如何认识UPS公司的工作程序的?

科学管理理论诞生距今已百余年,你认为在今天的企业中仍然有效吗?

资料来源:《企业管理学案例》综合课件,北京大学光华管理学院。

第二节 公司经济学的重要性

公司经济学是近几十年来在国际学术界最具活力、与公司实践联系最紧密的一个前沿性的研究领域。随着改革的深入进行,公司在我国社会经济生活中也变得越来越重要。因此,从经济学的角度更理性地认识公司的内部活动的规律和揭示公司(各种组织)管理的规律,就成为一个非常重要的任务。

一、学科意义

在我国改革开放后,公司作为一种普遍而深入的经济组织和经济现象,已经越来越受到研究的重视。传统的经济学市场给人以过于抽象和不太现实之感,而公司经济学通过强调完美知识的缺乏、信息获取和交流过程中成本的存在、个人的有限理性,极大地促进了人们对公司领域内存在的问题和运作力量的理解,从而使人们有可能探寻导致公司存在和多样化的动力,内部组织结构的影响以及它们对公司行为的作用,公司战略的形成以及公司与顾客和供应商之间的关系。因此,设置公司经济学这一课程极富现实意义。

公司经济学是经济学和企业(工商)管理相关专业的综合基础课程,它属于经济学和管理学交叉范畴的理论。学习公司经济学课程,不但突出了传统的主流经济学在分析上的现实性不足,同时也指导了实践性的认识。

公司经济学教材的编写既符合国际惯例又适合我国的国情,在整体上适应更高层次的需求,它非常适合经济管理类专业的本科高年级学生以及MBA等相关专业学位研究生使用。改革开放后,我国产生了巨大的改变,需要结合我国当前的实际情况,编写出符合我国实际的公司经济学,对我国的公司发展具有一定的指导意义。

二、公司经济学的作用

公司经济学汲取了现代决策科学分析技术和方法,将其与经济理论相结合,致力于解决现实公司经营管理问题,因而它具有工具性课程的特征,又有很强的应用价值,我们需要认真学习公司经济学。公司经济学有以下几个方面的重要作用:

1. 公司经济学对公司产品营销策略的选择至关重要

合理利用好需求价格弹性,迅速占领市场,以低成本为基础,可以发动价格大战,推行低价战略和市场份额战略,把市场的主动权掌握在自己手里。众所周知,一般商品需求规律是在其他所有条件不变的情况下,企业的短期成本按其性态可分为固定成本和变动成本两种:价格下降,需求量上升;价格上升,需求量下降。然而,企业如果能通过上述方式分别降低产品的固定成本和变动成本,使得其产品单位平均成本非常有竞争力,这样它就能解求价格弹性与收益的关系,并将之运用于需求规律为企业服务。能充分利用需求价格弹性从容发动每次降价幅度较大的价格战才是至关重要的。

2. 公司经济学可以为增加公司利润提供保障

公司经济学中的成本理论对于公司扩大生产规模、降低成本、提高收益有着非常重要的作用。随着企业规模的扩大,生产处于规模报酬递增阶段,平均成本下降,形成规模经济优势。随着企业规模的进一步扩大时,规模不经济的因素开始发挥重要作用,规模经济的优势逐步抵消,生产处于规模报酬不变阶段,平均成本相对稳定。当企业规模进一步扩大时,规模不经济的影响占据主导地位,生产处于规模报酬递减阶段,平均成本在上升。此时需要减人增效,分析企业的组织结构,缩减无用人员。

3. 公司经济学对公司持续发展具有指引作用

公司经济学为公司的持续发展提供了一定的理论基础。挖掘内部潜力,运用生产函数,进一步降低成本、增加产量。了解两种产品之间的交叉弹性对一个企业的战略决策有重要的意义。当需求的交叉弹性为正时,值越大,其替代关系越紧密,在市场上,就是相互竞争的关系;当为负时,是互补品,在市场上,则是合作关系。在企业产品的量是固定的条件下,投入和产出是对应关系。需求的交叉弹数,是指只有一种要素的投入量可以变动,其他要素的投入量不变。

4. 公司经济学可以为公司决策提供正确方案

一个公司的成败关键在于是否能运用公司经济学进行理性思维。一个人的行为方式是由思维来决定的,培养一个良好的思维习惯,并把这种思维习惯和方式运用到公司的发展过程中,这样公司的生存与发展才会拥有可靠保证。公司经济学原理的准确运用与有效实施,就有可能铸就企业的辉煌。公司管理者要深刻理解管理经济学的内涵,来提高自己的专业素养和个人素质,从而做出更准确、更科学的决策,使公司走上健康的道路,实现利润最大化,让企业稳健地发展,立于不败之地。

【专栏1-2】

90年代的工作场所

你可能在新闻中听到过"新的工作场所",我们看到的20世纪90年代的新的工作场所有什么特点呢?为什么说90年代的工作场所是"新的"?

虽然许多组织在尝试开展如授权、合作和共同参与等活动,但是90年代的工作场所仍然是令人烦恼和痛苦的。在这个工作场所里,越来越多的美国人抱怨工作过度、报酬过低,且厌烦了老板对待他们的方式。他们工作的时间越来越长,得到的报酬却越来越少。他们过去依靠的工作保障也成了遥远的回忆。曾经是"一个快乐大家庭"的工作场所,现在更像为工人在重压下的工作担心的场所。例如,在有着严格的"从不解雇"政策的IBM,许多雇员被解雇以应对"90年代的全球竞争的挑战"。

为了提高竞争力,许多组织也要求在缩小规模和裁员中幸存的雇员工作更长的时间,但是却付给他们比以前更少的报酬,结果使劳动力更加疲惫不堪。当时对工人的调查表明:80%的工人说他们的老板要他们"非常努力地"工作;65%的工人必须工作得"非常快";42%的工人抱怨他们在工作结束时筋疲力尽。这些还不是雇员对工作场所的所有抱怨。老板越来越多地用临时的兼职工人来代替被解雇的工人,临时工更有弹性,而且报酬也低,实际上,四分之一的工人都是临时工。

缩小规模、裁员、更高生产率的压力和临时工人来代替永久工人等都降低了雇员对组织的忠诚度。例如,今天只有四分之一的工人说他们会对他们的公司负责。老板的行动证明他们把雇员看作"消耗品",雇员的反应则是对雇主忠诚的下降。

新的工作场所的风气严重威胁着人们。当要求雇员确定对他们来说工作中什么是最重要的时候,更好的工作环境、弹性工作以及理解老板等因素摆在了首位。然而,当管理者努力提高生产率时,正是这些因素被组织削弱了。这些意味着什么呢?90年代的工作场所需要有技能的、有洞察力的、熟练的管理者,他们能够平衡生产率的改善和提高对人的管理。

当前经济的全球化、市场的全球化以及全球化竞争的残酷现实如何影响90年代的工作场所?这对管理者的管理方式来说意味着什么?

资料来源:《企业管理学案例》综合课件,北京大学光华管理学院。

第三节 公司经济学与管理经济学、企业管理学的联系与区别

一、公司经济学与管理经济学的联系与区别

（一）公司经济学与管理经济学的联系

公司经济学与管理经济学都属于应用经济学的学科范畴，它们之间存在着紧密的联系，公司经济学为管理经济学提供了理论基础，并对管理经济学的形成与发展有着巨大的贡献。

1. 公司经济学是管理经济学的理论基础

公司经济学与管理经济学的联系首先在于公司经济学为管理经济学提供理论基础，公司经济学中的理论为实际企业管理问题的解决提供了保障。从国外管理学院、系科的发展看，绝大多数最初只是经济学系里的一个分支，其课程偏重应用与实务。经济学家想要描述公司的经营活动并帮助公司确立规范性目标，就必须对现实世界中的公司管理实务有很深切的认识。

2. 公司经济学中的理论对管理经济学的贡献

公司经济学中的理论对管理经济学的贡献主要表现在两个方面：一是建立模型，这一模型将有助于认识管理问题的结构，有助于避免可能妨碍决策的次要因素和致力于主要的问题。二是公司经济中的理论为经营决策者提供了一组分析方法，虽然这些方法不能直接用于具体问题，但它们却能提高管理人员的分析能力。

在某种意义上，可以将管理经济学视为应用微观经济学，或者说管理经济学吸收了微观经济学中对企业和管理者而言最为重要的应用部分。但是，不能将微观经济学等同并替代管理经济学。

总之，公司经济学与管理经济学之间存在密切的关系，公司经济学对管理经济学的贡献也是不可忽略的。

（二）公司经济学与管理经济学的区别

公司经济学与管理经济学有较大的区别，它们的研究对象不同，研究重点不相同，分析方法也不相同。

1. 研究对象不同

公司经济学是研究公司运行、发展的客观规律的。管理经济学的研究对象着重于企业微观经济活动，是研究如何把西方微观经济学的基本原理和分析方法应用于企业管理决策实践的一门学科。

2. 研究重点不同

公司经济学理论研究的重点是公司而不是市场。公司经济学理论认为，市场是公司的外部环境因素，完全竞争的市场条件与公司的同质性在大多数环境下是不现实的。现实中的公司规模、资源的占有、竞争能力、潜力、目标、行为等方面都存在明显差异。公司做什么和不做什么，并不完全由市场决定。公司的决策目标、战略还受其内部要素的制约。管理经济学强调对实际企业管理问题的解决，强调经济理论和决策分析方法的应用，因而也是现代企业科学管理的经验总结。管理经济学作为一门应用经济学，其所要解决的经营管理决策

问题,对于我国的管理理论的发展有重要的借鉴作用和参考价值。

3. 分析方法不同

公司经济学在分析起点上,把厂商视作一个经验的实体(而非一个理论上的抽象构造),考虑理论模型在若干限制条件下的可实现性;在分析工具上,则包括统计决策理论、线性规划、计量经济学、模拟模型以及电脑技术等,所有这些都非传统个体经济理论所能概括。

管理经济学的主要分析方法是规范性分析方法。规范性分析指明经济主体应当采取的行为方式,以实现所期望的目标。在管理决策方面,管理经济学的任务在于找出企业决策过程中的关键因素,提供答案,在管理方面做出较佳决策。管理经济学必须从实证出发进行研究,研究者必须对所处的现实世界,诸如企业环境、制度环境等有一个清楚的认识。管理经济学的分析方法还包括均衡分析法、边际分析法、数学模型分析法等。

二、公司经济学与企业管理学的联系与区别

(一) 公司经济学与企业管理学的联系

公司经济学与企业管理学是两门既各自独立又有着密切联系的学科,它们的目标是一致的,都是以资源的经济、效率和节约为研究宗旨,这一共同点为两门学科的紧密联系创造了必然性。

1. 公司经济学是企业管理学的理论基础

企业管理学研究用到的学科理论基础很多,比如数学、科学管理理论,而公司经济学是企业管理学中各类决策的出发点和依托。企业管理的思想源自20世纪20年代中期的凯恩斯主义。凯恩斯主义认为市场是失灵的,"看不见的手"并不能有效调节社会资源的使用,从而提出寻找新的社会力量来弥补市场失灵,政府这只"看得见的手"的调控作用被发掘出来。企业管理首先从干预企业活动的外部力量中寻求管理的基本规律,以主动适应外部环境的要求,尤其是来自政府的全方位的干预,成为这个时期管理研究的一项重要任务。企业管理在60年代以后发生了变化,经济自由主义再度复兴,公共选择理论提出了政府失灵的观点,主张把自由市场机制和自由企业制度作为资源配置的基本工具。

2. 公司经济学为企业管理学提供分析方法

公司经济学为企业管理学提供多种分析方法。如费用效益分析法,这种分析方法要求对特定费用与效益进行比较,旨在优化行为,以最低限度的支薪获得最大限度的收入,这就是企业管理学的经济原则。该原则与相应的分析方法的使用范围远远超过了经济活动,几乎扩及人类的一切非经济活动,包括管理活动在内。

3. 公司经济学为企业管理学的实用化提供了依据

经济学只有通过管理才能转化为生产力。宏观经济学、微观经济学的应用研究促成了公共经济管理和企业管理理论。公司经济学中的需求和供给分析、定价和市场分析被广泛地运用到管理实践中去。宏观经济学中政策建议通过政府管理来体现其实用价值,微观经济学理论通过企业管理来为企业创造价值,这些都是经济学实用化的结果。公司经济学中的经济规律通过在企业管理学中的应用研究,才能得到转化,运用到实践中。

(二) 公司经济学与企业管理学的区别

公司经济学与企业管理学不是处于平行地位的学科,它们的研究对象、学科结构体系、原则都不同。

1. 研究对象不同

公司经济学和企业管理学所研究的对象不同,决定了它们要回答的问题也不一样。公司经济学既然是研究公司运行、发展的客观规律的,那么它就应该回答这些规律"是什么"。企业管理学研究的对象是企业生产经营过程的经济活动,它所回答的问题就不能停留在生产经营过程的经济活动"是什么",还必须回答组织生产经营过程,解决生产经营过程中出现的"应该是什么""应该怎样进行计划、组织和控制"等问题。另外,从经济活动和管理工作的角度看,企业生产经营过程的经济活动是客体,是被管理的对象,而管理工作是主体,是经营管理者为使生产经营过程顺利地、卓有成效地进行而采取的行动。宏观经济要实行宏观管理,中观经济要实行中观管理,微观经济要实行微观管理。企业属于微观范畴,企业经济当然要实行企业管理。

2. 学科结构体系不同

学科结构体系是指一门科学或学科知识内容的基本分类。具体到探讨的问题,企业管理学的学科结构体系,比如企业管理过程学派的结构体系一般是以计划、组织、控制等管理职能为基础的。而公司经济学则不同,公司经济学的结构体系主要是由公司的环境、目标、经济效益、投资、选址、发展、产权、治理等内容组成的。

3. 原则不同

这里的原则是说明一个变量是怎样与另外一个变量相联系的,也就是说,当这些变量相互作用时,会发生什么情况。法约尔等早期管理学家曾提出了许多管理原则,如权责统一、命令统一等。但他们提出的原则都没有从解释两组或更多变量之间的关系角度来表述。因此有人认为企业管理的原则不够规范、不够严格,甚至说企业管理还算不上一门科学。近年来,随着企业管理学的发展、管理理论的不断完善,企业管理原则的表述也就更科学了。企业管理学不仅有独立的原则,而且对原则的表述也更规范了。我们说企业管理学有独立于其他科学的原则,是由于企业管理学的研究对象和学科结构体系不同于公司经济学,而作为对对象实施管理的原则,管理学结构体系的组成部分,自然有别于公司经济学的原则。

总之,从各方面来讲,无论是研究对象,还是学科理论,企业管理学与公司经济学都是各自独立的学科,谁也不包括谁,谁也不能否定谁。

◆ **知识点**

公司　企业　公司经济学　经济学　企业管理学

◆ **习题**

1. 在你学过的或目前学习的课程中,有哪几门课与公司经济学相关?请做比较分析,找出它们的共同与不同之处。

2. 在学习本章之后,你是否对《公司经济学》这本书有了新的认识与了解?谈谈你学习的感受。

3. 简述公司经济学与管理经济学、企业管理学之间的区别与联系。

第二章　公司的历史沿革

当今,公司广泛存在于西方的资本主义社会和我国的社会主义市场经济中,不仅成为现代经济的重要载体,也为人类文明的发展做出了重要贡献。要想了解公司的内涵和运作机制,并探讨公司未来的发展之路,就必须梳理公司的历史沿革,了解它的过去。本章将在梳理公司历史沿革的基础上关注公司与历史条件和社会环境之间的相互关系。

包税商的故事

公元前2000年,苏美尔地区的一些村庄头人开始把征收粮食税的工作交给私人企业来做,私人企业家留下一部分作为自己的报酬,其余上缴。这种税收形式叫"包税制",收税者叫"包税商",这种制度后来流传到整个欧洲。法国直到大革命前还是靠包税商来征税。发现空气成分的著名化学家拉瓦锡就是个包税商。这一行自然是肥差,中饱私囊必不可少,拉瓦锡最终死在这个"光荣"的职业上。

遇到灾荒年景,就会有农民交不上税。这些包税商也经常放贷给暂时缴不上税的农民,还有经营长途贸易的商人。当然,如果有人还不上钱,就会被罚为债务奴隶,古巴比伦出土的楔形文字文献中,关于债务的内容是最多的。相反的是,中国出土的文献中,关于民法债务纠纷的内容少之又少,这表明,商业文明在西方一直很浓郁,中国自古就是内向的自给自足经济。

古巴比伦的借贷合同还能转让,这就使借条变成了信用证。有考古学家发现有一块到期兑付的借条,还款人并不是当初那个人。利息与借贷同时出现,当时苏美尔语中出现了"利息"一词,这个词原意是"小羊羔"。

为何是小羊羔的意思呢?在古伊拉克,佃户租种的土地,都是由地主投资建立灌溉系统的。西亚的农耕都是粗耕,也就是不懂得积肥,这样的地,即使有水浇灌,种一年也要抛荒。抛荒时节就用于放羊。羊繁殖了,佃户就要把一部分新生的小羊送给地主。

或许,粮食是可耕地的地租,当土地不能耕种,只能用来放牧时,土地的性质就从租佃变成了借贷。而羊羔,是借地放牧的利息。有意思的是,古代世界里,明确表达反对利息的人,恰恰是日后以高利贷者示人的犹太人,而犹太人在远古时代,就是著名的牧羊人。或许,利息带来的痛苦记忆,犹太人比其他民族都要早。

在公元前18世纪到公元前10世纪,早慧的中东文明传到希腊,希腊人开始开化,接受了贷款和利息的概念。希腊人首创了"十进制",年化利息是12%,也就是月息一分。

古罗马不仅雇用包税商,还把大量政府职能出租。比如,把神庙的修建用投标的方式,竞标给出价最低的私人承包商,税收也被出价最高的包税商拿下。有一次萨宾人偷袭罗马,使一群鹅狂叫,才惊醒了罗马人,后来罗马人就以鹅为圣物,专门有个机构来饲养大白鹅。后来这个养鹅的活计,被一批人竞标承包出去。

当时包税商是这么干的:承诺交给政府多少钱,先从自己的腰包支付给政府(政府一般用这笔钱来支付军饷)。然后,包税商再用好多年的时间慢慢收税。因为交给政府的钱太多,一家富户拿不起,于是就由几家富户私募,于是出现了一种叫"税收协会"的有限合伙企业,这是几家大城邦里的富有家族,合伙成立一家公司。

一旦这些商人成立了公司,他们就与政府谈判,利用自己合伙的雄厚资本,为政府垫付各种经费,但是政府要做出让步,比如说免除兵役(这通常是神职人员和参议院元老的特权)和征税权。这样,这些善于谈判的大商人家族就控制了城邦的贸易。

资料来源:http://mt.sohu.com/20150904/n420396478.shtml.

第一节 公司的起源

清代学者魏源在道光年间所著的《筹海篇四》中写道:"西洋互市广东者十余国,皆散商无公司,唯英吉利有之。公司者,数十商辏资营运,出则通力合作,归则计本均分,其局大而联。"这是我国从资本主义经济结构的角度来解释公司的最早的资料。从此以后,"公司"一词便逐渐成为经济门类的专用名词。

公司是一种现代企业组织形式。今天,公司广泛存在于西方的资本主义社会和我国的社会主义市场经济中,不仅成为现代经济的重要载体,也为人类文明的发展做出了重要贡献。

回顾历史,具有现代特征的公司出现在100多年前的西方,可以看成是现代社会的产物。不过,公司的萌芽则发端于2000多年以前,在这一漫长的岁月中,公司的萌芽经历了长期的生产,在数量、内容、形式和发育程度上都经历了巨大的变化,最终形成具有现代特征的公司。

从经济史的意义上来说,研究过去的目的在于认识现在并服务未来。在公司经济已经高度发达的今天,探讨公司的历史沿革,考察它的发展趋势和运作规律,有助于我们更好地理解公司的内涵和本质,从而使它更好地服务于经济建设。

一、公司在古罗马时期的萌芽

根据经济史学界的看法,公司的萌芽最早可以溯源到2000多年以前的古罗马时代,是在当时频繁的战争和繁荣的商业刺激下产生的。

在这一时期,随着商品经济的发展,人们开始合伙经营,建立类似于公司的组织。有人认为,在古罗马,第一个类似于公司的组织是以股份公司的形式出现的,为的是向公众出售股票,以便履行为支持战争而签订的政府合同。不过,当时不可能存在大规模的公司组织,因为政府只允许股份公司履行政府合同而不得从事其他任何活动。此外,当时还存在着类似于公司组织的船夫行会。这些组织主要从事粮食贸易,并由政府控制,所有的运粮船都只由那些与政府签订合同的公司来管理。此外,还有专家认为,古罗马的包税商股份委托公司也是股份经济的先驱。

客观地看,在古罗马时代,"包税商""船夫行会"等这样的一些组织形式的确和公司类似。古罗马是依靠对外扩张战争而发迹的,战争使罗马疆域扩大,也使商人大发其财。但是,战争需要巨额的开支,维持辽阔领土也耗资巨大,于是,政府便与商人相互勾结,签订合同。某些大商人联合起来为政府解决部分财政问题,政府允许他们组成一定的商人组织,承包某些过去由政府控制的贸易、工程,甚至收税职能。例如,罗马共和国时期(公元前508～公元前30年),有一批出身于骑士阶层的有钱商人就充当了"包税商"。他们常有公司组织,这些人在五年一度的由新监官主持的公开投标中,取得承包代国库收税的权利,或承包若干建筑工程或军需品的任务,这里有大利可获。包税商须先向政府提供一笔数目较大的款供使用,而自己则可以任意浮收。

到了罗马帝国时期(公元前30～公元476年),更出现了类似股份公司那样的组织,虽然其数量极少,活动范围也受到限制,仅限于履行政府合同。当时的"船夫行会"就是这样的组织。现在我们还可以看到有些流传下来的关于第三和第四世纪船夫行会的重要文献,当时这些团体在帝国的大部分沿海城市中都可找到。它们主要被雇佣于运入粮食,它们的经营和资本雄厚的商社相勾结着,而那些被禁止经商的罗马元老往往是这些公司的匿名股东。

但是,最初出现的那种类似公司的团体在此后欧洲长达数百年的时期里并未得以延续,因为随着日耳曼人的入侵和罗马帝国的灭亡,商业衰落,城市废弃,公司赖以存在的基础遭到破坏。直至10世纪之后,贸易才同城市一起重现繁荣。

二、公司在中世纪的重新起步

在中世纪时代,贸易与城市得到进一步发展,公司这一组织形式也在这样的大环境下重新起步。城邦政府的军事开支和行政费用都需要大量的资金支持,于是,商人们便以替政府筹款为条件,取得成立公司的特许权,从而获取厚利。例如,12世纪时,热那亚人为征服塞浦路斯岛曾进行一次远征,为征服和开发这个岛屿所需的资金就是通过一个叫做"maone"的组织来筹集的,这个组织实际就类似于股份投资信托公司。又如,商人们组成各种"协会",向城邦政府贷款,以换取特权。这些"协会"实际就是类似股份银行那样的组织。欧洲第一家股份银行,即1408年成立的热那亚圣乔治银行就是这样的组织。

这一时期,海上贸易的发展要求扩大投资规模,并减少投资风险。海上航行所需资金较大,不仅风大浪险,而且商船常遭海盗拦截,因此,海上贸易很有可能出现人财两空的局面,于是,易于集资又能把投资风险分散化的公司形式便应运而生。与海上贸易有关的公司形式有以下几种:

(1) 康枚达(Commenda)。康枚达是一种契约,契约一方把金钱或商品委托给另一方,后者以委托财物经营某一事业,经营所得利润由双方按契约分享,委托人的责任仅以所出财物为限。可见,康枚达是一种借贷性的合伙公司。在这里,资本所有者不亲自经营,而将资本委托给船舶所有者和商人。他们按预付资本分享利润,并对预付资本负有限责任,不负连带责任。

(2) 索塞特(Societas)。这是一种较典型的合伙公司。在这里,每个成员都是其伙伴的代理人,并以其全部私人财产对公司负无限责任。可见,这种合伙企业的雏形比康枚达稳定。

（3）"海上协会"。在十字军时期（公元 11~13 世纪），意大利的热那亚就产生过这种组织形式，这种公司是发售股票、分配利润并分担风险的。每只船上带着一个管货员或代理人来代表投资者的利益，这种公司被称为"海上协会"，以区别于那种经营内地城市贸易的类似银行。它是一个真正的股份公司，它的组织形式是热那亚在商业史上的一个重要贡献。在中世纪后期，它流传到别处而被采用了。

此外，在佛罗伦萨还出现过一种组织叫"梅迪西"，这是一种家族公司。这类公司是在弟兄们分家后为继承父业而把资产汇集在一起组成的。

尽管从古罗马出现类似公司的团体直至中世纪绵延千年以上，但是，公司仍然只是处于萌芽和起步阶段。它只是在特定历史条件下偶然出现，并未成为固定的、经常性的组织形式。

总的来看，在中世纪时期，无论是独资企业形式，还是合伙企业形式，都带有不完善和不成熟的特点，主要表现在：① 没有明确的企业法律规范。这一时期的企业在合伙内容、经营方式、分配办法等一系列方面都没有明确的法律规范。② 组织上的合伙性与不稳定性。以上企业组织具有明显的合伙性，并且是松散的合伙。这决定了原始企业很容易夭折，不容易延续很久，因而具有不稳定性。③ 投资的短期性。原始企业的投资往往是为了一次交易或几次交易，或为了每次航行筹集资本、合伙经营，当这种交易、航海完成后，参与者就收回股本和利润。④ 责任的无限性与规模的有限性。原始企业中，绝大部分股东都是负无限责任，所能筹集到的资本有限，在企业规模上有较大的局限性。

不过，中世纪带有原始形态的企业产生和发展的意义，在于它为近代企业和现代企业的出现做好了经济、组织和法律上的准备。没有这些企业的发展，也就没有近代企业和现代企业。

三、资本主义时代的公司

从 14~15 世纪资本主义在地中海沿岸一些城市稀疏地出现，到 18 世纪中期资本主义生产方式正式确立，这是为资本主义奠基的序幕时期，也可称为资本的原始积累阶段。真正的公司正是在这一时期才开始产生并得以成长起来的。

15 世纪末之后，由于新大陆的发现和新航路的开辟，刺激了远洋贸易的发展。欧洲商人活动的领域从地中海周围扩展到了大西洋，东西半球各地贸易额大幅度增长。随着远洋贸易的进一步发展，各国远洋贸易公司纷纷出现。如果说中世纪以前海外贸易大国主要是在南欧，那么，这时已经转向北欧，主要包括英国、荷兰、西班牙、葡萄牙等国。在英国，1553~1680 年期间，先后有 49 个远洋贸易公司先后成立。这些公司从国王那里获得特许，专营海外某一地区的商业。1553 年成立的莫斯科公司，享有在俄罗斯、高加索、中亚和波斯的贸易特权，该公司发行股份 240 股，集资 6000 英镑；1568 年成立的东陆公司，获准与斯堪的纳维亚、波兰、巴尔干东岸贸易的权利；1581 年成立的远东公司，享有与土耳其、叙利亚通商的权利；1588 年成立的几内亚公司，享有在非洲的塞内加尔、冈比亚等地区从事贸易的垄断权。尤其值得提出的是东印度公司，无论其规模、影响、获利程度还是其在海外贸易中的地位，都是相当重要的。1599 年，东印度公司从近东公司中分离出来，并于 1600 年获得伊丽莎白一世的特许，定名为"伦敦商人对印度贸易公司"。它最初只是一种临时性的松散的组织，并不具有稳定性，这是因为贸易特许状在时间上是有限制的，到期后尚需申请延期。1601

年,该公司的第一个协定只是一次航行有效。这年二月按合股原则筹资 68373 英镑,参加者约 100 个商人,航行结束后所获利润率为 500%～1500%,公司按股金比例分配利润,并将股本退还投资者本人。1613 年,该公司又筹集 42.9 万英镑,供四次航行使用;1617 年,筹资增至 170 万英镑,供七次航行使用,这时,公司已拥有 36 条船和 934 名股东。东印度公司最初的 12 次航行运营表明,它只是一种临时性股份企业,可能是以一次航行为限,也可能以几次航行为限。该公司 1720 年要求永久特许状,但未获准,只是允许将有效期延至 1733 年,并规定发行的债券额不得超过 500 万英镑,1744 年限额又增至 600 万英镑。第一家永久性公司是 1602 年成立的荷兰东印度公司,它由原来几家经营东方香料的公司联合而成,资本 54 万英镑。

贸易公司,特别是东印度公司在聚敛财富方面的示范作用,使公司数量迅速增加。英国从 1688～1695 年,短短 7 年就有 100 家新公司宣告成立。1711 年,著名的南海公司成立,所有政府公债的持有人都可以凭借政府债券来认购该公司的股票。后由于股票价格剧升,又促使更多公司涌现出来。仅 1719 年 9 月至 1720 年 8 月一年时间,就新成立公司 195 家。1720 年 9 月,南海公司股票价格狂跌,许多股票持有人破产。

1717 年,法国密西西比公司成立,1719 年该公司与法国东印度公司合并,成立印度公司。法国密西西比公司扬言要在北美大举开发金矿和银矿,人们争相购买其股票,一时间,股价涨势惊人,但好景不长,1720 年底,该公司宣告破产。

除贸易领域外,金融保险业也相继成立各种公司。1694 年,英格兰银行成立。它拥有 120 万英镑的资本,政府从它那里取得贷款,并将相当于这笔贷款的银行券的发行权授予英格兰银行。英格兰银行通过发行银行券来吸收社会资本。截至 1841 年,英格兰和威士已设有 115 家股份银行。保险公司也有丰厚利润,股票的发行数量增长迅速。1720 年 2～5 月,保险公司的股票竟增长 5 倍之多。

鉴于英国的经验,后起资本主义国家一开始就瞄准了银行业,将其作为股份公司的重点。美国的股份公司首先是在银行业中产生的。1791 年,合众国银行成立时拥有资本 1000 万英镑,其中,1/4 为政府贷款,3/4 为私人股本。此外,还有两家银行,即北美银行和纽约银行也均为股份银行。金融业的股票数量为绝对优势。1818 年新成立的纽约证券交易所的上市股票全部都是金融业的股票,其中银行股票 10 种,保险公司股票 13 种。日本股份公司也像美国那样,首先产生于金融业。

流通与交通是密不可分的。商品流通的发展必然要求交通状况与之相适应。提高内陆运输效率的需要导致了英国 1660～1730 年内河航行条件的改善。然而,真正的"运河热"是从 1730 年以后开始的。1730～1790 年,这是运河热的极盛时期。其间运河总长度增长一倍,达 3540 千米。开凿运河的主要目的是运输矿产品,例如,1758～1803 年,提交英国国会的 165 项运河法案中,有 90 项是为煤矿服务的,有 47 项是为铁矿、铜矿、铅矿及其冶炼厂服务的。1791～1794 年进入运河热的新阶段,此间共通过运河法和其他航运法 81 项。由于修筑运河耗资巨大,于是,便于集资的运河公司便应运而生。1720 年英国从颁布《泡沫法》之后,涌现出来的大量股份公司都是为修筑运河而成立的。

19 世纪上半期,欧美各国又掀起"铁路热",其广度和规模大大超过了"运河热"。英国 1824 年设立了 234 家大公司,其中主要是铁路公司和汽船公司。1825 年英国第一条铁路,即斯托克顿直达灵顿的铁路开通。1834～1836 年,在新成立的 300 家公司中,居于首位的仍然是铁路公司。仅 1835 年就新增 29 家铁路公司,1837 年又增加 17 家。

资本原始积累时期的公司已经摆脱了它的胚芽状态,它已经在许多国家和许多部门产生。虽然还很幼小,但毕竟已经成形。当然,它同现代公司相比,又还不够成熟。

概括起来,资本原始积累时期的公司具有如下特点:① 公司的经营主要是为获得利润,而不是为政府筹集资金。② 公司的经营范围已有所扩大,不仅是"包税"和"贸易",而且扩大到银行业和交通运输业等等。③ 公司已经从合伙企业中分离出来,所有公司都采用合股或发行股票和债券的方式筹集资金,并根据出资比例分配利润。④ 相当数量的公司都是临时性的,它们的生存时间以若干次航行为限,或以修一条铁路和运河为限。⑤ 公司制度还不完善,针对公司的法律尚未形成,公司民主管理制度也不存在等等。

四、公司产生的历史条件和社会环境

从上文的梳理可知,公司从开始萌芽到其雏形的出现,经历了1000多年的时间。同时,公司最初产生于西欧,如意大利、英国、荷兰等一些国家,而不是亚洲、非洲国家,这并不是偶然的。因此,公司的产生依赖于独特的历史条件和社会环境。

公司是生产社会化发展的产物,同时,它的产生又同一定的文化环境相联系。生产的社会化在资本原始积累时期以后集中体现于贸易的广泛发展和信用制度的出现。贸易的发展使生产的活动领域不仅突破了地区性束缚,而且日益冲破了国界和洲际的限制,信用制度为生产规模的尽可能扩大提供了可能。欧洲的基督教文化传统在经过革新之后包含了强烈的商品经济意识。因此,无论就公司产生的经济条件来说,还是就其产生的文化环境来看,西欧都优于和先于世界其他地区。公司首先在这里产生,不是没有缘由的。

由于历史的、地理的、政治的原因,西欧一些国家的商品经济发展较早。古代欧洲的生产技术远不能与同时代的中国相比,但其商品贸易却相当繁荣。古罗马在发展贸易方面有着得天独厚的自然条件。它三面环海,航运方便,又位于东西方交界地带,宜于发展世界性贸易。古罗马人崇尚武力,夺得广阔疆土,版图一度扩展至撒哈拉沙漠、苏格兰、荷兰和西亚地区。从首都到所辖各省,"条条大路通罗马",商货的陆路交通也很便捷。加之古罗马一向采取自由贸易政策,又有"民法"和"万民法"来调节民间经济关系,大大促进了贸易发展。中古时期欧洲十字军东侵(11~13世纪)也给商业带来了有力的刺激,至13~14世纪,欧洲已形成南北两大商业区。南区即地中海区,以意大利的威尼斯、热那亚、比萨为中心,在这里汇集了东方的丝绸、珠宝,又从这里把西欧的手工业品输往东方;北区即北海、波罗的海区,以佛兰德尔的布鲁日为中心,德国北部、荷兰、英国、斯堪的纳维亚和俄罗斯均参加这一地区的贸易。尤其值得提出的是,14~16世纪航海业探险的成功和地理大发现,使欧洲贸易的发展达到空前未有的广度和深度。13世纪末,意大利旅行家马可·波罗来到中国,《马可·波罗游记》发表后,在欧洲广为传播,强烈唤起商人、航海家对东方财富的渴望,仿佛中国、印度遍地都是黄金。这种对财富的贪婪驱使他们冒险航行。15世纪初,葡萄牙人已开通至非洲的航路,继而又发现由非洲至印度的航路。1492年,西班牙人哥伦布朝另一方向探航。从大西洋一直向西航行,发现了美洲新大陆。1519年,葡萄牙贵族麦哲伦在西班牙国王资助下,率256名水手组成船队,进行了经大西洋到达南美,再经太平洋、印度洋,绕非洲回到西班牙出发地的环球航行。虽历经磨难和牺牲巨大(生还者仅18人),但终于开辟了全球航行的新航路。新大陆的发现和新航路的开辟,使欧洲的贸易范围空前扩大,贸易额剧增。例如,英国对外贸易额1700年为5900万美元,已经相当可观,1789年更增为3.4亿美元,90年间增加4.8倍。

贸易规模的扩大,特别是海外贸易的发展,需要大量投资,贸易的发展要求交通运输业相应发展,后者的发展同样需要大量投资,要解决大规模贸易、交通运输业对巨额资金的需要,个别商人显然无能为力,只有向社会筹集资金。公司恰恰可以担负这一功能。马克思就认为:"假若必须等待积累去使某些个别资本增长到能够修建铁路的程度,那么,恐怕直到今天世界上还没有铁路,但是,集中通过股份公司转瞬之间就把这件事完成了。"同时,贸易的发展造就了大批大大小小的商人和货币持有者,这又为社会集资提供了可能。再者,贸易越发达,越能刺激人们以赚钱为目的,甚至采取投机手段进行投资的动机。所以,公司的产生无论如何都离不开贸易的巨大发展。

信用制度的出现也为公司的创立提供了条件。银行对公司产生所给予的影响是很重的。首先,银行以利息作为刺激物可以把分散的社会资金集中起来,又以利息为条件把资本贷给经营者。这种集资方式和把资本所有权同使用权相分离的功能,对于公司形式的发现具有很大的启示性。其次,鉴于银行等金融机构的专业性和信用性,公司股票的发行和流通通常要借助于这样的机构。从这个意义上来讲,金融机构又是公司创立的中介和助手。此外,许多股份公司的设立,一开始就是以股份银行的形式出现的。

除了贸易的发展和信用制度这样一些基本条件外,公司的产生还同一个国家和社会的商品经济意识相联系。一般来说,西欧各国在古代尽管实行奴隶制和封建制,仍能对民间工商业采取比较宽松和自由的政策。这同中国古代历届王朝大都实行压抑工商业的政策形成鲜明对照。古代西欧各国敢于放手让商界筹资,或接受商界贷款以支援政府财政,同时给其一定的经营特许权。我国古代通常实行直接的苛捐杂税,来应付战争或巨大工程的需要;某些商品不准民营,如盐铁经营权由国家垄断;某些与通商有关的探险活动也都是官派,如张骞通西域、郑和下西洋等等。上述对比体现出古代西欧同中国在社会商品经济意识方面的巨大差别。当然,古代西欧也有过鄙视商业的意识,但不如中国那样根深蒂固,而且,随着商品经济的发展和中世纪文艺复兴运动的兴起,"重商主义"终于成为一种思想体系,并产生了广泛的社会影响。"重商主义"在理论上有其片面性,但它毕竟是西欧商品经济意识强烈程度的反映。

第二节　公司的发展

一、公司在19世纪末的普遍发展

19世纪下半叶,有两个因素强烈刺激了欧美各国在公司规模和数量上的急剧发展:一是科学技术新发现和新发明在工业上的广泛应用;二是市场竞争异常激烈,并达到了空前的程度。在动力工业方面,这个时期出现了比蒸汽机更节约、更有效率的内燃机;在冶金工业方面,新的炼钢法的推广,使世界钢产量在19世纪最后30年间从52万吨增至2830万吨,铁产量从1400万吨增至4100万吨。内燃机的发明和钢铁工业的发展又直接推进了机械制造、轮船和铁路运输的发展。更具划时代意义的是电磁学的研究使得发电机、无线电、电灯、电话、电车在19世纪70年代后相继问世,并为工业电气化提供了可能。人造染料、人造肥料和炸药的发明为化学工业奠定了基础。于是,新兴工业部门,如电力、石油、汽车、化工等部门开始崛起,矿业、钢铁、运输等重工业部门日益居于统治地位。这些部门的发展要求企业具有较大规模,个别资本一般难以胜任。在这种情况下,能够满足上述部门发展要求的就是利用和发展已经出现的股份公司组织。此外,这一时期的市场竞争空前剧烈。正如列宁所说:"19世纪60年代和70年代,是自由竞争达到顶点的最高阶段。"企业为在竞争中取胜,也纷纷采取股份公司形式,以扩大其规模和实力。基于以上原因,19世纪末和20世纪初,股份公司得到了普遍发展,不仅数量激增,而且公司的分布范围也大大扩展,规模日益增大,甚至发展为公司集团。

在英国,1862~1886年,新成立的公司就有25000家,平均每年增加1041家,而30年前,平均每年设立的公司仅300家。公司资产数额的增加也很可观,从1856~1885年竟翻了一番。至最后一年达到8亿英镑。1897年,英国股份公司一年内就新设4975家;1900年新设4966家,拥有资本2.22亿英镑,其中包括许多制造业部门,如船舶243家,机械制造136家,纺织222家,酿造业58家,电气77家,其他制造业869家。德国是后起的工业国家,至19世纪七八十年代才完成工业革命。1850年以前,股份公司在德国还很少见,但此后发展迅速。自从1851年颁布"联合所有制法"之后,从自耕农到拥有贵族头衔的各个阶层纷纷组建公司。据1850~1859年普鲁士122家公司的记录,它们共有资本1.08亿塔勒(1塔勒约合200元人民币)。其中8100万塔勒属于新设公司的资本,2100万塔勒为原有公司增加的资本。从行业分布看,这1.08亿塔勒中,8100万塔勒投资于采矿业和钢铁业,1250万塔勒投资于纺织业,600万塔勒属于机械工业,化工部门有340万塔勒。同期,萨克森的公司有89家,资本达2140万塔勒,其中1320万塔勒属于煤矿业。德国的公司不仅发展迅速,而且具有联合倾向。世界上第一个卡特尔组织——德意志钢铁联合组织就产生于德国。截至1896年,德国卡特尔组织已有250个。1905年增为350个,参加的公司或企业达12000家,控制了全国半数以上的汽力和电力。继卡特尔之后,又出现了另一种类型的公司联合组织——辛迪加。有些部门的辛迪加组织,规模十分巨大。如1893年成立的德国莱茵-威斯特伐里亚煤业辛迪加,竟然集中了鲁尔区产煤总量的86.7%,1910年更增加为95.4%。至于19世纪末首次出现于德国的由一个母公司和若干子公司,以及参股公司构成的康采恩组织,其规模更为惊人。这是一种跨行业、跨地区,甚至跨国界的"集团"。可是,德国的公司有许多不同于英国公司之处,在英国延续了数百年之久的这段公司发展史,在德国只用了60多年就完成了,而且规模更大,组织更加复杂。美国也是后起的工业国家,其股份公司的发展与德国有类似的特征,即发展迅速、扩散面广、规模巨大。美国从19世纪50年代起,股份公司开始在纺织、面粉、农机、军火等行业出现,19世纪80年代以后,股份公司在制造业也大量出现,1900年美国各类工业公司已达38770家,其中食品加工部门5025家,钢铁部门4843家,木材加工业4675家,造纸及印刷业4490家,纺织行业3245家,造船业2283家,化学工业2206家等等。公司的规模日益增大除了采用卡特尔、辛迪加等联合组织外,在美国还首次产生了将许多公司兼并而成的"托拉斯"组织,正如德国被称为"卡特尔国家"一样,美国在世界上获得了"托拉斯国家"的称号。第一家"托拉斯"是1882年成立的美孚石油公司(Standard Oil Company),此后几年,在炼糖、榨油、冶铅、酿造业,托拉斯组织也相继出现。它很快成为美国垄断组织的主要形式。

大量经济史资料表明,19世纪后半期是公司这一企业组织形式开始大发展的时期,无论就其数量,还是就其地位来说,它在西方各主要国家经济生活中越来越变得重要起来。20世纪初,在英、美、法、德等国,股份公司竟然控制了国民财富的1/4至1/3。

二、公司发展的顺序和产业

公司的发展史表明,公司并非是一开始就在所有产业部门全面展开的。从公司在全世界发展的进程看,它在部门和行业间的扩展有个客观的历史顺序,即公司最初起源于海上贸易(16世纪以前),接着扩展至交通运输业和金融业(17~18世纪),最后,公司大量地、普遍地出现在制造业部门(19世纪下半期之后)。

公司的这种发展顺序不是没有缘由的。公司这一组织形式的出现完全是由企业规模的扩大与资金筹措之间的矛盾引起的。最先深刻感受这一矛盾的是流通领域,而不是生产领域,生产规模扩展的必要性是由流通范围的扩展,从而商品流通数量的激增引起的。在生产性企业规模大发展之前,商业特别是海上贸易企业规模扩展的必要性已经提出来了。海上贸易一开始就是高获利的部门,由于营利性的刺激,同时也由于某些强国扩张性战争的推动(从古罗马战争到17世纪英荷战争),海上贸易规模日益扩大,个人资金不足的局限性也日益明显。于是,公司这种企业形式被创造出来,并且首先出现于贸易领域。当其他部门还不知公司为何物时,欧洲各国已相继成立各种各样的专营海外贸易的公司,最著名的如英国东印度公司、荷兰东印度公司等等。

贸易的发展要求交通运输业相应发展,海上交通与海外贸易几乎是同时和同步发展的。内陆贸易往往受到陆上交通的制约,特别是矿产品的生产和流通要求大运输量,原有的人力车和牲畜驮运已经远不能满足大规模、远距离交易的需要。技术的发展使开通运河和修建铁路成为可能。但是,修建运河和铁路一开始就需要巨额投资,而公司具有集资功能。于是,公司就在这一领域发展开来。18世纪,英国一再掀起"运河热",如果没有公司的作用是不可想象的。19世纪上半期欧美各国兴起的"铁路热",虽然同政府贷款和优惠政策密不可分,但主要还是股份公司的作用。

银行信用制度虽是股份公司产生的一个条件,但私人银行、合伙银行和国家银行先于股份银行。股份制在金融领域的发展晚于贸易领域。贸易和交通运输业的发展不仅依靠建立公司来筹集资金,而且也离不开银行贷款的支持。即使通过公司形式进行集资,也往往要借助于金融机构发行股票,这就刺激了金融业的发展。由于银行投资风险较大,除国家银行外,股份银行也纷纷兴起。英国在1825年的危机中,许多银行倒闭,恰恰从这时起,大量股份银行相继成立。有些国家的中央银行也采取了股份银行的形式,如法国1800年成立的法兰西银行,就是由国家参股的股份银行,创业资本为3000万法郎,分30000股,每股1000法郎,国家出资500万法郎,占1/6。至于1848年、1863年、1864年分别成立的国民贴现银行、里昂信贷银行、法国兴业银行等均为民间股份银行。

股份公司大量向制造业扩展始于19世纪下半期。从时间顺序上看,晚于海上贸易、金融业和交通运输业。这是由于制造业企业规模的扩大需要较长的过程。最初在这个部门建立的企业,一般所需资金量并不多,不像海上贸易和铁路,不筹集巨额资金根本就无法建立企业。制造业部门各种企业规模的扩张是与垄断的形成同步进行的。而竞争走向垄断也恰恰发生于19世纪下半期。由于制造业发展迅猛,因此,股份公司形式一经进入制造业,便如雨后春笋一般大量蔓延开来。例如1900年,美国已经拥有各种制造业公司38770家。

随着19世纪下半期公司在制造业的扩展,公司也就成为整个国民经济中占统治地位的企业形式。至20世纪初,在英、美、德、法等工业发达国家,国民财富的1/4到1/3掌握在各类股份公司手中,整个国民经济命脉,如钢铁、石油、汽车等部门均由股份公司控制。

股份公司发展的这种顺序表明，在社会化大生产的商品经济条件下，一个国家的经济起飞往往是首先从第三产业，即从贸易（特别是对外贸易）和金融业的发展开始的。百业兴办，投资为先，外贸和金融是解决资金积累问题的两大工具，经济起飞从这里开始是合乎经济发展规律的。交通运输业的发展晚于贸易的发展却又先于制造业的发展，是因为制造业产品及其所需生产要素广泛而大量的流通，依赖于交通运输业的先行发展。股份公司发展的这种顺序性还表明，证券市场是资源合理配置的一种有力机制，它能按照经济发展的客观需要，自动地、有条不紊地把社会上的有限资源按照先后顺序和比例分配到各个产业部门，它能避免许多人为的失误所带来的重大损失。

所谓股份公司在各产业发展的顺序性，是从世界经济史范围观察所呈现出的一种大体的规则和趋势，不能作绝对理解。事实上，各产业部门的公司是交叉发展的。例如，当出现"运河热""铁路热"时，不仅交通运输领域形成设立公司的高潮，而且，贸易、金融等领域的公司也未停止扩展，制造业领域的公司也时有开办，此外，并非所有国家公司的发展都从海上贸易开始，顺序经过上述各阶段的。例如，后起的美国和日本等工业国家，其股份公司一开始就产生于银行业。这是因为 18 世纪末和 19 世纪初，金融业在积累资金方面的作用已提到突出地位，完全不必像 15～16 世纪的英国、荷兰那样，先从建立外贸公司做起，经历一两个世纪后再去建立股份银行；再者，英国和欧洲大陆其他国家在金融业发展股份公司的经验，使它们完全有可能直接发展股份银行和各种保险公司。1818 年，纽约证券交易所成立时，交易所进行交易的股票全部都是金融业股票。1862 年，根据州银行法令，美国竟建立 1600 家股份银行；次年，联邦政府颁布国民银行制度，以股份公司形式开设的国民银行数量还要更多。总之，公司的产生顺序性是存在的，但又不是绝对的。

第三节 现代公司的发展历程

现代公司同它的早期形式相比有许多不同的特点。在比较的视角下，我们可以认识到现代公司的许多特点。

一、公司的充分发展

由于公司具有一般企业难以相比的优点，如集资快，投资风险小，规模大，实力强，所以它易于在市场竞争中生存和发展，自 19 世纪下半期以来，它的发展日益充分和普遍化。今天，公司这种企业组织形式已经在发达国家各产业中占据绝对统治地位。

首先，公司的数量有了惊人的增加。在 20 个世纪末，一个国家（例如英国）能够有几万家公司，已经使人难以望其项背，然而，在当今世界，这已不算什么。1983 年，美国公司已达 300 万家，日本的公司也已经超过 200 万家。而 19 世纪 80 年代，日本仅有公司 2400 家。

其次，公司的充分发展不仅表现在数量上，更主要地表现于它们在企业中所处的地位上。一般来说，公司型企业的数量要少于非公司型企业。例如，19 世纪 80 年代中期，日本企业总数为 649 万家，公司型企业仅 200 万家；美国企业总数为 1692 万家，其中，独资企业占 75%，合伙企业占 18%。但是，就公司所拥有的资产、产值和利润来看，公司处于压倒性的优势。70 年代初，仅日本占公司总数 0.14% 的大公司就拥有全国总资产额的 46%；同期美国 500 家最大工业公司占全国销售总额的 65%，占利润总额的 74.8%。正因为如此，发达国家的公司,特别是大公司控制着全国的经济命脉。

再者,公司的充分发展还表现在公司的规模方面。随着生产社会化水平和市场竞争激烈程度的提高,公司的规模也在增大。公司扩大自己规模的主要形式是托拉斯和企业集团。美国是一个典型的托拉斯国家。托拉斯是一种特大型的公司组织。1882年美国成立第一家托拉斯组织,即美孚石油公司,至1907年托拉斯组织已发展为250个,此后,又有了进一步发展。在托拉斯基础上,美国又组成许多财团。财团是一种企业集团,它是公司的联合,而不是联合公司。20世纪70年代中期,美国洛克菲勒等十大财团已经控制全国所有公司资产总额的30%。财团属下的大公司,其规模之大远非一般公司所能比拟。例如摩根财团控制下的通用电器公司,竟包括35个州的224家制造厂,国外的24个国家的113家制造厂;除生产电器外,它还是军火承包商,制造导航仪表、喷气式飞机引航导航系统、导弹系统、雷达系统、导弹和宇航系统等等。康采恩也是一种企业集团,它产生于德国,通常由一个母公司和若干子公司和参股公司所构成,其职工人数少则几万,多则十几万、几十万人。1903年成立的西门子-舒克特电气康采恩拥有34万职工。日本企业集团产生于20世纪50年代,经过几十年的发展,规模日益增大。而构成集团的成员本身就是很大的公司。如日本精工产业集团就由埃普森公司、服部精工公司、精工舍公司、精工仪器电子公司、项波精工舍公司五大公司组成,每个公司属下又有十几个、几十个分公司。1984年,该集团销售额达30亿美元。

此外,在讲到公司充分发展时,不可忽视跨国公司这一组织形式的出现。第二次世界大战以后,发达国家对外私人投资急剧增加,使得公司的发展超越了国界的限制,形成众多的跨国公司。据联合国调查,主要发达市场经济国家的跨国公司,1968~1969年共7276家,其国外分公司和子公司27300家以上。20世纪80年代中期,广义跨国公司已达2万家左右,拥有资金6500亿美元,其分公司和子公司达10万家。其中,50个最大的跨国公司拥有一半以上的海外直接投资。

二、公司的中心地位

由于公司的充分发展,公司在社会生活中越来越处于中心地位。公司是国民经济的基本细胞,国民经济的财富主要是由公司创造的。既然公司,特别是大公司已经控制了国民经济的主要命脉,并且成为企业的支配力量,那么,它也是财富的主要创造者。1983年,美国公司收入已占全国所有企业总收入的90%,而其中"百万富翁"公司又集中了所有公司收入的92%。

鉴于公司在国民经济中的极端重要性,它在国家政治生活中也占据了举足轻重的地位。在日本大选中,公司提供着数额惊人的政治捐款。自民党的政治捐款几乎全部来自公司及其团体。1983年,仅向自治省申报的高达1094亿日元的政治捐款中,绝大部分资金是由公司或由公司组成的行业团体捐献的。此外,公司还为政治家们提供大量的私下捐款。在美国,虽然法律禁止公司的政治捐款,但公司巨头和百万富翁们以个人名义提供的政治资助无不来自公司收入。各大公司利用自己的经济实力,操纵总统选举,争夺国会席位和政府要职,或通过院外活动去影响政府决策。

在文化教育和其他社会生活方面,公司的作用也日益显著。现代公司不仅是经济人,而且还广泛地参与社会活动,除政治生活外,在文化、教育、科研、艺术、学术、出版、国际文化交流等方面所处的地位也日益重要。

鉴于公司在国家和个人生活中的地位,以及公司间的相互影响,在现代社会中,人们对公司信息和知识的关注达到前所未有的程度。在日本,一本《公司指南》的年发行量竟可达400万册。

三、完备的公司制度

在公司发展的现代阶段,它的组织和运行已经相当规范,从公司创办、经营、管理、发展,到公司的清算与破产,均有章可循,公司制度已经相当完备,它把公司内部、公司之间,以及公司与政府之间的关系调整得井然有序。现代公司制度就像城市的交通规则那样,把一个熙熙攘攘、车水马龙的闹市管理得井井有条,以至于谁要违反这种规则和制度都会受到经济或法律的制裁。

现代公司的完备制度大都用法律条文固定化。1673年,法国首先以法律形式在商事条例中确认公司制度。随着经验的丰富与积累,公司的立法日益完善,现在,许多国家,如英国、美国等都颁行专门的《公司法》,也有些国家,如法国、比利时、西班牙、葡萄牙等把公司法纳入商事法典。我国则从1994年7月1日起,正式实施《公司法》。随着《公司法》的实施,我国企业公司化的进程大大加快,公司行为也纳入到现代公司制度中。

四、公司经营多样化

现代科技的迅速发展,一方面使社会分工越来越细,另一方面又使各部门、各企业之间的协作关系日益密切。与此相适应,它对企业的经营也产生了双重影响,即一方面使某些企业,特别是小企业的专业化程度越来越高;另一方面,又使另一些企业,尤其是大公司的经营更加具有多角化和综合性。大公司多样化的经营更加节省、盈利更高,而且协作关系也更加稳定。同时,现代市场竞争日趋激烈,也使得各公司不得不去寻求某种风险较小而盈利更多的经营方式。由于多样化经营可以使公司在风云变幻的市场竞争中的回旋余地更大,能够以盈补亏,不至于因一种经营失利而导致"全军覆没"。因此,大公司普遍倾向于多样化经营。

公司的多样化经营一般是通过公司间的相互合并来实现的,特别是不同部门而业务又毫无联系的各公司间的合并,往往会加速公司多样化经营的进程。第二次世界大战后初期,这种混合型合并在美国占合并总数的1/3,70年代增加到3/4,美国通用汽车公司,除生产汽车外,它生产的其他产品也很可观。如它所生产的铁路机车占全美铁路机车总量的85%,柴油机引擎占全国该产品总量的75%,电冰箱占全国电冰箱总产量的30%。美国德克萨斯集团公司本来是一家纺织品公司,现在除生产纺织品外,还生产和经营直升机、电子仪器、钢笔、银器首饰、五金制品等。美国电话电报公司生产的消费品和劳务包罗万象,几乎囊括了人们日常生活所需要的一切。每个家庭都可以从国际电话电报公司获取所有的日用消费品,可以买到房屋,进行房屋保险,出外旅游能够住到国际电话电报公司开放的旅馆、乘坐出租的汽车,吃到生产的面包,看到彩色电视,可以从该公司生产的自动售货机里买到香烟和咖啡,还可以从该公司的金融机构里得到贷款。在日本,公司多样化经营也很发达。据日本经济企划厅1971年调查,日本制造业中有74.7%的企业,商业、服务业中有58.7%的企业实行了多角化。现在,在日本,几乎找不到一家大公司仍然实行单一化经营了。日产汽车公司也大量生产游艇,就连纺织品公司也生产药品、口香糖、冰淇淋、肥皂、化妆品,三菱商拓公司的经营领域,"从方便面到导弹",几乎无所不包。

【**总结案例**】

公司演变发展的五个阶段

1. 近代早期公司的发展

15世纪末,地理大发现开通了东西之间的航线,使世界商业贸易大为改观。西班牙、葡萄牙、荷兰、英国迅速崛起,并使早期的贸易大国意大利大为逊色。此时,13~14世纪曾盛极一时的意大利和德意志都市的商业、银行金融业逐渐衰落,西班牙、葡萄牙、荷兰、英国等作为商业和金融中心逐渐兴起。这些国家在重商主义思潮的影响下,大力发展对外贸易和进行海外殖民地掠夺。近代公司也在对外贸易的刺激下,得到迅速的发展。这一时期的公司大致沿着两个方向发展:

其一是由一些中世纪存在的家族企业进一步发展和扩大成为比较长期性的组织。如奥格斯堡的安东·富格尔公司,该公司是由中世纪的富格尔家族企业演变而来的,公司在欧洲各地雇用代理人并建立分支机构,总部则保留行政权力;此外,如雷克莫纳的阿法伊蒂家族企业,该公司将大量的权力授予一些分公司,而母公司只充当与现代控股公司相似的角色。这类公司通过接受外界有息存款和鼓励合伙人投资来增加其资本。

其二是沿着15世纪意大利和德国发行可转让股票的合股公司的方向发展。这类公司在英国和荷兰建立一种普遍的和长期的企业组织,如英国在16世纪50年代,首次以合股形式成立的海外特许的"莫斯科公司",该公司成立于1553年,成立时有股份240股,每股25英镑,到1664年,该公司成员发展到160人,有15个董事,但没有采用股份集资制度,仅是采取入股形式组成了一支远洋船队。1581年,英国又成立了利凡特公司,又称土耳其公司,该公司是以股份制建立起来的公司,由218个成员和24个委托人组成。至1600年英国又成立了由英王伊丽莎白一世特许的东印度贸易公司,简称"东印度公司"。东印度公司是以桑德兰伯爵为首的一批冒险商人合股集资建立的。该公司筹集的第一次航行资本由101个股东提供,约3万英镑,15年以后,公司贸易站有20多个,分布在印度、印度洋上的一些岛屿、印度尼西亚、日本。该公司成立的第二年股东扩大到218名,股资近7万英镑,定期分配利润,但不退还股本。近代早期的这些公司,虽具有现代公司的一些特征,但仍非真正意义的现代公司,而且同近代晚期的公司也有所不同。

2. 近代晚期公司的发展

近代晚期的公司是在早期公司的基础上发展而来的。此时的公司同现代公司具有极为相似的特性,但也存在不同。首家永久性股份公司是1602年成立的荷兰东印度公司。在该公司成立后的1610年,首次在其公司投资公告中使用"股份""股东"等词。荷兰东印度公司是1602年由国家特许成立的。荷兰作为世界上第一个资本主义国家,东印度公司、阿姆斯特丹银行和商船队构成了荷兰经济的三大支柱。东印度公司由6个商会联合组建而成,其资本总额达650万基尔特,公司依照宪法制定公司的选举方法,由出资5000基尔特以上的股东召集协议会。公司有8家分公司,主要股东参加这些分公司,从中选出60名董事组成董事会,公司的最高权力掌握在荷兰人手中。作为首家永久性股份公司,荷兰东印度公司开始将其股东看做是长期性的。该公司规定,要兑现该公司的股票只有拿到交易所公开出售。

英国也于1623年仿效荷兰的做法,英国的东印度公司也较早开始发行具有固定票面价值的股票,发行量根据其对资本的需要而定。由于股票的发行和转让,公司的发展进入了新的历史时期,至17世纪中叶,正式的股票交易市场出现,阿姆斯特丹交易所聚集一批证券经纪人和代理人。同样,伦敦的证券与股票交易也在17世纪30年代发展起来。1688年英国经历了资产阶级革命,随着对外贸易,尤其是东印度贸易的发展,财富的增加,股份公司纷纷成立。至1695年,已有100家新公司成立,资本总额达450万英镑。18世纪,由于南海公司的成立及其股票价格的激涨又引出一批新的公司,1719年9月至1720年8月英国新成立的股份公司有195家。股票、股票交易所的出现,对于现代公司的转变起了重要的推动作用。

此时的公司具有以下特征:

① 近代公司大都是由国家特许成立的。如英国东印度公司是在英王伊丽莎白一世特许下成立的,荷兰东印度公司是在荷兰国会特许下成立的,因此,此时的公司又称特许公司。

② 大都是无限责任公司。如,约瑟夫、库利舍尔在《欧洲近代经济史》中指出:荷兰东印度公司以及瑞典、丹麦公司的特许中,均没有规定有限责任,有限责任原则首先在法国提出,但即使在法国,这个原则也未必经常明确地写在公司的规章上。

③ 开始有初步的法律规定。如,英王詹姆士一世统治时期首次确认了公司作为一个独立的法人地位。1673年,法国颁布商事条例,首次以法律形式确认家族营业团体为公司制度。

④ 公司开始以股份集资经营为主,并从短期投资转向长期投资。

在近代的特许公司中可以分为两类:一类是契约公司;另一类是股份公司。前一类公司由一些独立经营、自担风险的商人组成,他们需要在共同经营条件所规定的范围内经商,服从集体的纪律。这类公司,没有共同资本,凡具有相当资格的人,都可缴纳若干伙金,加入组织,但各自的资本由各自经营,贸易风险,亦各自负担,对公司的义务是遵守其规约。而股份公司则是拥有公共资本金的长期性的贸易公司。任何人,无论其是否为商人,均可参加这一类公司。如,荷兰东印度公司的总投资中,最初的股份比例是由共同协商决定的,根据这种协定,公司能否继续生存取决于股票的再次认购情况。但1612年后,公司不再实行此种办法,股东的股票可以到股票交易所转让,从而使公司的资本长期化。从公司的发展看,契约公司在16~17世纪早期占主要地位,但从17世纪开始,股份公司则迅速增加。

3. 18世纪末至19世纪中期公司的发展

18世纪末至19世纪中期,世界主要资本主义国家相继走上自由资本主义的发展道路。在这一时期,主要资本主义国家的工业得到迅速发展,机器大工业得到广泛的建立,生产的社会化程度得到极大的提高。与此同时,公司也得到迅速发展,公司发展由此进入一个新的历史发展时期。此一时期是公司开始由近代公司向现代公司转化的过渡时期,此时的公司具备现代公司的一些基本特征。其发展具有以下特点:

① 公司存在于更广泛的行业。18世纪末,资本主义商品经济取得了主导地位,工业部门中资本主义制度得以确立,经济发展要求扩大资金来源,这促进了市场的扩大,远距离运输业的发展,并且促进了金融和运输业的快速发展,这两个行业的发展又需要大量的资本,从而使公司在这些行业得到迅速而广泛地发展。如1800年美国在制造业中只有6家公司,而在金融保险业中已经有67家股份银行和保险公司,在交通运输业已有219家桥梁和运河公司。可以这样说,18世纪末至19世纪初,股份制度在银行业、保险业、交通运输业及一些主要公用事业部门得到广泛发展,并逐步成为主要的企业组织形式。与此同时,在英国的采掘业、冶炼业、玻璃制造业以及煤气业等制造业中也出现了雇用几百人甚至上千人的股份公司。但此时,公司在工业部门尚未处于主导地位。

② 公司立法为公司的健康发展创造了前提条件。公司的立法与公司的产生存在紧密

的联系。随着公司的不断增加,公司在社会经济中的地位和作用不断加强,公司立法日益重要。在大陆法系国家,早期的公司法规主要存在于商法典中,法国1808年制定的商法典第一编"商事通则"中就规定了"公司"的三种类型:合股公司、两合公司、股份公司。美国公司立法权在各州,纽约早在1807年就颁布了第一个关于公司的法律,允许私人组织公司。1844年英国国会通过一项法律,允许私人组织公司并采用完全公开原则以保护投资者利益。1856年又制定了第一个有限责任的《公司法》,即《有限责任公司法》。1862年又通过了新的《公司法》。瑞典政府也在1848年颁布法律承认股份公司的法律地位。德国也在1861年的旧商法中的第二编做关于公司的规定,1896年德国制定了新商法即德国商法典,其中第二编为"商事公司及隐名合伙",共五章,前四章分别规定了无限责任公司、两合公司、股份公司、股份两合公司的组织和经营。上述事实说明自19世纪初开始,欧美国家相继制定了有关公司的法律,从而使公司的设立由特许公司发展到现代普通公司阶段。

③ 有限责任制的确立为近代公司向现代公司过渡创造了条件,从而使公司得到迅速发展。有限责任制的最终确立标志着公司进入现代发展阶段,也为公司的进一步发展创造了前提条件。有限责任制是先由法国提出的,但当时,这种类型的公司的建立由于申请登记规则严格,建立极不容易,特别是其规则要求公司在注册前要收齐资本。这种严格的规则一直实施到19世纪60年代,到1863年才被取消。总之,19世纪前半期或者说至19世纪中叶公司已由原来的贸易领域发展到银行、保险领域及交通运输领域,并且在制造业领域也有所发展。与此同时,有关公司的立法或出现在商法典中,或以单行法规存在,这标志着公司已开始由过去的特许公司向现代的普通公司过渡。而且,有限责任制的最终确立,也使公司更具有现代意义,从而为后来公司的发展扫清障碍。

4. 19世纪中后期至第二次大战前公司的发展

19世纪中期以后,发达国家先后都由自由竞争资本主义进入垄断资本主义阶段,尤其是1873年资本主义世界经济危机,更加速了资本主义走向垄断的进程。与此同时,由于科学技术的进步,资本主义世界又开始了以电气化为中心的第二次产业革命,产业革命则从另一个侧面推动了资本主义企业组织结构的变化,企业规模愈来愈大,建立企业的投资规模也相应增加,因此早期在资本主义工业中的独资企业和合伙企业越来越不适应生产力发展的需要,股份公司这种新型的企业组织形式在工业中迅速增加,并且在工业部门中占据越来越重要的地位。这一时期公司的发展主要有以下特征:

① 有关公司的立法愈益完善,股份公司的设立愈加法制化,与股份公司相关的立法也开始制定和实施。综观股份公司的立法史,其大致经历三个阶段:第一阶段,人们通常称之为特许主义阶段,在这一阶段股份公司的设立,必须由国王或政府特许,并颁发特许证才能设立,国家对公司拥有绝对的垄断和特权,公司的设立主要服从于国家的政治和经济冒险目的,公司设立手续繁琐,公司数量少,其典型代表是17世纪初设立的荷兰东印度公司和英国东印度公司。第二阶段,又称许可主义阶段,此时设立公司,除了必须符合法律规定外,还必须经行政官署许可。如法国1808年的商法和德国1867年旧商法中关于股份公司的规定。第三阶段,又称准则主义阶段,此时由于经济的发展,科学技术的进步,股份公司越来越多,因此,原有公司设立的规定,越来越难以适应新的发展需要,并妨碍资本的集中。因此,西方发达资本主义国家相继实行准则主义。开始时采取单纯的准则主义,如,英国1862年的公司法。后来发展到严格的准则主义,其主要表现在两个方面:一是严格规定公司的组织与会计,强化监督与处罚。如法国1867年的公司法,1893年修正的股份公司法,德国1937年的

股份法。二是严格公司主义原则,以促进公司制度的健全,维护商品交换秩序。如美国1928年的《统一商事公司法》,1934年的《证券交易法》。

② 新的公司形式不断出现,有限责任制不断得到加强。公司的组织形式在公司的发展中不断地新陈代谢和不断地多样化,从公司形式的演变过程看,公司的组织形式大致经历了以下几个不同的发展时期:a. 最早出现的公司形式是无限公司,它与合伙企业无本质的区别,在无限公司中,公司对其债务负连带的无限责任。b. 继无限公司之后出现了两合公司,在两合公司中,存在无限责任股东和有限责任股东,无限责任股东负无限债务责任,有限任股东则负有限债务责任。c. 至17世纪初,公司组织形式出现了质的飞跃,股份有限责任公司作为一种全新的组织形式出现在西欧资本主义国家,但由于该类公司的设立手续繁琐,于是18世纪末,出现了类似两合公司的股份两合公司。两合公司和股份两合公司由于不能适应经济发展需要,在发达国家后来的公司形式中很少存在。d. 进入19世纪,股份有限公司不断增加,而且在西欧国家中又出现了一种新的企业组织形式,即有限责任公司,德国于1892年通过世界上第一个"有限责任公司法",之后许多国家均出现了"有限责任公司"的立法。如日本1938年颁布的"有限责任公司法"。股份有限公司和有限责任公司目前已成为世界各国主要的公司组织形式。

③ 公司成为工业部门中主要的企业组织形式。19世纪初期,公司主要存在于贸易、银行、保险、交通运输业,到19世纪中后期及20世纪前期,由于科学技术的进步,在发达国家进行了第二次产业革命后,钢铁工业、机械制造业、电力工业和化学工业等新兴工业部门得到了迅速发展,重工业在工业中占据了重要地位,由于这些行业的企业投资规模大,因此,它们广泛采用公司制度,大股份公司迅速增加。在美国,由于在修筑铁路中组织股份公司取得了很大成功,所以从19世纪后期开始,在钢铁、煤炭、机械制造业为中心的重工业部门中广泛实行股份公司制度。美国工业股份公司产值在1899年约占全国工业生产总值的67%,而到1919年,此比例已接近88%。

④ 公司开始向巨型化、大型化的垄断组织方向发展。19世纪初,由于技术的进步,企业生产规模不断扩大,加上早期资本主义企业之间的竞争,资本集中的趋势不断加强,开始由自由竞争的早期资本主义走向垄断资本主义的发展道路。垄断组织,如卡特尔、辛迪加、托拉斯、康采恩等遍布各主要工业部门,垄断成了全部经济生活的基础。股份公司通过企业间的参股和控股,兼并或合并发展成为巨型的垄断公司,从而使公司的规模空前地扩大,股份公司不仅在数量上,而且在规模上,进入了一个新的历史发展时期。在美国,1879年,出现了世界上第一个石油托拉斯,该托拉斯控制了30家公司的全部股票,并控有26家公司的多数股票,从而掌握了全国石油产量的90%。1888年,7个采煤托拉斯控制了差不多美国全部无烟煤的产量。但由于1900年制定了《谢别尔曼反托拉斯法》,一些托拉斯被迫进行改组,成立控股公司,1900年美国成立了著名的标准石油公司——美孚石油公司,该公司的资本达1.5亿美元,发行了1亿美元的普通股票和1600万美元的优先股票。到20世纪初,各大垄断组织控制了美国石油生产的95%,钢铁生产的66%,化学工业的80%等等。

5. 第二次世界大战后公司的发展

二次世界大战后,西方发达国家社会、经济和科技发生了深刻的变化,传统的经济自由主义被凯恩斯的国家干预主义所取代,国有企业迅速增加,国家对经济的宏观调控得到加强。与此同时,在科技领域中,发生了重大的技术进步,以电子技术、生物技术、空间技术为核心的技术革命促进了第三次产业革命。在这一大的经济社会背景下,公司的发展也出现

了一些新的特征,其主要表现为:

① 公司已成为社会经济中的主导企业组织形式。在资本主义经济中,企业组织形式主要有三类:独资企业、合伙企业、公司制企业。在资本主义的早期阶段,公司主要存在于投资规模大的金融、交通运输、贸易领域,但自19世纪中期以来,公司在工业领域得到迅速发展,二次世界大战后公司的发展更是迅速。目前已成为西方国家经济中的主要企业组织形式,公司经济控制着国民经济的命脉。

② 公司立法及相关立法日益完善。公司立法自19世纪初以来,得到迅速发展,19世纪中期,西方主要发达国家都有公司立法。在公司的发展过程中,公司立法不断修改和完善。第二次世界大战后,公司立法得到进一步加强,许多与公司有关的法律被制定出来,并付诸实施。如美国1970年颁发的《证券投资者保护法》就是为了保护投资者的利益而专门制定的法规。

③ 公司的垄断日益加剧。自19世纪中叶以后,随着生产力的发展,资本主义生产也越来越集中,垄断公司大量出现。二次世界大战后,公司的垄断化趋势不断加强,垄断大公司在国民经济及各行业中处于绝对的控制地位。如1970年美国500家最大的工业公司占全国工业产品销售额的65%,1974年美国800家大公司获取的利润占全国公司税后利润的70%。汽车工业中,美国通用、福特、克莱斯勒三大汽车公司占全国汽车产量的92%;日本的丰田、日产、东洋三大汽车公司占了日本汽车市场的3/4;原联邦德国的大众、阿佩尔、戴姆勒-奔驰三大汽车公司占本国生产汽车的75%以上;法国的雷诺、普吉奥-雪铁龙两大汽车公司几乎垄断了全国汽车市场。

④ 金融机构与工业公司日益相互渗透。在二次世界大战后,有些国家银行和工业公司之间相互参股、控股的趋势日益加剧,从而使银行业与工业公司的联系日益密切,形成大的金融财团。二次世界大战后,日本的三菱、住友、三和、富士、第一劝业等大金融集团以各自的银行为中心,通过参股、控股控制着大批公司。日本金融机构是最大的股票持有者,1979年金融机构持有全国上市股票的40%。

⑤ 新的垄断组织——混合联合公司出现。混合联合公司是二次世界大战后发展起来的以一业为主,经营多种业务的公司组织。混合联合公司的形成主要有两个途径:一是一个较小的主要生产某一单一产品的公司通过大量混合兼并,形成一个生产产品互无关联的多部门的混合体。如波士顿财团的一家大混合联合公司特克斯特隆公司,该公司原是一家小纺织公司,二次世界大战后兼并了大量企业,目前已发展成为拥有70多家子公司,生产数十种工业产品的庞大垄断公司。二是原来一个规模较大的主要生产某一单项产品的公司,通过大量的混合兼并,形成一个互无关联的多部门的混合体。如国际电话电报公司,该公司原是一家专营电信设备制造和电信劳务的公司,1960年资产额有9.2亿美元,在工业公司中名列第35位,在20世纪60年代,兼并了50多家公司,形成一家以经营电信事业为主的混合联合公司,其在工业公司的排名也上升到第9位。

⑥ 国有企业在战后得到发展。第二次世界大战后,西方国家政府对经济的干预程度更高,国有经济得到较大的发展。英国在战后就出现了两次国有化高潮。第一次是1945～1951年艾德礼工党政府期间。第二次是在1974年威尔逊工党政府期间。国有化对象是大型的制造公司和尖端工业公司。如英国的莱兰汽车公司、飞机和导弹公司、艾尔福雷德公司、赫伯特公司,此外,还包括全部造船业。法国战后也有两次国有化高潮。第一次是在1944～1946年戴高乐执政期间。国有化领域主要是银行、基础设施、交通、燃料、通信等领

域。第二次则是 20 世纪 80 年代初密特朗社会党政府期间的国有化浪潮。其重点是私人垄断资本的大银行、大公司。

资料来源：董伍伦，李强.现代公司管理[M].4 版.北京：经济科学出版社，2014.

◆ 知识点

包税商　　资本主义公司　　投资风险　　制造业　　金融业　　股份银行　　股票

◆ 习题

1. 在古罗马时代，公司的萌芽具有哪些企业特征？
2. 请谈谈近代公司出现在欧洲的原因，以及思想文化对企业产生的影响。
3. 请论述现代公司的发展历程。

第三章 公司选址

公司选址对于公司的长期发展至关重要,甚至是关系到公司成败的重要因素,因此了解公司选址问题,掌握公司选址方法是公司生产经营的重要内容。本章首先阐述公司选址的基本问题及其重要性,其次列出公司选址的常用方法,最后分析服务业与制造业在公司选址上的差异。

一、英特尔投资大连

2007年3月美国英特尔公司宣布在中国大连投资25亿美元,建立一个生产300毫米晶圆的工厂。在同英特尔长达三年的艰苦"恋爱"时间里,大连击败群雄,在众多竞争对手中脱颖而出。

英特尔的严格是举世闻名的。在英特尔落户大连的过程中,英特尔先后向大连提出了1000多个问题,每个问题都要求在规定的时限内完成,而且答案要有详细明确的证据,英特尔还要暗中调查。比如,需要提供一份过去100年中关于大连地区地震情况的资料。英特尔的考察人员来大连,从来不事先通知政府部门,他们同大连方交流有自己的原则,即"三不准":不准交换名片、不准递交资料、不准近距离接触。在两年多时间里,英特尔究竟有多少人次来大连考察访问,谁也统计不出来。据大连市有关部门保守估计,至少也有400多人次。

在引进英特尔过程中,大连海纳百川的城市性格,还突出表现在政府的热情、高效、规范的服务上。英特尔公司CEO欧德宁认为,吸引英特尔的主要原因,除了成本、市场等因素外,大连市的公共服务也做得很好。

二、赛诺菲-安万特在深圳建立工厂

2007年11月26日下午,在北京举行的"赛诺菲-安万特在深圳建立流感疫苗生产工厂"的新闻发布会上,深圳市政府与赛诺菲-安万特共同宣布:在中法两国领导人的见证下,赛诺菲-安万特与深圳市政府签署了在深圳建立流感疫苗生产工厂的协议。这是迄今为止中国最大的外商投资生物制药项目,一期投资达7亿元人民币。

对于选择在深圳建立工厂,赛诺菲-安万特首席执行官雷福杰表示,这是公司的战略选择。深圳是中国最具活力的城市之一,公司与深圳已有十年的良好合作历史,获得了深圳的大力支持,特别是深圳市熟练的技术工人、良好的生产环境和深圳市政府鼓励这样的高新技术项目在深圳落户等因素最终促成了公司在深圳投资。

赛诺菲巴斯德(赛诺菲巴斯德是赛诺菲-安万特集团的疫苗事业部)——深圳流感疫苗项目的谈判历时3年,投资方曾对选址进行过3轮评估。2007年7月19日,双方最终签订了项目投资协议准备书,确定这家新的疫苗生产厂落户深圳国家生物产业基地。

资料来源:https://m.focus.cn/chanye/news/5752644/#modile.qq.com。(本文引用时有删减。)

第一节 公司选址的基本问题及其重要性

一、选址问题

(一)选址问题的起源

1909年,Weber(韦伯)研究了在平面上确定一个仓库的位置使得仓库与多个顾客之间的总距离最小的问题(称为韦伯问题),正式开始了选址理论的研究。1964年,Hakimi提出了网络上的P-中值问题与P-中心问题,这篇具有里程碑意义的论文大大激发了选址问题的理论研究。从此,选址理论的研究开始活跃起来,文献数目也急剧增多。

选址研究中的典型问题,如韦伯问题、中值问题、覆盖问题、中心问题、多目标选址、竞争选址、不受欢迎的设施选址、选址-分配、选址-路线等,都是引起广泛关注和深入研究的热点课题,研究得也较为成熟。

(二)选址问题研究内容

选址问题是运筹学中经典的问题之一。选址问题在生产生活、物流甚至军事中都有着非常广泛的应用,如工厂、仓库、急救中心、消防站、垃圾处理中心、物流中心、导弹仓库的选址等。选址是最重要的长期决策之一,选址的好坏直接影响到服务方式、服务质量、服务效率、服务成本等,从而影响到利润和市场竞争力;甚至决定了企业的命运。好的选址会给人们的生活带来便利,降低成本,扩大利润和市场份额,提高服务效率和竞争力,差的选址往往会带来很大的不便和损失,甚至是灾难。所以,选址问题的研究有着重大的经济、社会和军事意义。

选址问题的研究内容十分广泛,从城市、产业带、经济技术开发区、跨国经济集团分公司到机场、水利设施、人类居住区、销售网点以及仓库、配送中心等的区位决策都是选址问题研究的范畴,涉及经济、政治、社会、管理、心理及工程地质等多门学科。设施选址是众多选址问题的一个重要研究领域,所研究的设施是指与生产、商业流通及人类生活有关的用地规模相对较小的具体网点、场所,如工厂、仓库、消防站、变电站、污水处理中心、加油(气)站等。研究方法主要依靠运筹学、拓扑学、管理学等计量方法,这是设施选址与其他选址问题的重要区别。

(三)选址的基本问题

1. P-中值问题(P-median problems)

中值问题的目标是使所有需求点到设施的平均权重距离最短(距离也可用交通、运输时间表示)。Hakimi(1964)最早提出中值问题。其文章假设每个节点是需求点同时也是设施点,网络中的线路表示交通线路。作者提出对于任一给定设施数 P,总存在至少一个最优解使得总距离最小。后来 Cooper 建立的模型不仅在网络中选择设施区位,而且确定设施在网络中的服务范围。Goldman 研究在树状网上如何选择一个设施点的中值问题,具体方法为首先任选一个节点,计算该点的权重是否超过所有权重的一半,如果是则为中值点,如果不是则该点权重被计算在相邻点上,直到找到中值点为止。

2. P-中心问题(P-center problems)

P-中心问题也叫 minmax 问题,是探讨如何在网络中选择 P 个服务站,使得任意一需求点到距离该需求点最近的服务站的最大距离最小问题。Hakimi 首先提出网络中 P-中心问题,Kariv 和 Hakimi 证明 P-中心问题为 NP-困难问题。Drezner 和 Wesolowsky 提出了 Drezner-Wesolowsky 法解决多服务站的 P-中心问题。Francis 在平面上的 P-中心问题研究中取得一些进展,Wesolowsky 研究基于直线距离 P-中心问题;十年后,Chen、Ward 和 Wendell 对基于欧几里得距离的 P-中心问题做了研究。Masuyayma;Ibaraki 和 Hasegawa;Megiddo 和 Supowit 证明了基于直线距离和欧氏距离的 P-中心问题都是 NP-完全问题。C. Caruso 等通过求解一系列集覆盖的问题的办法求解 P-中心问题。Hassin、Levin、D. Morad 提出了运用词典区域局部搜索法来求解 P-中心问题。Y. Levin、A. Ben-Israel 对大规模 P-中心问题给出了启发式算法,对一些著名的问题进行了计算分析。

3. 覆盖问题(Covering Problems)

覆盖问题分为最大覆盖问题和集覆盖问题两类。集覆盖问题研究满足覆盖所有需求点的前提下,服务站总的建站个数或建设费用最小的问题。集覆盖问题最早是由 Roth 和 Toregas 等提出的,用于解决消防中心和救护车等的应急服务设施的选址问题,他们分别建立了服务站建站成本不同和相同情况下集覆盖问题的整数规划模型。随后 Minieka、Moore 和 ReVelle 等都继续研究集覆盖问题。Plane 和 Hendrick;Daskin 和 Stern 建立了服务站个数最小和备用覆盖的顾客最大的双目标集覆盖问题。H. S. Huang 研究了产品会随时间变坏或变好时的动态集覆盖问题。

最大覆盖问题或 P-覆盖问题是研究在服务站的数目和服务半径已知的条件下,如何设立 P 个服务站使得可接受服务的需求量最大的问题。同其他基本问题一样,最大网络覆盖问题也是 NP-困难问题(M. S. Daskin)。最初的最大覆盖问题是由 R. L. Church 和 C. ReVelle 提出的,他们将服务站最优选址点限制在网络节点上;R. L. Church 和 M. E. Meadows 在确定的关键候选节点集合中给出了一般情况下的最优算法,他们通过线性规划的方法求解,如果最优解不是整数就用分枝定界法求解;Church 和 Meadows 提出了最大覆盖问题的伪 Hakimi 特性,即在任何一个网络中,存在一个有限节点的扩展集,在这个集合中至少包含一个最大覆盖问题的最优解。

(四) 选址问题的扩展

在前面三个基本选址问题的基础上考虑其他因素就形成了扩展选址问题。由于扩展选址问题是由不同的分类方法根据实际应用的需要组合而成的,所以各类型之间存在较大的交叉,这里仅以最具代表特征的部分对不同的类型命名并进行综述。

1. 带固定费用和容量限制的选址问题

最容易也最常想到而且也最有实际意义的就是考虑服务站建站的固定费用和服务站的容量(服务能力)限制这两个因素,所以早期对基本选址问题的扩展研究较多地集中在将这两个因素加进基本选址问题上。无容量限制固定费用下的选址问题(Uncapacitate Facility

Location Problem,UFLP)就是将固定建站费用加到 P-中位问题的目标函数上,并且去掉对服务站建站个数的约束。Cornuejols、Fisher 和 Nemhauser 对该问题进行了细致的分类和具体的分析,Swain 运用 Bender 分解法求解 UFLP,Barros 和 Labbe;Holmberg 对 UFLP 进行了更深入的研究。Geoffrion 和 McBride 研究用拉格朗日算法解决带容量限制的服务站选址问题。Mukundan 和 Daskin 将固定费用有容量限制的选址(Capacitate Facility Location Problem,CFLP)用于解决利润最大化的类似问题,Bender 分解法也被 M. Daskin 用来求解 CFLP。2011 年 5 月,Hinojosa、Puerto 和 Fernandez 研究了多产品带容量限制的服务站选址问题,Melkote 和 Daskin 总结了网络上带容量限制的服务站选址问题的各种模型。R. Baldacci 等提出了一种基于集剖分的方法来求解容量限制的选址问题。

2. 截流问题

截流问题研究顾客需求产生在路线上的问题,根据服务站工作性质可以分为服务型和对抗型两大类。服务型截流问题广泛应用于交通规划、交通服务、交通监测等方面,比如如何在交通路网中设立交通量观测点使监测到的交通流量最大的问题就是服务型截流问题。对抗型截流问题用于解决收费、检查、缉私等站点的选址问题。Hodgson 最早提出截流问题,研究了需求路线确定的条件下,给定设施的数目,如何在网络中选址使通过服务站的需求量总和达到最大的截流问题,并建立了此类问题的基本模型,提出了启发式的贪婪算法来求解截流问题模型。Mirchandani、Rebello 和 Agnetis 通过基本截流问题向集覆盖问题的转换证明了基本的截流问题是 NP-困难问题。Hodgson 等研究了服务站的顾客流量是由两部分组成的截流问题,一部分是产生于日常路线上的过路需求,另一部分是产生于节点的固定需求。Averbakh、Berman 研究了顾客流量细分和接受多次服务的一般模型和扩展模型。Berman 和 Krass 首先给出了竞争环境下的服务站截流选址问题,并给出了启发式算法和最坏情况分析。Mirchandani、Rebello 和 Agnetis 最早提出了对抗型服务站的截流问题。H. Yang 和 C. Yang 研究了用户路线不确定条件下,检查站设在网络的边上的截流问题,建立了线性规划模型,并用列生成法求得精确解。

3. Hub 选址问题

Hub 选址问题和截流问题有些类似,需求也是产生在 OD 对上,在顾客从 O 点出发到 D 点的过程中要接受 Hub 的服务。同截流问题不同的是,OD 流并不是走最短路从 O 点到 D 点,经过 Hub 中转服务后要比直接从 O 点到 D 点要快,比如交通系统中的中转站、通信系统的交换机或服务器等。O'Kelly 开创了 Hub 选址问题的研究工作,Marianov 研究了竞争环境下的 Hub 选址问题。Kara 和 Tansel 研究了单分配 P-Hub 选址问题,Ebery 和 Krishnamoorthy 研究了带容量限制多分配的 Hub 选址问题。

4. 选址-分配问题

选址-分配问题的一般形式类似于 P-中位问题,最初由 Curry 和 Skeith 提出这一问题。Geoffrion 和 Grave 开始研究多级服务站选址-分配问题。Wesolowsky 和 Truscott 研究了多阶段的选址分配问题,并用 Bender 分解法求解配送中心选址问题。Oodchild、Hodgson 也参与了这个问题的研究并对选址-分配问题进行了理论回顾。Marianov 和 D. Serra 研究了受等待时间或排队约束的多服务中心选址-分配问题。L. Brotcorne、G. Laporte 和 F. Semet 以救护车为背景对选址-分配问题研究现状进行了总结。

5. 随机选址问题

随机选址问题中考虑到现实世界的复杂性,把服务站的运行时间、建设成本、需求点位置、需求数量等部分或全部输入参数看做是不确定的。随机选址问题分为随机概率问题和随机情景问题。随机概率问题是指输入参数是服从某种分布时的随机选址问题。Carbone 在解决需求不确定下公共设施的网络选址问题时开始研究了需求量服从多变量正态分布、带机会约束的 P-中位问题,建立了非线性模型。Weaver 和 Church 研究在任意弧长服从离散随机分布的随机网络上的中位问题,建立了整数规划模型并用拉格朗日松弛算法和替代启发式算法求解。Berman 和 Odoni 等研究了行程时间状态随马尔可夫状态转移矩阵变化的多设施选址问题。Mirchandani 研究了行程时间、供应与需求模式都是随机变化的条件下的 P-中位问题和无容量限制固定费用的仓库选址问题。Vanston 等研究了情景建模的方法,给出了 12 种生成合适情景的步骤。随机情景模型的目标最少有三种方式:所有情景下的期望值最好、最坏情景下的目标值最优、所有情景下的期望遗憾度或最坏情景下遗憾度最小。Averbakh 和 Berman 研究了间隔需求不确定条件下最小遗憾度的网络 P-中心问题。D. Serra 等通过建立多种需求情景,建立了目标函数为服务的最小需求最大和最大遗憾度最小的两个随机情景问题模型,在他们用此办法解决巴塞罗那的消防站选址决策的问题中,网络节点需求和行程时间都是不确定的。A. Ghosh 和 S. L. McLafferty 应用这种方法解决了环境不确定时零售连锁店选址问题,目标是使市场份额最大化。

6. 动态选址问题

现实世界中不仅存在着不确定性,也存在着动态性,因此动态模型能更准确地反映实际问题,当然,考虑动态因素不可避免地会增加模型的复杂性和求解的难度。一般而言,分销中心、配送中心、消防站、急救中心等设施一旦修建要服务很长时间。但影响选址决策的因素如需求、运输成本是变化的,再次规划、建设新的设施点成本太高,动态选址问题应运而生。Scott 研究问题为在每个时段内布置一个设施点,一旦设施点被选定,它只为一个特定的区域服务。Wesolowskky 与 Truscott 扩展了上述模型,决策者可根据预测的需求变化重新布置设施点。他们构建了整数规划模型,在约束条件中加上了一个时期内可重新选址的次数。研究动态选址问题的学者还有 Frantzeskakis、Shulman 等。

7. 竞争选址问题

竞争选址问题考虑市场上存在两个以上的同类产品或服务的提供者,或服务站提供多个产品或服务。目前的竞争选址研究集中在静态问题上,考虑确定和随机两种情况,研究背景多以连锁零售业为主。静态确定型的竞争选址问题是在现存的竞争者已知而且确定、顾客只到最有吸引力的服务站的"全有全无"假设的条件下研究的;静态随机竞争选址问题是在 Huff 的引力模型的基础上研究的。H. Hotelling 在 1929 年首先提出了两家卖主寡头垄断的市场竞争模型。Nakanishi 和 Cooper 在竞争选址研究中提出了一个影响市场份额分配的效用函数。Hakimi 研究了竞争环境下的 P-中位问题。T. Drezner 在向现有服务站集增建一个服务站的问题中引入了考虑服务站品质引力和平衡距离的效用函数,建立了确定竞争选址模型。

二、公司选址的重要性

公司选址是经济研究和分析中的重要内容。

首先,公司选址涉及公司的大额资金投入,是一项长期投资,具有长期性和固定性,也代表着巨大的决策风险。倘若外部环境发生变动,在短期内其他经营因素都可以随之进行相应调整,以适应外部环境的变化,而选址一经确定就难以变动,选择得好,企业可以长期受益。但是选址一旦出现问题将对公司造成无法估计的负面影响,而且公司也无法在短期内更改选址。因此,公司选址是公司发展战略中的一个重要发展环节,选址是否正确,对公司的生存和发展起着至关重要的作用。

其次,选址事关企业成败,企业位置的选择将显著影响实际运营的效益、成本以及日后企业规模的扩充与发展。相对于制造型企业而言,服务性企业的选址更为重要,其位置的好坏在很大程度上直接决定了企业的营业收入,最终决定了企业的存亡。很多国家的大型跨国公司在中国进行投资办厂时,都将区位因素放在最重要的位置。

再次,成功的选址能够帮助公司或者企业树立良好的企业形象。特别对于服务类企业,成功的选址不仅能够提升企业形象,也能够扩大企业的"能见度",能够为公司或者企业起到宣传作用。

最后,选址是制定经营目标和经营战略的重要依据。商业企业在制定经营目标和经营战略时,需要考虑很多因素,其中包括对选址进行研究,从而为企业制定经营目标提供依据,并在此基础上按照顾客构成及需求特点,确定促销战略。

所以,公司选址问题是现代企业成功的重要问题。成功的公司选址能够帮助公司在长期竞争中形成优势,而失败的选址则会阻碍公司的发展,甚至会导致公司破产。

第二节　公司选址的影响因素

不同类型的公司或者企业在选址方面考虑的侧重点都不相同。比如工业企业以交通为导向,将原料和产品的运输作为主要的考虑因素,根据生产和运输成本的最小化来进行选址。以市场为导向的服务型公司则将选址靠近市场,例如餐饮、零售等企业选址多是在中心商圈、住宅区、交通枢纽等接近市场处。以原材料为导向的公司,对原材料的需求较大,则会将企业选在靠近原材料产地。而高新技术企业则基于科技人才的工作与生活环境而对环境有所要求,其选址则倾向于拥有丰富的科技资源、优越的居住条件的地区,例如美国的硅谷、印度的班加罗尔和中国的中关村。

选址会直接影响到公司的收入和成本,虽然各种选址因素对不同公司的盈利水平有不同程度的影响,但公司还是应该对所有可能导致收入和成本发生变化的主要因素做出评价。

一、政策环境因素

随着经济自由化程度的提高,人为环境成为公司选址时不可忽视的一项重要因素。政府政策会直接或者间接地对公司的生产经营产生重要的影响。公司在选址时应倾向于以服务为基础的政府,而厌恶对企业进行过多行政干预的政府。例如深圳,深圳从改革开放前的一个小渔村,没有经济基础,也没有科技基础,经历几十年的发展到如今,却能发展成为和北京、上海一般的国际都市,重要的原因就是因为深圳的优惠政策和经济改革,吸引了大量的科技人才,公司落户,促进了深圳的经济和科技发展,被誉为"一夜崛起之城"。除了国家政策的扶持,深圳市政府也出台了相关的规定,保证当地的经济和科技的发展。这些政策和规定改善了深圳发展的人文环境,为深圳市带来了不可限量的发展前景,吸引了大量的公司选址在深圳。所以现在公司应当重视区域经济的政策因素的影响。

政府提供的诸多优惠政策,例如免税期、低税率、基础设施建设、低息贷款、环境限制的放松等,都可能吸引公司到当地建厂。受改革开放的影响,不止深圳吸引了大量的公司,中国其他地区也同样吸引了大量的跨国企业落户中国。西部大开发政策的推行,吸引了国内外众多公司、企业在我国西部地区选址。

二、基础设施与社会公共服务因素

一个区域内包括供水供电、通信、交通等基础设施,是公司或者企业在该区域内开展生产经营活动的基本条件,在基础设施建设落后的地方进行建厂发展,不仅会增加企业生产经营的难度,也会增加企业的投资和运营成本。我国公司或者企业过去在选址时,未能充分考虑基础设施建设的问题,再加上我国部分地区基础设施建设不完善,使得公司或者企业不得不自办水厂、电厂。并且企业自办的基础设施并不能达到经济规模,不仅扩大了公司发展的负担,也会阻碍该地区资源的合理利用。

完善的基础设施对所有的公司或者企业的选址都有着关键性的影响,但是不同类型的公司在基础设施方面的侧重点却有不同。例如,铝矾土的加工需要大量电力,所以铝的加工制造企业往往选址在电力供应充足且成本较低的地区;钢铁生产需要大量的水,用于冷却和加工,钢铁企业在选址时,则会优先考虑供水充足的地区;高新科技企业因产品体积小但是价值昂贵,需要便利的通信条件,所以高新技术企业则会选择靠近机场,通信设施完善的地区。

现代公司的发展离不开发达的社会公共服务。社会公共服务主要包含进入服务、信息咨询、法律服务、教育、医疗等在内的多种服务,这些社会公共服务能够帮助企业减少所承担的社会事务。以中关村为例,中关村拥有两百多家国家级科研院所,六十多个国家重点实验室等高新技术研发基地,一个重要的原因是经过几十年的发展,中关村科技园区的综合性服务基础设施为高新技术公司的发展提供了基础性的保障。中关村的专业化服务与设施为高科技企业的高速运行提供了全部服务,如实验品、产品的生产都有专业化的生产公司;产品的包装设计、销售战略、市场推广等工作可交给公共关系公司;记账、交税、理财等可由会计服务公司提供帮助;各种人才由各个高校提供;专业化设备公司可以按企业的生产流程设计出专门的设备;法律服务机构可以解决公司的注册、分立、收购、兼并协议和专利技术保护等问题。完善的社会公共服务使得中关村的高新技术公司能够得到快速发展。

三、原材料及产成品因素

原材料和产成品的因素是决定公司选址的又一重要因素。在选址时,原材料和产成品的可运输性、运输成本、价值和价格、市场反馈、市场规模等特点,都是公司在选址应当考虑的。例如,粗糖的原材料容易变质,且不容易运输,产成品粗糖不易变质,也适合远距离的运输。所以生产粗糖的企业适合靠近原材料的产地,但是加工粗糖的企业可以不要求接近原材料产地。

原材料和产成品的运费所占成本的比例也是公司选址应当考虑的。原材料和产成品的单位价值越高,则运费占成本的比重越小,运输距离就可越远。例如,美国一只2吨装的空运集装箱可装运数百万乃至千万美元的集成电路,空运费只占产品价值的不足万分之一,所以电子产品的加工厂都放在发展中国家,利用当地廉价的劳动力进行加工装配。相反的,如水泥这类低价产品,本身价值较低,长途运输便不合理,适合在市场附近进行选址。

四、生产过程的特点

生产过程的特点,主要指的是原材料在生产加工转换为产成品前后,其重量的改变。若原材料通过生产加工转化为产成品后,出现"失重",更易于运输,则企业会倾向于在原材料地设厂。以钢铁企业为例,钢铁企业的原料加工后的产成品明显更便于运输。新中国成立前后,中国技术水平较为落后,生产1吨钢需要几倍的煤炭和铁矿。因此,决定选址的因素是原材料的运输成本。由于中国东北三省可获得丰富而低廉的铁矿,所以新中国的钢铁工业基本上都在东北三省,例如鞍钢等大型国有钢铁企业。

当生产过程以"增重"为特征,则公司或者企业则会考虑在接近市场的地方设厂。以可口可乐为例,可口可乐生产中最主要的原材料是浓缩液,在浓缩液中加入大量的水,便可以得到产成品。其中可口可乐中水所占的比例往往超过百分之九十。相比较浓缩液与水的比例,以及水的高昂运费与易获得性,所以与可口可乐公司类似的软饮料公司都更乐于将工厂选在靠近市场的地方以节约成本。

五、劳动力因素

美国西海岸一家大制造公司下属的一个新工厂正准备开工,资金已顺利到位,设备也已安装就绪,市场研究人员经过周密研究后得出结论:对该工程生产的产品的需求是长期的、大量的。然而,两年过去了,工厂还没开工。原来,该制造公司的管理者们犯了一个关键性的错误:没有研究人力资源的供给。在当地劳动力市场上没有开办新工厂所需的足够的合格工人。工人开始工作之前,工厂必须向他们提供全面的培训。这一失败的布点案例揭示出劳动力的可获得性对企业选址的重要性。对大多数企业来说,只有当确认选址所在地能够提供足够的、符合企业要求的员工时,才能够在该区域选址。

劳动力的成本也是企业在选址时必须考虑的因素。工人工资也是企业在生产经营过程中的成本之一。在劳动力价格较低的区位设厂,可以帮助公司有效地降低生产成本,在竞争中更具有价格优势。中国在改革开放初期,以众多的劳动力和低廉的价格,吸引了一大批的跨国公司在中国投资建厂,然后不断发展使得世界普遍认为中国成为了世界工厂。但是中国经济的高速发展,使得劳动力成本也在不断提高,制作同样的一副飞机上的塑料耳机,在中国1.8元一个,但是越南只需要1.3元一个,节省了28%的成本,这样的情况下使得例如三星、松下、Adidas、Zara等众多外国公司纷纷取消中国代工厂的订单,转而送到东南亚。所以,低廉的劳动力成本和生产成本是企业进行选址的重要因素。

六、市场因素

公司或者企业选址在接近产品的消费市场的地方,有利于公司或者企业快速发现市场的需要,抢先研制开发出符合市场需要的产品。海尔曾经在兼并了红星洗衣机厂后,通过对当地市场的调查,发现许多家庭存在对第二代洗衣机的需要,以实现小件衣物的随时换洗。于是先向市场推出小容量洗衣机——"小小神童",获得了不俗的销售业绩。

选址接近顾客还使企业能以较低的成本为消费者提供快捷的服务,也能够成为企业在竞争中的一种优势。这也是跨国公司在进入一国市场时将会面对的一道无形的"壁垒"。本土企业能够比跨国企业更好地接近当地市场。例如我国的家电企业,海尔、美的、格力等企业,能够比跨国公司之前在顾客群所在地建立一套完善的售后服务网络,能够为顾客提供随叫随到地安装、维修等售后服务。这能够培养出一批忠实的消费者。

产品所处的生命周期也影响到企业的选址。产品生命周期指的是产品的市场寿命,产品分为形成、成长、成熟、衰退的周期。在产品的形成期,此时产品品种少,顾客对产品了解较少,生产者为了扩大销路,必须与消费者和市场保持密切联系,必须投入大量的宣传推广,并且改进设计和工艺,此时公司应当紧靠市场选址。而当产品进入成长期后,购买者逐渐接受该产品,产品的需求量和销售额不断上升,产品在其他发达国家的市场占有率不断扩大,为了避免贸易保护政策,企业的生产应该向其他国家转移。而当产品进入成熟期后,市场趋于饱和,产品成本低而产量大,此时企业的生产应当向原材料和劳动力价格较低的国家进行转移。尽管产品生命周期理论存在一定缺陷,例如产品生命周期各阶段的起止点划分标准不易确定,并非所有的产品生命周期曲线都是标准的S形,还有很多特殊的产品生命周期曲线等。但是产品生命周期理论对公司选址能够提供一定的借鉴,需要公司或者企业进行慎重考虑。

七、运输因素

任何一件产品,只有经历了投入生产、包装出厂、经过经销商最终到达消费者手里,才算是一个完整的销售过程。在这个过程当中,不论是生产要素还是产品都需要从产地运输到消费地,因此,运输成本便成为成本组合中一项重要的因素,也在一定程度上影响企业的选址问题。传统的工业区位理论认为,最优的工业区位应使原料集合的运输费用和产品分配的运输费用之和为最小。在其他因素不变的情况下,从原料地销往市场的企业,如果原材料的运输成本大于产品的运输成本,就会在靠近原料地建厂;反之,则会在靠近市场附近建厂。当两者相同时,企业为了减少装卸费用,则会在原料地或者市场处建厂。

随着运输业的不断进步,陆路运输的重要性显得越来越突出,尤其在各国国内的运输。相比较其他运输方式,陆路运输显得更为快捷、便利、限制小。在美国做的一项对负责工业企业选址的决策工作的经理调查显示,超过一半的被调查者认为陆路运输的可利用性是工业企业和选址决策的关键性因素。这一数据解释了现代企业对陆路运输的依赖。

八、自然环境因素

不同国家和地区有着不同的自然环境,一个国家的自然环境,包括生产的布局、人的生存环境、自然资源、生态平衡等方面的变化,会给企业造成一些环境威胁或市场机会。因此,公司或者企业在选址时要对自然环境的变化加以密切关注。特别是自然资源的短缺与环境的破坏更应该引起高度关注。在发展中国家,资源问题与环境问题更加突出。因此任何企业在选址时,都必须考虑资源的制约与环境的保护。

第三节 公司选址的常用方法

公司的合理选址是构建整个系统的关键环节,它往往决定了系统的网络模式、结构和效率。较佳的选址方案不但能有效降低建造和运营成本,节约运输费用和时间,进而扩大利润和市场份额,提高服务效率和竞争力,而且会给员工的生活、生产带来便利。选址的模型和方法种类多而杂,本书通过分析文献,将公司选址的方法归纳为十七种。

一、专家打分法

专家打分法是指通过匿名方式征询有关专家的意见,对专家意见进行统计、处理、分析和归纳,客观地综合多数专家经验与主观判断,对大量难以采用技术方法进行定量分析的因素做出合理估算,经过多轮意见征询、反馈和调整后,对选址的可实现程度进行分析的方法。专家打分法适用于存在诸多不确定因素、采用其他方法难以进行定量分析的情况。

专家打分法对于选址问题可以集思广益,综合各专家的意见。但是各个专家对选址的主观性比较大,对专家水平的要求也较高。专家打分法适用于规模较小的选址,和与现有选址方案相近的选址问题。

二、德尔菲法

德尔菲法是采用背对背的通信方式征询专家小组成员的预测意见,经过几轮征询,使专家小组的预测意见趋于集中,最后做出符合市场未来发展趋势的预测结论。德尔菲法又名专家意见法或专家函询调查法,是依据系统的程序,采用匿名发表意见的方式,即团队成员之间不得互相讨论,不发生横向联系,只能与调查人员发生关系,以反复地填写问卷,以集结问卷填写人的共识及搜集各方意见,应对复杂任务难题的管理技术。

德菲尔法对于选址问题能够充分利用专家的经验和学识,对选址的评价指标比较全面,打分比较客观,专家间相互影响较小,经过多轮的反馈,能够让选址结果更加客观。但是究其根本也是一种主观的评价方法。适用的范围也基本与专家打分法相同。

三、模糊综合评价法

模糊综合评价法是一种基于模糊数学的综合评价方法。该综合评价法根据模糊数学的隶属度理论把定性评价转化为定量评价,即用模糊数学对受到多种因素制约的事物或对象做出一个总体的评价。它具有结果清晰、系统性强的特点,能较好地解决模糊的、难以量化的问题,适合类似选址这种非确定性问题的解决。

模糊综合评价法能够将不精确的、模糊的评价指标转化成定量的数学方法,使选址的模型更精确。但是由于指标的模糊性,得不到具体值,必须通过德菲尔法或统计调查法得到,所得数据不一定准确。模糊综合评价法适用于选址因素呈现复杂模糊的特征、规模较大的公司选址问题。

四、数据包络分析法

数据包络分析方法是运筹学、管理科学与数理经济学交叉研究的一个新领域,是根据多项投入指标和多项产出指标,利用线性规划的方法,对具有可比性的同类型单位进行相对有效性评价的一种数量分析方法。数据包络分析方法及其模型是直接使用输入、输出数据建立非参数的经济数学模型,自提出以来,已广泛应用于不同行业及部门,并且在选址问题上体现出了其得天独厚的优势。

数据包络分析方法能够在费用合理的前提下,兼顾设施的效率最高和客户满意度最佳。但是数据包络分析的指标体系的建立复杂,并且有许多不可量化的指标,它的定量模型的建立和求解也较为困难。数据包络分析方法适用于多因素输入、多目标输出的选址决策问题。

五、层次分析法

层次分析法是运筹学理论,是将决策问题按总目标、各层子目标、评价准则直至具体的备投方案的顺序分解为不同的层次结构,然后用求解判断矩阵特征向量的办法,求得每一层次的各元素对上一层次某元素的优先权重,最后再用加权和的方法递阶归并各备择方案对总目标的最终权重,此最终权重最大者即为最优方案。这里所谓"优先权重"是一种相对的量度,它表明各备择方案在某一特点的评价准则或子目标,标下优越程度的相对量度,以及各子目标对上一层目标而言重要程度的相对量度。该方法是美国运筹学家匹茨堡大学教授萨蒂于 20 世纪 70 年代初,在为美国国防部研究"根据各个工业部门对国家福利的贡献大小而进行电力分配"课题时,应用网络系统理论和多目标综合评价方法,提出的一种层次权重决策分析方法。

层次分析法能够结合设施职能及选址原则,同时考虑经济和社会效益,并能将模糊的、随机的因素量化,实用性强,方便求解。但是层次分析法在建立准则层之前,对各准则也要经过细致、缜密的选择工作,各准则间必须相互独立,尤其当准则较多时,建立判断矩阵的工作更加繁琐。所以层次分析法适用于多层次、多要素的大型选址问题。

六、基于神经网络模型

神经网络是由大量的、简单的处理单元(称为神经元)广泛地互相连接而形成的复杂网络系统,它反映了人脑功能的许多基本特征,是一个高度复杂的非线性动力学习系统。神经网络具有大规模并行、分布式存储和处理、自组织、自适应和自学能力,特别适合处理需要同时考虑许多因素和条件的、不精确和模糊的信息处理问题。神经网络模型是以神经元的数学模型为基础来描述的。神经网络模型由网络拓扑、节点特点和学习规则来表示。

神经网络模型具有很强的学习、联想和容错功能,避免对数据的复杂处理和指标的独立性,更具实际意义。但是当指标值的确定带有一定的主观因素,客观因素量化时,容易丢失信息。神经网络模型适用于定性与定量相结合、各指标之间存在相互依赖关系的选址问题。

七、重心法

重心法是一种选择销售中心位置,从而使销售成本降低的方法。这种方法主要考虑的因素是现有设施之间的距离和要运输的货物量,经常用于中间仓库或分销仓库的选择。商品运输量是影响商品运输费用的主要因素,仓库尽可能接近运量较大的网点,从而使较大的商品运量走相对较短的路程,就是求出本地区实际商品运量的重心所在的位置。

重心法的模型较为简单,并且能够求出满足目标函数的精确解。但是重心法仅将运输成本作为唯一的决策因素,算法需使用迭代法求解,理论与实际备选点偏差较大。所以重心法仅适用于以成本因素作为主要考虑因素的选址问题,一般用于设施初选址。

八、覆盖模型

覆盖问题分为最大覆盖问题和集合覆盖问题两类。

最大覆盖问题是研究在服务站的数目和服务半径已知的条件下,如何设立 P 个服务站使得可接受服务的需求量最大的问题。集合覆盖问题则是研究满足覆盖所有需求点顾客的前提下,服务站总的建站个数或建设费用最小的问题。最大覆盖模型和集合覆盖模型是分别建立在覆盖问题上的两类模型。

最大覆盖模型,模型简单,可以结合其他方法,对所要解决的选址问题效果显著。但是模型为二元,解法复杂,结果有时会出现多个解。最大覆盖模型适用于用尽可能少的设施服务所有需求对象的选址问题。集合覆盖模型兼顾选址点和费用最少,时效性要求高。但是有时无最优解,客观因素考虑少,适用于对有限的设施为尽可能多的对象服务的选址问题。

九、P-中值模型

P-中值模型是建立在 P-中值问题上的一种模型,是研究如何选择 P 个服务站使得需求点和服务点之间的距离与需求量的乘积之和最小的模型。

P-中值模型能够在保证货物运输高效、安全、顺畅的前提下,选出 P 个待选点,使费用最低,符合客观事实。其缺点也较为明显,只以成本最低为目标函数,求得的是满意解,并且假设条件过多,影响模型的准确性。适用于待选址数量已知的选址问题。

十、双层规划模型

双层规划是一种具有二层递阶结构的系统优化问题,上层问题和下层问题都有各自的决策变量、约束条件和目标函数。双层规划研究的是两个各具目标函数的决策者之间按有序的和非合作方式进行的相互作用,上层决策者优先做出决策,下层决策者在上层决策信息下按自己的利益做出反应,由于一方的行为影响另一方策略的选择和目标的实现,并且任何一方又不能完全控制另一方的选择行为,因此上层决策者要根据下层的反应做出符合自身利益的最终决策。

在结合实际情况下建立的双层规划模型,兼顾决策部门总成本最少和客户支出最小,使双方都满意,考虑全面。但是上、下层目标函数不同,模型常用启发式算法求解,不一定能求得最优解。适用于考虑竞争环境下,使部门和顾客都能利益最大化的选址问题。

十一、混合整数规划模型

混合整数模型规划是一种经常被用来解决物流网络系统中大型、复杂的选址问题的方法。它可以把固定成本以最优的形式考虑进去,并能通过计算得出最优点。该模型考虑的是一个区域的物流系统,以某类产品为对象,包括以下子类模型:市场产品组合、运输模型、中心的选址与布局模型、中心的库容问题。

混合整数规划模型兼顾固定、可变成本和其他费用,综合给定的定量因素,模型灵活性大,实用性强。但对其求解时需借助计算机,并且很难求出最优解或满意解。适用于数据充足、定量因素考虑全面的选址问题。

十二、CFLP 法

CFLP 法是用线性规划的运输法,确定各配送中心的市场占有率,求出配送分担地区的重心,再用混合整数计划法的"筹划型"确定场址的建设位置。当配送中心的能力有限制,而且用户的地址和需求量及设置多个配送中心的数目均已确定的情况下,可采用 CFLP 法。首先,假定配送中心的备选地点已定,据此假定在保证总运输费用最小的前提下,求出各暂定配送中心的供应范围。然后,再在所求出的供应范围内分别移动配送中心至其他备选地点,以使各供应范围的总费用下降。当移动每个配送中心的地点都不能继续使本区域总费用下降时,则计算结束;否则,按可使费用下降的新地点,再求各暂定配送中心的供应范围,重复以上过程,直到费用不再下降为止。

CFLP 法综合运用运输规划和整数规划方法,解决了有容量限制的问题。但是针对性强,目标函数只考虑了费用最小,求解时很难求出最优解。适用于设施数目有限、有容量限制的选址问题。

十三、Baumol-Wolfe 模型

Baumol-Wolfe 模型是针对动态选址问题的模型,与应用上没有考虑时间变化的静态、确定型模型截然相反。该模型研究了如何选择一个仓库使其在规划期内实现利润最大化。具体方法是在决策期内的每个阶段,求解出最优仓库位置,建立一个"好位置"集合,然后使用动态规划方法来求出决策期内一系列最优位置集合。

Baumol-Wolfe 模型只考虑了费用最小,定量因素都为成本因素,所以模型建立相对简单。但是由于考虑因素单一,求解采用启发式算法,不能保证能得到最优解。主要适用于成本作为主要选址因素的设施选址问题。

十四、Kuehn-Hamburger 模型

Kuehn-Hamburger 模型是用于多个配送中心地址选定的典型方法。该模型考虑了多个结构化因素的影响:供货点到物流设施的运输费用、物流设施到用户的运输费用、物流设施固定费用及运营管理的可变费用、设施的个数、容量限制。该方法是一种启发式的算法。所谓的"启发式的算法"就是逐次求近似解的方法,即简单地先求出初次解,然后经过反复计算修改这个解,使之逐步达到近似最佳解的方法。

Kuehn-Hamburger 模型考虑了多个结构化因素,使得模型更贴近实际。但当供货点、设施备选点和需求点数量较多时,计算量庞大,求解一般采用启发式算法,只求得满意解。主要适用于定量因素考虑全面的大型设施选址问题。

十五、因素评分法

因素评分法以简单易懂的模式将各种不同因素综合起来。在选址时要对许多因素进行定性和定量方面的考虑。这些因素中的某些因素要比其他一些因素可能更加重要,所以决策者使用权重来使决策过程更加客观公正。它是一个定性和定量相结合的方法。因素评分法的具体步骤:决定一组相关的选址决策因素;对每一因素赋予一个权重以反映这个因素在所有权重中的重要性,对所有因素的打分设定一个共同的取值范围,一般是 1～10 或 1～100;对每一个备择地址,对所有因素按设定范围打分;用各个因素的得分与相应的权重相乘,并把所有因素的加权值相加,得到每一个备择地址的最终得分;选择具有最高总得分的地址作为最佳的选址。

因素评分法最大的优点体现在公平性和准确性。但在运用因素评分法的计算过程中可以感觉到,由于确定权数和等级得分完全靠人的主观判断,只要判断有误差就会影响评分数值,最后影响决策的可能性,并且因素评分法的实施复杂,周期长,所耗用的时间、费用非常大。

十六、动态规划模型

动态规划是运筹学的一个分支,是求解决策过程最优化的数学方法。1951年美国数学家 R. E. Bellman 等人在研究多阶段决策过程的优化问题时,提出了著名的最优化原理,把多阶段过程转化为一系列单阶段问题,利用各阶段之间的关系,逐个求解,创立了解决这类过程优化问题的新方法——动态规划。动态规划模型是建立在动态规划方法上的一种模型。动态规划模型是对解最优化问题的一种途径、一种方法,而不是一种特殊算法。不像搜索或数值计算那样,具有一个标准的数学表达式和明确清晰的解题方法。动态规划模型往往是针对一种最优化问题,由于各种问题的性质不同,确定最优解的条件也互不相同,因而动态规划的设计方法对不同的问题,有各具特色的解题方法,而不存在一种万能的动态规划算法,可以解决各类最优化问题。

动态规划模型能够考虑周期变化和其他可变因素,更具实际意义。但是模型建立复杂,求解多使用智能算法,最优解不易求得。主要适用于客户需求和费用成本随时间变化的选址问题。

十七、基于仿真软件的模型

仿真软件,专门用于仿真的计算机软件,它与仿真硬件同为仿真的技术工具。仿真软件是从 20 世纪 50 年代中期开始发展起来的。它的发展与仿真应用、算法、计算机和建模等技术的发展相辅相成。基于仿真软件的模型能够不断改善面向问题、面向用户的选址问题。

基于仿真软件的模型能够利用 Flexim 或 Witness 等软件仿真,考虑因素全面,模型分阶段建立,运行时可随时改变参数。但是不能提出初始方案,对选址人员的技术水平要求较高。适用于复杂的、大型的、无法手算的选址问题。

第四节 服务业与制造业公司在选址上的差异

各个行业的公司由于发展所需的因素不同,选址考虑因素的侧重点也都不相同。本书主要选取和讨论服务业与制造业的公司在选址上的差异问题。

一、服务业公司选址的特殊性

(一) 环境

1. 人口与收入水平

大型服务业选址往往首先考虑的是辐射人口的数量、人均收入、消费水平等因素,并由此来确定商业的经营形式和经营规格。

2. 消费习惯

流行时尚和风俗习惯往往能在很大程度上影响消费者对都市中众多服务业的选择。

(二) 地理

1. 区域规划

潜在地点的建筑布局规划、区域发展规划必须在确定大型服务业选址之前先充分了解。区域规划往往会涉及建筑物的拆迁和重建,如果未经了解,盲目选址,就会在成本收回之前就遇到拆迁等问题,会使企业蒙受巨大的经济损失,以至于失去原有的地理优势。同时,掌握区域规划后便于我们根据不同的区域类型,确定不同的经营形式和经营规格。

2. 位置

服务业经营所在区域适宜选择在城市核心商业区、旅游中心以及住宅聚集地内,或者在其10~15分钟步行距离或便捷交通辐射范围之内。

3. 可见度和形象特征

为了能让消费者便利地找到目标商场,特别是对开车的人来说在行驶当中寻找会更加困难,因此要有远距离、中距离和近距离的确认特征。

4. 交通状况

交通状况往往意味着客源,需获得本地区车辆流动的数据以及行人的分析资料等,以保证服务业建成以后,有充足的客源。关于目标地点的街道交通状况信息可以从公路系统和当地政府机关获得,并对人流、车流进行采集以得到适量样本数据作为分析参考。

(三)市场

1. 竞争状况

一个地区服务业的竞争状况可以分成两个部分来考虑:一是直接竞争的评估,即提供同样的经营项目,也就是同样规格、档次的服务可能会导致的竞争;二是非直接竞争,包括不同的经营内容和种类,或同样品种但不同规格或档次的服务企业,这类竞争有时起相互补充的作用,对服务企业是有利的。在选择零售商业经营区时,如果无任何一种形式的竞争,企业将具有垄断地位;如果存在任何一种形式的竞争,也都是值得在投资前认真研究和考虑的。

2. 规模和外观

服务业选址的地面形状以长方形、正方形为好,必须要有足够大的空间容纳建筑物、停车场以及展示台等其他必要设施。三角形或多边形的地面除非非常大,否则是不可取的。同时,在对地点的规模和外观进行评估时也需要考虑到未来消费的可能性。

(四)经济成本

1. 土地价格或建筑物租金

一般来讲,地价和租金的价格是在逐年上涨的,服务业在投资时,土地费用或建筑物租金所占的比重也是较大的。城市的不同区域、不同街道、不同地段其地价或租金相差是很大的。因此在选址时,应该选择地价或租金合理的,并且具有较大潜在成长优势的位置。

2. 货源的供应及价格水平

服务业经营经常需大量商品货物的供应,如果所在地区及周边区域供应不足或物流系统不畅通,会影响到服务业的发展和声誉,但如果从远距离地区供应无疑会增加成本,影响企业经营。

3. 劳动力供应状况及工资成本高低

服务业经营需要用到大量的各种层次的人员,包括管理人员和具有一定技能的服务人员等等。潜在市场上是否具有企业所需要的人员及其工资标准对服务业经营尤为重要,这关系到整个服务业的整体服务水平和经营成本,以及向其他地区的拓展等问题。

二、制造业公司选址的特殊性

1. 市场条件

将选址靠近企业产品和服务的目标市场,这样有利于接近客户并且便于产品迅速投放市场,降低运输成本,减少分销费用,提供便捷服务。由于交货期的提前以及运输费等压力,制造厂通过靠近用户降低成本,还可以将产品尽快送达顾客手中,同时又可以随时听取顾客的反馈意见,并根据用户意见改进产品和服务。

2. 原材料供应条件

制造厂商分布在原材料基地附近,以降低运费得到较低的采购价格。虽然随着科技的进步导致单位产品原料消耗的下降,原材料的精选也将导致单位产品原料用量、运费的减少,但对那些对原材料依赖性较强的企业,还应当尽可能地靠近原材料基地。如采掘业、原料用量大或者原料可运性较小的制造业。

3. 动力、能源和水的供应条件

对于任何一个工厂来说,选址必须保证水、电、气、冷的供应,同时还包括对三废的处理。对于那些能源消耗较大的厂商,动力能源的获得有着举足轻重的影响。选址关系到能否获得价格相对低廉的能源,从而相对降低生产成本。

4. 交通运输条件

根据产品、原材料和零部件的运量大小以及运输条件,应该尽量选择靠近铁路、高速公路、海港或其他交通运输条件较好的地区。对于绝大多数的制造业来说,运输和物流成本在总成本中占有很大的比重(据统计,运输费至少占产品销售价格的25%)。

5. 气候条件

企业在选址的时候,还要考虑到所选区域的地理、气候等自然条件。温度、湿度、气压、风向等因素也会对某些产品的质量、库存和员工的工作条件带来一定的影响。企业如果在气候适宜的地方建厂,不仅可以降低通风、采暖、除湿、降温的费用,还能避免由于气候原因导致的停工待料、延误交货、无法正常生产造成的损失。

6. 环境保护

生产系统在产出产品的同时也在制造废物,由于有些生产系统的排放物可能对环境造成危害,因此,在选址时应尽可能考虑选在对环境影响最小的地方,并且要便于进行排污处理。否则会受到周围居民的排斥和反对,甚而造成被迫关停。这些只是制造企业选址时通常考虑的因素,还有一些其他的因素,如地质条件能否满足未来工厂的载重方面的要求、土地成本和建筑成本等。企业应该考虑主要的因素,抓住主要的矛盾,对这些因素进行权衡和取舍,选择合适的地区和位置。

三、服务业与制造业在选址上的差异

由以上服务业与制造业在选址上的特殊性,可以看出服务业与制造业在选址上存在着以下差异:

1. 对地理位置和环境因素的要求不同

服务业主要考虑的是人文地理和环境,而制造业主要考虑的是自然地理和环境。服务业在选址时需要详细地考察人文环境,了解当地的经济发展状况、消费习惯等,对于地理位置的选择主要也是建立在人群集聚的商圈、旅游中心等地区。而制造业在选址时,受自然地理与环境限制较大,主要考虑原材料、气候及环境保护等。服务业与制造业在选址时对市场的要求和在市场中的布局也存在差异。服务业在选址时首先应当对市场进行考察,了解目标市场的竞争状况和消费习惯是否适合公司发展,其次服务业公司需要在市场中进行选址布局。而制造业则不需要在市场中布局,只需要选址在靠近市场的地方即可,既能将产品快速投入市场,又能及时接受市场反馈。以原料和劳动力导向的制造业公司,甚至可以将公司选址在靠近原材料产地和劳动力密集的地区等离市场较远的地区。

2. 对基础设施建设的要求不同

服务业在选址时首先应当考虑的是便利的交通条件,例如商业区、交通要道等,这样意味着充足的客源,来保证自身的发展;其次考虑的是水电、停车场等的配套设施。制造业在选址首先要保证动力、能源和水的供应,这是制造业公司生产经营的根本;其次制造业应选择交通条件较好的地区,方便其产品的运输。

3. 对公司场地的选择不同

因为服务业需要在市场中布局,所以服务业对地段的要求、地租的投入都比较高,除此之外服务业还需要足够的空间来保证公司的必要设施。因此服务业在选择公司场地时需要充分考虑其发展前景。制造业由于不需要在市场内部布局,并且制造业公司占地也比较大,所以其公司场地可以选在地租相对低廉的地区。

4. 选址方法不同

由于制造业选址决策主要是为了追求成本最小化,而零售业或专业服务性组织机构一般都追求收益最大化。所以,在进行选址分析的时候,我们应该根据具体问题的侧重点,选用不同的方法。例如制造业相对于服务业的规模较大,所以制造业在选址时可以用层次分析法,服务业可以选用专家打分法。

除了服务业与制造业的公司在选址上存在着差异,不同行业的公司,不同类型的公司,在选址方面都存在着特殊性,或者不同的侧重点。在具体选址时,因进行具体讨论,将所有的影响因素考虑在内,选取合适的选址方法,得出结果,不能一概而论。

◆ **知识点**

选址问题　韦伯问题　P-中值问题　P-中心问题　覆盖问题

◆ **习题**

1. 结合所学内容,探讨本章开始的引导案例一、二为何能够成功。
2. 阅读以下案例,结合所学内容,分别探讨其选址失败的原因。

(1) 一家火锅店的老板未对场地进行详细的调查和分析,而是简单地贪图转让费、房租低,草率地签下协议后立马进入装修、筹备。开业后因地段和管理原因,生意一直不好,于是老板找到一家咨询公司去帮忙打理。咨询公司接管后对菜品质量、菜品口味、服务质量、等进行了提升,同时在营销策划上采取有针对性的宣传,并与店内各种促销活动相结合,慢慢地生意有了起色,甚至生意最好时全堂爆满。但好景不长,此时该店的地理劣势不断体现出来,给客源的增长带来致命打击:一是该店没有一个合法的停车位,二是该条街是单行道,三是该餐厅处于居民楼楼下。因是单行道,周围的车要到该店消费需绕道,而且要绕很远,很不方便,造成很大一批客人不愿进来,而好不容易通过各种手段把客人请来了,但又留不住,不是饭菜问题、服务问题、价格问题,而是没有停车的地方,当时唯一的办法就是把酒楼门口的马路边和人行道作为临时停车位。

因该火锅店处在居民楼下,来消费的车又经常占用人行道、公共车道,给居民出入带来很多不便,影响了居民的正常生活,还有就是火锅店的噪声、霓虹灯灯光等的影响。于是火锅店老板经常与小区居民发生纠纷,甚至有的居民一见火锅店生意火爆时就打110投诉。顾客停靠在门口的车,交警一来就拖车,这样一来客人生气了,在这里吃饭不仅扫兴,还要跑到交警队去取车。反复这样搞了几次,客人都不来了,于是老板只好选择撤退。

（2）林先生原本是一家IT公司高管，在成功赚到了人生的第一桶金后，开始把视线投向了传统餐饮行业，虽说林先生对餐饮业有着极大的热情，但由于林先生没有行业的相关经验，在征询了朋友的建议后决定加盟一家成熟的品牌，这样借助别人的成熟品牌和管理可以让他这个外行也能变内行。

经过一番选择和比较，林先生最终选择了一家在行业内有极强品牌影响力的火锅。同时，林先生的选址计划也正在进行。很快，一块位于十字路口黄金码头的门面进入了林先生的视线，林先生有个观点：经营餐饮店，地段很重要！贵一点不要紧，关键要看人气！这块位置周边就是几家大的手机卖场，没有同类火锅店竞争，林先生似乎看到了市场的蓝海，按照总部对物业的要求，几轮谈判后，场地很快就敲定了！

开业、促销都按照计划如期进行着，但是生意却不尽如人意！即使是开业促销，也是勉强坐满，林先生开始有点不明白了，如此黄金位置，人流也不缺乏，可为什么偏偏生意却好不起来呢？然而就在距离他店面不到1公里远的另外一条街上，七八家火锅店每日顾客盈门，排队候餐的场景每天都在上演。前期的大手笔投入和现在不温不火的现状让林先生陷入了困惑之中。

3. 你身边有什么样的选址成功案例？又有什么样的选址失败案例？结合所学知识，做适当分析。

第四章 现代公司产权制度

产权是现代经济学的重要概念,围绕公司产权问题的学术争论由来已久,产权制度改革已经成为国有企业走向公司制改革的重要方向。公司产权直接关系到公司相关主体的经济利益,并影响着公司经济活动的运行方式、经营效率,乃至公司的存在和发展。因此,合理的公司产权安排有助于降低管理成本和提高经营效率。那么,什么是公司产权?怎样的公司产权制度才是合理的?公司产权如何影响经营效率?要弄清这些问题,首先必须了解什么是产权、产权的功能等基本问题。因此,本章首先从产权及公司产权的概念入手,弄清产权的内涵、功能和作用等基本问题,然后再来分析现代公司产权制度的基本内容以及运行过程中的市场化和法制化,最后分析我国国有企业产权制度改革的一系列问题。

健力宝股权大战

2000年,三水区政府突然宣布以超低的价格将健力宝股份出让给年轻的股市庄家张海,并宣称李经纬有侵占公司巨额资产的嫌疑。其后的戏剧性"情节"便为众人所知了。从未有过实业经验的张海匆忙中推出声势浩大而实效俱无的"第五季""爆果汽"广告运动,结果以销售惨败而落幕。其间,一些在资本市场上颇为活跃的人士纷纷扑向健力宝这块"肥肉",连因出售"小护士"而拥有大笔现金的李志达也参与其中,并险些一招得手。在张海与李志达的争夺中,三水区政府表现得左右摇摆,时而支持张,时而转向李,而被庄家们玩在手中抛来抛去的健力宝却在这样的争夺中早已滴血不止,元气大伤。在一片怨声大作之中,政府突然又开起掉头车,请来已被气出大病的李经纬再度出山,希望他能收拾残局。事实上,2005年发生在健力宝的一幕,我们一点也不陌生,在五年前的科龙产权事件中,这些剧情早已一一地预演过了。1999年初,科龙创始人潘宁与大股东顺德市容桂镇洽谈购买股权而不可得,不得不"含笑"离职出走北美,一年多后,科龙陷入困境,容桂镇镇长徐铁峰亲自出马担任科龙总裁,又一年,徐铁峰以3.48亿元的超低价将科龙20%的法人股售予当时名不见经传的顾雏军。今日,一切尘埃落定,当年中国家电业最具先锋气质的科龙家电已不复存在,而有谁对此负过什么责任?

也许今天,我们可以问一下这个问题:如果当初以3.48亿元,甚至高出三倍、五倍的价格把科龙卖给了潘宁,如果健力宝的股权风波不发生张海、李志达这样的插曲,那么,国有资本的增益与流失到底会怎样?科龙和健力宝是否会走得更健康和顺畅一点?

健力宝的这出股权争夺大戏虽早已落幕,但是其问题"症结"却值得深思。首先,经营者缺乏应有的产权激励,经营业绩与报酬严重失衡,导致经营者的心态扭曲,个人利益最大化与公司利益最大化竟成对立之势;其次,拥有产权处置权的政府对经营层极端不信任,且转而试图从外部寻找产权改制路径,国有资产成为了跨国公司和资本经营者们的猎物。

第一节 产权与公司产权

产权是现代经济理论研究和现实经济生活中使用频繁、应用广泛的一个重要概念,但究竟如何给产权下定义却始终没有一个统一的意见。人们在使用"产权"一词时,往往因理解不同而赋予其不同的内涵和外延。从产权理论的形成和发展过程来看,西方经济学家、法学家及国内有关学者根据自己的理解和研究需要,从不同的角度和层面对产权概念作了各式各样的定义和描述。近几年,由于产权制度改革逐渐成为我国经济体制改革的一个关键环节,产权问题日益受到经济理论界的普遍关注,但对于如何界定产权概念同样存在较大的争论。因此,研究公司产权制度必须首先了解产权和公司产权的概念及其相关特征,否则,产权问题的理论研究就缺乏必要的逻辑前提和理论基础。

一、产权及其基本问题

(一) 产权的内涵

产权是财产权的简称,它是法定主体对财产所拥有的各项权能的总和。它包括实物产权,也包括知识产权或工业产权。产权范畴有以下几个方面的内涵:

第一,产权是以财产为基础的若干权能的集合。在经济学中一般分解为所有权、占有权、支配权和使用权四项权能,而在法学中则多分解为所有权、使用权、收益权和处置权。现代产权经济学就是以法定权利的界定与交换作为研究内容的。占有权是指对财产的实际拥有;使用权(经营权)是指在法律允许的范围内,以生产或其他方式使用财产的权利;收益权是指直接以财产的使用或通过财产转让而获取收益的权利;处置权(支配权)是指通过出租或出售把与财产有关的权利让渡给他人,从中取得收益的权利。

第二,产权的核心和基础是所有权,它是一种以财产所有权为基础的社会行为权利。所有权是产权权能的核心,它是由法律规定的主体(所有者)对于客体(财产)的最高的、排他的独占权。不存在超出这个法定主体的其他的更高更终极的主体。对于产权的终极所有者来说,最重要的权能是对经济剩余的索取和对财产的处置。

第三,产权所包含的各项权能可以统一也可以分离。在财产出现所有权和使用权分离的情况下,会有这样一种关系,即人们对资产没有所有权,却拥有在一定时间和一定程度内的使用、收益、转让和处置的权利。

第四,产权的各项权能不仅可以分解与组合,而且在一定的条件下,一些权能还会发生变化。如所有权转化为股权、占有权转化为法人产权、支配权转化为经营权等等。

【专栏 4-1】

产权和所有权的比较

所有权是指对财产归属关系的权利规定,而产权是以所有权为核心的若干权能的集合。所有权概念中所指的"财产"一词含义较窄,主要是指现金、有形财产等,而产权概念中"财产"一词的含义较广,不仅指现金、有形财产,还包括无形财产、劳务、商誉等。所有权表明的是财产的终极归属权,而产权则反映的是收益权或剩余索取权。例如,乙向甲借得一笔资产用于投资,经登记注册后,法律上就视这笔资产为乙所有,并据此拥有收益权或剩余索取权,同时也负有用这笔资产承担清偿债务的责任。如果乙再将这笔资产向丙投资,丙在经过法律手续后,这笔资产又记在丙的名下,成为丙获取收益和用以承担清偿债务责任的资产。产权是产权经济学中的重要概念,产权经济学强调产权不是关于人和物的关系,而是指由于物的存在和使用而引起的人们之间的一些被认可的行为性关系。这种行为性关系用来界定人们在经济活动中如何受益、如何受损以及他们之间如何进行补偿的规则。因而,产权的主要功能就是帮助一个人形成与其他人进行交易的预期。

(二) 产权制度及其功能

产权制度是指以产权为依托,对财产关系进行合理有效的组合、调节的制度安排。这个制度安排具体表现为建立在一定的生产资料所有制基础上,对财产占有、支配、使用、收益和处置过程中所形成的各类产权主体的地位、行为权利、责任、相互关系加以规范的法律制度。产权制度的功能有:

1. 财产约束功能

在合理的产权制度下,明晰的产权关系可以使所有者通过产权有效地约束经营者,从而保证资产增值,实现所有者利益。

2. 自主经营和激励机制功能

产权具有排他性和竞争性,公司一旦拥有产权,其生产经营权利即可得到法律保护,进而使经营者在激励机制的作用下,真正做到自主经营、自负盈亏。

3. 提高资源配置效率功能

由于产权的各项功能是可以分解、转让的,因此,通过以产权转让为基础的公司间的资产联合、兼并等形式,可以促进资产合理流动。

4. 规范市场交易行为功能

产权关系的界定具体规定了那些人们与物相关的行为规范,每个人在与他人的相互交往中都必须遵守这些规范,或者必须承担不遵守这些规范的成本。这样,保障受益和受损索赔的原则可以有效抑制公司不正当交易行为,从而使公司行为规范化。

(三) 制约产权制度变革因素的特征和产权制度的类型

产权制度是生产关系与生产力结合的机制,其形态必然受多种因素的制约。这些制约因素主要有三个特征:(1) 商品经济发展阶段的特征;(2) 财产关系的所有制特征;(3) 实现公司职能所必要的公司组织形式特征。产权制度的发展从典型意义上可以划分为没有国家介入的原始产权制度和有国家介入的产权制度;从产权制度的社会福利角度可以划分为中性产权制度和非中性产权制度。以公司产权制度的发展历程来看,产权制度有四种类型:(1) 简单的、粗糙的公司制度和产权制度(如个人、私人公司);(2) 自然人的公司制度和产权制度(独资、合伙公司);(3) 现代股份公司的公司制度和产权制度;(4) 国有制的公司制度和产权制度。现代经济发展的趋势已经表明,由于社会分工越来越细,专门的经营需要越来越专业化的管理技巧和知识,总的看来,资本所有者不再承担资本的生产者职能,只掌握收益权及最后处置权,而将占有、使用、支配的权力交给公司,形成公司产权。这种终极所有权同公司产权分离的趋势,是私有制和公有制下产权制度变革的共同趋势,二者所不同的仅是公有制下必须解决财产权利的人格化问题。在传统公有制下,所有制关系由于主要强调生产资料的归属关系,所以可以采取非人格化的形式。产权关系由于需要具体地界定当事人对财产的义务、权力、利益和责任的限度,因此必须采取财产及财产权利的人格化形式。否则,公有制特别是国有企业产权关系的不明晰和虚置问题便难以解决。

(四)产权的基本内容和界定

一个产权的基本内容包括行动团体对资源的使用权与转让权,以及收入的享用权。如果权利所有者对他所拥有的权利有排他的使用权、收入的独享权和自由的转让权,就称他所拥有的产权是完整的。如果这些方面的权能受到限制或禁止,就称为产权的残缺。

产权的界定就是把这些权能界定给不同的行动团体。界定的方法有两种:一是法律机制;二是私下交易与商定。界定后的产权主要包括以下几种形式:

1. 私有产权

私有产权就是将资源的使用与转让以及收入的享用权界定给了一个特定的人,使其享有完整的产权。值得注意的是,私有产权并不意味着有关的权利都掌握在一个人手里,私有产权可以由两个或多个人拥有。同样一种有形资产,不同的人可以拥有不同的权利,只要每个人拥有互不重合的不同权利,多个人同时对某一资源或资产行使的权利仍是私有产权。所以,私有产权的关键在于,对所有权利行使的决策完全是私人做的。

2. 社团产权

社团产权也称共有产权,即在共同体内的每一成员都有权分享同样的权利,但排除共同体外的任何成员对共同体内的任何成员行使这种权利的干扰。社团产权的特点是,某个人对一种资源行使某项权利时,并不排斥他人对该资源行使同样的权利。它与私有产权相比,其最重要的特点在于社团产权在个人之间是完全不可分的,即完全重合的。因此,即使每个人都可以使用某一资源来为自己服务,但每个人都没有权声明这个资源是属于他的财产。由于社团产权在社团内部不具有排他性,因此,这种产权常常给资源利用带来"外部影响"。常见的例子是空气是公有的,但结果是个人造成"污染",却不对排放有害气体负责。

3. 集体产权

集体产权即行使对资源的各种权利由一个集体做,由集体的决策机构以民主程序对权利的行使做规则和约束。集体产权与社团产权不同。对于社团产权来讲,每个人对如何行使权利的决定是无需事先与他人协商的。而一种产权如果是集体的,那么关于如何行使对资源的各种权利的决定,就必须由一个集体做。

4. 公司产权

公司作为法人单位对法人财产的产权,由公司的决策机构——法人代表机构对权利的行使做规则和约束。这种产权可转让、可分割,其权利归属于法人代表机构。

5. 国有产权

国有产权在理论上是指这些权利由国家占有,国家再按可接受的政治程序来决定谁可以使用或不能使用这些权利。

表4.1对以上五种产权类型作了比较。

表4.1 产权类型的比较

产权类型	所有者人数	排他性	分割性	转让性	权力行使
私有产权	自然人	很强	可以	可以	个人
社团产权	有限	强	不可以	变通转让	共同体全体

续表

产权类型	所有者人数	排他性	分割性	转让性	权力行使
集体产权	无数多	不可以	不可以	不可以	无行使者
公司产权	较多	较强	可以	可以	董事会 CEO
国有产权	无数多	很弱	不可以	不可以	国家

（五）产权结构的效率

从经济学意义来讲，一种产权结构是否有效率，主要看它是否能为在它支配下的人们提供将"外部性"转化为内部化的激励。所谓外部性，是指经济当事人之间在利益关系上存在这样的情况：一方对另一方或对其他方的利益造成的损害或提供的便利，不能通过市场加以确定，也难以通过市场价格进行补偿或支付。所谓外部效应内部化是指一个能够使所有相互作用的人都承担这些效应的过程，它通常是产权的变迁过程。举个例子，有一个湖是公有的，大家都去这个湖里捕鱼，可能最后湖里的鱼就被捕光了，大家谁也别想发财了。假如这个湖分给某个人所有，这个人说捕鱼者必须付费，于是所有者就有动力保证湖里总是有鱼的，这样不仅他个人能获益，也使捕鱼者获益。公有的变成私有的，出来一个人管这个事，就是把外部效应内部化了。

在共有产权下，由于共同体内的每一成员都有权平均分享共同体所具有的权利，如果对他使用共有权利的监察和谈判成本不为零，他在最大化地追求个人价值时，由此所产生的成本就有可能有一部分让共同体内的其他成员来承担。且一个共有权利的所有者，也无法排斥其他人来分享他努力的果实，所有成员要达成一个最优行动的谈判成本也可能非常之高，共有产权导致了很大的外部性。在国有产权下，由于权利是由国家所选择的代理人来行使的，作为权利的使用者，他对资源的使用与转让，以及最后成果的分配都不具有充分的权能，就使他对经济绩效和其他成员的监督和激励减低，而国家要对这些代理者进行充分监察的费用又极其高昂，再加上行使国家权力的实体往往为了追求其政治利益而偏离利润最大化动机，因而它在选择其代理人时也具有从政治利益而非经济利益考虑的倾向，因而国有产权下的外部性也是极大的。相比之下，在私有产权下，私产所有者在做一项行动决策时，他就会考虑未来的收益和成本倾向，并选择他认为能使他的私有权利的现期价值最大化的方式来做使用资源的安排，而且他们为获取收益所产生的成本，也只能由他个人来承担。因此，在共有产权和国有产权下的许多外部性，就在私有产权下被内部化了，从而产生了更有效地利用资源的激励。

（六）交易成本与产权理论

交易成本的概念最早由英国著名经济学家科斯在1937年出版的《厂商的性质》一书中提出。交易成本是市场机制的运行成本，即利用价格机制的费用，或者说是利用市场的交换手段进行交易的费用。它包括搜寻信息的费用、谈判与签订合同的费用以及监督合约执行的费用。在协作生产中，人们要进行交易，而进行交易活动是要有一定成本的，有时交易成本会很高。公司正是替代市场组织生产的一种方式，公司的出现一定是由于公司内部的管理协调成本低于市场的交易费用所致。这是因为，如果没有公司制度，每一要素所有者都直接进入市场交易，市场交易者一定很多，会产生激烈的交易摩擦，使交易成本高昂；用公司的形式把若干要素所有者组成一个单位参加市场交换,即可减少进入市场交易的单位数量,减少交易摩擦,从而降低交易成本。

可见,公司的存在正是为了节约市场交易费用。但是,只有在公司产权界定清晰的条件下,运用市场机制的交易成本才可能降低;否则,会因利用价格机制导致公司间联系的摩擦太多,而使交易成本过高。这也正是"科斯定理"所要说明的。

科斯于1960年发表了另一篇著名论文《社会成本问题》,该文再次运用交易成本概念说明产权制度的形成及其重要作用。所谓"科斯定理"是这样一道命题:当不存在交易费用时,不论产权作何种分配,经济效益都不受影响;而当交易费用不为零时,产权的分配则对效率有重要影响。事实上,在现实经济中,零交易成本的假定是不存在的,就如同物理世界不存在摩擦力的假定是不存在的一样。因此,"科斯定理"说明了存在交易费用时,产权制度是如何作用于或影响经济效益的。"科斯定理"这个词是由芝加哥大学的著名教授、诺贝尔经济学奖获得者斯蒂格勒在1966年出版的《价格论》中首次提出和使用的。现在人们使用"科斯定理"时,更多地是指,只要交易费用不为零,就可以利用明确界定的产权之间的自愿交换达到配置的最佳效率,从而克服"外部性",而市场机制同样有效。其原因在于,只要产权明确地界定,交易各方就力求降低交易费用,使资源利用到产出最大、成本最小的地方,从而达到资源的最优配置。

二、公司产权及其基本问题

(一) 公司产权的定义

公司产权是以财产所有权为基础,反映投资主体对其财产权益、义务的法律形式。一般情况下,产权往往与经营性资产相联系,相对于投资主体向公司注入的资本金。投资主体向公司注入资本金,就在法律上拥有该公司相应的产权,成为该公司的产权主体。

(二) 公司产权的形态

公司产权的形态,即通常所讲的产权的实物形态、产权的股权形态、产权的债权形态。

产权的实物形态表现为对资产直接地实物占有。以实物占有形态存在的产权关系一旦发生变化极易导致公司财产的分裂,从而可能使公司的生产经营活动难以正常进行。

产权的股权形态表现为对资产通过持有股权的形式来占有。以股权形态存在的产权具有相对独立性,股东作为公司的所有者虽然可以依法处置他拥有的作为公司产权凭证的股份,但却无权自作主张地处置公司的财产。因此,股权关系的变动往往并不影响公司财产的完整。

产权的债权形态表现为经济主体将资产放贷出去之后对这部分资产形成的债权占有。

(三) 公司产权的形成

公司所有权这种特殊的产权制度是所有权制度适应社会经济发展的需要,由法律和公司制度创新、市场交易而产生的结果。

首先,公司享有资产所有权是适应社会化、市场化经济发展的结果。正如在公司责任制度中所分析的,在资本筹集与使用、风险与责任分担、经营与管理专业化等方面,现代公司制度比独资公司、合同或合伙公司、政府等组织形式具有强大的经济优势,现代公司因此逐渐演化产生了。

其次,公司产权制度是市场交易和合同的结果。法律和政府当然对公司制度的发展和规范起到了重要作用,但公司制度本质是市场交易和合同的产物。公正平等(权利平等)、自由交易、诚实信用、等价有偿、禁止越权侵权等是市场经济运行的基本原则,也是现代民法确立的基本原则。遵循这些原则,市场主体通过对信息、决策、交易、代理、风险等经济活动环节或方法的分析,对经济活动中的生产、管理、交易等方面的成本和收益的权衡,以长期但不完全的生产要素合同的形式替代一次性的市场交易和合同,企业及公司从而产生了。事实上,以科斯为代表的新制度经济学家正是这样分析经济活动中的公司主体的。

市场交易从表面看是产品和服务的交易,其实质是经济主体对其享有产权的资源在市场上的相互让渡。公司如果没有独立人格,没有可供其独立支配、自由处置的财产上的所有权,就不可能成为真正的市场主体并参与市场交易。因此,要使公司成为市场主体,必须使公司成为法人实体;而公司被赋予法人资格的前提条件和物质基础就是公司具有独立的财产并且对其财产依法享有独立支配的权利,这种依法独立支配财产的权利就是公司财产所有权。否认公司享有财产所有权即否认公司的独立人格,否认公司的法人地位。

从历史上看,公司享有财产所有权是公司法人制度发展的必然结果。随着商品经济的进一步发展,以自然人或家庭为基本单位的商品交换模式已不能满足需要,共有形式的合伙也不能适应经济发展的需要,于是出现了财产归团体所有的产权形式,并进而产生了团体财产和团体法人。现代公司的真正发展以及公司独立财产制的正式确立是在19世纪中期以后。19世纪的工业革命,进一步促进了资本主义经济的发展,市场化程度日渐提高,为了减少和分散投资风险,增强投资效益,迫切要求公司作为独立的产权主体。正是在这种要求下,公司在合伙公司的基础上,将合伙人的财产共有权分解成股东的股权和公司的财产所有权,公司独立财产权随着公司制度的发展而逐渐形成,法律也通过立法和判例,将现代公司的重要原则确立下来,其中包括公司独立财产的原则。英国1844年的合股公司法,就明确规定了公司的登记注册制度,对公司成立的特许制度构成了重大冲击。1897年萨洛蒙诉萨洛蒙有限公司案确立了公司的独立人格原则,明确了公司的财产属于公司所有而不属于公司成员所有。德国也于1896年颁布《民法典》,1897年颁布《商法典》,分别对法人制度和公司制度作了系统的规定,从法律上确认了公司享有公司财产所有权,股东享有股权的公司产权结构。

(四) 公司产权的性质

公司产权的性质,是指公司对公司资产所享有的权利的性质。那么,公司产权的性质到底是什么?是所有权还是经营权或控制权?公司产权的内容是什么?对于这一问题回答,不仅决定着公司享有的资产权利的范围,决定着公司与股东之间的关系,而且是制约我国公司改革的首要核心问题,因为这一定性涉及国家与国有企业、国有资产与公司之间的资产关系,触及国家所有权这一敏感问题。

其实,公司产权的具体形成过程如下:股东出资形成公司资本,股东资产转换为公司资产后,股东与公司之间就形成了新的权利关系。其中,股东对公司出资的所有权(自物权)就转变为股东权(股权),股权已经不是所有权,可以说股权是股东把原先对出资的所有权转移给公司的结果;由股东出资所形成的公司资产,其所有权属于公司,公司作为人格独立的法人,依法独立享有公司法人产权。因此,尽管从公司资产的来源和最终分配对象看,股东或全体股东还是公司的所有者,但在公司成立后的整个存续期间,股东对其出资在法律上已经让渡或失去了所有权,物权法上的"一物一权"原则也不承认同一个公司资产同时存在股东和公司两个所有权主体,只承认公司是所有权主体。我国《公司法》第4条最后一款规定的"公司中的国有资产所有权属于国家",实际上于理于法都说不通,应当改为"公司中的国有股股权属于国家"。

这样,对公司产权的性质和内容就容易分析了。首先可以把公司产权定义为:公司产权是公司为了使用收益的目的,在股东出资上设定的属于公司的权利;股东出资的总和形成了公司资产,公司根据法定或约定,实际和独立地占有、使用、处分公司资产,并对公司资产收益依法分配,公司对公司资产所拥有的各种权利就是所谓的公司产权。公司因股东出资而成为法人组织,公司法人具有独立的人格,享有独立权利并承担独立责任。

这样,股东虽然从最终意义上还对公司资产拥有所有权,如股东出席股东会并选举产生公司的董事会组织机构,公司向股东分配盈利,股东享有剩余资产分配权即股东对公司清算时的剩余资产有分配的权利。而在公司存续期间,股东出资构成公司资本,公司资产由公司法人依法独立支配,股东事实上将其所有权的大部分权能统一交由公司法人拥有和控制。这种公司产权虽然由他物权、用益物权演化而来,但公司依据法律和公司章程等方面的规定,由公司独立掌握的占有、使用、处分、收益等方面的权利,构成了公司法人的相对独立的完整的产权,公司产权在形式和实质上已经大大不同于因租赁、承包而形成的用益物权。如果承认公司的独立人格和独立责任,公司是一种自治(自主)性的法人组织,那么就可以说公司资产(财产)就是独立的资产,公司拥有法人资产的所有权,当然这种所有权是限定的、不完整的、有期限的、相对的所有权。

公司资产所有权包含以下四层涵义:一是股东出资形成的公司的全部财产属于公司所有;二是股东的出资一旦投入公司即成为公司的财产,由公司自主支配并使用,股东不得再行直接支配其出资财产;三是公司可以自主处置其财产,并以其全部财产承担债务责任;四是公司以营业所得拥有收益的权利,并依照法律、公司章程和公司机关的意思决定分配其收益。

第二节 现代公司产权制度的基本内容

公司产权是众多产权具体形式中的一种。产权的具体形式与特定的社会经济环境相适应,任何产权形式都是社会生产力水平发展到一定阶段的产物,都要受到当时社会、政治、历史、文化及经济等多种因素的制约和影响,而经济因素则在其中起着决定性作用。某种产权形式是否具有存在的合理性和必要性,关键在于这种产权安排能否降低交易费用,合理配置资源,实现产出的最大化,提高经济效益,促进生产力的发展和和谐社会的形成。

【专栏 4-2】

温州正泰集团的产权改革历程

1. 初始创业

1963 年,20 岁出头的南存辉以房屋折价,加上少量的资金,与胡成中一起投入 5 万元,办起了"乐清求精开关厂",当年产值 1 万元。到了 1990 年,求精开关厂发展到资产 200 万元、产值 1000 万元的规模。这时,南、胡两人在经营思路上有了分歧。为了更好地发展企业,1991 年开关厂正式分家,南存辉成立正泰,胡成中成立德力西。分家后,南存辉拿到 100 万元资产,他利用这笔资金开始了第一次股权之变。

2. 家族成员入股:家族十人队

首先,南存辉从他远在美国经商的妻兄黄素益手中融资 15 万美元,1991 年成立了中美合资温州正泰电器有限公司。这是他第一次自我股权稀释，靠这次稀释，正泰既扩大了资本，又享受到诸多合资企业的好处。

新成立的公司是合资公司，更是不折不扣的家族企业。为了更好地发展企业，南存辉从南氏家族中招进9个家族成员入股，形成了以家族成员为核心的企业管理层。这个所有者、经营者、打工者三位一体的、不用付工资的(年终据股分红)家族团体，成为企业的中坚力量。南存辉的股权一下子从100%稀释到60%。此次合资及引入股东，对南存辉及正泰而言，意义已经远大于融资。

3. 稀释企业股权的尝试：38路"诸侯"分权

1991年成功实现第一次股权之变后，南存辉利用扩张的资本，正式走上"科技兴业、质量创牌"之路，正泰产品开始在全国"攻城略地"。1993年，正泰开始以原来的工厂作为母体，以资本为纽带，通过投资、控股、参股等形式，吸收和组合一批电器生产和销售企业，使这些企业既在集团的统一指挥下运行，又保持一定的独立性。正泰没有采取收取品牌使用管理费的办法，而是采取以商标商誉入股的形式来团聚生产企业，股份为15%到20%。

然而，作为家族企业，成员们并不认同南存辉的做法，说正泰资本不断扩张，也就意味着别人要来分红，为什么要这样做呢？但事实是最有说服力的，正泰集团在不断被"稀释"中得到发展。在这个过程中，先后有38家企业进入正泰，并于1994年注册成立了低压电器行业第一家企业集团——正泰集团，资产规模近4亿元，净资产达5000万元，股东增至40名，南存辉的个人股权也被"稀释"到不足40%。但是，正泰集团还是一个家族性企业：整个企业的核心权力依然集中在南氏家族手中。

4. 所有权与经营权的初步分离："削藩"迎"知本"

为了调动职业经理人的积极性，克服家族企业集团运作中的弊端，如作为法人联合体的企业集团"集而不团"、机构重叠、官僚作风严重等，1996年南存辉决定在集团范围内进行企业产权的股份制改造。

首先按照产品专业的不同，组成2个股份有限公司和3个有限责任公司。在此过程中，原来集团成员企业的法人资格被取消了，企业老板变成了小股东。第二步，就是对家族控制的集团公司核心层(即低压电器主业)进行股份制改造，形成控股集团架构。把家族核心的利益让出来，从原来10个股东变成了现在的106个股东，包括原始投资者、子公司所有者转换而来的股东，以及加盟正泰的部分科技人员、杰出管理人员和营销人员，形成了一个股东大会。南存辉在集团内推行了股权配送制度，他将最为优良的资本配送给企业最为优秀的人才。这就是正泰的"要素入股"——管理入股、技术入股、经营入股，造就一批"知本家"百万富翁。

与此同时，动员不适合企业发展要求的原始股东让出或调整岗位，让更有能力的经理人参与管理，至此南存辉的股份降至20%多，家族成员朱信敏、吴炳池等分别持有7%左右的股份份额。重组后的正泰集团现在呈控股集团结构，下辖近30家控股公司及31家相对控股公司，其中一半的资产集中在电器股份、仪器仪表和持股85%的成套设备公司中。

5. 所有权、管理权与经营权的分离：建立现代公司制度

南存辉认为，家族企业的出路在于"必须在技术进步、产权结构、体制管理等方面下工夫，彻底告别以血缘为纽带的家族式管理"。第三次股权之变后，他没有就此止步，开始将所有权、管理权与经营权分离，继续深化产权改革制度。南存辉着手建立健全了企业董事会和监事会等，形成了所谓"三会四权"制度。正泰的三会就是股东会、董事会和监事会，"四权"

则是指股东有股东的权力,董事有董事的权利,监事有监事的权力,还有就是经营管理者的权力。

正泰从家族制走到现在多元的股权结构,在人才激励上充分采用了股份的手段。正泰集团每年还新增一些股东,集团每年根据贡献大小向董事会提交推荐持股人选。目前,正泰的股东是120人,其中80%是在集团发展过程中带着有形资产加入而成为股东的,另外20%则因为是骨干或者对公司做出了巨大贡献,而被接纳为股东的。

针对一部分股东不劳或少劳的现象,南存辉认识到,简单的、一次性的持股无法解决长期问题。他开始试行第四次股权之变,即"将股份分成两段",推出一种新的岗位激励股,解决激励与约束对称问题。这种岗位激励股与普通股最大的不同,在于它是与一定职位联系在一起的;同时,它不享有所有权,只享有分红权,在分红权上,优先于普通股。当然,因为没有所有权,这种岗位激励股也是不需要出资购买的,如果业绩足够好,岗位股还可以转成永久股,即普通股。

为了激励优秀人才安心创业,必须打破原来的分配制度。在打破的方式上,工人这一层主要是计件工资。管理层则根据岗位不同设置不同的岗位激励股,目的是改变原来老的分配制度。如果你是股东,可以不干,没有问题,把这个职位让给别人干。别人享受岗位激励股,这个股份甚至可以增加。普通股如果不参与经营,就不享有人力资本配股权,只享有货币资本的配股权。长期下去,他的持股比例就会下降,普通股股东如果不够资格,将不能参加日后配股。1997年7月,正泰集团根据现代公司制度要求正式组建股份有限公司和有限责任公司。

6. 公司上市

2003年以后,正泰集团加快公司上市工作,推进资本经营与产品、产业经营同步发展,互为促进。2010年1月21日,浙江正泰电器股份有限公司在上海证券交易所成功上市,成为中国第一家以低压电器为主业的A股上市公司。

根据上面的考察,正泰集团的股权改革的确走到了前列,成为一个勇敢的试验者,并从中获得了巨大收益——公司的飞速发展。概括来看,正泰的股权之变呈现出层次分明、上下一致、以人为本、适应时代之特色。

资料来源:郑学益.中国民营企业启示录:正泰经营思想研究[M].北京:北京大学出版社,2005.

一、公司产权制度的内涵

公司产权制度是指公司的财产制度,是公司制度的核心,它决定了公司财产的组织形式和经营机制。

公司产权制度的发展经历了三种形态,即业主制产权制度、合伙制产权制度和公司制产权制度。业主制产权制度是最早出现的公司产权制度形态,合伙制产权制度是由业主制公司扩张而形成的,但与业主制产权制度无本质区别的一种公司产权制度。公司制产权制度是一种现代公司产权制度,它的突出特点是公司投资者(股东)负有限责任。

1. 业主制

这一公司制度的物质载体是小规模的公司组织,即通常所说的独资公司。在业主制公司中,出资人既是财产的唯一所有者,又是经营者。公司主可以按照自己的意志经营,并独自获得全部经营收益。这种公司的形式一般规模小,经营灵活。正是这些优点,使得业主制这一古老的公司制度一直延续至今。但业主制也有其缺陷,如资本来源有限,公司发展受限制;公司主要对公司的全部债务承担无限责任,经营风险大;公司的存在与解散完全取决于公司主,公司存续期限短等。因此业主制难以适应社会化商品经济发展和公司规模不断扩大的要求。

2. 合伙制

合伙制是一种由两个或两个以上的人共同投资,并分享剩余、共同监督和管理的公司制度。合伙公司的资本由合伙人共同筹集,扩大了资金来源;合伙人共同对公司承担无限责任,可以分散投资风险;合伙人共同管理公司,有助于提高决策能力。但是合伙人在经营决策上也容易产生意见分歧,合伙人之间可能出现偷懒的道德风险。所以合伙制公司一般都局限于较小的合伙范围,以小规模公司居多。

3. 公司制

现代公司制公司的主要形式是有限责任公司和股份有限公司。公司制的特点是公司的资本来源广泛,使大规模生产成为可能;出资人对公司只负有限责任,投资风险相对降低;公司拥有独立的法人财产权,保证了公司决策的独立性、连续性和完整性;所有权与经营权相分离,为科学管理奠定了基础。

【专栏 4-3】

公司产权制度的基础是它拥有的法人财产

公司法人财产是在公司设立时出资者(可以是一个,也可以是多个)依法向公司注入的资本金及其增值和公司在经营期间负债所形成的财产。公司法人财产具有以下两个特点:

(1) 公司法人财产从归属意义上讲,是属于出资者(股东)。当公司法人解散时,公司法人财产要进行清算,在依法偿还公司债务后,所剩余的财产,要按出资者的出资比例归还出资者。

(2) 公司的法人财产和出资者的其他财产之间有明确的界限。公司以其法人财产承担民事责任,一旦公司破产或解散进行清算,公司债权人只能对公司法人财产提出要求,而与出资者的其他个人财产无关。同时,一旦资本金注入公司形成法人财产后,出资者不能再直接支配这一部分财产,也不得从公司中抽回,只能依法转让。

公司法人财产,也称公司法人产权,是公司对其全部法人财产依法拥有的独立支配的权利。公司法人财产权是公司依法独立享有的民事权利之一,也是最重要的一项民事权利。公司法人需要依照法律或者公司的组织章程行使法人财产权。公司依法对法人财产行使各项权力,同时以其全部法人财产承担民事责任,公司还要依法维护出资者的权益,实现公司财产的不断增值。公司产权制度是以公司在法律上具有独立的法人地位为前提的,而法人地位确定的产权基础则是它拥有的法人财产。

二、现代公司产权制度的特征

随着社会生产力的迅速发展,特别是交通、通信技术的发展,市场规模急剧扩大。而产业革命则使机器化大规模生产成为可能,公司规模迅速扩大以适应扩大了的市场需求。大规模公司组织往往具有多种经济功能,经营多个产品,而经营范围则是跨地区,甚至跨国界的。自然人公司的产权制度难以适应公司规模迅速扩大的要求,主要表现在以下几个方面:其一,产权的可转让性和流动性差,在具有多个合伙人的情况下,任何产权制度的调整都要求所有成员的同意,从而增加了交易费用,导致产权变动、交易的困难,无法迅速集聚资本扩大规模。其二,公司寿命与出资人寿命联系在一起,这是因为公司建立在合伙人达成的共同约定之上,任何一个合伙人的变动或消亡都会直接影响公司的存续,影响公司的长远发展。其三,合伙公司是由多个自然人共同出资组建的公司,由于每个出资人都拥有监督权和决策权,而收益归出资人共同占有,因而出资人存在"搭便车"的激励。

总之,自然人公司的产权制度安排存在较大局限性,难以适应社会生产力发展的要求。为了适应生产力发展和公司规模迅速扩大的要求,产权制度发生了重大变化:首先,所有权与经营权发生了分离,公司的管理者不再是古典公司中的所有者,而是受资本雇佣的劳动者。经营者作为公司员工的监督者,其经营行为受到严密的公司治理结构的制约与监督。其次,在公司内部则形成了多层次的决策和管理体系。在公司外部公司产权趋于分散,产权的可转让性增强,最为重要的是形成了公司的法人财产权。公司法人财产权独立于所有者的所有权,并受法律保护,具有独立性和排他性。公司所有者无权直接干涉公司的生产经营活动,其对公司经营活动的影响需通过特定的机构与程序才能实现。

公司制公司是法人公司制度的典型形式,其产权制度的主要特征表现在以下几个方面:

1. 资本的筹集

规范的股份制公司是通过发行股票筹集资本的,股票的发行与交易受到有关法律的制约:一是不准退股,公司的股东不能中途退出,这样就保证了公司法人财产的完整性;二是可转让,公司股东可以将其所持股票转让出去,改由他人持有;三是要承担风险,公司股东的收益取决于公司经营状况的好坏,如果公司经营不善致使效益下滑,股东的利益就会受到损害。

2. 资本的双重化

公司成立以后,通过发行股票筹集到的资本以两种形态存在:一是由股东持有、以股票形式存在的虚拟资本;二是由公司法人控制、以实物形态存在的实际资本。公司资本的双重化使资本的所有权和职能资本发生了分离,形成了受法律保护的独立公司法人资产。公司股东拥有法律上的所有权,但不能随意干涉公司的经营。公司的法人财产由股东代表组成的董事会拥有,对公司实物资产行使占有权、使用权、支配权、处置权和收益权。公司法人对实物资产的产权是完全独立的,具有严格的排他性。

3. 有限责任制度

公司财产的最终所有权归全体股东所有,公司有盈利则由全体股东分享,公司出现亏损则所有股东都要承担损失。但是,股东对经营的风险只承担有限责任,即仅以其出资额为限对公司经营中发生的亏损承担责任。如果公司在经营中出现严重亏损,公司法人财产不足以弥补其亏损,那么股东投入的所有资本都将用于清偿公司债务,但对未能清偿的债务差额不负有责任。

4. 同股同权

组成公司资产的所有股权是完全平等的,无论是利益的分配权,还是决策权都按照同股、同权、同风险的原则对待。持有的股票越多,则权利就大,收益就大,当然义务也大,承担的风险也大。

5. 产权明晰

股份公司产权主体及其产权边界是清晰的:一方面,公司财产的来源、数量有清晰的记载;另一方面,公司产权的三个主体——股东、董事长、总经理的职责、权能也有明确的划分,按照《公司法》的规定,股东是公司的所有者,通过股东大会行使主权;董事长和董事会成员作为股东代表行使公司资产的经营权,负责重大经营事项的决策;总经理受聘于董事会,对董事会负责,执行董事会的决议,负责日常经营工作。

6. 产权运动的特点

产权作为现代公司参与社会再生产过程的必要条件,可以独立运动而不受产权主体的随意干扰。在产权运动的过程中,其使用价值形态与价值形态可以合一也可以分离。

7. 产权体系的新特点

产权体系的复杂化是与现代公司的大型化相伴随的。股份公司的出现使公司通过发行股票聚集资本实现迅速扩张成为可能,一些公司为了增强其市场竞争力进行横向或纵向一体化的公司兼并,以降低交易成本,也导致了公司规模的迅速扩大。随着公司规模的不断扩大,现代公司的产权体系呈现出一些新的特点:一是分散化,公司在通过发行股票筹集资本的过程中,将资本分割成以"股"为单位的若干股份,从而可以使成千上万的人拥有同一公司的股份。二是规模庞大化,现代公司通过股权联系可以建立母公司、子公司、孙公司等复杂的公司体系,产权体系因而趋于庞大。三是产权法人化,母公司对子公司、子公司对孙公司的控股权掌握在母公司和子公司法人的手中,出现了产权人格化的现象。

实现现代公司产权制度的规范化是提高公司产出效率的重要途径,主要应做好三个方面的工作:第一,要对产权进行准确的界定和计量,明确产权主体的权利、责任和义务,从而为理清复杂的产权体系创造条件;第二,要建立对产权主体追求自身利益的激励机制,并确认其持有产权的永久性;第三,完善公司法人治理结构,强化产权约束机制,保护产权主体的利益。

三、现代公司产权制度的基本内容

通过股东会、董事会和执行机构等公司治理结构的设置和运作,明确划分责、权、利,形成了调节所有者、公司法人、经营者和职工之间关系的制衡和约束机制。

(1) 公司是由法人治理结构来统治和管理的。所谓法人治理结构,就是统治和管理公司的组织结构。因为公司是法人团体,与自然人公司不同,是一些人由于共同的目的而互相结合组成的团体,具有自己独立的意志,因而要体现这个意志,只能由一个组织,即法人治理结构对公司进行治理。

(2) 公司治理结构是由股东会、董事会和高级经理人员三者组成的一种组织结构。这种三层治理结构的特点是使得原始所有权、公司产权、经营权各有人格化的载体,界定明确,责权利明确划分。其中股东大会是公司的最高权力机构;董事会是由股东大会选举产生的公司决策和管理机构;董事会领导下的高级经理人员组成公司的管理与执行机构。

(3) 由股东会、董事会和高级经理人员组成的治理结构,具有一定的制衡关系,可以互相制约,从而保证公司资产的完整性和体现公司法人团体的意志。其制衡关系如下:

① 公司财产的原始所有者股东从维护投资者利益的角度出发,通过股权代表机构股东会选举董事会,以对重大决策进行表决的方式,反映自己的意志,制约董事会的行为。另外,股东还可以采取"用脚投票"的方式,买进或卖出公司股票,对公司行为形成外部制约。

② 董事会作为法人财产的代表,对公司资产的运动与增值负责,承担资产风险。它受股东利益的制约,对公司重大问题进行决策,并对经理人员进行监督。董事会的核心作用是保证公司经营管理符合股东利益,使得公司法人治理结构有效运行。

③ 经理作为公司的经营者,是由董事会精心选择的,并直接受控于董事会,对自己的经营成果负责。

由上述分析可以看出,原始所有权、公司产权和公司经营权不仅相互分离,各有载体,形成制约机制,而且统一于公司整体之中,构成统一的公司法人实体。

【专栏 4-4】

方太集团:家族企业与现代公司制度的嫁接

在很多人眼中,家族企业就是落后企业的代名词,如用人唯亲、裙带关系、管理混乱、公私不分等。另外,"富二代"的负面新闻充斥着媒体的头版头条。似乎整个负面新闻的焦点都聚集在家族公司上。但反观美国财经杂志《财富》刊登的 2010 年世界 500 强公司名单就不难看出,排在第一名的沃尔玛、第三名的埃克森美孚,已经排在第五名的丰田汽车公司,都是家族公司杰出的代表。

"在中国的家族企业中,家族必须绝对控股,家族企业的股权安全系数在 70%～90% 之间。"方太集团董事长茅理翔在接受采访时说。在多数论者看来,家族企业要想做大做强,股权的不断稀释当是题中应有之意。改革与革命孰是孰非,答案因企业具体情况而异。方太集团所走路径的具体含义在于:既要坚持家族制,又要建立现代的公司制度。

家族企业有着明显的优势,如产权明晰、委托代理成本低、决策灵活等;但是家族公司的弊端也显而易见。在目睹为数众多的类似的家族公司由于管理不善或者家族成员内部不和,导致苦心经营的公司轰然倒塌的事件后,茅理翔开始思考在保持家族所有权属不发生根本改变的前提下,如何有效解决家族公司内在弊端的问题。如何拿捏二者之间的平衡? 茅理翔给出了自己的答案。

思考的结果是:淡化家族制,为家族公司嫁接现代公司制度。现代公司制度是以公司法人制度为基础,以公司产权制度为核心,以产权明晰、权责明确、政企分开、管理科学为条件而展开的,由各项具体制度所组成的,用于规范公司基本经济关系的制度体系。它是为适应我国公司制度创新的需要而提出来的特定概念,是公司制度的现代形式。

资料来源:张衍阁,彭水明.方太集团:家族企业与现代公司制度的嫁接[J].法人杂志,2004(10).

四、我国企业法人制度的缺陷及其完善

在传统的计划体制下,国有企业作为国家行政机构的附属物,没有独立的法人地位。国家是唯一的投资主体。在实行有计划的商品经济过程中,国家虽然通过立法形式建立了企业法人制度,但这是一种不完整的法人制度。国有企业的法人地位有名无实,其原因在于:企业没有法人所必须具备的独立的财产权,难以建立起财产约束机制,只能负盈不能负亏,国家对企业仍负有无限责任,企业不是真正独立的法人。

建立现代企业制度,完善国有企业法人制度的任务就是:明晰国家和企业间的产权关系。主要包括以下几点:

(1) 企业中的国有资产所有权属于国家,企业拥有包括国家在内的出资者投资形成的全部法人财产权,成为享有民事权利、承担民事责任的法人实体。

确立法人财产权的关键,是实行出资者所有权与法人产权的分离。出资者所有权在一定条件下表现为出资者拥有的股权,即以股东的身份依法享有资产受益、选择管理者、参与

重大决策以及转让股权等权力。出资者不能对法人财产中属于自己的部分进行支配。法人财产权表现为公司依法享有法人财产的占有、使用、收益和处分权,以独立的财产对自己的经营活动负责。

(2) 公司以其全部法人财产,依法自主经营、自负盈亏、照章纳税,对出资者承担资产保值和增值的责任。

(3) 出资者按投入公司的资本额享有所有者的权益,即资产受益、重大决策和选择管理者等权利。公司破产时,出资者只以投入公司的资本额对公司债务负有限责任。

五、美国和日本公司产权制度启示

美、日都是市场经济发达的国家,其公司制度较为成熟,但两国的产权制度却各有特色、互不相同。对两国公司产权制度的比较和研究,有助于进一步认识现代公司产权制度。

(一) 美国的公司产权制度

美国的股份经济是建立在私有制和市场经济基础之上的,与其他国家的股份经济相比具有以下明显特征:

第一,资产债券化特征明显。在美国,股份公司数目众多,但发行股票的上市公司比例小。造成这种现象的原因是,上市公司一般是大中型公司,而这部分公司的数量在全部公司数量中占的比例较小。因此,虽然上市公司占全部股份公司数量的比重较小,但从资产的角度看,上市公司资产占股份公司总资产的比重却在70%以上,也就是说,公司资产已基本实现债券化。

第二,公司股权分散化。由于股份可以分割成较小的份额,具有不同财力的自然人或法人都可以购买,因此,股票上市流通后就呈现出分散化的特点。众多分散化的小股东在公司经营中直接行使所有者职能的能力是非常有限的,因此,小股东持有公司股份的目的不在于获得公司决策,而是以获取资本利得为目的,或者说众多小股东的持股目的不是参与公司决策获取长远利益,而是通过股票价格波动获取资本利得的短期利益。

第三,美国的《公司法》明确规定了公司的独立法人财产权。负责公司资产运营的是由股东选举产生的董事会,股东不能直接干预公司的运营,从而实现了终极所有权与法人财产权的分离,公司作为一个独立的法人支配公司资产,保证了公司资产的完整性。

第四,公司治理中出现经营者控制。由于股权的日益分散,个别股东不仅很难操纵董事会的选举,而且对负责公司日常经营工作的总经理更是缺乏监督和控制能力。一个重要的现象是,包括董事会在内的公司股东对经理阶层的约束力被削弱,而经理阶层对公司的控制力则在不断加强,并逐渐居于举足轻重的地位,从而出现了所谓经营者控制的现象。

第五,为保证经理阶层责任与权力的平衡,美国公司在发展过程中形成了一系列的约束机制。主要包括以下三个方面:一是股权约束,即股东可以在股票市场上用脚投票,通过使公司经营者管理的公司贬值、被竞争者收购等威胁,促使经营者改善公司经营;二是产品市场的约束,如果公司不能在激烈的市场竞争中立于不败之地,公司经营者的地位就会丧失;三是经理市场的约束,经理作为自身人力资本的所有者,如果公司经营状况不佳,其人力资本在经理市场上的收益率和价值就会下降。

(二) 日本的公司产权制度

日本公司产权制度具有特殊的形态,主要表现为法人持股占绝对比重,有人称之为"法人资本主义"(奥村宏,1996)。其主要特点是:

第一,法人持股比重高。据有关统计,日本公司法人持股比重,1972年为66.7%,1985年为67.5%,到1986年日本公司法人持股比重达到70.8%(李振宁,1988)。目前,这一比例仍然很高,保持在80%左右。

第二,法人相互持股。日本公司的持股形式为法人相互持股,比如说,如果只有甲、乙两家公司,则其相互持股的形式是甲持有乙的股份,同时乙持有甲的股份。在多家公司相互持股的情形中,其相互持股的形式是多种多样的,有角形、环形、矩阵形等多种形式。在大型公司集团内部,成员公司之间相互持股的比率在20%~30%。以丰田公司为例,其前八位股东都是法人,而丰田公司又是其中一家公司的第一大股东和另一家公司的第二大股东。对公司集团的管理和控制是由成员公司组成的经理会实施的。

第三,经营者支配。由于公司规模的扩大及法人相互持股,公司对经营专家的依赖增加,日本商法典中明确规定,只要有经营才能,非股东也可以进董事会。公司经营阶层被赋予强大的支配权,而且公司总经理控制董事会在日本已成为一种普遍现象。

通过以上分析可以发现,日本公司法人持股的特点与美国公司以个人持股为主的特点形成鲜明的对照,但值得注意的是,美国公司中机构持股的比重出现了日益增加的趋势。法人持股和股权的分散化引出的一个共同问题是:公司产权制度的确立为公司适应社会化大生产的要求,实现大规模、长远发展创造了条件,但同时也出现了经营者支配和所有者与经营者利益矛盾的协调等问题。因此,公司治理结构成为一个热门的研究领域,以期通过探索不断完善公司治理结构,建立经营者权责对称的激励机制和约束机制,实现所有者与经营者的利益相容和风险共担。

第三节 现代公司产权运行的市场化和法制化

产权市场为国有资产存量提供了进退通道,有利于国有资产存量的结构优化,防止国有资产流失,也为民营资本和外资参与国有资产重组架起了桥梁。加强产权市场管理,需要制定中国产权市场的发展规划,改进对产权交易中介机构的监管,科学确定产权交易价格,规范企业产权出让收入的处置工作,完善产权交易的社会保障体系。加速产权市场的法制化建设,必须明晰公司产权界定,规范产权交易经纪主体及其法律关系,依法规范资产评估程序,加强对产权交易的法律监督,构造完整的企业产权交易法律体系。

一、产权的股权形态和实物形态

产权的股权形态就是指对公司资产通过购买股票的形式来占有。以股权形态存在的产权具有相对独立性。股东作为公司的所有者,虽然可以任意处置他拥有的作为公司产权凭证的股票,但却无权处理公司的财产。因此,股权关系的变动往往并不影响公司财产的完整。产权的股权形态是商品经济发展到较高阶段所出现的一种产权形态,是较高级的产权形态。

产权的实物形态就是指对资产直接的实物占有。公司法人作为公司资产的经营者,可以自由支配公司的资产。以实物占有形态存在的产权关系一旦发生变化,极易导致公司财产的分裂,从而影响公司的生产经营活动。

产权除上述两种形态之外,还可以表现为债权形态,就是经济主体将资产贷放出去之后,对这部分资产形成的债权占有。

二、公司产权运行市场化的涵义

公司产权运行市场化是指股权形态的所有权运行的市场化、实物形态的法人产权运行的市场化和产权运行评价的市场化。

(一) 所有权运行的市场化

所有权运行的市场化表现为股权在证券市场中的运行。股权在证券市场中运行的前提条件是股权的证券化,即以股票(有价证券)作为股权的证明;而股权证券化的前提条件又是公司的股份化。因此,公司所有权运行的市场化就是公司股份化、股份证券化、证券市场化的过程。证券市场是长期资金供应者与需求者之间进行资金融通以及证券发行与转让的场所。证券市场是商品经济、信用制度高度发展的产物,是随着股份公司和证券业的产生、发展而形成和发展起来的。公司所有权(股权)在证券市场中的运行,表现为所有权在一级市场中的形成和在二级市场上的转移。

一级市场也称"初级市场"或"发行市场",是公司通过投资机构出售其新证券的场所。新证券是公司首次发行的股票。通过发行新证券的一级市场,公司筹集到股本,首次购买新证券的投资者,成为公司最初的股东。一级市场的作用是将社会游资直接转化为投资,导致所有权的形成。

二级市场也称"次级市场"或"交易市场",是已发行的有价证券的买卖场所。证券交易所是最重要的、集中的证券二级市场。社会上非特定的投资大众,通过证券交易市场从事公开的证券买卖,从而对所有权进行再分配。在这个市场上,具有较完备的组织和设备,投资者拥有充分的购买证券的机会,持有证券但需要现金者,可以随时出售所持有的证券以换回现金。二级市场的主要作用是使证券所有权实现转移,借助市场机制重新分配所有权,从而使社会资源获得重新配置,而并不增加社会资本的存量。

无数股东的证券交易行为,构成了产权在证券市场中的运行。投资者用其积累起来的货币购买股票,借以获得收益的这种行为就是证券投资。证券投资是市场经济体制下产生的财产增值方法。在当今商品经济社会中,证券投资已成为社会投资的最重要的组成部分,成为很普遍的大众投资方式。公司所有权借助证券投资方式实现市场化的意义表现为:

(1) 从证券发行者(公司)的角度看,证券是最有效地扩大资本规模的工具。通过这种形式,把社会上零星分散的暂时性的资金变为长期使用的资本,使公司筹集到巨额的生产经营资金。

(2) 从投资者的角度看,投资于证券要比生产投资有利得多。因为生产投资周期长,公司建成投产后,又要购进原材料、制造商品、进行销售,这都需要大量的组织管理工作,并且风险性很大,一旦经营失败,所投入的资本便无法收回。而证券投资手续简便,只要购买证券,便可取得收益,风险性比直接投资要小,并可通过证券市场随时出售所持证券,收回本金。另外,进行直接投资还受到资本额的限制,只有达到一定规模的资本量时,货币才能转化为资本。这不利于小额投资人的投资。而投资于证券则不受资金数额的限制。

投资者从事证券交易的目的是为了避免投资损失和实现增值。这也是所有权运行的目的。所有权在证券市场中如何运行,主要取决于投资收益。股票投资的收益是持股人依据持有股票的多少和股息的高低等因素,定期或不定期地从股份公司获得一定量货币形式或其他形式的报酬,主要包括股息收入、红利收入、资本利得三种形式。股息和红利主要来源于公司的经营利润。资本利得是投资者运用资本低价购进证券后再高价卖出所赚取的差价利润。

总之,原始所有权运行的市场化,是以原始所有权转换为股权为前提的,股权又以股票的形式来体现,从而股东在证券市场上通过股票交易、转让、抵押谋求增值,以避免财产损失。这样,从证券市场看,无数股东的交易行为启动了原始所有权的市场化,推动了资源的重新配置。

(二) 法人产权运行的市场化

法人产权运行的市场化表现为资产产权的转移和让渡,以产权转让市场为中介来进行。法人产权运行市场化的前提条件是产权转让市场的建立和发展;产权转让市场建立和发展的前提条件是法人产权从原始所有权分离出来,形成独立的产权实体;而法人产权的形成又是以法人公司的形成为前提的。因此,法人产权运行的市场化就是公司法人化——法人产权独立化——产权转让市场化的过程。

公司法人产权是公司资产物质形态的表现。法人产权的运行表现为公司董事会和经理对公司资产的实际运用,包括出售、出租、抵押、交换、转让等方式处理公司的部分资产和全部资产。在公司拥有独立法人产权的条件下,经营者必然以提高公司资产效率和增加公司积累、实现公司资产增值为目的对公司资产进行运作。这种以资产增值为目的的动作必然极大地促进法人产权运行的市场化。法人产权运行的市场化又反过来促进公司经济效益的提高,同时也是对公司经理经营行为的检验。

(三) 公司产权运行评价的市场化

由于证券本质上是一种对未来收益的权力证书,因此证券投资者对投资于哪一个公司要进行谨慎选择。在股票市场上,股票价格与公司经营状况紧密联系,通常情况下,公司股价和公司利润是同向发生变化的,即公司盈利上升时,股价也上涨,公司盈利下降时,股价也下跌。虽然,目前在发达国家的股票市场中,股价变化经常表现为与公司盈利无关,这是因为投资者除分析公司的近年利润状况外,还注意公司的发展前景,以及其他一系列因素的影响,但总的来说,投资者在判断股价时,要考虑到公司的盈利水平,特别是公司将来的盈利水平预测。通过对股票价格的判断,投资者必然乐于投资经济效益好、股票价格高的公司,从而促使这样的公司不断地开拓与发展。反之,那些经营前景暗淡、竞争能力弱、经济效益差甚至亏损的公司,必然遭受投资者的冷遇,将所持有的这样公司的股票抛出,将资金转向前一种公司。证券市场中股东时刻都在进行的买进和卖出实际上是对公司资产经营状况所做的评价。股东的这种在证券市场上"用脚投票"评价的方式,就是一种市场化的评价方式,是一种社会化程度更高的评价机制,能更客观地反映出公司实际经营状况,而且是促进公司经理人员不断改善经营管理的一种推动力。在这种市场化的评价机制下,公司要想立足于竞争激烈的市场中,处于不败之地,必须改进生产技术,改善经营管理,提高经济效益,才能取得投资者的信任。否则就会失败,直到被淘汰。

三、公司产权运行市场化的条件

公司产权运行的市场化必须具备两个条件:① 原始所有权、法人产权及其经营权的分离;② 原始所有权的商业化,即资产所有权采取股票、债券等证券形式表现出来。它们之所以成为公司产权市场化的条件是因为:

(1) 当法人产权被确立以后,公司成为独立经营者,必须成为能够自负盈亏的经济实体,再加上经营权的分离,公司经理掌握了公司经营权,公司经营效率如何,是对经理经营能力的直接检验。这一切迫使公司必须有效地经营。为此,公司经理必须有效地配置资本,这就要根据经济条件的变化而适时地增减资本数量、改变资本投向等。事实上也就是将一部分资本的生产权及收益权转进或转出,而这种转进或转出必然是按市场原则进行的流动,因而产权的运行是市场化的。

（2）产权商业化,具体说是原始所有权用证券的方式来表示,这是公司产权转让市场化的必要前提之一。这是因为：

① 使买卖双方都可以简单明了地用股票价值表示财产的价值,从而对资产的估价可以通过市场手段和市场交易过程来进行。在财产权非商业化的情况下,财产估价往往是由某些机构或某些人根据原有固定资产投资额进行调整后得出来的。这样做的估价不但不准确,而且过程复杂。举例来说,现在有一个十年前固定资产投资额为200亿元的钢铁厂要出售,在财产权非商业化条件下,有关机构通常进行估价的方法是：原固定资产额减若干年的折旧,然后再根据市场对钢材产品及其设备的需求状况加以调整。这种调整的随意性很大,缺少客观的依据。在我国国有资产转让中,由此造成不应有的低价流失。在实现财产权商业化的情况下,财产证券化了,证券的面值就是资产的价格,而且这种价格会通过证券价格的市场波动反映市场对钢材及其设备的需求状况。从而使资产估价可以通过市场手段和交易过程得到解决。

② 可以使产权转让具有便利性。所谓便利性是指在转让时不受或少受时空的限制。在财产权非商业化的情况下,产权交易受到时空的很大限制。甲地公司要购买乙地公司的资产,必须到乙地进行一系列的谈判、评估等工作,这样做极不方便,使异地间产权转让的规模和频率受到极大限制。而在产权商业化后,甲地公司只需在本地证券市场购买乙地公司的股票,即可完成产权转让,这使产权转让过程变得既容易又迅速。

③ 可以使产权交易方式具有灵活性。所谓灵活性,是指买卖双方在交易时,能根据经济条件的变化,及时做买与不买或以何种批量购买的决策。在产权非商业化条件下,资产的实物形态与价值形态是分不开的。在转让时,不能分割,买卖双方都不能选择交易数量,要么买（卖）整个公司,要么不买（卖）。而且,一旦转让发生后,很少能根据经济或政治方面的变化再次转让,因为这样做产权交易双方要付出较大的转让成本。而在财产商业化后,资产用证券来代表,不但可以选择买卖股票的数量,而且可根据需要迅速地在证券市场上将买进的股票再卖出去。

公司产权的转让涉及国家、出资人、公司法人、个体等多个主体间的财产关系的转移,必须使之法制化,使产权转让的经济活动纳入法律的保护和制约之下。

四、公司产权运行的法制化

市场经济是法制经济,没有完备的法制基础,就不可能有规范的市场。公司产权运行的市场化,也必须纳入法制轨道。公司产权进入市场运行,就是以市场机制作为公司资产重组的主要调节手段,但要做到市场运行的有序化,必须通过立法来实现。公司产权运行的市场秩序,主要靠建立一整套的法律保障体系来完备市场规则。市场规则是指规范市场活动参与者身份、行为及其相互关系的准则。一般来说,现代市场规则包括三个层次的内容：① 规范市场主体及其活动的准则；② 规范政府干预市场行为的准则；③ 规范市场运行过程的准则。公司产权运行的市场规则,直接依赖于《公司法》《证券法》《国有资产管理法》《兼并法》

《公司产权交易法》《银行法》《反垄断法》《反不正当竞争法》《破产法》和《社会保障法》等立法的完成和完善。

第四节 产权市场交易的对象和形式

产权交易是我国国有企业改革的重要一环,目前我国产权交易市场的重要地位也日益突出。20世纪90年代以后,随着产权交易的发展,一些学者不满足于泛泛讨论产权的一般问题,而是把探讨的重点推进到产权市场这一层次上。

【专栏4-5】

中新大东方人寿保险有限公司50%股权竞价项目

中新大东方人寿保险有限公司(简称"中新大东方")系中外合资企业,成立于2006年,注册资本10亿元,是我国唯一将总部设在西部地区的全国性中外合资寿险公司,在四川、陕西、湖北设有三家分支机构。经营范围为在重庆市行政辖区内及已设立分公司的省、自治区、直辖市内经营人寿保险、健康保险和意外伤害保险等保险业务(法定保险业务除外),及上述业务的再保险业务。

中新大东方由重庆城投集团、重庆地产集团、大东方人寿保险有限公司、重庆财信企业集团四家企业共同投资组建,各股东分别出资2.5亿元,各持25%股权。截至2014年,中新大东方总资产32.31亿元,所有者权益58357万元,2014年度实现营业收入98682万元,净利润-4820万元,拥有正式职工413人。

随着保险行业竞争日趋激烈,中新大东方逐渐陷入发展瓶颈。为扩大资本金,2014年9月,中新大东方拟通过重庆联交所增资扩股10亿元。在预挂牌期间,重庆联交所广泛推介,为项目对接了大量的客户。尽管由于各种原因增资扩股最终没有实施,但有效的市场对接和客户储备,为此次股权增值转让奠定了基础。

为切实推动中新大东方尽快实现跨越式发展,2015年8月,重庆城投集团和重庆地产集团两家国有股权决定全部退出。经评估,中新大东方资产总额323869.30万元,负债总额265511.85万元,净资产额58357.45万元。本项目股权对应净资产2.99亿元,评估价16.03亿元。

据了解,当前国家保监会严格控制寿险资质发放,每年发放牌照数量约1家左右。而中新大东方拥有人寿保险经营资质,目前属于相对稀缺资源,也是本项目最大的价值所在。

2015年8月11日,中新大东方50%股权在重庆联交所正式挂牌转让,挂牌价16.03亿元。重庆联交所高度重视中新大东方股权转让项目,组织精干的工作团队,从公告挂牌、市场推介、组织报名、网络竞价全程做了大量工作,做到了市场发动精准高效,交易流程严谨合规,交易环节真实留痕,投资人信息严格保密。在一个多月的交易过程中,项目组在对企业情况及行业发展趋势深入分析的基础上,形成了上万字的推介资料;通过中国证券报、和讯网、环球财经等10多家有影响力的专业媒体,以及集团门户网站、微信平台和市级报刊等渠道发布资讯;对北、上、广、深等发达地区的上百家央企及大型民营企业进行了定向推介,收到了良好的效果。陆续接到全国各地电话或现场咨询50余次,30多家央企和大型企业反馈投资意愿,其中有20多家积极对接。最终,为项目征集到4家合格投资人。

2015年9月18日,中新大东方50%股权转让项目网络竞价会于15点正式开始,一直持续到19点45分,历时4小时45分钟,累计报价721次,竞价激烈程度在大额股权交易项目中非常罕见。最终,恒大地产集团(南昌)有限公司以39.39亿元成功摘牌,比挂牌价16.03亿元增值23.36亿元,比股权对应净资产2.99亿元增值36.4亿元,溢价13.2倍。

一、产权市场交易的涵义

公司的产权市场交易就是公司以各种产权客体为交易对象,以各种资产处置方式为交易形式,以比较低的交易成本,获取比较好的经济收益的经济活动。

产权市场交易是一种经济的产权转让方式。公司产权的转让,从运行方式上看分成两种:① 非经济的方式。由行政无偿调拨、赠与等方式获得财产支配权,通过公司的行政性关、停、并、转等方式实现的财产权转让,都属于非经济性的产权转让。② 经济的方式。通过交换、拍卖、联合、兼并等方式获得财产支配权,属经济性的产权转让。经济性的产权转让是市场经济中公司产权运行的特征。公司的产权市场交易特点就是:产权转让以公司的市场行为来实现,它是在公司竞争中,生产要素按照市场原则进行流动,从而实现社会经济资源优化配置。

二、产权市场交易的意义

公司产权同个人产权一样,它排斥他人侵犯和无偿占有,并能通过其恰当的行使而给其所有者带来一定的收益。因此,公司产权也是一种稀缺的经济资源。在商品经济条件下,有消费品市场、生产资料市场、技术市场、房地产市场、信息市场、劳动力市场、资金市场等等,凡是成为商品的东西都有相应的市场和交易活动。产权作为生产资料、资金、技术等要素的集合体也是商品,也可以有偿转让,因此,也一样需要有赖以运行的市场。在商品经济中,产权转让市场既是一个重要的投资场所,也是生产要素自由流动、实现优化配置的基本渠道。因此,公司产权市场是社会主义市场体系的重要部分。

在商品经济条件下,众多公司在竞争中难免会出现兴旺与衰落、盈利和亏损等情况。在社会资源有限的条件下,要达到现有资源的有效配置,必须保证生产资料、资金等各种生产要素在市场上自由地流动,包括允许诸要素的整体流动。这样,通过产权的市场交易活动,落后的公司被淘汰,先进的公司通过购买产权扩大生产经营规模,从而推动公司组织结构和产业结构的合理组合,使有限的社会资源得到有效的、充分的利用。

三、产权市场交易的对象

商品交换本质上就是所有权的转让,表现为所有权的让渡和所有主体的转换。卖方让渡了商品所有权,从而失去了占有权,即支配使用该商品的权利;买方则获得所有权,合法地占有该商品。可见,产权转让是一个十分古老的经济与社会行为,它是同商品交换同时产生的,体现在商品交换中的所有权转让,随着商品经济的发展,产权转让的涵义扩大了,形式发展了,对象更广泛了。它不仅是一般交换中的商品所有权的转让,而且扩大到公司产权的转让。产权市场交易的对象就是公司产权。但产权是一个内涵相当广泛的概念,它包括多项权能,且各项权能可以分离开来,因而产权转让的权能对象也可能不同。

产权的广泛理解就是所有权,它包括所有人对物的占有、使用、收益和处分的权利。产权的狭义理解仅指财产所有权分离出去后,对公司财产占有、使用、处分和收益的权利,即所谓的经营权。与产权的这两种涵义相对应,产权转让也有两种不同的涵义:① 财产所有权在不同财产所有者之间的变换,即财产所有权的转让;② 在财产所有权不转移或者不完全转移的情况下,财产所有权所包含的诸如占有、使用、处分和收益权利,在不同经营主体之间的转移,即经营权的转让。不同公司之间发生的以所有权为对象的产权转让,是广义的产权转让,其重要特点是被转让公司的法人资格随之丧失,如公司兼并。不同公司之间发生的以经营权为对象的产权转让,是狭义的产权转让。其特点是被转让公司的法人资格并未丧失,如公司承包公司、公司租赁公司等。

从公司产权转让的内容上看,既可以包括物质形态的资产性产权,如厂房、机器、土地、原材料等要素的转让,也可以包括公司的货币资金、债权债务、技术专利等非物质形态资产的转让。从公司产权转让的范围来看,既可以是公司整体产权转让,也可以是公司部分产权转让。① 公司整体产权转让,即把由固定资产、流动资产以及无形资产等各种要素组合起来的公司,作为一个整体进行转让;② 公司部分产权转让,是仅以公司产权的一部分为客体的转让,如闲置的机器设备、某些工业发明权、商标权的转让,以及公司股份和债券的出售等。

四、产权市场交易的形式

产权市场交易的形式是指产权的转移和让渡的经济活动方式,通常包括兼并、拍卖、合并、出售、技术转让、租赁等资产处置方式。

1. 兼并

兼并是指在两个或两个以上的公司合并过程中,其中一个公司因吸收了其他公司而成为存续公司,而其他公司则在消失原有法人资格后,归入存续公司的合并方式。兼并是一种所有权意义上的产权转让形式。兼并往往是在被吸收公司本身已陷入重重困境难以自拔,与此同时又雄心勃勃想要发展自身的公司存在的情况下发生的。

2. 合并

公司合并是两个或两个以上的公司,依据法律规定或合同约定,合并为一个公司的法律行为。公司合并的形式主要有吸收合并和新设合并。① 吸收合并,即兼并;② 新设合并是指在合并过程中,参加合并的所有公司都消失原有的法人资格,而后形成一个新的法人实体,也即参与合并的所有公司没有一个存续。新设公司接管原来几个公司的全部财产和业务及原公司的债务,并发行新股份给原公司,原公司将所得股份再分给各股东,然后宣布解散。

兼并与合并的区别在于:兼并是合并的一种吸收合并方式。兼并与新设合并的区别在于:兼并就是一方吃掉另一方,一方的法人主体资格继续存在,另一方的法人主体资格消失;而新设合并则是以两个或两个以上公司的法人主体资格因合并同时消失,不存在谁吃掉谁的问题。

公司合并的目的在于避免同行业公司间的相互竞争,加强不同行业,但业务上相关的公司间的协作关系,并独占市场或节省有关费用等。公司的合并可以是纵向的,也可以是横向的。

公司合并的程序大致有五个步骤:

(1) 一般是缔结联合或合并契约。该契约应包括合并的各公司的名称及所在地;合并后存续的或新设公司的名称及所在地;合并各方的资产状况及其处理办法;合并各方债权、债务处理的办法;合并后存续或新设公司应发行股份的总额、种类和数量;合并各方认为需要载明的其他事项。

(2) 股东大会批准合并契约。

(3) 结算资产负债。

(4) 通告债权人。在法定期限内,债权人可以对合并提出异议。对提出异议的债权人,公司应提供偿债担保或清偿债务,未提出异议的则被认为是承认合并。

(5) 申请登记。公司在缔结合并契约后,应于法定期限内持必需的文件向有关主管部门申请变更、解散或设立登记,并进行公告。

3. 租赁

租赁是指一个公司出租其全部或部分资产,以租赁契约方式控制另一个公司。承租公司按契约按期支付定额租金,出租资产的公司按契约收取定额租金,并保持其独立地位。这种产权转让方式的特点是:一方对另一方支付租金,以取得一定时期内对另一方资产的使用权,因此这是经营意义上的产权转让。租借公司以支付租金和归还资产为条件,取得一定时期内使用资产的权利,称为承租人;资产所有人通过租赁契约在一定时期内放弃其资产的控制权和使用权,称为出租人。

4. 拍卖

产权拍卖是指产权拥有者和需要者双方通过公开买卖形式,使产权由拥有者向需要者转移的一种产权转让形式。这种产权转让的特点是采用拍卖的交易方式进行产权的市场交易,因此必须遵循拍卖的一般交易规则。

通常意义上的拍卖是指:由专门从事拍卖的机构即拍卖行,在一定的时间和地点,按照一定的章程和规则,由买主以公开叫价竞购的方法,将现货出售给出价最高的买主的一种交易方式。作为一种特殊的交易方式,拍卖程序与一般交易程序有所不同。拍卖的交易过程大致如下:参加拍卖的卖方首先应把商品运到拍卖地点,委托拍卖行拍卖;拍卖行接受拍卖后,发出拍卖广告,说明拍卖商品的情况,如拍卖日期、地点和拍卖条件等事项;正式拍卖在预定的时间和地点进行,首先由拍卖人宣布约定的最低价格,然后由竞买人相互竞争加码,直到没有任何竞买人再加码时,拍卖人以击槌表示拍卖成立;此后买主开立购买确认书,并按规定付款,凭提货单在规定时间内提货。

产权拍卖和兼并的区别主要在于:

(1) 在兼并过程中,兼并公司通常只是一个公司;而拍卖的购买主体可以是多个公司。

(2) 产权拍卖成交价是在购买者的竞买过程中形成的,通常围绕资产评估底价上下浮动;而被兼并公司的成交价是商议形成的,一经协商成交一般不予变动。

(3) 公司兼并是兼并公司的全部产权,而被拍卖的产权,可以是全部产权,也可以是部分产权。任何一个组织,都需要有一定的机构来管理其各项活动,公司作为一个经济组织,更需要一个科学的组织机构对公司的经营活动进行管理。

第五节 我国国有企业产权制度改革分析

从 20 世纪 80 年代的放权让利,到 90 年代的建立现代企业制度,我国国有企业的产权制度改革取得了很大进展,国有资产管理、监督、营运体制框架初步形成,大中型国有企业在集团化改组和劣势企业退出方面迈出了较大步子,国有企业的总体实力和主导作用有所增强。通过股份制改革,国有企业实行产权结构创新,由原来单一的产权结构向多元产权结构过渡,有利于建立规范的公司法人治理结构,便于国有企业转换机制、改善管理。通过一系列的改革,国有企业整体素质明显提高,效益大幅增加。

然而,这些改革仅局限于经济性层面的放权让利,并未从根本上打破传统的政企不分的国有企业经营管理体制,没有真正形成产权清晰、结构多元、自由流动的产权制度。国有企业改革的任务还很艰巨,特别是建立符合市场竞争条件的产权制度这一核心问题尚未得到根本解决。

【专栏 4-6】

中国联通所有制改革

中国联通因改革而生,伴随改革成长,又经历了我国电信行业多轮改革的洗礼磨砺。如今,在新一轮国有企业混合所有制改革中,中国联通再次成为先行者。

一年多来,中国联通的混改方案引发各种猜想,吊足人们的胃口,总算于2017年8月16日尘埃落定,"融资780亿元,引入了13家战略投资者,BATJ(百度、阿里巴巴、腾讯、京东)四大互联网巨头集体入围,国有资本降低至53%,员工持股"。这个充满看点的方案让很多人咋舌,连中国信息通信研究院副总工程师陈金桥都说有三个没想到:"一是没想到这么多主体参与;二是没想到国有股权释放比例这么多,民营资本参与比例这么高,混改方案写满诚意;三是没想到开放合作的力度这么大,国内所有重要的互联网公司集体进入。"

作为中国大型国企里面唯一一家集团整体混改试点单位,中国联通的混改具有标杆意义。股权多元化是国企分类改革在产权上的一个根本突破,此次联通混改改变了过去股权结构单一、股权过于集中等状况,实现产权主体分散化、多元化,有利于形成"流转顺畅"的产权流动机制,从而优化资源配置,提升效率。

从行业属性来看,电信运营商过去是民营资本无法涉足的自然垄断行业,此次大比例引入民营资本非常有典型性。

一、我国国有企业产权制度改革的历史回顾

(一)国有企业产权制度改革的初步探索

我国国有企业产权制度改革起步于放权让利,在党的十一届三中全会上,明确指出我国的经济管理体制权力过于集中,应该大胆下放,让地方和企业有更多的经营管理自主权,并于1979年国务院颁布了《关于扩大国营工业企业经营管理自主权的若干规定》,开始了对国有企业利益关系的调整,"经营自主权得到扩大,使企业和职工的积极性都有所提高,但是由于信息不对称和约束机制不规范,企业内部出现为扩大自销比例而压低计划指标,不完成调拨任务和财政上缴任务等问题,与改革预期不相符之后国家停止实行利润包干,转而实行利改税,调整企业的税收额度和缴纳方法,但是效果都不理想"。1984年召开的党的十二届三中全会提出要建立自觉运用价值规律的计划体制,发展社会主义商品经济"其目的主要是实行政企分开和企业所有权和经营权的分离"之后,到1987年国有大中型企业普遍实行承包制,这一阶段虽然产权没有涉及,但是国家对国有企业所有权的松动,为产权制度的调整做好了现实准备。

(二)国有企业产权制度改革试点阶段

在对承包制进行改革的同时,股份制开始在少数企业试点。早在1986年国务院在《关

于深化企业改革、增强企业活力的若干规定》文件中指出：选择有条件的全民所有制大中型企业进行股份制改革。之后到1991年全国共有股份制企业3220家，这其中全民所有制企业占22%，企业产权制度的改革有了初步发展。1990年的深圳证交所和上海证交所的成立，成为产权改革中的标志事件，为产权改造后的国有企业创造了流转交易平台，产生重大影响。1993年11月，中共十四届三中全会通过的《中共中央关于建立社会主义市场经济体制若干问题的决定》中明确指出，我国国有企业的改革方向是建立适应市场经济和社会化大生产要求的"产权清晰、权责明确、政企分开和管理科学"的现代企业制度，要求通过建立具有划时代意义的现代企业制度，为国有企业改革指明方向。

（三）现代产权制度的建立

从党的十四大确立社会主义市场经济，建立现代公司制度，到党的十五大在战略上调整国有经济布局，再到党的十六大建立现代企业产权制度，这一阶段我国的国有企业产权制度改革取得突破性进展。之后，随着国务院国资委的成立，充当国家出资人的角色，开始在体制层面解决国有企业和国有产权问题，同时积极推行股份制，重要企业由国家控股，又在之后的党的十一届三中全会中进一步要求大力发展国有资本。集体资本和非公有制资本混合参股的非公有制经济，在法律上也有较大的支持。2005年《企业国有产权向管理层转让暂行方法》出台，使国有企业产权改革和转让更加规范。

二、当前我国国有企业产权制度改革中存在的问题

我国之前的国有企业产权制度改革虽然取得一定的进步，但是也存在一些问题，这些问题严重影响到改革的质量和进程，我们要发现和解决这些问题，对国有企业产权制度的改革不断深化，建立"产权清晰、权责明确、政企分开、管理科学的现代产权制度。"

（一）产权不明晰

从目前的国有企业改革发展当中，我们可以看到的是产权关系比较模糊，不够清晰。产权模糊总是与不确定性和外部性相联系，如果产权不清晰必定会造成产权拥挤和搭便车行为盛行，另外，如果产权归属是清晰的，但是产权的实施和保护是低效的，则当事人会利用自己的财产去损害他人的利益。这种模糊的产权关系会造成国有资产的流失、政企不分、公司的经营效率低下等问题，会限制其他环节的改革深化，影响经济体制的转轨。

（二）政企不分

我国国有企业的产生和发展是直接由政府一手推动、引导和扶持的，由于是由政府管理和组建的公司，其产权特性及政治特性在一定程度上降低了企业本身优化配置资源的能力，直接导致了国有企业内部投资的低效率，从而影响了整个社会资源的分配，带来整体福利的下降。在市场经济体制要求下，企业的发展在制度上是要求政企分离，但国有企业是由政府一手管理经营，其性质是无法做到政企分离。这样的危害就会导致政府过度集权，企业的经营活动由政府一手把持，与市场经济体制目标不符，在市场竞争中会降低其积极性，会出现多头领导的局面，降低公司的效率，相应地出现问题时也会降低解决问题的效率，严重影响企业的发展。

（三）国有企业中的委托代理问题

委托代理关系的实质就是产权的委托与代理，即所有权、经营权、控制权、收益权等权利在委托人与代理人之间划分并以契约的形式规定下来。其产生原因是大量的有专业知识的代理人，有能力行使好这一关系，而目前我国国有企业中委托代理制还没有形成完善的任用

制度,这会影响企业在产权改革中管理人员的选用。而现代企业的实质是委托人通过契约给代理人经营,实现企业的经营权和所有权分离,而在我国国有资产的经营中,这一委托代理关系比较模糊,产权边界不清,导致企业的权利责任边界不清。另外委托代理制下的企业监管机制薄弱,这样会影响产权机制改革的真实效果。由于我国国有企业的监事会实施缺乏细则,这会导致监事会职能空缺,党政干部和老干部在监事会中发挥作用不大,股东大会和监事会失去意义,大多数公司的员工参与不到公司的发展决策当中,这样会对公司的发展带来不利影响。

(四) 国有资产流失严重

在国有企业产权制度改革当中,造成了大量的国有资产流失,其主要的原因表现在,在经济转轨时期,由于实行不合理的政策;在产权制度的改革中,制度法规的不健全和行为不规范,转让国有资产没有进入市场;最后是国有企业领导人和政府官员利用手中的权力,有意压低国有资产价格,甚至还会出现侵吞私分国有资产的现象。

(五) 国有企业员工的权益得不到有效保障

在国有企业的改制过程中,部分职工的知情权、参与权和成果分析权得不到有效的保障,对于高层次的管理人员而言,处于弱势群体的员工成为被侵犯的对象。具体表现为在企业的改制中,管理人员不通过职工大会进行讨论,忽视员工的切身利益,另外是由于改制时期的资金变现难,大部分员工的工资、社保基金得不到有效的清偿。同样,企业改制过程会带来大量的下岗职工,其再就业过程会变的更难。最后,相对于管理层持股而言,职工在改制比例中持股比较低。

三、国有企业产权制度改革的措施

当前,我国国有企业产权改革虽然取得明显的进步,但是还有许多问题需要解决,完善国有企业产权制度改革的具体措施如下:

1. 要进一步明晰产权

要想使国有企业的发展自主经营和自负盈亏,首先要明确政府和企业的产权划分,维护各种形式的国有企业的财产权,真正做到政企分开,政府部门不能使用权力进行干预,同时加强国有企业产权关系的挑战,实行国有企业产权关系的多元化,推进企业经营制度的转变,在国有企业中建立多元化的股权结构。另外,还要努力建立一个有效的、明确的国有资产委托代理系统。

2. 对国有企业产权关系进行调整

要对我国国有经济产权进行战略性调整,为了深化国有企业在国民经济中的主导地位,同时也为了使国有资产充分利用,国有经济产权结构应当尽可能从竞争性行业退出,国有经济应该主要涉及国家的安全部门、自然垄断的行业、提供重要公共产品和服务的行业以及支柱产业和高新技术产业中的重要骨干企业。另外国有企业在发展当中,还可以适当地对国有股份进行减持,出让部分国有企业的产权,优化其经济结构,提高国有企业的国际竞争力,使其由中小企业向大型企业集中,企业由劣势向优势行业集中。

3. 健全国有企业产权制度改革的法律环境

改革开放以来,我国从计划经济到市场经济的转变,为我国的社会主义制度同市场经济体制的结合探索出了一条道路。为了加强我国公有出资人的地位,增强国资委作为国有企业产权主体运营主体的效率,国家应该颁布相应政策法规。主要体现在以下几个方面:

一是坚持立足国情,适时转变国防科技战略指导思想。新中国成立以来,国防科技工业发展的指导思想随着我国国内外安全环境的变化而不断进行战略调整,体现出鲜明的时代特征。运筹帷幄,决胜千里。从第一代领导集体的"以军带民"的发展战略,到第二代领导集体的"军民结合"、第三代领导集体的"寓军于民",再到以胡锦涛为核心的领导集体提出"军民融合"的重大战略,每一次战略转变都以军事需求变化为牵引,军事需求的变化又成为国防科技发展改革的推动方向。把握动态变化,适时调整发展战略,是我国国防科技工业发展的一条宝贵经验总结。

二是坚持统一领导,切实保证国防科技发展改革步伐。国防科技工业发展事关国家经济建设和国防建设全局,涉及多个部门,必须依靠国家的集中统一领导,统筹协作,相互配合,才能确保每个环节运行畅通。加强统一领导、统一规划、统一组织,集中全国相关力量大力协同,是自力更生发展国防科技事业的必由之路。从20世纪60年代的"两弹一星",到新世纪载人航天事业的巨大成功,这些成就都反复证明了,统一领导作为一种有效的国防科技发展管理模式,对推动国防科技发展起着至关重要的作用。

三是坚持自主创新,努力实现国防科技跨越式发展。国防科技工业作为国家战略性产业,是国防现代化建设的重要基础,是武器装备研制生产的骨干力量。但我国是发展中国家,既要发展经济,又要加强国防。如何不走寻常路,找到一条符合中国国情、具有中国特色的国防科技发展之路,我国几代领导人经历了艰辛的探索和实践。坚持自主创新,寻求跨越式发展成为了中国国防科技发展的现实选择。在资金总体不足的情况下,加快国防科技的发展的出路就在于突出重点,集中精力办大事,通过优先发展尖端国防科技,我国的国防科技工业实现了跨越式发展,取得了举世瞩目的成就。

【专栏 4-7】

国有企业改革的成功模式

国有控股的股份制上市企业模式:武汉市武商集团

武汉市武商集团是一个老的国有大型商业企业。1996 年武商集团进行股份制改造,1992 年在深圳上市,成为我国改革开放以来最早的商业上市公司,他们先后向社会公开发行了 4 期股票。经过扩股、配股使集团的资产由原来单一的国有企业成为多元化的混合经济企业,形成国家、社会法人、个人所有的多元化的经济结构。

国有控股、全员持股、经营者持大股的股份公司模式:湖南友谊阿波罗公司

湖南友谊阿波罗公司是 1999 年在长沙友谊公司和阿波罗商业城进行资产重组的基础上成立的大型商业企业集团。1999 年 9 月这个公司经长沙市有关部门同意后,进行了产权改革。其做法是:首先由资产评估所对公司的全部财产进行了价值评估。对改制企业的产权进行了界定。对国有资产和企业集团资产予以区分,在此基础上,将企业的集体资产一次量化到职工个人,职工个人享有受益权,并实行个人配股。按上述精神,友阿公司在总股本中,分为国有股、职工股和经营者与企业外自然人股。

国有股退出、公开向社会出售,由经营者买断产权,职工自愿认股的股份
合作制企业:浙江余姚华联商厦

浙江余姚华联商厦组建于 1992 年 12 月,连续 6 年为本市销售额最高的企业。1999 年初在市政府的批准下,余姚华联进行改制,国有资本全部退出,其做法是:首先对企业资产经

过评估,面向全社会出售,在坚持"三公开"的基础上,由市场决定产权转让价格。实行公开竞拍,最后以杨军(原总经理)的竞价成为受让人。其次议定了资产转让的相关条件。第三,在企业内部,在自愿原则下,其他经营者和职工个人可以入股。完成了国有资本的退出,民营资本的进入,实现了企业的转制。

◆ **本章小结**

明确的产权关系是市场经济中企业存在的前提条件。市场经济的竞争主体是多元的、独立的。建立现代公司产权制度是通过界定产权和促进产权流动,调整和改革所有制结构,发展包括国有经济、集体经济和其他所有制经济的混合经济,构造出产权清晰的多元利益主体。对于国有企业管理而言,通过健全和完善企业法人制度确认法人财产权,使其具有明确的法律地位和自主经营、自负盈亏的能力,这样,它才能成为进入市场的独立的经济实体,并与其他经济主体平等地展开市场竞争。

产权明晰是现代公司产权制度的基础。党的十四届三中全会在《中共中央关于建立社会主义市场经济体制若干问题的决定》中,将我国现代公司产权制度的特征概括为产权清晰、权责明确、政企分开、管理科学。从建立现代企业制度这四个特征之间的内存联系来看,可以说,离了产权清晰的前提这个基础,这个必要条件,便不可能有真正的科学管理,也就是说,对于国有企业改制,国有企业的公司化改造,产权清晰是一个无法回避,也无法绕过的前提。只有通过建立规范的现代企业制度,明晰产权,做到出资者的所有权与企业法人财产权相分离,一方面使企业摆脱对政府机构的依附,另一方面同时使国家解除对企业承担的无限责任,才能既保证国家对企业的终极所有权,使企业能以独立法人身份进入市场参与竞争,真正成为自主经营、自负盈亏的市场主体,形成社会主义市场经济的微观主体。

产权明晰是国有企业走出困境的根本出路。国有企业改革是我国经济体制改革的中心环节。改革开放以来,围绕搞活国有企业,国家出台了一系列措施,使企业逐步从传统体制的束缚中解脱出来,并取得了一定成效。然而,国有企业活力不足的深层次问题并未根本解决,国有经济运行质量差,效益低下仍然是我国经济发展的一大制约因素。这其中的根本原因是我国的产权制度仍处于较模糊的状态,这种模糊的产权关系不仅使政企不分,企业管理能力弱化,企业行为短期化,扩权过程中的国有资产流失,企业资产营运的低效率难以得到根本性解决,而且制约于改革的深化,从而不能真正建立现代产权制度。要使企业真正走出困境,关键是要按照社会化大生产和市场经济发展的客观要求,遵循产权明晰化的思路推进国企改革。

◆ **知识点**

产权　公司产权　产权制度　集体产权　产权的股权形态　产权的实物形态
交易成本　兼并　联合　产权交易市场

◆ **习题**

一、简答题

1. 请比较产权与所有权的区别。
2. 什么是产权制度?产权制度的功能有哪些?
3. 产权实现市场化的条件有哪些?
4. 简述我国国有企业产权制度的问题及措施。

二、论述题

1. 什么是现代公司产权制度?请论述现代公司产权制度的特征以及基本内容。
2. 结合外国公司产权制度,请谈谈你对完善我国公司产权制度的认识。

第五章 公司投融资与资本配置

本章首先介绍公司投资和融资的内涵与方式、公司投资和融资相互关系与协调性理论。然后,分析了公司投资和融资的规模确定理论与投融资管理体制。接着,介绍了公司资本结构理论与最优资本结构的确定方法。最后,探讨了我国国有企业的资本结构现状、存在的主要问题和解决措施。

京东是中国最大的综合网络零售商之一,在线销售家电、数码、百货、图书、食品等12大类数万个品牌百万种商品。京东在2012年的中国自营B2C市场占据49%的份额,凭借全供应链的优势继续扩大在中国电子商务市场的领先优势。京东商城无论在访问量、点击率、销售量及行业影响力上,均在国内B2C网购平台中首屈一指。飞速发展和广阔前景赢得了国际著名风险投资基金的青睐,资本注入势不可挡。近几年来,京东商城完成了三次融资。2011年4月1日,刘强东宣布完成C2轮融资,投资方俄罗斯的DST、老虎基金等六家基金和一些社会知名人士融资金额总计15亿美元。2012年10月,京东完成第六轮融资,融资金额为3亿美元,该笔融资由安大略教师退休基金领投,京东的第三轮投资方老虎基金跟投,两者分别投资2.5亿美元和5000万美元。2013年2月,京东完成新一轮7亿美元融资,投资方包括加拿大安大略教师退休基金和沙特亿万富翁阿尔瓦利德王子控股的王国控股集团以及公司一些主要股东跟投。这几次融资的成功,对于正在发展的京东商城乃至中国电子商务行业都有着非常积极的意义。同时,京东已经开启了生态链的投资布局,并在2014和2015年拿出了160亿的投资成绩单,投资的企业有永辉超市、蓝色光标、饿了么等公司。不难发现,在投资的这些企业中,被投企业不仅是企业本身的价值和增长潜力,背后代表着京东在几大垂直领域的生态布局。

第一节 公司投资与融资方式

公司的发展,除了通过自身积累外,借助市场进行外部投融资也是必经之路,因此探讨公司发展和投融资问题是十分必要的。现代金融体制为公司投融资提供了多种可供选择的渠道,如何识别这些渠道的利弊,并为我所用,促进公司健康"输血",是每一个志在长远的公司需要认真思考的问题。在市场经济条件下,公司融资是借助各类资金市场通过各种融资工具完成的。不同的融资工具和方式形成不同的融资模式。不同的融资模式决定了公司不同的资本结构和股权结构,进而形成股东、债权人与公司不同的权利、利益关系,从而对公司治理结构产生影响。在此,我们从概念上、方式上对公司投资和公司融资予以界定与划分。

一、公司投资的内涵与方式

(一) 公司投资的内涵

所谓公司投资,是指公司为了获取未来收益或满足某些特定用途以其货币资金、实物资产或无形资产投资于其他公司,或者购买现有公司的投资,或者购买其他公司的股票、债权等有价证券的经营活动。这种经营活动是对其自身现在所持有的资源(主要是资金)的一种运用,即用公司现有资源购买实际资产和金融资产的行为。

公司投资作为一种资源运用方式,包含了两个重要因素:一是时间因素,涉及现在和将来,资源在"现在"被花费,而只能在"将来"回收增值;二是不稳定因素,现在投入的资源价值是可确切计量的,而将来可能获得的价值是不确定的,资源价值有遭受损失的危险。一般说来,时间越长,不稳定性越大。

我国原有的投资概念,存在两方面的局限性:其一,投资主要是资金观念的投资而非资源观念的投资;其二,投资主要是指购买实际资产,尤其是指固定资产建设项目所垫付的资金,而不包括项目投产后维持正常营业所需要的流动资金,更不包括金融资产的购买。伴随着市场经济的发展,这种陈旧的投资观念正在被逐渐更新,人们越来越认识到把公司的人、财、物、信息、技术等资源投向取得收益的某一活动也是投资,购买债券、股票,做期货期权交易更是一种现代投资行为。

(二) 公司投资的方式

为了加强公司的投资管理,提高投资效益,必须对投资进行科学的分类,以分清投资的性质。

1. 按投资与公司生产经营的关系,可分为直接投资和间接投资

直接投资是指投资者将货币资金直接投入投资项目,形成实物资产或者购买现有公司的投资,通过直接投资,投资者便可以拥有全部或一定数量的公司资产与经营的所有权,直接进行或参与投资的经营管理。直接投资包括对现金、厂房、机械设备、交通工具、通信、土地或土地使用权等各种有形资产的投资和对专利、商标、咨询服务等无形资产的投资。间接投资又称证券投资,投资者以其资本购买公司债券、金融债券或公司股票等各种有价证券,以预期获取一定收益的投资。随着我国证券市场的完善和多渠道筹资的形成,公司的间接投资会越来越广泛。

2. 按投资回收时间的长短,可分为短期投资和长期投资

短期投资是指准备在一年以内收回的投资,主要指对现金应收账款、存货、短期有价证券等的投资。长期投资是指一年以上才能收回的投资,主要指对房屋、建筑物、机器、设备等能够形成生产能力物质技术基础的投资,也包括对无形资产和长期有价证券的投资。一般而言,长期投资的风险高于短期投资,与此对应,长期投资的收益通常高于短期投资。长期投资中对房屋、建筑物、机器、设备等能够形成生产能力物质技术基础的投资,是一种以特定项目为对象,直接与新建或更新改造项目有关的长期投资行为,且投资所占比重较大,建设周期较长,所以称为项目投资。

3. 按投资的方向和范围,可分为对内投资和对外投资

对内投资是指把资金投放在公司内部,购置各种生产经营资产的投资。对外投资是指公司以现金、实物、无形资产等方式或者以购买股票、债券等有价证券方式向其他单位的投资。从理论上讲,对内投资的风险要低于对外投资,对外投资的收益应高于对内投资。随着市场经济的发展,公司对外投资机会越来越多。

二、公司融资的内涵与方式

(一) 公司融资的内涵

所谓公司融资,是一个公司的资金筹集的行为与过程,也就是公司根据自身的生产经营状况、资金拥有的状况以及公司未来经营发展的需要,通过科学的预测和决策,采用一定的方式,通过一定的渠道向公司的投资者和债权人筹集资金,组织资金的供应,以保证公司正常生产需要,经营管理活动需要的理财行为。

(二) 公司融资的方式

1. 根据公司所融资金的来源渠道不同分为权益性融资和债务性融资

权益性融资是指由公司所有者提供的资金来实现融资,如公司通过发行股票、吸收直接投资和内部积累等方式所融资金,因此权益性融资不需要偿还,只需要通过股利支付获得权益投资者的投资回报。债务性融资是由公司债权人提供的资金,称为负债资金或借入资金,如公司通过发行债券、向银行借款和融资租赁等方式所融资金,债务性融资需支付本金和利息,能够带来杠杆收益,但是这提高了公司的负债率。也就是说,公司所有的资金由权益资金和负债资金两部分组成。一般来说,对于预期收益较高,能够承担较高的融资成本,而且经营风险较大,要求融资的风险较低的公司倾向于选择权益性融资方式;而对于传统公司,经营风险比较小,预期收益也较小的,一般选择融资成本较小的债务性融资方式进行融资。

2. 根据公司所融资金的期限分为短期资金和长期资金

短期资金是指使用期限在一年以内的资金,它主要用以满足公司流动资产周转中对资金的需求。短期资金一般包括短期借款、应付账款和应付票据等项目,主要通过短期借款、商业信用等方式来筹集。长期资金是指使用期限在一年以上的资金,主要通过吸收直接投资、发行股票、发行长期债券、长期银行借款、融资租赁和内部积累等形式来筹集。它是公司长期、持续、稳定地进行生产经营的前提和保证。

3. 根据资金的取得方式,分为内部融资和外部融资

内部融资是指公司利用自身的储蓄转化为投资的过程。它主要表现为内源性的资本积累,如公司留存收益和折旧。外部融资是指吸收其他经济主体的闲置资金,使之转化为自己投资的过程,如发行公司股票、债券、银行借款等。一般来说,公司在内部融资不能满足需要时,才会考虑外部融资。

4. 根据融资活动是否通过中介金融机构分为直接融资和间接融资

直接融资是指资金供求双方通过一定的金融工具直接形成债权债务关系或所有权关系的融资形式,它无须经过中介金融机构而实现资金的转移。间接融资是指资金供求双方借助中介金融机构来实现资金融通的活动。两者最大区别就在于直接融资中资金短缺方不必通过中介机构获得资金,资金供需双方之间起纽带作用的是金融市场而不是中介机构。

第二节　投资与融资的协调

资金是公司的生命链,有效的资金投入、可靠的融资渠道、快速的资金周转,是保证公司正常运转的基本条件。如果公司在发展过程中盲目通过融资来追求扩大规模,或只靠融资维持公司的运转,这种规模不合理的资金流动,就会造成社会资金供应紧张,导致物价上涨和泡沫经济的形成,这就涉及公司长期投融资活动的协调性问题。那么公司投资与公司融资的关系是什么样的? 如何衡量投资与融资之间的协调性呢?

一、投资与融资的关系

(一) 投资是融资的主要目的

1. 投资规模直接影响融资规模

公司投资与公司融资是现代公司资金运动中不可分割的两个方面。我国公司的融资行为基本上是受投资引导的。随着社会化大生产的发展,无论是新公司的创办还是原有公司的更新改造或扩建,仅凭公司自有资金积累很难维持公司的正常运营,在公司投资之前通常都需要在公司外部筹集所需资金。因此公司投资行为与公司融资互相影响、互相制约,公司融资必须以投资需求为依据,公司投资必须充分考虑公司融资能力。公司在进行融资决策之初,要根据公司对资金的需要、公司自身的实际条件以及融资的难易程度和成本情况,量力而行地确定公司合理的融资规模。公司投资规模要求公司融资规模与之相适应,如果投资规模小,融资规模大,就会有大量资金闲置,资金收益低。如果投资规模大,而融资规模小到与之不能相适应,就会影响投资的规模、速度、进度和投资效益。

2. 投资结构影响各种融资方式比例结构

投资的方式是多种多样的,不同投资方式的分配比例构成了公司的投资结构,公司只有认真选择投资方向、投资方式,合理安排资产结构,才能够提高投资报酬率,并相互抵消投资组合中的某些风险从而达到降低公司风险的目的。若公司的投资结构片面地向某一种投资方式倾斜,给公司带来的风险也是不可估量的,并且这种风险一旦触发,那可能会直接导致公司破产倒闭。总之,要科学地确定所需投资资金数额、结构,合理选择融资资金的来源渠道和融资方式,保持较低的资金成本和合理的资金结构。

(二) 融资是公司投资的前提

融资是公司投资以及扩大生产的资金保证。在市场经济条件下,公司作为资金的使用者,采取何种融资方式,要考虑投资回报率、产业特点、资金成本率、银行利率水平等因素。由于我国资本市场的不发达,我国直接融资的比例较低,同时也说明了我国资本市场在直接融资方面的发展潜力是巨大的。改革开放以来,国民收入分配格局明显向个人倾斜,个人收入比重大幅度上升,与此相对应,金融资产结构也发生了重大变化。随着个人持有金融资产的增加和居民投资意识的增强,对资本的保值、增值的要求增大,人们开始把目光投向国债和股票等许多新的投资渠道。我国目前正在进行的企业股份制改造无疑为企业进入资本市场直接融资创造了良好的条件,但是应该看到,由于直接融资、特别是股票融资无须还本付息,投资者承担着较大的风险,必然要求较高的收益率,就要求公司必须有良好的经营业绩和发展前景。

融资的成本高低对投资效果有重大影响。当一家公司为融资一笔资金面临几种融资方案时,公司可以分别计算出各个融资方案的加权平均资本成本率,然后选择其中加权平均资本成本率最低的一种。被选中的加权平均资本成本率最低的那种融资方案只是诸种方案中最佳的,并不意味着它已经形成了最佳资本结构,这时,公司要观察投资者对贷出款项的要求、股票市场的价格波动等情况,根据财务判断分析资本结构的合理性,同时公司财务人员可利用一些财务分析方法对资本结构进行更详尽的分析。

融资的速度快慢直接地影响投资速度和进度,也是决定投资速度和进度的关键。一般来说,公司融资数额多少,通常要考虑公司自身规模的大小、实力强弱,以及公司处于哪一个发展阶段,再结合不同融资方式的特点,来选择适合本公司发展的融资方式。内部融资速度快但规模较小,外部融资规模大,但速度慢。公司应当具体问题具体分析,做出科学选择。

融资规模直接制约着投资规模,投资项目如果融资不到相应的资金,也只能作罢。

(三) 投资和融资二者相互影响、相互作用

投资和融资从实质上说就是资金占用与资金来源的关系,要正确处理二者的关系,利用好二者之间的关联性、制约性,进一步研究投资的科学性、合理性、可行性;要研究融资时效性、融资资金成本的合理性,把投资风险和投资收益、融资中财务风险和杠杆效益等结合起来全盘考虑,真正实现公司价值最大化。

二、投资与融资协调性衡量指标

(一) 营运资本对应指标分析

一般来说,公司结构性负债必须大于结构性资产,否则公司将会面临支付困难的风险。因此,公司要保持结构性资金平衡,即长期投融资活动的协调。可以用营运资本这个绝对指标来判断:

$$营运资本 = 流动资产 - 流动负债$$

但是相对指标(营运资本来源率)可以更好地反映公司整体资金使用情况,如下所示:

$$营运资本来源率 = \frac{自有资本 + 长期负债 - 结构性资产}{(调整的)流动资产 - 流动负债}$$

上式中的分母应修正为调整的流动资产,因为对流动资本来源的分析从整个资产的角度分析更为恰当。进一步计算可得:营运资本缺口率 = 1 - 营运资本来源率。通过营运资本缺口率,可以反映结构性负债是否能满足生产经营资金的需要。该指标越大,说明公司稳定性越差,风险越大,长期偿债能力也越差。正常情况下,公司需筹集资金,但还需分析以下情况:

(1) 如果是因为结构性资产增加(如固定资产、无形资产、长期投资的增加),而并没有引起销售收入或利润的增加,公司应及时调整资金结构,压缩投资项目。

(2) 如果是长期借款和所有者权益等项目变化造成的,则要用筹资成本、盈利能力和抗风险能力来判断是否应筹资。

(二) 固定资本对应指标分析

1. 自有资本率

自有资本率是固定资产与公司自有资金之比,反映公司自有资金对公司固定资产投资的保障程度。即

$$自有资本固定比率 = \frac{固定资产净值}{所有者权益}$$

如果该比率大于1,债权人收回债务就有一定风险,因为在借款需要偿还时,固定资产变现很困难。因此,公司要依靠自有资金的增加来添置设备和固定资产,而不能使用借款资金。而我国的国有及规模以上的非国有企业该指标为1.06,说明投资者使用全部资本购置固定资产还不够,还需通过发行债券筹集资金。

2. 固定资产与长期负债比率

固定资产与长期负债比率计算公式如下:

$$固定资产与长期负债比率 = \frac{固定资产净值}{长期负债}$$

该指标表明,从风险角度考虑,即使公司固定资产投资需借入部分资金,也应选择长期低息贷款。我国国有企业及规模以上的非国有企业的固定资产与长期负债比率为2.19,这说明公司使用1元的长期债务去购买2.19元的固定资产,另外的1.19元应该是动用所有者权益购买的。但如果所有者权益实际数字小于固定资产净值的54.34%(1.19/2.19),则说明不足额是用流动负债购买的,这就存在很大的风险。同时,54.34%也可以作为临界点来考察债权人承担的风险程度。

3. 固定增长率和利润增长率对应分析

其计算公式如下:

$$固定增长率和利润增长率对应分析 = \frac{近年来累计的利润总额 \times (1 - 年平均分利率)}{近年来累计的固定资产增加数}$$

一般来说,公司发展应主要通过内部筹资,即采用提取发展资本,动用未分配利润等办法来筹资。这有利于公司充分利用现有生产能力,提高公司现有资金的使用效益。

总之,公司内部筹资能力的大小是公司是否建立良性运转机制,走上自我投资、自我约束、自我发展道路的重要判断标准。若公司总是通过筹集外部资金发展,则其经营风险将会随着集资的增多而增大。借助以上指标,管理者可以衡量公司发展中的投资与融资的比例关系,促进公司协调发展;投资者也可以用该方法来分析投资风险,选择合适的投资方向。

第三节 投资和融资规模分析

一、公司投融资规模概述

企业投融资的规模是指一定时期企业的投融资总额,通常以货币形态表示。

从资金来源上看,公司投融资的渠道可以分为公司自有资金与公司外部资金。公司自有资金的筹措与公司外部资金的筹措,具有不同的性质,因此,在具体研究时应明确区分开。一般的原则是优先考虑利用公司自有资金,然后再考虑公司外部资金。研究公司投融资规模时,通常会涉及公司投融资总规模、自有资金筹措额、公司外部资金筹措额三个方面。首先,应当根据投融资的实际需要确定公司投融资总规模,然后,核算公司自有资金可以筹措的数额,投融资总规模与自有资金的差,即应筹措的公司外部资金额。公司一般考虑的主要问题是如何筹措公司外部资金额。

由于融资是为了投资,一定时期内公司融资额取决于投资需求。同公司投资分阶段进行相适应,公司融资也分成几个阶段。融资各阶段的时期选择,一定要与投资需求时间相吻合并具有确定性。如果融资时期选择不当,把紧密联系的融资活动分割开来,不但不便于投资,而且会对融资需要做出错误的或不准确的估计。公司在一定时期内,可能同时有几项投资活动进行,它所需要的资金会一次或分几次筹措。因此,在确定公司投融资规模时,要考虑到时间因素,既要衡量总体的投融资需要,又应明确某一项目的投融资额或某年度的投融资额。

投融资规模的确定为公司投融资确定了目标,公司若想真正实现这一目标,还必须对公司投融资所涉及的各种因素做具体分析,这个分析过程就是投融资机会的选择过程。一般情况下,不能苛求与企业投融资有关的所有准则都达到优化状态,公司只能抓住其中的一项或几项主要指标做出基本决策,然后再根据其他指标进行修正。

二、投资方案的评价方法

在对不同的投资方案的基本数据做估计之后,就可以对不同方案的投资数据进行评价,以便为最终选定最优方案提供依据。评价投资方案的方法很多,这里主要介绍净现值法、盈利指数法和内部回报率法等几种评价方法。

(一) 净现值法

所谓净现值是投资方案的净现金效益量的总现值减去净现金投资量的总现值,贴现所运用的贴现率为资金成本或企业要求达到的收益率。如果投资方案的投资费用仅发生在期初,则净现金投资量的现值为初始投资额。净现值的计算公式为:净现值 = 净现金效益量的总现值 − 净现金投资量(或初始投资额),即

$$NPV = \sum_{t=1}^{n} \frac{R_t}{(1+i)^t} - C_0$$

式中,NPV 为净现值,R_t 第 t 年年末的净现金流量,n 为投资回收期,C_0 为初始投资,i 为贴现率。

净现金效益量的总现值是因投资方案引起的按现值计算的收入,净现金投资量则是因投资方案引起的期初的支出,两者的差额表明方案能给企业净增加多少价值。所以,净现值法的决策规则是:在只有一个备选方案的采纳与否决策中,净现值为正数时则可以采纳,净现值为负数时则不应采纳;在有多个备选方案的互斥选择决策中,净现值为最大正数者的方案应为最佳方案。

净现值法的优点是考虑了货币的时间价值,能够反映各投资方案的净收益;缺点是不能揭示各个投资方案本身所能达到的实际报酬率,而企业在资金有限的情况下,是不能只根据净现值的绝对额来进行决策的。此外,应用净现值法比较方案优劣,通常要求各个方案的使用年限是相同的,如果年限不同,则不能简单地根据净现值的大小来判断方案的优劣。

(二) 盈利指数法

所谓盈利指数,是指投资方案的净现金效益量的总现值和同净现金投资量(或初始投资额)的比率。其计算公式为:盈利指数 = $\dfrac{\text{净现金效益量的总现值}}{\text{净现金投资量}}$,即

$$PI = \sum_{t=1}^{n} \frac{R_t}{(1+i)^t} \Big/ C_0$$

式中,PI 为盈利指数,其他变量含义与上面相同。

由公式可见,该法使用的变量及数据,同净现值法几乎没有差别,所不同的仅是把项目未来收益总现值同初始投资额相减的关系变成了相除的关系。因此,可以认为是净现值法

的一种转换形式。

盈利指数法的决策规则是：如果盈利指数小于 1，说明方案的效益小于成本，因而是不可接受的；如果获利指数等于 1，表明该方案实施后只能收回投资，无盈利可得，故也不可取；如果盈利指数大于 1，说明方案的效益大于成本，因而是可以接受的。在有多个互斥方案的选择决策中，则应选择盈利指数既大于 1 且数值最大的方案。

（三）内部回报率法

内部回报率法是另一种对未来的现金流量计算现值的方法。内部回报率法是指使投资项目的净现金收益的总现值同净现金投资现值（或初始投资额）相等的贴现率，或者说，是计算能使净现值为零的贴现率。因此，内部回报率的计算公式为

$$\sum_{t=1}^{n} \frac{R_t}{(1+r)^t} - C_0 = 0$$

根据上式，如已知各年的净现金效益流量 R_t 和期初的净现金投资量（或初始投资额）C_0，就可以求出内部回报率 r 的值。计算内部回报率 r 的值通常使用试算法，即通过试用 n 种贴现率及相应的现值系数，从中找出使净现值为零的贴现率。

内部回报率法决策规则是：如果内部回报率大于企业的资金成本或资金市场价格，方案即是可以接受的；如果内部回报率等于资金成本，则表明投资方案仅能回收投资，无盈利可图，故方案不可取；如果内部回报率小于资金成本，则投资方案的收益不能抵偿投入，故方案应予拒绝。在有多个备选投资方案的互斥选择决策中，内部回报率大于资金成本且数值最高的方案优先选择。

一个投资方案的内部回报率可以理解为用该方案的现金效益收入偿还投资的利息和本金的能力。假定 C_0 元投资都是从银行借来的，那么，用该方案的现金效益收入（第 1 至第 t 年末的现金效益量分别为 $R_1, R_2, \cdots, R_t$）就能在第 t 年末按照内部回报率的利息率，把借来的 C_0 元资金的利息和本金全部还清。如果方案的内部回报率大于资金成本，则方案就可以提前还清本利，并在期末时增加企业的价值，因此方案是可取的。如果方案的内部回报率小于资金成本，说明方案无力在寿命结束时还清全部本利，因而是不可取的。

1. 净现值法原理的运用

假定某投资方案的初始投资为 25000 元；项目投入使用后，预计第一年末的净现金效益为 8000 元，第二年末的净现金效益为 10000 元，第三年末的净现金效益为 7000 元，第四年末的净现金效益为 6000 元；贴现率为 8%。求该投资方案的净现值，并判断是否可行。

解 净现值 $NPV = \dfrac{8000}{1+8\%} + \dfrac{10000}{(1+8\%)^2} + \dfrac{7000}{(1+8\%)^3} + \dfrac{6000}{(1+8\%)^4} - 25000$

$= 8000 \times 0.9259 + 10000 \times 0.8573 + 7000 \times 0.7938$
$\quad + 6000 \times 0.7350 - 25000$

$= 947.80 (\text{元})$

该投资方案的净现值为 947.80 元，净现值为正值，说明这个方案可以接受。

2. 盈利指数法原理的运用

假定某投资方案的初始投资为 120 万元；项目投入使用后，预计第一年末的净现金效益为 40 万元，第二年末的净现金效益为 55 万元，第三年末的净现金效益为 35 万元；贴现率为 12%。求该投资方案的盈利指数，并判断是否可行。

解 盈利指数 $PI = \left(\dfrac{40}{1+12\%} + \dfrac{55}{(1+12\%)^2} + \dfrac{35}{(1+12\%)^3}\right)/120$

$= (40 \times 0.8929 + 55 \times 0.7972 + 35 \times 0.7118)/120$

$= 0.8706$

该投资方案的盈利指数为 0.8706，小于 1，所以该方案不可行。

3. 内部回报率法原理的运用

假定某投资方案的初始投资为 25000 元；项目投入使用后，预计第一年末的净现金效益为 8000 元，第二年末的净现金效益为 10000 元，第三年末的净现金效益为 7000 元，第四年末的净现金效益为 6000 元；企业的资金成本为 8%。求该投资方案的内部回报率，并判断是否可行。

解 根据内部回报率公式可得

$$\dfrac{8000}{1+r\%} + \dfrac{10000}{(1+r\%)^2} + \dfrac{7000}{(1+r\%)^3} + \dfrac{6000}{(1+r\%)^4} - 25000 = 0$$

利用试算法求内部回报率 r。先试用贴现率 9%，可计算出该投资方案的净效益量的总现值为 25412.1，大于初始投资量，说明内部回报率大于 9%。再试用贴现率 10%，可计算出该投资方案的净效益量的总现值为 24894.5，小于初始投资量，说明内部回报率小于 10%。因此，内部回报率在 9%~10% 之间。具体试算见表 5.1。

表 5.1　某投资方案的净现金效益量与现值

年份	净现金效益量	9%贴现率的现值系数	10%贴现率的现值系数	按9%贴现率计算的现值(元)	按10%贴现率计算的现值(元)
第 1 年	8000	0.9174	0.9091	7339.45	7272.73
第 2 年	10000	0.8417	0.8264	8416.8	8264.46
第 3 年	7000	0.7722	0.7513	5405.28	5259.2
第 4 年	6000	0.7084	0.683	4250.55	4098.08
净效益量的总现值				25412.1	24894.5

内部回报率在 9%~10% 之间多少？可用插入法来完成。

$$\dfrac{25412.1 - 25000}{25412.1 - 24894.5} \times (10 - 9)\% = 0.796\%$$

所有该投资方案的内部回报率为

$$r = 9\% + 0.796\% = 9.796\%$$

该方案的内部回报率大于资金成本，说明该方案就可以提前还清本利，并在期末时增加企业的价值，因此该方案是可取的。

三、投资决策原理和方法的应用

(一) 资本限量决策

资本限量的意思是由于资金不足，企业不能投资于所有可接受的项目。也就是说，有许多净现值大于零的项目可供投资，但无法筹集到足够的资金。这种情况是在许多企业都存在的，特别是那些以内部融资为经营策略或外部融资受到限制的企业。在资金有限的情况下，企业应当怎样选择投资方案，才能获利最大呢？

从逻辑上讲,按照净现值或内部回报率的大小对建议中的投资方案进行大小排序,然后按顺序选用,一直到投资资金用完为止,就可以了。但在实际中并不完全这样做,而是先按照投资限量,把不同的投资方案组合成若干组,然后以组为单位来比较净现值的大小,选择净现值最大的投资方案组合。

例 5-1 假设某企业资本的最大限量是 50 万元,有五个可供选择的投资方案,其有关净现金投资量、净现值和内部回报率情况如表 5.2 所示。问该企业如何选择投资方案,才能使它获利最大?

表 5.2 某企业投资方案的有关数据

方案	净现金投资量（万元）	净现值(万元)（贴现率为10%）	内部回报率（%）
1	30	8.6	12.5
2	25	7.9	17.7
3	15	6.7	12.1
4	7	2.1	11.4
5	6	1.8	11.8

从表 5.2 的数据可以看到,如果按照内部回报率大小排序,只能选用方案 2、3 和 5;如果按照净现值大小排序,只能选用方案 1。但是两种选择均不是最优的选择方法。

最优的选择方法是:对五种投资方案在 50 万元的资本限量内的所有可能的投资方案组合的净现值合计进行比较,从中选出净现值合计最大的最优投资组合方案。现将有关投资方案的组合资料列于表 5.3。

表 5.3 各投资方案组合的投资额和净现值合计资料

投资方案组合	投资额(万元)	净现值合计(万元)
1,3	50	15.3
1,4,5	43	12.5
2,3,4	47	16.7
2,3,5	46	16.4
2,4,5	38	11.8
3,4,5	28	10.6

从表 5.3 中可以看出,该企业应选择由方案 2、3 和 4 组成的投资方案组合,因其净现值最大,为 16.7 万元。

以上选择投资方案组合的方法是在各投资方案是相互独立的前提下进行的。现实中,一些投资方案是互斥方案,即这些方案是互相排斥的,实施其中一个方案就不能实施另一个方案。例如,建大厂和小厂的投资方案是两个互斥方案。如果在企业建议的投资方案中有互斥的方案,在分组时必须注意,每一组中,互斥的方案只能排一个。

(二) 比较寿命不同的投资方案

人们通常根据投资方案净现值的大小来比较投资方案的优劣,即净现值越大的方案越好。运用净现值法比较投资方案的一个假设前提条件是各方案的寿命是相同的。如果投资方案寿命不同,就不能简单根据净现值的大小来比较投资方案的优劣,而是运用最小共同寿命法和净现值年金化法等。

例 5-2 有 A、B 两个互斥方案,有关数据如下,试选择最佳方案(表 5.4)。

表 5.4 A、B 两个互斥方案的有关数据

方案	初始投资	年净收益	基准贴现率	寿命
A	120	45	10%	4
B	200	52	10%	6

1. 最小共同寿命法

最小共同寿命是指如每个方案重复进行投资,使各个方案都能在同一年内结束所需的时间。最小共同寿命确定之后,就可以分别计算最小共同寿命期内两个方案的总净现值。在表 5.4 中,假如方案 A、方案 B 在寿命终了时又重复投资,12 年后,两个方案同时结束寿命。所以,A、B 两个方案的最小共同寿命为 12 年。在这 12 年中,A 方案重复二次,B 方案重复一次,两个方案的总净现值计算如下:

A 方案的总净现值为

$$NPV_{A12} = 45 \times (P/A, 10\%, 12) - 120 \times (P/F, 10\%, 4)$$
$$- 120 \times (P/F, 10\%, 8) - 120$$
$$= 45 \times 6.8137 - 120 \times 0.6830 - 120 \times 0.4665 - 120$$
$$= 48.67(万元)$$

B 方案的总净现值为

$$NPV_{B12} = 52 \times (P/A, 10\%, 12) - 200 \times (P/F, 10\%, 6) - 120$$
$$= 52 \times 6.8137 - 200 \times 0.5645 - 120$$
$$= 41.42(万元)$$

由于 A 方案的总净现值大于 B 方案的总净现值,所以应选择 A 方案。

2. 净现值年金化法

净现值年金化法是把每个方案的净现值,按照方案寿命的长短折算成净现值年金,然后进行比较,净现值年金大者为较优方案。

$$净现值年金 A = 总现值 P / 总现值系数(i,n) = P \times (A/P, i, n)$$

这里的总现值和总现值系数可以是投资方案在最小共同寿命期的净现值,也可以是投资方案在各自的一周期内的净现值和总现值系数。下面先计算 A、B 方案在最小共同寿命期的净现值年金,然后计算这两个方案在各自的一周期内的现值净年金。

(1) 计算最小共同寿命期即 12 年间 A、B 方案的净现值年金

$$A_{A12} = NPV_{A12} \times (P/A, 10\%, 12) = 48.67 \times 6.1837 = 7.14(万元)$$
$$A_{B12} = NPV_{B12} \times (P/A, 10\%, 12) = 41.42 \times 6.1837 = 6.08(万元)$$

(2) 计算两个方案在各自的一周期内的净现值年金

$$A_{A4} = 45 - NPV_{A4} \times (P/A, 10\%, 4) = 45 - 120 \times 3.1699 = 7.14(万元)$$
$$A_{B6} = 52 - NPV_{B6} \times (P/A, 10\%, 6) = 52 - 200 \times 4.3553 = 6.08(万元)$$

两种方法计算的净现值年金相同,A 方案为 7.14 万元,B 方案为 6.08 万元。折算成净

现值年金系列后的两个方案的现金流量如图 5.1 所示。由于 7.14＞6.08，所以应选择 A 方案。

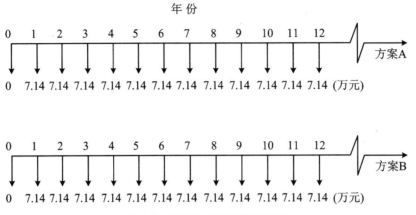

图 5.1 投资方案的净现值年金

（四）投资期决策

从开始投资至投资结束投入生产所需要的时间，称为投资期。集中施工力量、交叉作业、加班加点可以缩短投资期，使项目提前竣工，早投入生产，早产生现金流入量，但采用上述措施往往需要增加投资额。究竟是否应缩短投资期，需进行分析，以判明得失。

例 5-3 某企业进行一项投资，正常投资期为 3 年，每年投资 200 万元，3 年共需投资 600 万元。第 4~12 年每年现金净流量为 210 万元。如果把投资期缩短为 2 年，每年需投资 320 万元，2 年共投资 640 万元，竣工投产后的项目寿命和每年现金净流量不变。资本成本率为 20%，假设寿命终结时无残值，不用垫支营运资金。试分析判断应否缩短投资期。

首先，计算缩短投资期与正常投资期相比的现金流量差额，见表 5.5。

表 5.5 缩短投资期与正确投资期相比的现金流量差额表（单位：万元）

项目	0 年	1 年	2 年	3 年	4~12 年	13 年
缩短投资期的现金量	−320	−320	0	210	210	
正常投资期的现金量	−200	−200	−200	0	210	210
缩短投资期与正常投资期相比的差额现金量	−120	120	200	210	0	−210

然后，计算正常投资期的净现值和缩短投资期的净现值。

$NPV_{正常} = -200 - 200 \times (P/A, 20\%, 2) + 210 \times (P/A, 20\%, 10) \times (P/F, 20\%, 3)$

$= -200 - 200 \times 1.5278 + 210 \times 4.1925 \times 0.5787$

$= 3.94 (万元)$

$NPV_{缩短} = -320 - 320 \times (P/A, 20\%, 1) + 210 \times (P/A, 20\%, 10) \times (P/F, 20\%, 2)$

$= -320 - 320 \times 0.8333 + 210 \times 4.1925 \times 0.6944$

$= 24.71 (万元)$

通过以上对比可见，缩短投资期能增加 20.77 万元的净现值，故应采用缩短投资期的方案。

第四节 投资和融资管理体制

投融资管理体制是指投融资活动的组织形式、投融资方法和管理方式的总称,是采用一定的组织形式将投资活动与融资活动结合成一个合理的有机系统,最终实现管理的任务与目的。本节内容主要从投融资管理体制的内容、我国投融资管理体制的现状、我国投融资管理体制改革的政策导向以及其结构调整的思路与对策展开,对我国的投融资管理体制进行详细的介绍。

一、投融资管理体制的内容

投融资管理体制主要包括投资主体、投融资方式、运行机制和宏观调控等方面的内容。

1. 投资主体

作为产权主体和市场主体,投资主体的实施投资能力首先体现在决策能力上,决策功能贯穿于从投资项目决策到组织实施乃至项目交付使用后对投资获利处置的全过程。长期以来,在计划经济体制下,投资主体基本是政府,投资来源高度集中于政府特别是中央政府。改革开放以来,投融资体制改革的一个重要变化就是投资主体基本实现了由单一的政府向包括政府、企业、银行、其他法人、个人在内的多元化主体的转变。

2. 投融资方式

投融资方式是指投资主体筹集资金的渠道和方法、资金运用方式,具体包括资金的筹措方式、经营方式、回收方式、项目建设的组织方式、投资收益分配和投资风险的承担方式等。投资方式是由投资体制中投资主体的层次和结构决定的,与所有制及其实现形式、经营方式的转变直接相关。

3. 运行机制

投融资的运行机制主要是指投资活动从确定项目到竣工验收的全过程所要遵循的基本原则、规范和程序,包括投资运行的目标、决策、动力、信息传递和运行的调节方式与手段,对投资活动的激励与约束。在社会主义市场经济条件下,主要是以经济手段和法律手段,以及必要的行政手段,建立市场调节与宏观调控相结合的投融资运行机制,规范投资行为和投资管理,使投资活动真正纳入正常运行和持续协调发展的轨道,从投资的宏观层面和微观项目上促进投资效益的提高。

4. 宏观调控

投融资的宏观调控是指政府对投资主体的管理体系和方法。不同的投资主体有不同的投资动机和行为特征。在投资领域中,单纯的市场调节不利于国家投资总量、结构、布局规划的实施,不利于保持国民经济持续、稳定、健康地发展。因而必须建立科学的投融资宏观调控体系,运用不同职能的调控手段和机制,对投资主体的投资行为进行强有力的指导和调节,使投资活动有利于实现社会总需求和总供给的平衡。

二、我国投融资管理体制的现状分析

目前我国的投融资管理体制存在许多问题,具体表现在以下方面:

一是从投融资主体来看,决策主体地位未得到尊重。政府投资主体不明确,权责不清,形成目前政府投资各行其是、多头管理、无效失控的不合理状况。该管的没有管好,不该管的又不撒手,距离公共财政的要求甚远。

二是从投资管理来看,风险约束机制尚未建立,新的符合社会主义市场经济体制的宏观调控体系尚未形成。建设单位同时也是受益单位,这样就不可避免地形成建设单位为自己争取利益而潜意识地为扩大投资而在建设过程中"不懈努力"的局面。临时性建设单位大量存在,由于专业人员的严重匮乏,使得机构效率低下,漏洞百出,也为管理失控造成腐败埋下祸根。

三、投融资体制改革的政策导向

企业融资结构所显示的矛盾及转化,体现在市场体系发育条件下企业制度所面临的矛盾,也反映了这种制度结构变革要求与传统的投融资体制的矛盾与冲突。从企业内部的融资结构变革到外部融资体制改造,都反映出了其不适应性的一面,它从效率、稳定性及市场体系的整体一致性方面提出了必须对现存投融资体制实施必要的改革。其涉及的最主要部分有以下几点:

(一) *适应国有企业的转轨机制与市场经济的快速发展*

在政策上推进一个多层次的开放式的资本市场的发展,将会极大地改变我国目前的资本动员方式与融资效率,改变单纯依赖行政动员方式而又不至于减弱资金供给与动员能力,应通过市场体系的建设吸引民间资本,促进社会资本的积累与投资。与此相应,在政策上应建立与发展资本的民间动员机制,法人、企业与个人可参与企业的发起与项目投资,可通过开放式资本市场进行集资招股来获得社会资本,放松直至最终取消融资的行政管制与分配。

(二) *资产结构和资金供给方式调整,以适应企业结构转化和资本市场的开放发展*

这将要求对金融业的结构与银行经营管理体制做出进一步的改革:其一是要促进金融业的多元化发展,以适应市场的开放与企业的多元化发展。这包括放宽金融业进入限制,允许民间金融业的发展与规范化,实现金融业的对外开放,引进国外金融机构加入竞争行列。其二是对现有国有商业银行经营管理机制进行改造,推进其企业化经营,尤其是促进其资产结构的多元化,使商业银行的融资方式市场化,摆脱行政性干预,融资结构朝市场引导方向转化,以效率、安全性及流动性为准则,同时,银行的产权制度改革也是其市场化发展的重要内容。

(三) *改变融资方式与调整融资结构,对现行的金融业行政管理体制提出改革要求*

在政策取向上,要向逐步放宽限制,培育市场竞争机制方向转化。目前最主要的政策调整包括以下两个方面:第一,逐步放宽对银行业分业经营的限制,逐步开辟新的业务与融资渠道,以便调整银行业过于单一的资产结构与过于单调的融资方式。第二,逐步放宽对利率的管制,推进利率的市场化。利率的市场化是金融业多元化发展的重要条件,即一方面可为银行市场化经营提供工具;另一方面,可为银行业调整资产结构,控制成本,提高效率提供基本依据。

(四) *扩大直接融资比重,建设多元化的直接融资体系*

扩展直接融资体系是一项综合性的社会工程,它既要求市场的扩展与融资能力的提高,又要求有投融资体制上的改革,为企业进入市场与社会资本通过市场进入企业铺平道路,这个改革涉及的因素十分复杂。一是要求全国性市场与区域性资本市场的建设与规范化运作、发展，造就市场融资的硬件。二是放松对直接融资的行政管制与限制，为民间的集资以及公开上市建立一整套相应的政策法规体系，刺激与吸引民间投资进入资本市场。三是放松利率管制，引进融资的市场竞争机制。通过市场评价与竞争来吸引与分流社会资金，分散融资的风险。四是放松直至取消对金融机构进入金融市场融资的限制，使银行及非银行金融机构转向以市场为依托，开展融资业务与选择自己的融资结构，并以此推进银行资产的证券化发展，提高其流动性与风险控制能力。五是放宽市场准入限制，建设多元化的直接融资体系，如基金、投资公司、社会投资机构以及民间的投资机构，以吸引更多的社会资金顺利地进入资本市场。这些都是投融资体系改革所要追求的最重要目标。

四、我国投融资结构调整的思路与对策

我国金融业必须针对投融资结构不合理问题采取积极的应对措施，加速投融资结构的调整，以适应金融市场开放的步伐。

（一）发挥市场机制作用，拓宽非国有经济投融资领域和投融资通道

金融市场开放以后，从参与市场的主体构成来看，既有外资机构也有中资机构，既有国有经济又有非国有经济，他们之间存在的独立性和差异性决定了市场机制在投融资资源配置方面的基础作用。我国的投融资结构调整的基本思路可以是：首先，应当把政府投资的范围基本确定在非竞争性的公益项目上，促进社会与经济的协调发展；其次，在缩小政府投资范围的同时还应转变政府对社会投融资活动的调控方式，减少直接控制和行政干预，使企业成为真正的投资主体；最后，在投资主体的所有制结构方面，应当扩大非国有经济的投资范围，拓宽非国有经济的融资渠道，在政策上积极引导、鼓励非国有经济参与竞争性项目和一些基础项目的投资，以促进有效竞争，降低金融风险，推动国有经济的存量重组和国民经济的稳定增长。

（二）增加直接融资，提高间接融资效率，实现金融资源的有效配置

直接融资和间接融资的同时存在为交易双方提供了较多的投融资选择的机会，有利于实现最佳的交易策略，同时也有利于改善金融资源的交易条件。在我国，具体的来说就是要积极培育和发展资本市场，通过降低金融交易成本、提高信息完整性、增强市场机制的作用等途径提高资本市场的有效性和金融效率。就此而言，我们可以从以下几个方面推进这一进程：一是加快产权制度改革和现代企业制度的建立，积极培育能够适应开放型金融市场要求的微观交易主体；二是进一步明确金融监管的效率目标，继续完善金融监管体系，落实监管措施；三是加快金融中介机构的建设，规范中介行为，提高中介效率；四是改变现行的以计划为主要特点的利率体系，通过利率市场化来提高利率对经济运行调整的杠杆作用；五是积极培育和发展机构投资主体，尤其是确定企业在投资活动中的主体地位，抑制恶性投机，提高投资效率。

在培育和发展直接融资的同时，提高我国间接融资的效率亦是金融体制改革的重要方面，尤其是在金融市场逐步开放的情况下，随着金融竞争的加剧，这一点显得更为突出。当前，提高我国间接融资效率的途径应当是：深化国有产权制度的改革，明晰国有银行的产权关系，明确产权主体；加强和完善银行内部管理，提高银行从业人员的现代业务素质；积极进行金融业务创新、制度创新、技术创新和产品创新，增强在开放的金融市场上进行业务竞争的能力；转变政府职能，减少政府对商业银行业务活动的直接干预，为银行的经营创造良好

的市场环境;加快现代企业制度的改革,提高企业尤其是国有企业的竞争能力和盈利能力,降低国有经济对银行信贷资金的过度依赖。

(三) 改善宏观调控,建立有效的投融资风险约束机制和宏观调控体系

即便在金融市场放开的条件下,政府仍有必要采取经济、法律以及必要的行政手段对投融资活动进行宏观调控,但这种调控必须保证市场机制的基本调节作用,是通过间接的方式进行的。在整体宏观调控体系中,政府应当以预测性、指导性的投资总量计划引导各类企业的投融资行为,通过货币政策、手段调节社会的信用总量。政府在退出竞争性项目投资的同时要加快培育为投融资主体服务的市场中介机构,促进信息的公开传播,提高信息披露的透明度,为企业营造公平竞争的环境,使投融资行为符合市场需要和产业发展规律,实现责权利的统一。

(四) 深化银行体制改革,建立能够适应金融市场开放的现代商业银行制度和体系

首先,从外部条件和政策方向上给予商业银行真正的经营自主权,包括补充资金的自主权、发展机构的自主权、贷款决定自主权以及融资方式的自主权,促进商业银行向主动型和市场化的投融资业务发展。其次,从银行的内部改革及经营管理方面:商业银行要提高业务发展的技术含量,最大限度地挖掘产出潜力,降低经营成本,提高管理效率;提高银行从业人员的业务素质,使其充分适应新技术应用、新产品的开发和经营管理方式的需要;按照经济效益原则,跟踪市场变化,灵活调整经营策略,实现富有效益含义的经营领域的置换和银行价值的最大化。

(五) 适应金融市场开放的要求,积极推动我国资本市场的发展

从我国资本市场发展的实际情况出发,进一步发展我国资本市场的思路可以从以下几个方面考虑:在推进国有经济重组和企业股份制改造的基础上,扩大证券发行的规模和数量,促使企业面向市场筹资,特别是要积极拓展非国有经济证券融资的渠道;改善和优化资本市场的结构,积极扩大企业债券、投资基金发行和流通比例;深化体制改革,逐步淡化资本市场的计划管理额度控制和证券发行的行政分配,转变政府职能,从资本市场监督者和管理者的职能定位出发构建适应市场经济体制要求的资本市场监管体系和交易体系;建立和健全资本市场法律法规体系,规范资本市场参与者的行为,保护投资者利益,按照公平、公正、公开与诚信的原则,为资本市场发展创造一个有序、高效和规范运作的制度环境。

第五节　融资与资本结构的形成

资本结构是企业融资决策的核心。在融资决策中,企业应追求最佳资本结构。企业原来的资本结构不合理的,应通过融资活动,尽量使其资本结构趋于合理化,以达到最优化。公司的资本结构又称融资结构,指的是公司各种资本的价值构成及其比例关系,它反映了企业各项资金来源的组合情况。资本结构理论要解决的问题是能否通过改变公司的资本结构来提高公司的总价值同时降低企业的总资本成本。

一、资本结构总成本

在一定时期内,企业通常总是同时采用多种融资方式,从而形成相应的资本结构。不同

的资本结构对企业融资能力、生产经营活动的影响是不同的。合理的资本结构能够提高企业的融资能力,减少风险,增加企业价值;不合理的资本结构则会削弱企业的融资能力,加大风险,降低企业价值。

某种融资方式的资本成本,可通过公式计算得出。资本结构的总成本可通过计算加权平均的资本成本的方法求得。加权平均的资本成本是资本结构的综合成本,是以各种资金占全部资金的比重作为权数,对个别资本成本进行加权平均确定的,其计算公式为

$$K_W = \sum K_j W_i$$

式中,K_W 表示加权平均的资本成本;K_j 表示第 j 种个别资本成本;W_j 表示第 j 种个别资本占全部资本的比重。

倘若企业只有普通股和债务融资,其加权平均的资本成本的计算公式为

$$K_z = K_d \left(\frac{D}{V}\right)(1-T) + \left(\frac{S}{V}\right) K_s$$

式中,D 表示长期负债的市场价值;S 表示普通股的市场价值;V 表示企业价值,对于股份公司而言,是普通股市场价值和负债价值之和,即 $V = S + D$;K_z 表示企业加权平均的资本成本;K_d 表示长期负债的资本成本;K_s 表示权益资本成本;T 表示所得税率。

二、资本结构理论

(一) 早期资本结构理论

资本结构理论研究始于 20 世纪 50 年代初期,早期形成三种理论见解:净利说、营业净利说和传统说。

1. 净利说

净利说认为,借入债务可以降低企业的资本成本。而且债务程度越高,企业价值就越大。这是由于该理论假设债务利息和权益资本成本不会受财务杠杆的影响,无论负债程度有多高,企业的债务利息和权益资本成本都不会变化。因此,只要债务利息低于权益资本成本,那么负债越多,企业加权平均的资本成本就越低,企业净收益或税后利润就越多,企业价值也就越大。当负债比率达到 100% 时,企业加权平均的资本成本最低,企业价值也就达到最大。

2. 营业净利说

该理论认为,不论财务杠杆如何变动,加权平均的资本成本都是固定的,同时企业的价值也就固定下来了。其假定前提是:增加负债的同时会增加权益资本的风险,从而使权益资本的成本上升。因此,资本结构与公司价值并无关系,决定公司价值的是营业利润。根据这种理论的观点,融资方式的选择和资本成本之间是独立的,那么资本结构决策就没有必要了,企业就不存在最佳资本结构的问题了。

3. 传统说

传统说是一种折中理论,认为企业利用财务杠杆导致权益成本上升,但在一定程度内并不会完全抵销利用资本成本低的债务所获得的好处,从而能够导致加权平均资本成本的下降,使企业总价值上升。但超过一定限度后,权益成本的上升就不会被债务的低成本所抵消,反而导致企业加权平均的资本成本的上升。加权平均资本成本从下降转为上升的转折点,就是加权平均资本成本的最低点。这时的负债比率就是企业的最佳资本结构。

(二) 现代资本结构理论

前述三种理论都是建立在对企业所有者行为的假设而非精心构造的理论基础上或统计

分析之上。目前最有影响力的是由莫迪格利亚尼和米勒开创的现代资本结构理论。他们使资本结构理论研究成为一种严格的科学理论,经过长期的理论发展,资本结构理论已经相对完善。特别是20世纪70年代中后期,权衡理论、信息不对称和代理权竞争等的引入,开拓了资本结构理论研究的广阔领域。

1. MM理论

1958年,美国金融学家、财务学家莫迪格利亚尼和米勒在《资本成本、公司财务与投资管理》一文中提出了莫迪格利亚尼-米勒模型(简称"MM模型"),形成了现代资本结构理论的基础——MM理论。

MM理论的应用具有严格的假设条件:① 企业的经营风险可以用EBIT(息税前利润)衡量,有相同经营风险的企业处于同类风险等级;② 时下和将来的投资者对企业未来的EBIT估计完全相同,即投资者对企业未来收益和这些收益风险的预期是相等的;③ 股票和债券在完全资本市场上进行交易,这意味着:没有交易成本;投资者可同企业一样以同样利率借款;④ 所有债务都是无风险,债务利率为无风险利率;⑤ 投资者预期EBIT固定不变,即企业的增长率为零,所有现金流量都是固定年金。该理论认为,在完善的资本市场的前提条件下,利用内部融资和利用外部融资方式的选择是没有关系的。企业的价值是由其预期收益和与其风险等级相对应的贴现率贴现确定的。用公式表示为

$$V_L = V_u = E_L + D_L = \frac{EBIT}{WACC} = \frac{EBIT}{R_u}$$

式中,V_L表示运用财务杠杆的企业的市场价值;V_u表示不运用财务杠杆的企业的市场价值;E_L表示企业股票的市场价值;D_L表示企业债权的市场价值;$EBIT$表示企业息税前利润;$WACC$表示同等级风险企业的加权平均的资本成本;R_u表示仅依赖权益资本经营的企业的股本成本。

现假定两个企业A和B利用不同的融资方式进行投资能够获得相同的投资收益。A企业没有负债,只通过发行股票和债权筹集必要的资金,它的市场价值V_A等于其股票的市场总价值E_A,即$V_A = E_A$;B企业则通过发行股票和债权筹集必要的资金,它的市场价值V_B等于其负债的市场价值D_B和股票的市场价值E_B之和,即$V_B = D_B + E_B$。现在有两个投资方案,一是购买A企业5%的股票,二是购买B企业5%的股票和5%的债权。A企业和B企业的利润均为X,则两个投资方案的投资成本和收益情况如表5.6所示。

表5.6 各方案的投资成本和投资收益

投资方案	投资于A企业	投资于B企业
投资方案	购买5%的股票	购买5%的股票和5%的债权
投资成本	$0.05V_A$	$0.05(D_B+E_B)D_BE_B=0.05V_B$
投资收益	$0.05X$	$0.05X$
其中:债务收益		$0.05RD_B$
权益收益	$0.05X$	$0.05(X-RD_B)$

注:表中X为企业利润,R为债权利息率。

由表5.6可以看出,在两个投资方案中投资者获得的投资收益是相同的,均为$0.05X$。在高度完善的资本市场下,具有相同投资收益的投资,其投资成本也应相等。因此有$0.05V_A = 0.05V_B$,即$V_A = V_B$。也就是说,没有负债的企业价值和利用负债的企业价值相

等,企业的市场价值与融资方式的选择无关。企业价值和企业资本结构是独立的这一观点为 MM 理论的核心内容。如果资本成本的大小决定企业价值,而企业价值与融资方式毫无关系,那么资本成本也就不会受到融资方式的影响。在这一理论思想下,资本结构与资本成本、企业价值之间是相互独立的,没有所谓的最佳资本结构。

同时,MM 理论又认为,负债企业的普通股成本等于企业总资本成本加上该企业资本成本与企业债务成本的差额与债权市场价值/股票市场价值比例的乘积。公式为

$$R_L = R_u + (R_u - R_B) \times D/E$$

式中,R_L 表示负债公司的股本成本;R_u 表示仅依赖权益资本经营的企业的股本成本;R_B 表示企业的负债成本;D/E 表示债务-权益比率。公式表明,在不考虑债务风险的情况下,股权收益率随负债率的提高而提高。在考虑债务风险的情况下,股权收益率随负债率的提高而下降,债务收益率则由于风险增加而提高。这一结论似乎与前一结论相矛盾,但实际上两者是一致的。当企业增加债务成本,相应地增加了风险,企业权益投资者必然要求增加风险补偿,从而提高了必要收益率,而提高的必要收益率恰好抵消了预期收益率对股价上升的推动作用。

但是现实中的市场是远非完善的,考虑到公司税存在时,MM 理论认为,运用财务杠杆企业的价值等于同样风险等级的不运用财务杠杆企业的价值,加上免税现值。公式为

$$V_L = V_u + PVTS$$

$$PVTS = \frac{T \times R_b \times D_L}{R_b} = TD_L$$

式中,$PVTS$ 表示免税现值;T 表示所得税率;R_b 表示利息率;D_L 表示债务融资额。上式表明,要想使企业的价值趋于最大化,应尽可能扩大债务融资的规模。同时,MM 理论还认为:运用财务杠杆企业的权益资本成本等于同等风险程度的不运用财务杠杆企业的权益资本成本加上一笔风险报酬。其公式为

$$R_L = R_u + (R_u - R_b) \times (1 - T) \times (D_L / E_L)$$

综上所述,在考虑公司税的情况下,企业价值和资本成本均与资本结构有关。当债务比重加大时,资本成本降低,企业价值就会增加。MM 理论成功运用了数学模型,找出了资本结构与企业价值和资本成本的内在关系,揭示了资本结构中负债的意义。但是它忽略了负债带来的风险和额外费用。

2. 权衡理论

在 MM 理论之后,不对称信息引入之前,资本结构理论分为三大学派:一是研究企业所得税、个人所得税和资本利得税之间的税差与资本结构的关系,称为"税差学派";二是研究破产成本对资本结构影响的"破产成本学派";三是对 MM 定理进行善后的"米勒市场均衡模型"。这三大学派的观点最终被归结为"权衡理论"。即考虑负债带来利益的同时,又考虑负债带来的风险和费用,因为这些风险和费用会在一定程度上抵消负债带来的收益。

(1) 破产成本

破产成本又称财务困境成本,包括直接成本与间接成本两部分。直接成本是公司流动性不足或资不抵债时要进行重组所发生的法律成本和管理费用,公司将要倒闭时经营的无效率及其在清算中以低于其经济价值的价格清算资产的损失。间接成本则是当公司增加债务水平导致财务风险相应增加时,债权人很可能会要求更高的利息支付时,对公司来说更高的利息是增加负债的一项成本,如果出现这种情况,公司就不得不放弃可以接受的项目,从

而发生机会成本;另外,一些投资者和潜在投资者可能会对公司继续经营失去信心,转而购买其他经营状况更好的公司的证券,投资者信心的丧失是破产成本的另一种表现形式。

破产发生时,证券持有人得到的收入将小于没有破产成本时他们应该得到的收入。因为其他条件相同时,有杠杆的公司比没有杠杆作用的公司破产的可能性大,因此有杠杆作用的公司对投资者的吸引力较小。破产可能性与负债权益比率之间通常没有线性函数关系,但负债权益比率超过某一个界限以后,破产的可能性会随之增加。在这种情况下,破产的预期成本会增加。同时对公司的价值和资金成本产生负面影响,债权人承受事后的破产费用,但他们可能通过较高的利息率将事前成本转嫁给股东。因而股东承担事前的破产成本以及随之而来的公司价值的降低。由于破产成本代表了公司价值无法弥补的损失,所以即使在一个有效的市场均衡中,投资者也不能分散这种损失。

因此,当公司杠杆比率提高时,投资者可能要求在股票价格上予以补偿。由图5.2可以看到,投资者要求的预期回报由两部分组成:无风险回报率和商业风险报酬。这个风险报酬等于无杠杆作用的公司要求的资产回报率之差。随着负债的增加,要求的回报也随之增加。这个增量代表了风险补偿。如果在没有税收和破产成本的情况下,要求的回报将呈线性增长。但随着破产成本和破产可能性的增加,风险的补偿相应增加,通过某一点以后,要求的回报率会加速增长。破产成本、避税收益的不确定性对公司价值有负面影响。财务杠杆开始使用时,由于公司使用负债带来了避税收益,公司价值将随财务杠杆的增加而增加,渐渐地破产的可能性变得越来越显著,再加上避税收益的不确定性越来越大,公司价值将以递减的速度增加,最后公司价值将下降,我们可以把上述过程表示为

$$V_L = V_u + T_c B - K_b B$$

式中,K_b 为单位举债额的破产成本;$K_b B$ 为破产成本的现值。

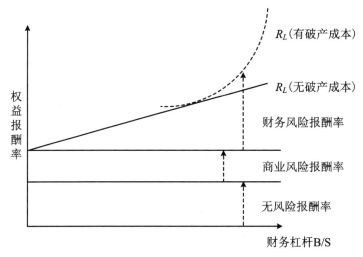

图5.2 无税收、存在破产成本时要求的股票收益率

(2)代理成本

信息对称是MM理论的重要假设之一,即企业外部投资者和企业内部人拥有同样的关于企业经营和企业价值等的信息。然而,这一假设与现实的世界存在巨大差别。另一方面,现代企业是由经营者、股东、债权人、员工以及供应商和客户等利益不一致的经济实体组成的。这些经济实体之间的关系都可以看作是一种委托代理关系。即委托人委托代理人从事

一些经济活动,所获得报酬按事先约定的形式在两者之间分配的一种契约关系。在委托代理关系中,由于信息不对称和委托人与代理人之间的利益冲突,有可能导致低效率的生产和投资活动。利益相关者之间的这种利益冲突就是代理问题,因代理问题引起的低效率的经验活动或降低的企业价值则被称为代理成本。无论采用股权融资还是债务融资,代理成本都是不可避免的。

股权融资中,代理成本来自经营者与所有者之间的利益冲突:经营者为达到自己的目的所采取的行动不一定有利于所有者。由于经营者没有拥有公司的全部股权或者剩余索取权,当经营者增加其努力提高经营业绩时,它承担了努力的全部成本,却只获得他所追加的努力所创造的收入增量的一部分,而当他增加在职消费时,它可获得全部好处,却只承担部分成本,其结果是经营者的工作积极性不高,却热衷于追求在职消费。相反,股东期望的目标是企业价值的最大化,因此他们希望经营者一直提高经营水平,从而使经营业绩不断上升。由于股东并不负担经营业绩提高所产生的一切费用,股东期望达到的经营水平通常会超过经营者自己认为的最优经营活动水平。同时,在企业价值最大化目标的驱使下,股东希望尽可能控制经营者的在职消费给企业价值带来的损失。由此可见,股东和经营者之间的利益不完全一致,经营者逃避持续付出努力的行为和对非生产消费的追求带来的企业价值的损失,构成股权融资的代理成本。

债务融资中,代理成本来源于债权人和债务人之间的利益冲突,主要是由资产替换问题、投资不足问题和破产问题引起的。风险性负债促使债务人用风险更高的资产来替换企业的现存资产,以此从企业的债权人手中谋取利益,这就出现了"资产替代效应"。在有限责任制度下,即使企业价值低于负债额,股东也只在自有资金的范围内承担债务的偿还额,结果导致股东和经营者有更大的积极性去从事有较大风险的项目。在债务没有完全清偿的情况下,由于债权人拥有优先求偿权,即使实施了某些期望收益为正的投资机会,投资收益可能大部分或完全由债权人享有,股东将不能从该投资中得到任何利益。因此股东可能放弃这些投资机会,即使其期望收益为正。理性债权人可能会预测到股东和经营者的投资不足问题,要求因此带来的企业价值的损失由股东来承担,这便构成企业利用债务融资的代理成本。

(3)权衡理论的数学表述

在有公司税的 MM 理论下,考虑了破产成本和代理成本后,负债公司的价值为
$$V_t = V_u + T_c B - FPV - TPV$$
式中,FPV 为预期破产成本的现值;TPV 为代理成本的现值。权衡理论的数学模型可以用图 5.3 表示。

在图 5.3 中,负债量达到 A 点之前,公司负债率较低,公司价值主要由 MM 理论决定,避税收益起完全支配作用。超过点 A,破产成本和代理成本的作用显著增强,抵消了部分避税收益,使公司的价值逐渐低于 MM 理论值,但最佳债务带来的避税收益的增加值仍然大于因此而产生的破产成本和代理成本的增加值,公司价值仍呈上升趋势。在 B 点上减税的边际收益完全会被负债损失所抵消。超过 B 点,损失将超过避税收益,公司价值将随杠杆比率的增加而下降。权衡理论认为,公司有其最佳的资本结构,这就是图中的 B 点,当负债比率在此点时,增加债务带来的避税收益正好等于财务危机成本和代理成本的增加值,此时公司的价值最大。

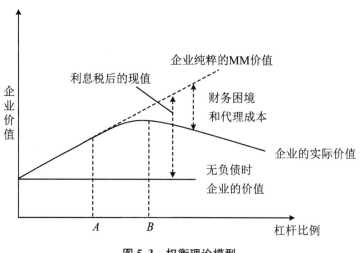

图 5.3 权衡理论模型

3. 优序融资理论

优序融资理论放宽 MM 理论完全信息的假定,以不对称信息理论为基础,并考虑交易成本的存在,认为权益融资会传递企业经营的负面信息,而且外部融资要多支付各种成本,因而企业融资一般会遵循内源融资、债务融资、权益融资这样的先后顺序。迈尔斯和马吉洛夫的研究表明,当股票价格高估时,企业管理者会利用其内部信息发行新股。投资者会意识到信息不对称的问题,因此当企业宣布发行股票时,投资者会调低对现有股票和新发股票的估价,导致股票价格下降、企业市场价值降低。内源融资主要来源于企业内部自然形成的现金流,它等于净利润加上折旧减去股利。由于内源融资不需要与投资者签订契约,也无需支付各种费用,所受限制少,因而是首选的融资方式,其次是低风险债券,其信息不对称的成本可以忽略,再次是高风险债券,最后在不得已的情况下才发行股票。

优序融资理论将银行借款列为融资方式的第二选择的理由是:与发行股票融资相比,银行借款的代理成本较低。为了加强银行资产的管理和保证贷款的收回,银行在发放贷款以后还将对企业的经营投资活动进行监督控制。有效的监督能够抑制企业经营者损害资金提供者的利益而追求私利的行为,防止道德风险的发生。因此,伴随着银行监督的银行借款的代理成本要低于监督缺失情况下的代理成本。

发行股票是融资方式的最后选择的原因是由于投资者的能力水平参差不齐、地理位置的分散性等诸多限制条件,分散的投资者很难像提供贷款的银行一样对企业的经营活动进行集中的监督。缺乏有效监督使得代理成本变得很大,融资成本很高。从而成为最后的选择方式。

尽管优序融资理论成功地说明了信息差异对企业融资的影响,但是,还远未达到能够对权衡理论的正统地位取而代之的时候,无论是理论框架还是实证检验,一时都还难以撼动权衡理论的正统地位。

4. 信号传递理论

1977 年,罗斯资本结构信号传递模型从信息不对称角度回答了自 20 世纪 50 年代以来一直为经济学界所关注的企业资本结构决定因素问题。罗斯认为,在企业内部人和外部人之间存在信息不对称的情况下,负债比率的提高给市场传递着积极信号,意味着经营者对企业未来收益有较高预期,进而使投资者对企业的未来前景充满信心,在贷款协议中可能获得优惠的利率、发行债券可以降低企业的资本成本，企业的市场价值也会随之增大。同时，罗斯还认为企业经营者获取的利益是与企业的市场价格正相关的，企业破产将使经营者受到惩罚。经营状况较差的企业如果保持一个较高的债务水平，它的期望破产成本也会很高，因此其经营者通常倾向于保持较低的负债水平，从而较高比例负债也被投资者视为经营状况较好的标志。

Leland 和 Pyle(1977)认为企业家是风险规避者，且财富有限，他希望与外部投资者共同分担项目，企业家与外部投资者虽然存在信息不对称，但在他们之间仍然存在着一种可信的交流机制。企业家可以变动自己的股份，并把它用作一种传递有关项目质量的信号，因为市场会认为项目质量是企业家自己的所有权份额的一个函数。他们证明，在均衡状态下，企业家的股份将完全揭示其自己信任的项目收益的均值。这一均衡具有如下性质：企业家的股份越高，传递的信息表明项目价值也越高，企业的市场价值也越大。

在 Myers 和 Majluf(1984)的优序融资理论模型中，资本结构的设计是为了缓和由于信息不对称而导致的企业投资决策的无效率。该模型认为，公司为投资新项目必须寻找新的筹资方法，项目的净现值为正说明它具有良好的盈利能力，但在信息不对称条件下代表旧股东利益的经理不愿意把投资收益转让给新股东，投资者由此产生逆向选择，把公司发行新股当做一种坏信息，因而新股发行总会使股价下跌。因此，如果企业被迫通过发行股票对新项目筹资，则股价过低可能会严重影响新项目的筹资效率，使得即使新项目净现值为正，也可能会被拒绝。但企业如能够发行一种不至于被严重低估的证券，如无风险债券等，这种投资不足就可以避免，它所传递的负信号将大大减弱，筹资不足的问题也在很大程度上得到解决，但发行债券又受公司破产的制约，因此企业为新项目筹资时总是尽量先用内部筹资，其次是低风险债券筹资，最后不得已才采用股票筹资。"优序融资"理论最重要的经验含义是：发行股票的消息一经宣布，企业现有股票的市场价值就会下降，而通过内部资金或无风险债券则不传递任何有关企业类型的信息，从而也不影响股票的价格。

5. 控制理论

资本结构不仅规定着企业收入流的分配，而且规定着企业控制权的分配，经营者占有的股份越多，其控制能力也就越强。这样，由于经营者对控制权本身的偏好，他们就会通过资本结构影响控制权的分配从而影响企业的市场价值。

Harris 和 Raviv (1988)分析了对公司控制的竞争与资本结构的关系，包括公司接管方法的决定因素，公司资本结构的变化与接管活动的类型、价格效应的相关程度，以及证券的现金流特征及其与表决权的关系等等。他们认为，公司价值由现金流量折现价值与被收购的价值两部分组成，随着在职经理股份增大，在职经理掌握控制权的概率增大，从而其收益增大；另一方面，如果在职经理股份太大，则更有能力的潜在竞争者兼并此企业的可能性就会减少，因而企业的价值及相应的经理的股份价值也会减少，所以，这就存在着一种权衡。最佳的所有权份额是掌握控制权带来的任何个人收益同自有股份的资本价值损失相权衡的结果。由于经理的股份是由公司的资本结构间接决定的，这种权衡也进而成为一种资本结构理论。

第六节 资本结构与公司经营效率

传统资本结构理论的最大特点是只在财务学领域中进行研究，其理论为现代资本结构理论提供了很好的基础，但是其理论推导的假设前提非常理想，从而限制了其有效性，因而并未得到广泛的关注。在此基础上发展起来的后现代资本结构理论，在研究中引入了大量的经济学分析方法，从公司内部因素来分析资本结构，通过对企业制度设计来权衡公司的资本结构，因此后现代资本结构理论的最大特点是意识到非对称信息对公司资本结构的影响。但是由于假设条件脱离现实，一些参数如公司代理成本和公司价值要准确计量也非常困难，这些都影响西方资本结构理论的有效性。利用西方资本结构理论的思想和方法来研究分析公司的资本结构，对各行业公司在优化其资本结构，提高其经营绩效方面有一定的参考价值。

一、公司经营效率与资本结构概述

公司经营效率是指公司经营活动过程中投入资源与产出之间的对比关系。公司经营效率是对公司一定经营期间的资产运营、财务效益、资本保值增值等经营成果，进行真实、客观、公正的综合评判。

不同的资本结构导致不同的资金成本、财务风险，进而影响公司的市场价值与公司的业绩。因此公司必须调整负债和所有者权益的比例形成合理的资本结构才能使公司价值最大，使公司能够在资本结构优化的过程中，建立产权清晰、权责分明、管理科学的现代企业制度。目前，随着证券市场的不断发展和完善，越来越多的公司依靠股权融资，但是股权融资虽然有其客观必然性，但是过度依赖股票融资对公司本身及证券市场的发展将造成不良影响。合理的融资形式形成最佳资本结构是股东和债权人的共同目标。目前我国上市公司在资本结构上存在诸如内部融资不足、外部融资中偏好股权融资、负债结构不合理等问题，严重影响我国上市公司的自身发展和社会经济的发展。

企业在不同的发展阶段应该选择不同的资金结构以及不同的资金数量，才能以最优的资本结构支持企业的发展，这就是资本结构理论的基本主张。

二、资本结构和公司经营相互作用分析

(一) 资本结构对公司经营效率的作用分析

通过上一节对资本结构的理解，我们认为资本结构主要是指负债与总资本的比例关系，即资产负债率（负债/总资产）或者负债/(负债＋权益)，因此，这里我们提出假设，资本结构中的负债与权益的比例关系能够对公司的经营效率造成一定的影响。所以，在此首先阐述负债与权益对公司经营效率的影响。

1. 负债与公司经营效率

自从资本结构理论提出以来，MM 理论得到了很大的发展。权衡理论、优序融资理论都是在此基础上发展而来的。在 MM 理论的假设条件下，资本结构对公司业绩是没有影响的。MM 理论认为，加权平均资本成本会随着负债/权益比的提高而降低，较高的财务杠杆可以提高公司业绩。权衡理论认为，由于企业负债率的上升所带来的风险和相关费用的增

加,企业不可能无限制地追求减税收益。随着企业债务的增加,公司陷入财务困境甚至破产的可能性也会随之增加,相应的破产成本、财务困境成本以及有关负债代理成本都会随之增加,从而降低了企业价值,资本结构对公司业绩会产生非线性影响,即倒 U 形的影响关系。在信息不对称的基础上提出融资次序理论,根据该理论,当公司拥有良好的经营业绩时,公司更有可能从内部进行融资以满足其资金的需求,因此,经营效率优良的公司拥有较低的资产负债率。所以该理论提出了完全相反的结论:财务杠杆比率与公司经营效率之间存在负相关关系。

2. 所有者权益与公司经营效率

所有者权益,也称为所有权结构,是指资产扣除负债之后,公司所有者享有的剩余权益。股权结构在公司治理中占有控制性的地位,涉及公司内部控制权的分配。西方的学者曾经做过研究并提出,由于股权分散可能会导致对企业的监督不力,因此,股权结构与公司业绩呈正相关关系。但是,这些研究是建立在西方发达资本市场基础上的,因此,在实际运用时,需要结合中国的实际情况进行研究。中国的证券市场并不十分发达,而且一个重要的特征就是股权分散,同时存在着国家股、法人股和流通股三大类不同类型的股权,还没有形成有效的控制权市场,难以发挥市场的监督管理作用。因此,只有法人股股东可能对公司的决策控制起一定作用。所以,本文对不同的持股股东与公司的业绩之间的关系不做研究,只研究股权集中度对公司业绩的影响。一些学者研究认为,股权集中度和公司业绩之间呈现倒 U 形的关系。这说明大股东的存在一定程度上有利于公司的经营激励,大股东具有较强的激励来监督经营者的行为,且大股东也有这种能力来保证其自身利益不受经营者损害。但是随着大股东持股比例的增大,大股东的利益与外部小股东的利益常常不一致,两者之间存在着严重的利益冲突,这样会使中、小股东利益受损,权益代理成本大。

(二) 公司经营效率对资本结构的作用分析

下面我们考虑公司经营效率对资本结构的反作用,由于市场是不完善的,税收、破产成本以及信息不对称等各种因素的存在使得公司业绩对资本结构产生反作用。主要包括两个观点:

一是效率风险。该观点认为,高效的经营管理可以减少预期的破产和清算成本,因此盈利能力强的公司将倾向于较高的资产负债率。因为在现有既定的资本结构下,利润效率可以创造更多的预期收益。因此,高效的经营管理可以在一定程度上替代保持较低的资产负债比来抵御未来的风险。其成立是建立在以下两个条件上的:利润效率和未来的预期收益之间存在强烈的正相关关系;从高效的经营管理中获得的超额收益可以在一定程度上替代保持较低的资产负债率来控制风险。

二是特许权价值。此观点从收入效应的角度考察,认为如果公司能够预期保持高效率的运转,那么高效的利润效率会产生大量的经济租金。而现有的股东为了保持它们的经济租金不会因为破产或者清算而丧失,就必须维持更多的股份来维护他们的利益。因此,按照该假说,由于股东为了保护它们从利润效率产生的特许权价值不会因为清算或者破产的原因而丧失,所以高经营效率的公司将选择较高的权益资本比率。

三、资本结构与公司经营效率的分析

对于经营权与所有权分离的公司,必然存在所有者与经营者之间的委托-代理关系。根据所有者的投资方式不同,可把这种委托-代理关系分为两类:一类是投资者以拥有企业股份的形式将其资本委托给经营者代理经营;另一类是投资者以拥有企业债权的形式将其资本委托给经营者代理经营。目前理论界研究的焦点集中在第一类委托-代理理论。对于第二类委托-代理关系,哈特等人的研究集中于负债内部结构对经营者的约束。本章节采用委托-代理的方法研究了资本结构通过资本成本自动约束经营者,使经营者的经营决策更有效率。

(一) 分析的前提

① 公司的所有者(包括股东和债权人)数量是巨大的,即任何单个的所有者对经营者的约束是微不足道的。

② 假定资本结构约束经营者使企业价值最大化,且股东的保留收益率为r_0,第i期到期的负债的利率为r_i。

③ 假定股东不向该企业(或项目)投资,则只能获得r_0的保留收益率。

④ 假定经营者的效用独立于其货币报酬,只与其控制的资产严格程度正相关。

⑤ 假定企业的负债是不能延期的,只要企业不能到期偿还本息,债权人立即申请该企业破产。同样,如果经营者不能到期支付股东的股息,股东立即解雇该经营者。

假定①基于公司股东和债权人分散的事实;假定②考虑市场是完全竞争的,如果经营者不选择公司价值最大化的资本结构,那么他(或她)将失去控制该公司资产的权力;假定③和④是基于合同不完全的事实,因为合同不完全,任何货币激励计划都是不可执行的;假定⑤考虑大多数国家的破产程序已做,如果债务人不能到期偿还负债,则债权人可以立即向法院申请破产,并且在清偿顺序中,负债较股权优先。

(二) 企业破产条件

1. 完全确定的情况

考虑资产已到位的公司,投资规模为$I=S+D$,假设公司只有两个经营期,其中$D=D_1+D_2$,$D_i(i=1,2)$为第i期到期的负债。令y_i为公司第i期实现的收益;Sr_0示每期应支付给股东的股息;L_i为公司在第i期清算的清算价值,且$L_2=0$,即公司正常清算时没有清算价值。公司价值为

$$V(a) = \begin{cases} y_1+y_2, & a\text{ 为不使公司破产的资本结构} \\ y_1+L_1, & a\text{ 为使公司破产的资本结构} \end{cases}$$

根据企业收益流Y_i,负债D_i及股息Sr_0有以下三种情况:

(1) $y_1<D_1(1+r_1)$。如果$y_1<D_i(1+r_1)$,企业第1期收益y_1不能清偿到期债务$D_1(1+r_1)$,依据是否可以发行新的债务偿还第1期到期债务,分为以下三种情况:① 此时经理不能通过发行新的债务$D_1(1+r_1)-y_1$使第1期偿债成功,因为企业没有足够的收益流作为发行新债的抵押$[y_1+y_2-D_2(1+r_2)<D_1(1+r_1)]$,所以清算必然发生;② $D_1(1+r_1)+D_2(1+r_2) \leqslant y_1+y_2 \leqslant D_1(1+r_1)+D_2(1+r_2)+Sr_0$这种情况下,虽然经理能够通过发行新的债务避免被清算,但不能支付股东的股息,所以经理必然被解雇;③ $y_1+y_2 \leqslant D_1(1+r_1)+D_2(1+r_2)+Sr_0$在这种情况下,尽管经理不能用第1期的收益偿还第1期的负债$D_1(1+r_1)$,但有足够的第2期收益作为抵押发行新的债务$D_1(1+r_1)+Sr_0-y_1$,避免拖欠,因此,企业续存。

(2) $D_1(1+r_1) \leqslant y_1 \leqslant D_1(1+r_1)+Sr_0$,企业能够避免清算,但第1期的收益不能支付股息。有以下两种情况:① 如果$D_1(1+r_1)+D_2(1+r_2) \leqslant y_1+y_2[D_1(1+r_1)+D_2(1+r_2)]+Sr_0$,企业经理不能通过发行新的债务支付股息,经理将被解雇;② 如果$y_1+y_2 \geqslant$

$D_1(1+r_1)+D_2(1+r_2)+Sr_0$,企业将续存。

(3) $y_1 \geqslant D_1(1+r_1)+Sr_0$。由于第1期的收益足以偿还到期负债和支付股息,所以,企业将续存。

综上所述,企业破产或经理被解雇的条件和企业价值如下:

(1) 企业破产的条件为 $y_1<D_1(1+r_1)$,且 $y_1+y_2 \leqslant D_1(1+r_1)+D_2(1+r_2)$;经理被解雇的条件为 $D_1(1+r_1)+D_2(1+r_2) \leqslant y_1+y_2 \leqslant D_1(1+r_1)+D_2(1+r_2)+Sr_0$;其他情况为企业续存。

(2) 企业价值为

$$V(a)=\begin{cases} y_1+y_2, & y_1 \geqslant D_1(1+r_1)+Sr_0 \text{ 或 } y_1 < D_1(1+r_1) \text{ 且 } y_1+y_2 \\ & \geqslant D_1(1+r_1)+D_2(1+r_2)+Sr_0 \\ y_1+L_1, & \text{其他情况} \end{cases}$$

2. 不完全确定的情况

上述分析假定在第0期 y_1、y_2 完全确定。现实中,在第0期可以肯定 y_1 确定,对于 y_2 没有可靠的把握,但对于 y_2 的概率分布为 $f(y_2)$ 会有一个比较准确的估计。假定 $f(y_2)$ 在 $[0,\theta]$ 上均匀分布,θ 为企业的盈利能力。企业价值最大化就应当是期望价值最大化,那么企业第1期清算的概率为 P_1,第1期经理被解雇的概率为 P_2,企业续存的概率为 P_3。因此,企业必然破产的条件为 $P_1=1$,经理必然被解雇的条件为 $P_2=1$。由于不确定性,企业价值用期望表示为

$$EV=(y_1+Ey_2)+(y_1+L_1)(P_1+P_2) \tag{1}$$

根据 y_2 在 $[0,\theta]$ 上均匀分布,则 $f(y_2)=1/\theta$,有

$$P_1=\begin{cases} \dfrac{D_1(1+r_1)+D_2(1+r_2)-y_1}{\theta}, & y_1<D_1(1+r_1) \\ 0 & \text{其他} \end{cases}$$

$$P_2=\begin{cases} \dfrac{Sr_0}{\theta}, & y_1<D_1(1+r_1)+Sr_0 \\ 0, & x \geqslant 0 \end{cases}$$

$$P_3=\begin{cases} 1, & y_1<D_1(1+r_1)+Sr_0 \\ \dfrac{\theta-[D_1(1+r_1)+D_2(1+r_2)+Sr_0-y_1]}{\theta}, & \text{其他} \end{cases}$$

记 $D_f=D_1(1+r_1)+D_2(1+r_2)$,企业价值改为

$$EV=\begin{cases} \dfrac{(L_1-Ey_1)(D_f+Sr_0+y_1)}{\theta}+Ey_2+y_1, & y_1<D_1(1+r_1) \\ \dfrac{(L_1-Ey_2)Sr_0+(Ey_2+y_1)(\theta-D_f-y_1)}{\theta}, & D_1(1+r_1) \leqslant y_1 < D_1(1+r_1)+Sr_0 \\ y+Ey_2, & y_1 \geqslant D_1(1+r_1)+Sr_0 \end{cases}$$

$$\tag{2}$$

考虑企业必然破产的条件和经理必然被解雇的条件,分别为

$$\begin{cases} y_1<D_1(1+r_1) \\ D_1(1+r_1)+D_2(1+r_2) \leqslant y_1+\theta \end{cases} \tag{3}$$

$$\begin{cases} y<D_1(1+r_1)+Sr_0 \\ Sr_0 \leqslant \theta \end{cases} \tag{4}$$

将式(3)和式(4)与完全确定的情况相比较,在具有不完全确定的条件下,企业破产或经理被解雇与否,不仅取决于第1期收益y_1,而且取决于企业的盈利能力。式(1)表明:如果$Ey_2 > L_1$,那么企业续存的概率P_3越大,EV越大;反之,则$P_1 + P_2$越大,EV越小。由此得出第一个结论:经理选择的某种资本结构下的资本成本组合(r_0, r_1, r_2),能否满足企业价值最大化取决于企业某个时期的清算价值与未来收益(或盈利能力)的对比关系。如果投资者能够观察到企业的盈利状况且拥有选聘经理或申请破产的权力,则可以用资本成本组合(r_0, r_1, r_2)对企业的资本结构决策实施约束,使经理的目标与企业价值最大化一致。

(三) 资本结构与经营效率

定义 1 记$a \in A$是经理的决策行为,企业价值$V(a)$是a的函数,如果$a' \in A$且$a' \neq a$,有$V(a) \geq V(a')$,那么称a比a'有效率。如果对任意的a'都有$V(a) \geq V(a')$,称决策a是最有效率的(或最优的)。如果不等式取严格大于(或小于),则称为严格有(或无)效率。

1. 完全确定的情况

如果$L_1 > y_2$,则$V(a) = y_1 + L_1 > V(a') = y_1 + y_2$。即企业清算的决策比使企业续存的决策有效率,因此,根据破产清算的条件,令r_0、r_2相当大,使企业破产或解雇经理;如果$L_1 < y_2$,企业续存价值大于清算价值,令r_0、r_1相当小(特别地$r_0 = r_2 = r_2 = 0$),使企业续存条件满足。当$L_1 > y_2$时,高成本的资本结构决策比低成本的资本结构决策有效率;当$L_1 < y_2$时,低成本的资本结构决策比高成本的资本结构决策有效率。

2. 具有不确定性的情况

将式(2)的三个条件定义为第1期收益的三种状态(依次为高、中、低收益状态)。根据式(2)有低收益状态时企业期望价值最大化的一阶条件为

$$\frac{\partial EV}{\partial r_0} = \frac{S(L_1 - Ey_2)}{\theta} = 0$$

$$\frac{\partial EV}{\partial r_1} = \frac{D_1(L_1 - Ey_2)}{\theta} = 0$$

$$\frac{\partial EV}{\partial r_2} = \frac{D_2(L_1 - Ey_2)}{\theta} = 0$$

因此,最大化的条件为$L_1 = Ey_2$。即在具有不确定性的情况下,企业期望价值最大化与融资成本无关。考虑次优(融资成本与效率的关系),如果$L_1 > Ey_2$,则$\frac{\partial EV}{\partial r_0} > 0$,$\frac{\partial EV}{\partial r_1} > 0$,$\frac{\partial EV}{\partial r_2} > 0$ $\frac{\partial EV}{\partial r_1} > 0$,即企业预期价值与$r_0$、$r_1$和$r_2$正相关。如果$L_1 < Ey_2$,则低成本的资本结构比高成本的资本结构有效率。

中等收益状态下的期望价值最大化的一阶条件为

$$\frac{\partial EV}{\partial r_0} = \frac{S(L_1 - Ey_2)}{\theta} = 0$$

$$\frac{\partial EV}{\partial r_1} = \frac{D_1(y_1 + Ey_2)}{\theta} = 0$$

$$\frac{\partial EV}{\partial r_2} = \frac{-D_2(y_1 + Ey_2)}{\theta} = 0$$

因此,最大化的条件为:$L_1 = Ey_2$且$y_1 = -Ey_2$。实际上,中等收益条件下的最大化是不能实现的,因为企业第1期清算价值$L_1 > 0$,因此$y_1 < 0$,与中等收益状态条件相矛盾。考

虑次优,若$L_1 > Ey_2$,$\frac{\partial EV}{\partial r_0} > 0$,$\frac{\partial EV}{\partial r_1} < 0$,$\frac{\partial EV}{\partial r_2} < 0$,即企业预期价值与$r_0$正相关,与$r_1$和$r_2$负相关。高收益状态时企业期望价值与资本成本无关,仅取决于L_1与Ey_2的对比关系。由此得出第二个结论:在完全确定的情况下,如果$L_1 < Ey_2$,则低成本的资本结构比高成本的资本结构有效率;在具有不完全确定的情况下,企业效率不仅与成本组合相关,而且与企业收益相关。中等收益状态时,如果$L_1 > Ey_2$,高股息低利息组合的资本结构比低股息高利息的资本结构有效率;低收益状态时,如果$L_1 < Ey_2$,则高成本的资本结构比低成本的资本结构有效率,反之,则低成本的资本结构比高成本的资本结构有效率。

第七节 资本成本与最优资本结构的确定

一、资金成本的估计

在市场经济条件下,企业资本的所有权和经营权相互分离,从各种来源取得的资金是不能无偿使用的,同使用其他生产要素一样,为了获得资金,就需要付出一定的代价。因此,所谓资金成本,就是获得和使用资金而付出的代价,如果使用的是自有资金,资金成本就是付出资金的机会成本。一般来说,资金成本包括资金占用费用和资金筹集费用两大部分。占用费主要包括资金时间价值和投资风险报酬两部分,如股息、利息等。筹资费用是指筹资过程中委托金融机构等代理发行股票、债券等所需要支付的注册费和代办费,向银行支付的手续费等。

尽管有多种资金来源,目前的各类银行、资金组织,为项目在国内、国际融资提供了方便,但不同类型的资金,其成本不同,也就影响到投资项目的决策。正确估计资金成本对于正确进行投资决策是很重要的。因为资金成本就是评价投资方案、计算货币时间价值时所用的贴现率。资金成本规定了投资项目最低预期投资回收率,任何投资项目,如果它的预期投资回收率超过其资金成本,则将是有利可图的,项目在经济上就是可行的;相反,则意味着投资收益用来支付资金成本后将会发生亏损,该方案就会被舍弃不用。另外,资金成本也是正确选择资金来源的依据。应当优先选择资金成本低的资金来源,最佳的资金来源应当使企业的资金成本最低。

由于在不同条件下筹集资金的总额并不相同,为了便于分析比较,资金成本通常用相对数表示,称为资金成本率。一般地,资金成本与筹集资金总额、筹资费用、占用费用的关系,可用如下公式表述:

$$K = \frac{D}{P(1-f)}$$

式中,K为资金成本率,D为资金占用费用,P为筹集资金总额,f为筹资费率,即筹集费用占筹集资金总额的比率。

企业的资金来源基本上有三个:一是债务,包括金融机构的贷款和发行债券等;二是股权资本,包括发行优先股、普通股;三是企业自己的留存盈余等。不同来源的资金,其成本也不同,估算方法也不同。下面我们先探讨如何估计各种来源的资金成本,然后探讨企业综合资金成本,即加权平均资金成本的估算。

（一）债务资本成本

企业债务融资主要是通过向金融机构贷款和发行公司债券两种形式进行的,由于这两种形式的债务在计算筹资额等方面存在差异,因此分别加以介绍。

1. 贷款资本成本

贷款资本成本一般由贷款利息和贷款手续费两项组成。因为贷款利息可以列入成本,减少所得税,所以成本中还应扣除所得税的因素。贷款资产成本的计算公式为

$$K_e = \frac{L_e(1-t)}{L(1-f_l)}$$

其中,K_e 为贷款资产成本,I_e 为贷款每年应负担的利息支出,t 为所得税率,L 长期贷款总额,f_L 为贷款费用率。

例5-4 某企业拟向银行借入5年期的贷款500万元,年利息为7.2%,手续费为0.1%,企业所得税为33%,该借款的资本成本为多少?

解 该公司贷款资本成本为

$$K_e = \frac{500 \times 7.2\% \times (1-33\%)}{500 \times (1-0.1\%)} = 4.83\%$$

2. 债券资本成本

与贷款类似,公司发行债券筹集资本所支付的利息通常在税前支付,这样就可以少交一部分所得税。因此,计算债券资本成本时也应考虑所得税扣除问题。债券的发行有平价发行、溢价发行和折价发行三种,在计算债券成本时,筹资额应该按债券实际发行价格进行计算,而不论发行价格如何,都应按债券面值计算债务利息。

债券资本成本的计算公式为

$$K_b = \frac{I_b(1-t)}{B(1-f_b)}$$

其中,K_b 为债券成本率,I_b 为债务总额每年应负担的利息支出,t 为所得税率,B 为债务总额,即债券的面值总额,f_b 为筹资费用率。

例5-5 某企业发行期限为10年,票面利率为8%的长期债券500万元,其发行价格为600万元,发行费用占发行价格的3%,企业所得税为33%,长期债券的资本成本为多少?

解 该企业债券溢价发行,债券的筹资额按实际发行价格计算,该债券的资本成本为

$$K_b = \frac{500 \times 8\% \times (1-33\%)}{600 \times (1-0.3\%)} = 4.60\%$$

（二）权益资金成本

企业资金的另一个重要来源是权益资本。权益资本包括优先股和普通股两种,下面分别探讨这两种资金来源的资金成本率。

1. 优先股成本

企业发行的优先股股票的最大特点是每年的股利是固定不变的,它的股利增长率为零,但是其股利一般也要定期支付,一般为税后支付,不会减少企业的纳税。它同发行债券类似,也需要支付筹资费用。与此同时,优先股属于股票的一种,股东作为企业的利益分享者而不是债务所有者,股东不得随意赎回股份,可以把它视为永续年金。优先股资本成本的计算公式为:

$$K_p = \frac{D_p}{S_p(1-f_p)}$$

式中，K_p 是优先股资本成本，D_p 为优先股每年的股利，S_p 为优先股股票的销售价格，f_p 为优先股筹资费用率。

例 5-6 某公司发行面额为 200 元的优先股股票，筹资费用率为 3%，每年向股东支付 8% 的固定股利，优先股股票按面额溢价 10% 销售，该优先股的资本成本为多少？

解 该优先股资本成本为

$$K_p = \frac{200 \times 8\%}{200 \times (1+10\%) \times (1-3\%)} = 7.50\%$$

2. 普通股成本

普通股没有设定的股利，其股利可能随着公司经营业绩的好坏发生很大波动。因此，普通股资本成本的估计要比优先股困难得多。人们通常根据股利的不同情况进行分类处理，从而得出一系列普通股资本成本的估计方法。下面介绍最常用的两种普通股资本成本估计方法。

（1）利用股利估价法

股利估价法是确定股票价值的一种方法，通常称为股利估价模型。它假定股票市价 P 等于未来各年预期股利收入，按普通股权益报酬率 K_s 进行贴现而得到的总现值。这个权益报酬率对企业来说，就是筹资资本成本。假设未来各年普通股预期股利收入为 $D_1, D_2, \cdots, D_\infty$，则股票市价 P 为

$$P = \frac{D_1}{(1+K_s)} + \frac{D_2}{(1+K_s)^2} + \cdots + \frac{D_\infty}{(1+K_s)^\infty}$$

$$= \sum_{t=1}^{\infty} \frac{D_t}{(1+K_s)^t}$$

假设公司每年的股利增长率保持不变，为一个固定值 g，且 g 小于 K_s，则上式成为

$$P = D_1 \left[\frac{(1+g)}{(1+K_s)} + \frac{(1+g)^2}{(1+K_s)^2} + \cdots + \frac{(1+g)^\infty}{(1+K_s)^\infty} \right]$$

$$= D_1 \sum_{t=1}^{\infty} \frac{(1+g)^t}{(1+K_s)^t}$$

此式可简化为

$$P = \frac{D_1}{K_s - g}$$

从而

$$K_s = \frac{D_1}{P} + g$$

例 5-7 某公司普通股的现行市价为每股 20 元，第一年每股发放股利 1.8 元，预计每年股利增长率为 3%，问该公司普通股资本成本为多少？

解 该公司普通股资本成本为

$$K_s = \frac{1.8}{20} + 3\% = 12\%$$

公司新发行普通股会发生筹资费用，这时估计普通股资本成本应考虑筹资费用。假设筹资费用率为 f_c，则普通股资本成本 K_c 的计算公式为

$$K_c = \frac{D_1}{P(1-f_c)} + g$$

例 5-8 某公司发行的股票市价为每股 20 元,预计年末每股红利为 2 元,以后每年以 5% 递增,筹资费用率为 3%。问该公司普通股资本成本为多少?

解 该公司普通股资本成本为

$$K_c = \frac{2}{20 \times (1-3\%)} + 5\% = 15.31\%$$

(2) 利用资本资产定价模型

资本资产定价模型是反映各种资产的预期报酬率与风险之间关系的一种模型。当利用资本资产定价模型来反映普通股的预期报酬率与风险之间关系时,可得到以下关系式:

$$K_e = R_f + \beta(R_m - R_f)$$

式中,K_e 为普通股的预期报酬率,对企业来说,就是筹资资本成本;R_f 为无风险利率,通常用政府债券的利率来计量;R_m 为市场组合回报率;β 为市场风险系数,表示该股票预期收益率的变动对与市场回报率变动的反映程度。

例 5-9 假设无风险回报率为 2.5%,市场组合回报率为 6%,某公司普通股的 β 系数为 1.5。问该公司普通股的资本成本为多少?

解 该公司普通股的资本成本为

$$K_e = 2.5\% + 1.5 \times (6\% - 2.5\%) = 7.75\%$$

(三) 留存盈余资本成本

留存盈余是企业的一种内部资金来源,就是把公司的一部分盈利留在企业作为再投资之用。留存盈余所付出的成本是机会成本,因为如果把这部分盈利作为股利发给股东,股东就可以利用这笔股利在其他地方进行投资,从而会有收益。现把留存盈余用于再投资,股东失去的这种收益,就是留存盈余的机会成本。企业留存一部分税后利润来发展生产,实际上等于股东对企业追加了投资。股东对这部分追加投资要求同以前所缴股本相同百分率的报酬。除了没有筹资费用外,留存盈余成本率的计算方法与普通股基本相同。其公式为

$$K_r = \frac{D_1}{P_r} + g$$

其中,K_r 为留存盈余成本率,D_1 为下一年的股利,P_r 为留存盈余总额,g 为股利增长率。

例 5-10 某企业留存盈余 100 万元,预计下一年的股利率为 7%,以后每年增长率为 4%,则该笔留存盈余的资本成本为多少?

解 该笔留存盈余的资本成本为

$$K_r = \frac{100 \times 7\%}{100} + 4\% = 11\%$$

(四) 加权平均资金成本估算

在企业实际运营中,不可能只凭借一种方式来筹集资金,往往需要通过多种方式筹集。一般来说,借债是成本最低的一种资金来源,但是债务过多,偿还就会缺乏保障,这就会加大企业的风险,所以,企业的借债能力总是有限的,为了避免这类问题的发生,在投资决策中,就不能单纯使用债务成本,也不能单纯使用权益资金,而是应当使用加权平均资金成本。加权平均资金成本一般是以各种资金占全部所筹资金的比重为权数,根据各种资金来源的成本率,采用加权平均的方法确定的,其计算公式为

$$K_w = \sum_{j=1}^{n} w_j K_j$$

式中，K_w是加权平均资金成本；K_j是第j种资金的资金成本率；w_j是第j种资金占全部资金的比重，即权重。

例 5-11 某企业共有长期资本（账面价值）2000 万元，其中，债券 700 万元，优先股 200 万元，普通股 1000 万元，留存利润 100 万元，其成本占资本总额的比重分别为 6.12%、10.55%、13.80%、15.09%。试计算该企业加权资本成本。

解 首先，计算各种资本所占的比重。

$$w_b = 700/2000 = 0.35, \quad w_p = 200/2000 = 0.20$$
$$w_c = 1000/2000 = 0.50, \quad w_r = 100/2000 = 0.05$$

其次，计算加权资本成本。

$$K_w = 0.35 \times 6.12\% + 0.20 \times 10.55\% + 0.50 \times 13.80\% + 0.05 \times 15.09\%$$
$$= 11.91\%$$

二、最优投资规模的确定

投资决策的目的是确定能使企业利润最大的企业总投资量和投资方案。在投资决策的分析中，确定最佳投资规模所采用的基础方法，也是边际分析法的原理，即当边际收入等于边际成本时，企业的利润最大化。在投资决策中，边际收入是指最后投入的 1 元资金所取得的利润，称为投资的边际利润，这也就是边际投资方案的内部回报率。边际成本指最后投入的 1 元资金需要支付的成本，又称投资的边际资金成本。在投资决策中，边际成本分析法可具体表述为：当投资的边际内部回报率等于投资的边际资金成本时，企业的投资规模最佳。如图 5.4 所示，边际内部回报率曲线（IRR 曲线）和边际资本成本曲线（MCC 曲线）相交于 E 点，确定的最优投资规模为 K^*，企业可以接受的投资方案的最低限度的内部回报率为 i^*。当投资的边际内部回报率大于投资的边际资金成本时，扩大投资规模就可带来利润的增加，因此规模还有继续扩大的潜力。假设目前的投资规模为 K_1，此时，IRR>MCC，投资规模过小，应扩大投资规模。当投资的边际内部回报率小于投资的边际资金成本时，减少规模才能使利润值有所提高。假设目前的投资规模为 K_2，此时，IRR<MCC，投资规模过大，应减小投资规模。

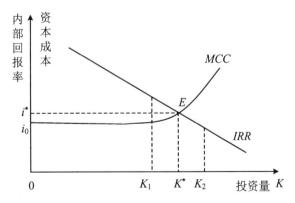

图 5.4 最优投资规模的确定

在实际投资决策过程中，企业因受投资方案的投资额限制，无法根据边际内部回报率等于边际资本成本实施最优投资规模，而是比较不同投资方案的内部回报率和边际资本成本，选择那些内部回报率大于或等于边际资本成本的投资方案,舍弃那些内部回报率小于边际资本成本的投资方案。下面举例说明企业实际最优投资规模的确定。

假如企业有可进行选择的、相互独立的6个投资方案。方案A的投资额为20万元,内部回报率为20%;方案B的投资额为30万元,内部回报率为18%;方案C的投资额为50万元,内部回报率为14%;方案D的投资额为30万元,内部回报率为11%;方案E的投资额为20万元,内部回报率为9%;方案F是购买政府债券,年利为6%,购买量不限。

现在将这些方案按照其内部回报大小的顺序,排列在二维坐标图上(见图5.5)。纵坐标是内部回报率和资金成本,横坐标是投资量,然后把每个方案的顶部连接起来,就形成一条阶梯状的曲线(图5.5中阶梯粗线),这条曲线就是企业投资的边际内部回报率曲线。假定该企业资金成本起初稳定在10%,但筹资数量超过一定点,资金成本就会上升(这是由于企业借债较多,导致风险加大)。假定该企业的综合资金成本与筹资数量之间的关系如图5.5中另一条粗线所示,这条粗线就是该企业的边际资金成本曲线。边际内部回报率与边际资金成本曲线在投资量为110万元处相交。因此得出该企业的最优投资规模为110万元。但是,由于受到D投资方案的投资额30万元的限制,该企业只能投资100万元,即选择方案A、B和C,舍弃方案D、E和F。同时,企业可以接受的投资方案的最低内部回报率为10%。

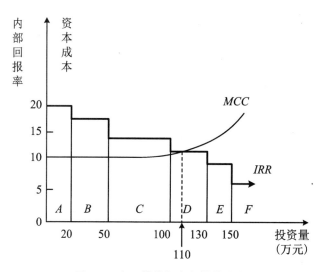

图5.5 实际最优投资规模的确定

第八节 我国国有企业中的资本结构问题分析

长期以来,由于受到我国经济运行模式和企业组织形式的制约,国有企业资本结构严重扭曲,呈现出一种与社会经济发展不相协调的一面,严重阻碍了社会主义市场经济的发展和现代企业制度的建立与推行。适时进行企业资本结构的调整是必然的。本节试图从我国国有企业资本结构的现状出发,对其形成原因予以剖析,阐明我国企业资本结构研究的现实意义,并在此基础上,提出我国国有企业资本结构治理的思路。

一、我国国有企业资本结构现状分析

我国国有企业资本结构的发展过程可以分为以下三个阶段：计划经济体制时期的企业资本结构，该阶段企业资本结构的主要特点是财政主导型融资；"拨改贷"至党的十五大过渡时期的企业资本结构，这一时期企业资本结构的主要特点是银行主导型融资；现代企业制度确立后的企业资本结构，市场经济下企业融资结构体现市场融资的特点。我国现阶段的企业资本结构是传统融资方式向市场融资方式转变的过程中形成的。而且，在资本市场的建立与发育过程中，由于市场规模的局限性，各类不同性质企业（或行业）的资本结构会呈现出不同的特点。因此，本节在对我国企业资本结构的现状进行总体分析时，还注重进行特例的分析，以揭示企业之间资本结构的差异性，为重构国有企业资本结构提供依据。

我国国有企业资本结构的部门、行业差异和地区差异都比较明显，难以有统一的划分。但无论我国国有企业的资产负债率的分布情况如何，通常，经济较为发达的地区和管理体制更为现代化以及经济效益较好的企业资产负债率相应要低一些；反之，经济上较为落后的地区和管理体制较为传统、经济效益相对较差的企业，其资产负债率则相对较高。经济发达地区和采用现代企业制度来管理的企业更倾向于适中的负债水平，因为这样既可以利用债务杠杆作用，又能够使企业免于沉重的财务负担和过大的财务风险。我国现阶段国企资本结构的特点主要体现在以下三个方面：

1. 国有企业负债比率偏高

从资产负债结构上来看，根据国家统计局对30.2万户国有企业进行清产核资的结果显示，1995年这些企业的资产负债率达到了69.3%，其中资产总额74721亿元，负债总额51763亿元，所有者权益为22959亿元。值得注意的是，以上仅是企业账面资产负债情况，如果考虑到不良不实资产核销、待处理资产的因素，则实际的资产负债率将超过75%。从财务管理的角度来看，明显属于偏高的资产负债率。由于负债率的上升，国有企业的利息负担也迅速增加。据相关统计资料反映，1995年国有工业企业支付利息1250亿元，比1980年增加63倍，比1990年增加3倍，从企业日常现金流量的角度考虑，大大加重了企业的现金负担，甚至影响到企业的正常生产运作。从不良债务的角度来看，根据国家统计局对30.2万户国有企业进行清产核资的结果，30.2万户工业企业中资产负债率在100%以上的有5.1万户，而在负债率低于100%的企业中，有6.1万户企业的损失挂账大于所有者权益，处于实际上的资不抵债状态。这样一来，两者合计实际共有11.2万户企业处于资不抵债状态，占总户数的37.2%。由此造成的不良后果是，与这些资不抵债企业存在债权债务关系的债权方（也包括国有银行），存在着大量的不良债权和潜亏因素，从而也会大大影响这些企业的资产状况，进而形成一个相互影响的不良债务循环圈。前几年影响比较突出的"三角债"问题，就是这一影响的真实写照。

2. 国有企业股权结构失衡

对股权结构可按不同的分析目的进行分类，如按企业各股东的持股比例分类可分析企业股权的集中程度，按企业发行的不同类别股票（如国家股、法人股、A股等）分类，可分析企业市场流通股和非流通股之间的比例关系。代理学说将企业股权分为内部股权和外部股权，以分析股权结构的安排对代理成本的影响。我国国有企业股权结构的最基本特点是国有股的"一股独大"，本节使用的股权结构是指企业股东的构成以及持有股权的比例关系，借以分析企业股权集中或分散程度以及对公司治理结构的影响。

我国国有企业股权结构因企业组织形式的不同而有显著的差别,上市公司的国家股要远远低于非上市企业,而在非上市企业中,改制企业与未改制企业的股权结构也有一定的差异,通常未改制企业基本上还属于国家独资企业,而在已改制企业中,除国家股以外的其他股份所占的比例极小。与资本市场发达国家所有股权均上市流通不同,我国企业的国有股不能上市自由流通,虽可按协议转让,但转让的对象和条件均有严格的限制。

企业股权结构的安排对公司治理结构和经营运作机制有着积极或消极的影响,这不仅表现在企业股权集中或分散程度上,而且还表现在股东的特性(或身份)上。按代理理论的观点,企业股权的高度集中有利于降低代理成本,但会增加公司的治理成本;股权的过度分散便会导致"内部人控制"问题。仅从股权的分散程度还无法解释我国股权结构的现状,股东身份因素对资本结构研究至关重要,股东身份不明确,就会出现"所有者缺位",结果就会产生企业的"内部人控制"。就国有企业的三类股东而言,个人股东的身份最为明确,投资的目的性最强,他们可充分采用"用脚投票"的方式来约束企业的行为。但是,为了实现投资收益的最大化,个人股东的投资行为往往趋于短期化,而且为了节约监督成本,他们对企业的直接监督普遍存在"搭便车"心理。法人股东在投资上尽管也有资产增值的目的,但控股投资的首要目的是为了在生产经营上与被投资公司建立一种长期稳定的合作关系,即通过控股权来贯彻其经营意图,因此,法人股东通过委派代理人能够实行有效的控制,而且这种控制还具有长期稳定性。而在国有企业占一半以上的国有股,虽然其终极所有权归国家所有,但由于国有股的委托代理关系层次较多,投资主体不明确,对国有企业的约束软化,出现了人人能管而谁都不管的"模糊治理"现象,国有股权高度集中非但没有有效降低代理成本,反而造成国有资产的严重流失。

3. 国有企业筹资方式单一

对筹资方式的不同选择将影响企业的筹资成本和筹资效率,这已被资本市场上的实证研究所证实。多元化筹资途径可以减少企业对某种筹资方式的依赖性,增强企业的筹资弹性,并可在一定程度上对企业的财权配置和经营决策起到制衡作用。企业筹资方式的选择与资源配置机制密不可分,在高度发达的市场经济国家,资本市场孕育着灵活多样的资源分配方式,企业作为市场的平等参与者可自由地选择筹资方式,根据企业内部需要筹集不同性质的资本,以达到优化企业资本结构的目的。从资本的筹资方式来看,企业可通过发行股票、吸收直接投资或采用内源性融资等方式等来增加自有资本;而债务资本一般可通过发行债券和银行借款、融资租赁等方式进行筹措。

从我国国有企业对融资方式的选择来看,单一融资方式特征是非常明显的,而且在不同的发展阶段单一融资还体现不同的特征。在高度计划经济体制下,企业融资依靠的是单一的财政资金,该阶段国有企业的资金供应基本上是靠吸收国家财政资金的方式实现的,银行借款仅占很小的部分。而在目前的转轨时期,在财政资金停止对企业"输血"的前提下,企业融资迅速变成单一的信贷融资方式。这种转变的主要原因在于国有企业效益太差和资本市场的功能缺乏等方面,使得企业无法通过内源性融资和发行股票、债券等方式筹集到所需的资金。其结果不仅使企业自有资本的筹措陷入了困境,而且使企业由此陷入了高负债经营的泥潭。另外,造成我国企业单一融资的原因是多方面的,企业对银行借款的偏好,一方面是迫于无奈,因为企业可以选择的融资方式有限,另一方面与银行资金的软预算约束有关。从实际情况分析,银行借款和发行债券对企业的约束力是有区别的,企业债券由于面向广大的社会公众发行,属于企业的直接融资,与银行的软预算约束不同的是,债券对企业形成"硬预算约束"，国家对企业债权发行有严格的发行条件和额度限制，符合债券发行条件和资格的国有企业数量相对较少。因此，在企业的债务结构中，企业债权所占比重是微不足道的。

二、国有企业资本结构问题的成因分析

国有企业的资本结构问题产生的背景是十分复杂的，分析这个问题不能仅局限于其所表现出来的表面特征，即负债水平普遍偏高。要从国有经济整个系统的运行机制这个高度系统全面地考察。影响我国国有企业资本结构失衡的因素是多方面的，其形成原因既有外部的又有内部的，既有历史问题又有现实问题。应当说，宏观体制因素的影响是最主要的。不仅影响到国家对企业注入资本的性质，而且还会影响注入资金的方式，对企业治理结构和经营运作机制产生直接的影响。

（一）融资体制是国有企业资本结构畸形化的根本原因

长期以来，我国国有企业的经营一直受体制的约束，体制是研究国有企业问题所不可回避的首要因素。从企业筹资角度看，融资体制不仅影响到融资的性质和方式，而且最终对企业产权关系的明晰产生决定性的影响，可以说我国企业扭曲的资本结构很大程度上是体制造成的。

在计划经济体制下，企业融资的基本特点是典型的国家融资，国家通过行政手段有计划地分配经济资源。从融资的角度看，国家处于融资的中介环节，把资本从储户手中筹集起来，再分配给国有企业，这是一种以国家为唯一中介的融资格局，主要采取国家收入融资的形式。企业既不是投资主体，也不是融贷主体，仅是政府投资主体的外壳和载体。因此，企业资金来源渠道单一，80%以上的基本建设投资来源于国家的预算内资金，而且主要采用国家财政拨款的形式，企业自筹资金和银行贷款所占比重约为15.7%。可见，计划经济体制下企业融资方式选择的空间也非常狭窄，由于实行国家收入融资，使国家注入资本成为企业资金的主要来源，其他融资方式很少使用，甚至被禁止使用，如商业信用融资和证券融资方式等，即使是银行融资也仅限于对企业的超额流动资金贷款。这一时期企业资本结构是典型的"财政主导型"融资结构。在"财政主导型"融资体制下，企业基本上都表现为低负债型的资本结构，然而，由于资本来源渠道单一，表面上看企业负债水平较低，资本结构也比较平稳；但从总量上考察，国有企业均存在资本注入严重不足的问题，银行信用额度紧张，企业争抢财政现象比较普遍，因此，这种资本结构也不能称为合理的资本结构，资本使用效率低下。

在转轨经济体制下，1979年我国实行了以"放权让利"为主线的经济体制改革。使我国融资制度背景发生了根本性的变化：一是国民收入分配格局发生了重大变化，国民收入占GNP的比例从1978年的32.1%下降到1996年的11%，而居民收入则从1978年的43.9%上升到1995年的64%；二是储蓄结构的变化，居民储蓄所占份额大幅度上升，从1978年的14.9%上升到1996年的56.2%，政府储蓄从1978年的73.2%下降为33%；三是投资结构的变化导致投资主体的最终分离。转轨时期企业逐渐成为融资主体，资本市场得以建立，多种融资方式并存的融资体系逐步形成。随着财政收入的下降，政府投资的减少和"拨改贷"政策的推出，国家对国有企业的资本供应方式发生了转变，传统体制下的"财政主导型"融资方式逐步让位于"银行主导型"融贷方式。虽然此间资本市场得到了长足的发展，融资渠道和融资方式逐步多元化，如商业票据和商业信用融资，股票和债券等证券融资，以及各种国际融贷方式，企业融资方式。但银行贷款在融资结构中的权重仍然是最大的，其他方式都只是辅助和补充的形式，形成了企业对银行等金融机构的极大依赖性，其结果导致国有企业难

以清偿的债务和国有银行的大量不良资产。有资料显示,1993年国有企业固定资产投资50%以上的资金由银行贷款维持,流动资金的90%以上来自银行贷款,银行已成为国有企业最大的债权人。作为一种间接融资方式,信贷资金要靠金融中介来提供,由于国有金融机构与国有企业一样,产权不够明晰,使国有企业与银行之间的债权债务关系表现为一种准计划意义上的国家融资,国有企业与国有银行之间的间接融资行为变异为一种"内源融资",进而异化为"内部融资",企业与银行之间的融资行为表现为银行对企业的资金供给制,两者之间的债权债务关系也不具备真正市场意义上的契约关系,银行信贷资金对企业来说与财政资金并没有根本的区别,充其量只是一种软预算约束。因此,在国家财政资金停止供应和银行信贷资金软预算约束的双重影响下,直接导致企业资本结构的不合理,其主要表现就是国有企业的高负债率,即高负债型的资本结构。

(二) 有限的国有资本是国有企业资本结构问题的症结所在

从国民经济的整体来看,随着经济化的进程和国民收入分配结构向个人倾斜,国家财政收入占国民生产总值的比重不断下降,国家财政在国有经济中的作用逐步弱化,国家财政无力大规模向国有企业注资。

改革开放以来,伴随着整体经济的快速增长,国有经济在数量上也获得了较快的发展。1978~1995年,国有企业资产总额平均每年递增15.5%。至1995年底,全国29.1万户国有工商企业资产总额达到9.6万亿元。作为国民经济中最主要的组成部分,国有经济始终占用60%~70%的社会存量和增量经济资源。一方面是不断相对弱化的国家财政,一方面是存量巨大、增量迅速的国有经济,这从直观上就可以得出国有资本难以支撑国有经济盘子的结论。然而,更深层次的分析则暴露出这个问题的严重后果。

一个不足支撑,一个迅速膨胀,在我国融资体制尚未完善的条件下,支撑国有经济扩张的最主要是国有商业银行。目前银行资金主要来源于居民储蓄。因此,国有企业对银行的高额负债实质上是对居民的高额负债。银行贷款总额中70%以上贷给了国有企业,而且在改革开放以来的大多数年份中,国家银行对国有企业贷款的实际利率为负数。在这种负利率贷款补贴的情况下,国有企业盈利能力仍然很低,资金利用效率不高,甚至有相当数量的流失,从而使国有银行不良资产不断积累,孕育了金融危机的不安全因素。另一方面,大量高负债经营的国有企业面临的是软弱的银行债权约束,从而企业行为出现扭曲,使用资本这一稀缺资源时所考虑的成本严重偏离社会真实成本,造成资源的浪费和损失。

(三) 内源融资不足导致国有企业对外部资本的过度依赖

资本结构优化是一个动态化的管理过程。在外部注入资本机制失效的情况下,增强企业内部筹资功能是优化企业资本结构的重要途径之一。合理的内部积累机制有利于资本结构的稳定和不断改善,否则就会导致资本结构的进一步恶化,而转轨时期的国有企业由于受国家政策和内部管理两方面因素的影响,根本无法建立有效的内部积累机制,企业在失去财政支持的情况下,更加雪上加霜。

从政策因素分析,由国家进行定价的机制和国有企业背负的税费负担过重,是导致内部积累无法形成的宏观因素。在计划经济体制下,产品价格是由国家统一制定的,即使在价格的"双轨制"下,企业的权利也只是有限的。行业的充分竞争无法形成,企业产品经营往往只能获得平均利润率,那些行业中的优秀企业不能通过竞争机制获取超额利润,内源性融资的缺陷是与体制分不开的。20世纪80年代末,国家取消了企业固定资产投资的税前还贷制度,改为投资的税后还贷,并实行高所得税率,征收"两金"(即能源交通建设基金和预算调节基金),高税费政策使企业无力归还银行贷款的本金和利息,拖欠贷款现象日益严重,这也是导致企业高负债率的重要原因之一。低折旧率制度制约了企业内部造血机能,在计划经济体制下,固定资产的折旧率是由国家统一规定的,折旧基金在国家与企业之间按比例进行分配。显然仅考虑固定资产有形损耗来提取折旧,根本无法满足企业固定资产的更新改造对资金的需要,企业进行扩大再生产,甚至维持原有的生产规模也要向银行举债。这实质上也验证了以下观点,事实上的统收不统支和资产补偿不足,使企业无法考虑其自身的积累问题,只能加大负债来寻求出路。

从企业内部管理角度来考察,转轨时期国有企业普遍出现严重亏损现象,突出表现在亏损面广、亏损额大、亏损期长等方面,企业的总资产投资收益率远远低于同期的银行贷款利率。理论上讲,企业负债经营的前提是收益率大于利率,但转轨初期我国银行的利率一直处于较高水平,而企业的经营相当艰难,对效益低下形成的资金缺口,在无其他融资方式可选择时,企业只能靠加大借款力度来应对。而企业内部"造血"机制的丧失导致企业偿债能力的下降,使银行贷款长期拖欠无力还款,最终形成恶性循环,银行贷款的"雪球"也是越滚越大。此外,我国国有企业的社会负担沉重,职工队伍老化,冗员较多,企业管理人员的素质也无法适应现代企业制度的要求,对市场经济运作规律的把握尚有待时日,一旦企业投资决策失误和投资失败,必将造成企业的巨额亏损,使企业陷入财务困境。

(四)资本市场不完善和非均衡性是企业单一融资的直接原因

企业筹资方式的多元化是与完善的资本市场紧密联系在一起的,这已被西方发达国家的经验所验证。多元化的融资格局在很大程度上取决于宏观环境因素,其中资本市场的健全和发育程度无疑起着决定性的作用。应当说,我国资本市场最基本的融资功能尚未有效解决,资本市场的发展存在非均衡性,营造企业多元筹资的环境将是一个长期的历史使命。在"财政主导型"的国家融资阶段,由于不存在严格意义上的资本市场,财政拨款成为企业筹资的最主要方式,也正是这个阶段造就了国有企业股权过度集中,国有股的"一股独大"。而在"银行主导型"的融资阶段,改革初衷也是试图借助信贷市场来规范企业的筹资行为,但是由于没有充分利用具有硬预算约束功能的企业债券融资工具,最终形成直接筹资与间接筹资之间比例的严重失衡。

从我国资本市场的发展过程看,由于存在金融抑制和金融深化不足的问题,资本市场的作用并没有得到有效的发挥,非市场化特征始终特别明显,存在严重的非均衡性:第一,资本市场的发展是滞后的和非均衡的。我国经济的改革开放在 20 世纪 70 年代末就开始了,而证券市场的开放和发展却延迟到 20 世纪 90 年代初期,在金融抑制政策和银行主导型融资机制的作用下,我国资本市场的发展相对于经济的高速增长显得十分缓慢和滞后。第二,资本市场结构失衡。从我国转轨时期的资本市场结构看,虽然经过 20 年的发展,证券市场已初具规模,但信贷市场仍然占有绝对的权重,而且证券市场本身存在明显的"重股票,轻债券",债券市场也存在"重国债,轻企业债券"的情况。从企业融资角度分析,虽然银行贷款是企业负债的主要资金来源,但是长期贷款所占的比重非常低,占企业总负债的比例尚不足 20%;在 20 世纪 80 年代末到 90 年代初的一段时期内,我国企业债券市场曾经有过高速发展期,但由于市场和企业等方面的原因,债券发行在整个资本市场中的比重呈下降态势。

为发展和完善资本市场,我国政府也做过很多有益和富有成效的尝试,成绩是主要的,但也有不成功的教训,如为国有企业筹集权益资本,从某种意义上来说是我国建立和发展股票市场的主要目的之一,从上市国有企业在整个市场中所占的比重便能证实这一点。应当说,我国股票市场从无到有,从小到大,为企业融资和资本结构的优化发挥了重要的作用。但由于我国股票市场尚处于发育阶段,市场容量相当有限,仍无法满足国有企业的融资需要,上市公司尚属稀缺资源。对于大部分非上市国有企业来说,国家财政投入的资金仍然是企业资本的唯一来源(如国有独资企业),或是企业自有资本的主要来源渠道(如国有改制企业),国有企业短期内股权过于集中的现状还是无法改变。

(五)国有资本高度分散是国有企业资本结构调整的主要障碍

从现实状况来看,国有经济从整体来讲缺乏竞争力的症结在于国有资本分布过散,战线过长。国有资产这种过分分散的状况严重损害了现有国有企业的竞争能力和国民经济整体效益的提高,从而阻碍着资本结构的优化调整,主要表现在:

一是难以形成有国际竞争力的大型企业。由于规模和实力上同西方发达国家的巨大差距,国有企业普遍存在生产成本高、经济效益低的问题。在对外开放和外资进入的情况下,许多国有企业难以应付随之而来的竞争。

二是技术投入不足,设备和产品老化。现代技术研究开发的一大特点是需要巨额风险资本投入,而中国企业技术研究的投入长期不足,在许多重要的技术领域同国外先进水平的差距在拉大。

三是建立现代企业制度的改革成本巨大。在把国有企业改组为现代公司的过程中,必须付出必要的改革成本,处理旧体制下长期积累起来的不良债务、冗员及社会福利等问题。现有的国有经济摊子铺得如此之大而且散,国家就很难有足够的财务负担巨额的改革成本。

四是国有经济现有分布结构制约着市场经济下国家应有功能的发挥。在现有国有经济分布结构下,政府介入许多本不应介入的经济活动,从而削弱了政府在市场经济下应有功能的发挥,对事关国计民生及经济发展全局的基础性建设和科研的投入不足。尤其值得注意的是,由于一般盈利性行业中的国有企业占用了太多的国家资金,政府的许多基本功能也不能得到足够的财力保证,这样就使得我国在建立市场经济运行机制的过程中,缺少国家强力机器的支持、监督和规范,经济整体的运行成本居高不下,困难重重。

(六)国有企业治理结构的缺陷是国有企业资本结构问题产生的微观根源

目前中国国有企业的治理结构存在两个明显的偏向:一方面是企业经营者的自主决策权并未真正落实,另一方面则是对企业经营者行为缺乏有效监督。

从经济学角度来说,企业治理结构是一整套制度安排,用以支配若干在企业重大利害关系的团体投资者(股东和贷款人)、经理人员、职工之间的关系,并从这种联盟中实现经济利益。它包括:如何配置和行使控制权;如何监督和评价董事会、经理人员和职工;如何设计和实施激励机制。一般而言,良好的企业治理结构能够利用这些制度安排的互补性质,并选择一种治理结构来减低代理成本。我国国有企业治理失误,资本结构不合理,是由于事实上的"内部人控制"的强化。

三、我国国有企业资本结构优化的策略

采取何种策略优化国有企业的资本结构,已成为我国国有企业脱困和改制路途中不可逾越的一大障碍。在这点上,西方资本结构理论是无能为力的,理由很简单,西方资本结构理论是以有效资本市场为前提条件的,企业可以在市场中充分选择资金来源,企业仍有充分的筹资自主权;同时,西方资本结构理论是从筹资的角度进行研究的,即当企业需要资金时,选择何种筹资渠道能有助于企业价值最大化目标的实现。我国国有企业资本结构治理是要

改变目前已形成的不合理资本结构现状,而这种扭曲的资本结构在很大程度上是体制的直接产物,在资本市场尚处起步发育阶段,仅靠企业自身是无法完成资本结构优化这一历史使命的。因此,根据我国国有企业的实际,本书提出以下资本结构优化的策略。

(一) 坚持存量调整和增量注入相结合的治理思路

对于企业已形成的不合理资本结构如何进行优化,理顺思路至关重要。从企业资本结构的内在关系看,重构资本结构有两条途径:一是外部注入资本模式,如通过权益资本或债务资本的增加来改变负债率过高或过低的现状;二是内部存量资本调整模式,如通过债务资本与权益资本的相互转化来达到优化资本结构的目的。

这两种模式对我国国有企业资本结构的调整都具有战略意义。由于我国国企资本结构治理涉及的范围和金额都非常庞大,外部注入资本(包括国家资本)相对是有限的,期望采取此模式来解决所有存在的问题也是不现实的。相比最现实的途径莫过于内部存量资本调整模式,因为此模式投资少、见效快,国家通过将债权转换为股权,能迅速改变企业高负债率问题,企业国有股权的减持和出让有助于企业股权的分散化,缓解国有股"一股独大"现象。

(二) 建立与现代企业制度相适应的筹资结构体系

现代企业制度确立了以"产权清晰"为核心的制度架构,赋予了企业自主筹资的权利。但是,筹资权作为企业财权的重要组成部分,要求必要的内部和外部配套措施。从内部制约因素看,企业产权界定的清晰性是吸纳外部资本(包括股权资本和债务资本)的保障。从外部制约条件看,企业筹资权的落实离不开完善的资本市场,企业融资结构的合理性主要取决于外部资本市场结构的均衡性。我国无论是计划经济时期企业的"财政主导"融资,还是转轨时期的"银行主导"融资,企业单一筹贷方式的结果是,要么对财政资金的依赖,要么就是对银行信贷资金的严重依赖,我国资本市场的畸形结构难以使国有企业成为真正独立的筹资主体。因此,适应现代企业制度的要求,大力发展我国的证券市场,优化我国资本市场结构,为企业的市场融资提供良好的市场环境,实现企业融资体制由国家融资真正地转向市场融资,使融资方式由过去单一的间接融资转向直接融资与间接融资相结合的融资方式,保证企业资本结构的健康发展。

从企业资本结构治理角度来看,融资方式原本也无优劣之分,直接融资与间接融资都能为企业解决资金不足问题,选择何种筹资方式要取决于完善公司治理结构,以及优化企业资本结构的需要。在我国目前企业间接融资占主导地位的背景下,大力发展直接筹资有利于企业资本结构的优化和约束机制的完善。

(三) 坚持资本结构的制度建设与技术管理相结合的原则

我国企业资本结构长期以来一直是政策性的产物,缺乏一个靠资本结构理论来改善资本结构的技术性基础,可见,政策因素是我国当前进行资本结构研究所需面对的主导性因素。也正因为如此,有些学者强调资本结构研究的"唯政策论"观点,这种静态的历史观对我国国企资本结构的治理是有害的。我们不否认计划经济下的企业资本结构是制度和政策的附属,并且相信未来相当长的时期内国家政策仍然是制约国有企业资本结构的最重要因素,即使是在市场经济高度发达的西方国家,政策的引导也在一定程度上影响着企业资本结构的走向。但是,在特定政策等环境下,企业资本结构也有其内在规律可循,企业各种资本的合理搭配和比例的恰当安排,对企业的稳健经营和价值提升无疑有重要的作用。当前,我国资本市场的快速发展和现代企业制度的确立,为进行资本结构的技术管理提供了现实可能性,企业的生存靠国家政策扶持的时代将一去不复返,企业资本的取得和结构的形成都将与其管理水平密不可分。

◆ 知识点

公司投资　公司融资　投资规模　投资结构　投资效果　投资与融资协调性　自有资本率　固定资产与长期负债比率　投融资规模　投资方案　投资决策　投融资管理体制　资本结构　MM理论　权衡理论　优序融资理论　公司经营效率　企业破产

◆ 习题

1. 公司投资的直接投资与间接投资有哪些联系与区别？
2. 常见的融资方式有哪些？各有什么特点？选择融资方式时要考虑哪些因素？
3. 资本结构有哪些？是如何演进的？
4. 优序融资理论与信号传递理论有哪些联系与区别？
5. 资本结构的影响因素有哪些？
6. 最佳资本结构应该如何确定？试举例说明。
7. 我国国有企业资本结构现状特点与成因是什么？
8. 如何对我国国有企业资本结构进行优化？

第六章　公司经营策略分析

经营战略是企业面对激烈变化、严峻挑战的环境,为求得长期生存和不断发展而进行的总体性谋划。它是企业战略思想的集中体现,是企业经营范围的科学规定,同时又是制定规划(计划)的基础。因此,公司制定科学合理的经营策略对企业的生存和发展至关重要,也是企业生产经营管理的重要内容。本章第一部分主要介绍企业生产与成本决策的策略,第二部分论述了企业定价理论及实践,第三部分从风险的角度分析了企业财务管理的重要性,第四部分重点论述公司信息化管理的内容,第五部分重点介绍了企业产品营销的风险和不确定性,最后一部分主要是论述了公司利润分配的内容。本章将在介绍公司经营理论的基础上讨论企业应该采取何种经营策略以及在运用各种战略时应该注意的问题。

杜邦的管理经营策略

杜邦公司从二百年前只生产黑火药的小公司,发展为今天有 2000 种产品的多元化企业,从一个地区性家族企业演变为现代跨国企业,年营业额在 440 亿美元左右,市场价值将近 600 亿美元,1998 年名列《财富》杂志世界 500 强企业中的第 55 位。

家族企业出身的杜邦公司在创业之初也有一个中央集权的组织结构,直至 19 世纪末,掌管大权的"杜邦二世"仍不放心分权模式,采用专制独裁的"凯撒式"管理。但是,到了 20 世纪初,杜邦公司开始完全独立地应用许多独创性的管理方法和管理技术,创造了一整套颇具特色的杜邦管理模式。

精力过人的"杜邦二世"一人掌管杜邦公司近 50 年(1850～1899 年),他不仅是企业的首脑,也是整个杜邦家族的一家之长,他事无巨细、独立决策所有公司事务,还负责召开家族会议,对就学、婚姻等家庭事务提出意见。尽管现代的经营管理者可能会认为这种方式无法取得成功,但杜邦公司这一阶段的发展却很顺利。"杜邦二世"去世后,杜邦公司因为缺乏一个强有力的接替者,传统的经营管理秩序几近崩溃,公司甚至差一点改换了姓名。在杜邦公司生死存亡的关头,三个杜邦堂兄弟用 2000 万美元"买下了"杜邦公司,并对其重新改组,引进了系统管理方式,使杜邦公司重获新生。

"杜邦三兄弟"的系统管理方式并不是他们三人发明创造的,而是从独立于杜邦母公司的高效爆炸物集团的管理先驱者们那里接收过来的,这个集团还为三兄弟重建杜邦提供了大量的经理人员。他们通过联合、合并以及各种产品的一体化、多样化和销售与财务的新结合,大大改进了公司的财务状况。

杜邦公司同其他公司的合并表面上看来是神奇而不费力气的,但其实是经过精心策划和严格组织才成功实施的。1902年,杜邦公司直接或间接控制着七十多家公司,为了保护到手的产权,杜邦公司先后买下了这些公司。杜邦最神奇的做法是使这些分散的公司有效地实现一体化,其中最重要的步骤是通过1903年成立的杜邦公司经营委员会制定的目标和政策来协调控制。该经营委员会是全美国所有公司中较早成立者之一,开创了由一个领导层取代一个人决策的先河,委员会成员都是副总经理和董事,有四位是杜邦家族成员。

新成立的经营委员会首先推广的是在高效爆炸物集团确立的一些政策、措施和程序,主要通过建立中央参谋职能部门来进行,他们制定政策和选择控制措施,然后由总经理和经营委员会下令实施。另外,杜邦公司创建于1903年的执行委员会,经过约二十年的探索改革,也逐步完善。该委员会由董事长、副董事长、总经理和六位副总经理组成,实行分兵把口、集体负责的制度,行使公司大部分权力,承担日常的经营管理决策,推行董事会制定的营销策略,进行日常业务审议及决定处置办法等。除执行委员会外,公司还设有财务委员会,其委员多数由不参与日常业务经营的董事们担任。财务委员会决定总公司的财务政策,并对财务活动进行指导和监督,是掌握"杜邦钱柜"的掌柜。

随着公司规模的扩大、产品种类的增多,在领导决策方面越来越需要多学科、广博的知识,个人以至家族少数几个人难以胜任。杜邦适时调整了管理方式,其做法可以概括为:让其下属机构成为独立的核算单位,使分散的人员在公司的一个管理小组的领导下,变成一个紧密结合的整体。这样做既发挥了一个个分支机构的积极性和创造性,又不分散实力,在对外竞争上仍发挥着整体的优势。

从19世纪生产炸药发家,到20世纪以化工产品为主业,21世纪又定下了向生物科技领域进军的目标,杜邦公司这一家族企业在"变"与"不变"的平衡中成功至今。作为一个有着二百年历史的老店,杜邦公司值得称道之处有很多。

资料来源:https://wenku.baidu.com/view/f129cc0e6c175f0e7cd137c6.html.

第一节 生产与成本决策

一、生产决策

生产作为企业最基本的活动之一,其生产系统必须满足顾客以及企业战略的要求。生产系统对能否满足顾客要求、实现企业战略起着决定性的作用,因此企业在构造生产系统时需要有专门的战略——生产战略来指导和规划这方面的工作。企业生产战略是指企业根据经营战略、目标市场需求及选定产品的特点和竞争战略要求,来规划构造生产系统时所遵循的指导思想,以及在这种指导思想下的一系列决策规划、内容和程序。它服从并服务于企业的总体经营战略,是为实现企业经营战略、经营目标、使生产系统输出的产品能满足目标市场需求并能获得市场竞争优势服务的。

(一) 生产决策的程序

生产决策作为生产战略管理的核心,具有构造有效生产系统这一基本特性,该决策程序是由三个主要部门组成的:

1. 产品规划决策

生产系统是为目标市场生产特定的产品而设计的,根据选定的目标市场对产品做出选择,明确产品应具备的功能、质量特性和规格的多少,是产生一个生产系统的最基本前提,也是进行生产系统设计和革新的开端,因此在产品能够成为产生生产系统的基础之前,需要目标市场用户对产品的要求进行仔细分析,并根据用户的需求特性和企业的竞争战略要求对产品做出正确的选择和规划,明确规定产品的功能、规格、质量特性、竞争优势指标及其优先级。

2. 生产系统功能目标决策

这是在分析产品对生产系统的要求的基础上,确定生产系统功能目标体系、应达到的目标水平和目标的优先级。

3. 生产系统结构决策

它是根据既定的系统功能目标和生产系统固有的结构——功能关系特性,进行系统结构类型的匹配,这种匹配过程是通过调整系统结构与非结构化要素实现的,当然,系统结构与非结构化要素调整时要受到规模经济性和生产要素优化组合的约束。

生产决策对生产系统的构造过程与传统的设计过程有两个明显的差异:第一,生产决策强调了对产品竞争实力的保障,它通过功能目标优先级来确保产品竞争优势,而传统设计一般仅以成本和效率为中心,强调系统的高产出与规模经济;第二,生产决策强调了系统各要素间在结构类型服务与功能目标和生产要素优化组合框架下的协调性,而传统设计由于过分强调高效率和最高效的生产技术手段的应用,往往使系统内部的要素组合失调,不能最佳地发挥生产系统结构的潜力。总之,生产决策和生产战略理论认为生产系统是企业的竞争之本,只有具备了生产系统本身的竞争优势,才能赢得产品在市场上的竞争优势。因此,生产决策和整个生产战略理论都是基于目标市场需求,从竞争及其优势的获取出发来构造有效生产系统的。

(二) 生产决策的内容

生产决策的主要内容包括:工艺决策和设备决策(自然技术水平决策)、产品成本决策(生产成本决策)和生产类型与厂址决策。

工艺和设备决策或称自然技术水平决策,是确定企业采用什么等级的自然技术水平及相应的自然技术方案。主要有两种:自然技术领先方案和自然技术追随方案。产品成本决策是确定企业产品成本的标准或企业产品的标准成本。

不同的生产类型对于各类企业,其效果是不同的,因此企业必须根据本企业的实际情况选择最符合企业要求的生产类型。

厂址决策就是如何运用科学的方法确定工厂(生产系统)坐落的区域位置,使它与企业的整体经营系统有机结合,以便有效地达到企业经营目标。

(三) 生产决策常用方法

1. 差异分析法

方案执行后与目前相比

$$增加收入 - 增加成本 = 增加收益$$

判别标准:① 单一备选方案时,只要增加的收益大于零,则该方案可行;② 多个备选方案时,增加收益大于 0 且最大的方案为优。

2. 边际贡献法

$$产品销售收入－产品变动成本＝产品边际贡献$$

判别标准：产品边际贡献大于0，则方案可行；则否不可行。

3. 产品边际法

$$产品销售收入－产品变动成本－相关固定成本－相关机会成本＝产品边际$$

判别标准：产品边际大于0，方案可行；则否不可行。

例 6-1 企业现产销甲产品，产销量1000件，总成本10000元，单价20元。有多余生产能力，准备将甲产品深加工为乙产品1000件，定价提高为25元，但需增加固定成本500元，单位人工1元。分析该方案是否可行。

增加收入：$1000 \times (25 - 20) = 5000$

减即增加成本：$500 + 1000 \times 1 = 1500$

增加利润：$5000 - 1500 = 3500$（元）

该方案可行。

例 6-2 企业现产销甲产品，固定成本5000元，有部分剩余生产能力，准备增加一种新产品，有两个备选方案，资料如下：

	甲	乙(1)	丙(2)
产销量(件)：	200	100	500
单价(元)：	50	100	30
单位变动成本：	20	54	20

增加何种产品：

乙产品相关收益 $= 100 \times (100 - 54) = 4600$ 元

丙产品相关收益 $= 500 \times (30 - 20) = 5000$ 元

所以应增加丙产品。

例 6-3 有两个备选方案，资料如下：

	甲	乙(1)	丙(2)
产销量(件)：	200	100	500
单价(元)：	50	100	30
单位变动成本：	20	54	20
增加固定成本(元)		500	0
压缩甲：		0	10 件

分析

乙增加收益：$100 \times (100 - 54) - 500 = 4100$ 元

丙产品：

　增加收入：$500 \times 30 = 15000$

　增加成本：$500 \times 20 = 10000$

　　　　　　$10 \times (50 - 20) = 300$

增加收益：4700 元

所以应增加丙产品。

例 6-4 企业现产销甲产品，年最大产销量1000件。目前单价15元，年产销量800

件,单位成本 12 元:直接材料 3 元,直接人工 3 元,变动制造费用 2 元,固定制造费用 4 元。

(1) 一位客户订货 200 件自用,出价 12 元,可接受吗?

分析　增加利润:200(12-8)=800 元>0,方案可行。

(2) 客户订货 300 件,单价 12 元,可接受吗?

分析

$$增加收入:300 \times 12 = 3600$$
$$增加成本:300 \times 8 = 2400$$
$$100(15-8) = 700$$
$$增加收益:3600 - 2400 - 700 = 500$$

应当接受该订货,可使利润增加 500 元。

4. 亏损产品应否停产的决策分析

例　某企业损益表如下:

	甲	乙	丙	合计
销售收入:	100	400	500	1000 万元
销售成本:	110	390	475	975 万元
其中:变动成本	85	250	295	630 万元
固定成本	25	140	180	345 万元
营业利润	-10	10	25	25 万元

问:甲应否停产?

(1) 停产后腾出的生产能力闲置:产品相关收益大于 0,不停产。(注意:产品相关收益>0,非产品边际贡献>0。)

(2) 停产后腾出的生产能力转做它用:分别计算不同使用方式下的相关收益,大者为优。

例 6-5　现有不合格品 2000 件,实际成本 35000 元。不改制:单位售价 10 元;改制:单位售价:30 元,但需支付返修费:材料费 7500 元,人工费 17500 元。问:应否改制?

$$差异收入:2000(30-10) = 40000$$
$$差异成本:17500 + 7500 = 25000$$
$$差异利润:40000 - 25000 = 15000$$

所以改制为好,可使企业增加利润 15000 元。

二、成本决策

近二十年来,企业环境发生了急剧的变化,全球性竞争日益激烈,为了适应竞争的需要,成本战略应运而生。不言而喻,成本是决定企业产品或服务在竞争中能否取得份额以及占有多少份额的关键因素,而影响竞争成本的核心是确立企业长久发展的战略成本。

(一) 成本决策的竞争战略选择

通过成本的预测、决策与计划确定企业的长期发展目标,在未来的若干年内或更长时期内确立低成本战略的实施纲要。首先是因为预决算目标应该体现企业成本战略目标,公司成本战略决定成本的预决算目标,预决算目标是对公司成本战略重点与管理方针的基本描述。没有战略意识的预决算不可能增强企业竞争优势。其次是成本预决算的战略性,还应该体现不同类型企业的战略重点的差异。作为一项职能战略,成本战略包括以下内容:

1. 成本战略实施目标

根据企业总体战略和各业务单元战略的要求,确定成本战略目标。

2. 成本战略核心业务

根据成本目标战略和政策,确定成本战略的核心业务,即成本战略重点做哪些工作。

3. 成本政策

根据企业总体战略、业务单元战略和成本战略目标的要求,确定成本政策,作为具体成本活动与成本战略目标之间的中介。

在此基础上,要通过战略成本计划、战略成本预测与决策、战略成本实施控制以及业绩评价,将成本战略的实施落到实处。使日常成本管理工作体现成本战略的要求,而成本战略又体现了企业总体战略和各业务单元战略的要求,所以,日常成本管理工作也就间接地体现了企业总体战略和各业务单元战略对成本管理的要求。具体来说,成本战略要通过以下工作才能落到实处:

(1)成本计划。将成本战略要求,体现在整个公司业务流程中,同时,要着重制定成本管理本身的业务流程,根据成本战略的要求确定公司长期成本控制计划。例如,不同的成本管理战略,可能会要求不同的成本控制方法,从而需要不同的成本计划。

(2)成本预测、决策。根据成本战略的要求,将成本相关环节及其执行岗位进行设计,将根据成本战略制作的成本计划的结果体现在成本控制环节及职能岗位之中。例如,不同的成本战略可能要求不同的成本控制岗位和控制环节设计;不同的成本战略,可能会要求成本控制相关岗位做不同的成本控制工作;不同的成本战略可能会要求成本控制相关岗位用不同的流程和方法去做成本削减工作。所以,要根据成本战略的要求,进行成本控制相关岗位和环节设计或调整。

(3)业绩评价。根据成本管理战略的要求,对内部各单位及各岗位的业绩评价制度进行调整和修改,将成本管理战略的要求体现在业绩评价之中。显然,不同的成本管理战略会要求不同的成本管理业绩评价制度。

总之,就是根据企业总体战略和各业务单元战略来确定成本战略,在此基础上,将成本战略的要求体现于成本计划、成本预算和决算、成本控制及业绩评价体系之中。

(二)成本决策管理战略的实施

成本控制是企业成本战略实施中最为重要的一环,获得成本领先的企业的战略重点以及低成本战略的重点都是严格控制成本。

成本控制战略的制定与实施首先需要一套完整、科学的分析方法体系,通过对成本管理的外部环境、企业内部条件以及竞争态势的分析,确定各个控制环节的重点,以利于企业明确成本管理的重点内容和应该采取的战略措施。

实施低成本战略,首先要在其财务战略中体现成本领先的战略思想,同时在财务战略体系的架构中将成本控制的目标系统化、具体化,做好成本控制的整体战略布局,制定出成本控制的战略对策和具体措施,以便充分发挥职能战略与企业的总体战略二者之间的互动作用、发挥企业的经营战略与财务战略之间的互动作用,通过企业的经营战略的实施为财务的成本控制创造条件,同时通过财务的成本控制为企业集团经营战略的成功实施提供保证。

成本控制是一项涉及公司每一位员工的系统工程,其覆盖面可以用"四全"来形容:全员工控制、全过程控制、全环节控制和全方位控制。

只有通过全体员工的参与,各部门之间才可以更好地协调,体现成本战略的协调原则。

同样,成本效益不是仅仅体现在财务的成本计算,而是整个公司的广义的成本费用的节约。

(三)成本决策管理的业绩考核与评价

根据成本战略的要求,对内部各单位及各岗位的业绩评价制度进行调整和修改,对成本战略的要求体现在业绩评价之中。显然,不同的成本战略会要求不同的成本管理业绩评价制度。

一般可以从三个方面去发现问题。第一,在企业提出了产品优化战略后,若出现问题,则要调查分析这一战略在执行中到底存在哪些不足,是优化原料比重不合理,还是工资费用支出过多,然后有针对性地提出调整和优化的对策建议。第二,若是在企业目标成本战略中存在问题,看一下是不是目标成本确定的降低幅度要求过高,也有可能是有关人员努力不够,这就需要考虑企业在人力资源管理中是否有问题。第三,企业是不是在降低成本战略中存在一些问题。比如说,降低成本战略的重点是否明确,目标要求是否过高,执行中某些条件是否欠缺等等。

【专栏6-1】

中国合作飞机 MD90 项目下马的生产与成本决策影响

中国航空工业第一集团公司在 2000 年 8 月决定今后民用飞机不再发展干线飞机而转向发展支线飞机。这一决策立即引起广泛争议。该公司与美国麦道公司于 1992 年签订合同合作生产 MD90 干线飞机。1997 年项目全面展开,1999 年双方合作制造的首架飞机成功试飞,2000 年第二架飞机再次成功试飞并且两架飞机很快取得美国联邦航空局颁发的单机适航证。这显示中国在干线飞机制造和总装技术方面已达到 90 年代的国际水平并具备了小批量生产能力。然而就在此时 MD90 项目下马了。

在各种支持或反对的声浪中,讨论的角度不外乎两大方面:一是基于中国航空工业的战略发展,二是基于项目的经济因素考虑。单从经济角度看,干线项目上马、下马之争可以说为"沉没成本"提供了最好的案例。许多人反对干线飞机项目下马的一个重要理由就是该项目已经投入数十亿元巨资、上万人倾力奉献耗时六载,如果在终尝胜果之际下马,造成的损失实在太大了。这种痛苦的心情可以理解,但这些丝毫不能构成该项目应该不下马的理由,因为不管该项目已经投入了多少人力、物力、财力,对于上、下马的决策而言其实都是无法挽回沉没成本的。

资料来源:http://www.myeducs.cn/mianfeilunwen/touzijuece/10060186/。

第二节 定价理论与实践

在激烈的市场竞争中,定价战略和方法对企业、商家至关重要。企业生产的产品、商家的商品销售定价必须考虑诸多因素,方使产品价格于社会、于消费者、于企业都合情合理。

一、定价策略

(一)市场差异定价策略

它是指不同等级市场厂家同一种产品给定经销商的不同价格,主要区别地级市场与县级市场,并考虑不同市场的距离的差异定价策略。产品企业一般只在县级市场选择一家经销商,若也在地级市场选择多家经销商,则同种产品给定经销商的价格不同,对经销商统一政策,年终实行模糊返。这样,制止地级市场经销商以量倒货、互相杀价、倾销等不良行为,便于市场管理,维护厂商的利益。因此,这种差异定价策略也是企业营销的一种尝试。

(二) 收入差异定价策略

根据消费者收入多少、消费水平高低来确定的差异定价策略。

(1) 低价策略。满足低收入消费者的需要,为了占领市场的需要,企业的个别产品往往以低于成本价而定价。

(2) 中价策略。满足中等收入的消费者,大众消费,中位价格的产品一般让消费者自我随大众,既不浪费,也不失身份。

(3) 高价策略。满足高层社会、高收入消费者,产品以更优的质量,更加精美的外包装,展现在消费者面前,是消费者体现自我价格、自我满足的需要。

(三) 消费心理差异定价策略

消费者心理促销定价是针对消费者的不同消费心理,制订相应的价格,以满足不同类型消费者的需求的策略。

1. 尾数定价策略

企业生产的产品或者零售商制订一个与整数有一定差额的价格,使顾客产生心理错觉从而促使购买的一种价格策略。在大多数消费者看来,给人以货真价实的感觉。当然,尾数定价一般适用于价值比较低的商品。

2. 整数定价策略

与尾数定价正相反,以显示商品的高档,带有尾数,反而有失身份,这是针对求名或自尊心理强的顾客所采取的定价策略。

3. 声望定价策略

消费者一般都有求名心理,根据这种心理行为,企业将有声望的产品,制订比市场中同类商品价高的价格,即声望定价策略。它能有效地消除购买心理障碍,使顾客对商品或零售商形成信任感和安全感、声誉感。

4. 习惯性定价策略

对某些商品,其价值不高,但消费者必须经常重复地购买,因此这类商品的价格也就"习惯成自然"地为消费者接受。因此,对于这种类型的商品只能采取习惯性定价策略,不能随便涨价。

5. 最小单位定价策略

它是指企业同种产品按不同的数量包装,以最小包装单位量制基数定价,通常包装愈小,实际单位数量产品价格愈高,包装越大,实际单位数量产品价格越低,满足不同消费者的心理需求。

(四) 促销差异价格策略

一是某一个产品在一定范围内,降价让利,促进产品的销售,或者是这个产品生命周期进入衰退期,以后不再生产而低价售完为止。在销售淡季中,通过降低价格让利,促进销售火爆。二是抬价销售,让消费者感觉到产品供不应求,先通知商家,消费者规定在某一时间之后,产品价格将略有上升的方法,来促进销售,但这种方法必须慎重,将市场调查清楚、周全,方能使用这种方法。另外,由于市场上原材料价格上涨等其他原因而被迫抬价销售。

二、定价方法

(一) 成本加成定价法

这是一种比较常见的产品定价方法,它以行业平均成本费用为基础,加上规定的销售税金和一定的利润所组成。用公式表示为

$$产品出厂价格 = 单位产品制造成本 + 单位产品应负担的期间费用 \\ + 单位销售税金 + 单位销售利润 \\ = 单位产品制造成本 + 单位产品销售利润 + 出厂价格 \\ \times (期间费用率 + 销售税率)$$

移项整理后:

$$产品出厂价格 = \frac{(单位产品制造成本 + 单位产品销售利润)}{(1 - 期间费用率 - 销售税率)}$$

$$= \frac{单位产品制造成本 \times (1 + 成本利润率)}{(1 - 期间费用率 - 销售税率)}$$

其中,期间费用包括管理费用、财务费用和销售费用。期间费用率为期间费用与产品销售收入的比率,可以用行业水平,也可以用本企业基期损益表的数据;销售税金是指产品在销售环节应交纳的消费税、城建税及教育费附加等,但不包括增值税;销售税率是这些税率之和;销售利润可以是行业的平均利润,也可以是企业的目标利润;成本利润率是销售利润与制造成本的比率,即加成比例。这是成本加成法的关键。

成本加成法定价的优点是:产品价格能保证企业的制造成本和期间费用得到补偿后还有一定利润,产品价格水平在一定时期内较为稳定,定价方法简便易行。

成本加成法定价的缺点是:忽视了市场供求和竞争因素的影响,忽略了产品寿命周期的变化,缺乏适应市场变化的灵活性,不利于企业参与竞争,容易掩盖企业经营中非正常费用的支出,不利于企业提高经济效益。

例 6-6 某企业生产一种产品,预计单位制造成本为 100 元,行业平均成本利润率为 25%,销售税率为 0.7%,企业基期的期间费用为 500000 元,产品销售收入为 5000000 元。

分析

出厂价格 $= [100 \times (1 + 25\%)]/(1 - 500000/5000000 - 0.7\%) = 140.45(元)$

(二) 市场竞争定价法

市场竞争定价法就是根据市场上同类商品竞争结果的可销零售价格,反向计算而确定出厂价格的方法。计算公式是:

$$产品出厂价格 = 市场可销零售价格 - 零批差价 - 批进差价 \\ = (同类产品市场基准零售价格 \pm 产品质量或规定差价) \\ \times (1 - 零批差率) \times (1 - 批进差率)$$

其中,在"同类产品市场基准零售价格"上加上或减去"产品质量或规定差价",是指在使用这种方法时,要将本企业商品的质量、品种、规格、包装等与同类竞争商品进行充分比较,确定应加价还是减价。零批差价是指同一商品在同一市场、同一时间内零售价格与批发价格之间的差额。零批差价与零售价格之比称零批差率。批进差价是指同一商品在同一市场、同一时间内批发价格与出厂价格之间的差额。批进差价与批发价格之比称为批进差率。

例 6-7 某公司的新产品比市场上同类产品某方面性能明显优越,可以上浮 5% 差价,

同类产品市场零售价格为 3000 元,零批差率为 10%,批进差率为 5%,试问该新产品出厂价格应该定为多少?

分析

$$出厂价格 = 3000 \times (1+5\%) \times (1-10\%) \times (1-5\%) = 2693.25(元)$$

这种定价法着眼于市场,考虑了市场的供求和竞争因素的影响,能够较好地适应市场,有利于企业参与竞争。但是,这种定价方法与企业成本费用脱节,不一定能保证企业要求的利润。

(三)目标利润定价法

目标利润定价法是指运用量本利分析原理,在保证目标利润的条件下确定产品出厂价格的方法。计算公式为

$$产品出厂价格 = \frac{(单位变动成本 + 单位固定成本)}{(1-销售税率)} + \frac{目标利润}{[预计销售量 \times (1-销售税率)]}$$

$$目标利润 = (单位变动成本 + 单位固定成本) \times 预计销售量 \times 成本利润率$$

$$产品出厂价格 = \frac{(单位变动成本 + 单位固定成本) \times (1+成本利润率)}{(1-销售税率)}$$

例 6-8 某产品预计销售量 2000 件,固定成本 200000 元,单位变动成本 40 元,目标利润 80000 元,销售税率为 0.7%,试问该产品出厂价格应该定为多少?

分析

$$产品出厂价格 = (40 + 200000/2000)/(1-0.7\%) + 80000/[2000 \times (1-0.7\%)]$$
$$= 181.27(元)$$

目标利润定价法与前面介绍的"成本加成定价法"是有区别的。差别在于"成本加成定价法"公式中的成本只是制造成本,不包括期间费用;而"目标利润定价法"公式中的成本包括制造成本和期间费用。相应地,两个公式中的"成本利润率"也有所不同。

(四)特殊追加订货的定价方法

特殊追加订货就是指在企业正常的产销计划之外,临时接到客户出价低于正常销售价格,甚至低于单位产品成本的订货。

对于这种特殊追加订货,若企业的产品正处于成长期或成熟期,且又是市场上的名牌产品,非常畅销,自信追加订货者还会很多,为维护产品声誉,则不能接受这种特殊追加订货。然而,若企业尚有剩余生产能力,为了开拓新市场,提高市场占有率,增强产品知名度,则在充分利用剩余生产能力的范围内,且客户出价高于单位变动成本时,则可以接受,这有利于增加企业利润或减少企业亏损。因为企业产品成本中的固定成本,在一定产量的范围内,固定成本总额是不变的。当生产能力有剩余时,产品销量低,单位产品的固定成本分摊额就高;反之,当生产能力得到充分利用时,产品销量增大,单位产品的固定成本分摊额就低。只要特殊追加订货的收入减去其变动成本总额后还有一定数量的边际贡献,就能相应提高企业利润或减少企业亏损。具体来说,对于这种特殊追加订货有以下三种定价方法:

(1) 充分利用剩余生产能力,而不减少正常销售时,定价要求:

$$特殊追加订货产品价格 > 产品单位变动成本$$

(2) 超越剩余生产能力,需减少部分正常产销量,以接受特殊追加订货时,定价要求:

$$\text{特殊追加订货产品价格} > \text{产品单位变动成本} + \frac{\text{因减少正常销售而损失的边际贡献}}{\text{特殊追加订货数量}}$$

(3) 利用剩余生产能力，但需增添部分设备、工具等专项费用时，定价要求：

$$\text{特殊追加订货产品价格} > \text{产品单位变动成本} + \frac{\text{增加的专项费用}}{\text{特殊追加订货数量}}$$

（五）合同定价法

合同定价法是指由购销双方以产品成本为基础进行协商定价，并签订合同的定价方法。对于无市价可参考的非标准产品或新产品，一般采取这种方法进行定价决策。根据合同协商的不同条件，合同定价方法有以下几种：

（1）固定价格合同定价。即购销双方在合同中确定一个一致同意的固定价格作为今后结算的依据，而不考虑实际成本为多少。

（2）成本加成合同定价。即购销双方在合同中规定，产品价格以完工后的实际成本为基础，再按合同规定的成本利润率进行加成，作为单位售价。

（3）成本加固定费用合同定价法。即购销双方在合同中规定，产品价格由实际成本和固定费用两部分构成，固定费用在合同中事先确定。

（4）奖励合同定价法。即购销双方在合同中规定产品的预期成本和固定费用，实际成本超过预期成本时，按实际成本定价；实际成本低于预期成本时，其节约额按合同规定的比例由双方分享。

（六）弹性定价法

弹性定价法，即需求弹性定价法，是指根据产品需求弹性系数（产品销售价格变化所引起销售量变化的程度）来确定产品价格的一种方法。

一般情况下，当产品的需求弹性小或需求无弹性时，提高价格会增加总销售收入，降低价格会减少总销售收入。当产品需求弹性大时，提高价格会减少销售量，进而减少销售收入；降低价格会增加销售量，进而增加销售收入。产品需求弹性、需求量（或销售量）与价格的关系如下：

$$P = K Q^{\frac{1}{E}}$$

式中，P 为产品价格；K 为常数；Q 为销售量（需求量）；E 为需求弹性系数。需求弹性系数 E 的计算公式为

$$E = \frac{(Q_1 - Q_0)/Q_0}{(P_1 - P_0)/P_0}$$

式中，Q_0 为原来售价的销售量；Q_1 为新售价的销售量；P_0 为原来售价；P_1 为新售价。系数 K 可按下面公式计算：

$$K = P_0 \, Q_0^{\frac{1}{E}}$$

例 6-9 某企业生产某产品，根据历史资料和调查预测，当价格为 100 元时，每月销售量为 1000 件，当价格下降为 90 元时，每月可销售 1400 件，试问该产品出厂价格应该定为多少？

分析

$$E = [(1400 - 1000)/1000]/[(90 - 100)/100] = 4$$
$$K = 100 \times 1000^{-1/4} = 17$$
$$P = 17 \times 1000^{1/4} = 96 (\text{元})$$

【专栏 6-2】

卖画的价钱

在比利时的一间画廊里,一位美国画商正和一位印度画家在讨价还价,争辩得很激烈。其实,印度画家的每幅画底价仅在 10~100 美元之间。但当印度画家看出美国画商购画心切时,对其所看中的 3 幅画的单价非要 250 美元不可。美国画商对印度画家敲竹杠的宰客行为很不满意,要求降价成交。印度画家也毫不示弱,竟将其中的一幅画用火柴点燃,烧掉了。美国画商亲眼看着自己喜爱的画被焚烧,很是惋惜,随即又问剩下的两幅画卖多少钱。印度画家仍然坚持每幅画要卖 250 元。从对方的表情中,印度画家看出美国画商还是不愿意接受这个价格。这时,印度画家气愤地点燃火柴,竟然又烧了另一幅画。至此,酷爱收藏的画商再也沉不住气了,态度和蔼多了,乞求说:"请不要再烧最后一幅画了,我愿意出高价买下。"最后,这幅画竟以 800 美元的价格成交。

数据来源:https://wenku.baidu.com/view/bbd53ab11a37f111f1855bc4.html.

第三节　公司经营风险与财务管理分析

在公司发展过程中,财务管理工作是较为重要的核心工作。传统管理方式已经不能满足公司发展需求,管理人员应该对自身竞争能力加以提升,根据自身经营情况的分析,科学、合理地对公司财务进行管理,保证公司的财务管理工作能够适应社会发展,在改善传统的管理方式基础上,促进公司更好地发展,为国民经济的发展奠定良好基础。

一、公司财务管理

(一)预算编制工作

在公司财务管理工作中,预算编制是较为重要的工作项目,是相关工作人员对公司财务进行管理的起点。此时的预算编制工作分为报表与会计工作,报表工作就是根据公司的资产以及负债情况,将利润以及资金流向记录下来,将公司的资产以及各类负债明细记录下来,保证能够更好地体现出公司的财务动向。在对资金流向进行记录的过程中,要对资金的收入与支出进行有效记录,使其可以更好地利用在预算工作中,其中包括材料的消耗、人工、机械设备、生产等费用。在预算过程中,材料的费用消耗要根据公司正常运行的特点进行预算,保证能够更好地执行预算工作。制造预算是要根据公司生产情况对其进行固定制造费用的预算以及相关的变动的预算,保证能够更好地执行预算工作。在机械设备预算工作中,相关预算工作人员要对公司的机械设备预算加以重视,保证能够更好地进行机械设备预算工作。公司所有需要的开支必须以相关预算为主,根据预算的可预支金额进行调配,保证公司的资产负债表能够更加清楚。

(二)预算控制工作

在公司运行期间,预算控制工作是较为重要的,就是在预算事宜实施的过程中,公司各个部门对自身经营费用进行控制,保证能够根据预算对自身的支出进行约束,在一定的时间之内,按照相关负债表,总结往来账目。在往来账目的总结过程中,公司的信誉度以及竞争能力可以良好地体现出来,其中,公司控制坏账的水平就可以有效地实现信誉度控制。公司的经营能力由年末的存货余额决定,原材料的存货以及年末的余额可以良好地将公司竞争能力体现出来。公司在控制固定资产工作中,可以更好地将发展趋势体现出来,有效分析公司是否能够更好地应用机械设备,同时,还可以对自身的更新状况加以了解,以提升公司运营效率。公司无形资产的控制工作能够有效地将自身研发投入与利用效率体现出来,并且有效地体现出研发成功的效率。公司在对利润表进行管理时,市场占有能力由自身收入控制工作决定,并且能够有效体现出自身对客户的忠实程度。公司控制销售成本能够有效体现出自身在生产以及各个方面管理工作中的先进性。公司在控制管理支出的过程中,可以有效地体现出内部经营管理的效率,控制研发费用可以将自身研发工作的水平体现出来。

(三)预算绩效考核

在公司运行过程中,预算绩效考核工作是较为重要的,相关管理人员应该对预算工作进行评价,在评价中起到激励员工、监督预算工作的作用,进而对成本进行控制。公司的预算工作直接决定公司未来经营水平,但是,其中还存在较多无法控制的因素,对预算考核指标的制定较为不利。因此,相关考核工作人员就要对此类因素进行排除,保证能够更好地对财务进行管理。对于非财务因素,要给予一定的重视,避免出现不必要的问题。在公司运行过程中,常会出现难以控制的费用,例如催款过程中所需要的招待费用等,相关考核人员应该根据此类费用的资金设置对其进行考核,并且在考核过程中对此类费用加以控制,在保证能够更好地对公司预算绩效进行考核的基础上,控制自身某些费用的支出。同时,公司在宣传过程中会出现较多广告费用,相关预算考核人员还要根据这些费用的出现情况制定相应指标,保证能够更好地对公司预算进行考核。

二、基于企业经营公司财务管理策略

(一)偿还能力与资产情况的整合

在公司财务管理工作中,相关管理人员应该将自身的偿还能力与资产情况整合到一起,保证提升公司的财务经营效率。首先,要对公司的偿还能力加以分析,不仅要重视公司近期的偿还能力,还要从长远的角度出发。对于近期偿还能力的分析,相关财务人员要重视资金流动的比率、资金速度的比率、现金拥有的比率。对于长期偿还能力的分析,相关财务人员应该重视公司的负债情况,只有这样,才能保证与资产状况的整合工作。其次,公司资产情况的分析,是要对货币、金融、款项收支、固定、无形资产等进行分析,在分析过程中,相关财务管理人员可以对自身在市场中的资产价值进行评估,保证能够更好地体现出自身的资产情况,此时不应只关注企业资产数据,而是要深入了解企业资产真实情况,以便于更好地与偿还能力加以整合。公司的有形资产就是企业的现金以及各类机械设备等,此类资产中含有可偿还债务的资产与不可偿还债务的资产。无形资产包括公司研发项目、专利项目、土地使用权等,其中,只有土地使用权是可以偿还债务的资产,另外的资产需要各方面的协调才可以确定是否能够偿还债务。

(二)公司财务指标分析工作

对于公司的生产运行而言,财务指标的分析工作是较为重要的,受各类因素的影响,财务指标分析工作不应该是一成不变的,并且,在一些情况下,财务指标差并不一定会对公司造成不利影响,同理,财务指标好对公司而言也不一定会产生有利影响。在公司指标分析过程中,相关人员在重视应收账目进行分析的基础上,要重视存货周转情况,保证能够及时发现问题,不可以忽视具体细节工作。首先,要对公司季节性生产库存进行分析,保证及时发现在存货过程中出现的问题,对于常年生产的库存,其变化是较规律的,能够更好地体现出公司的财务指标因素。其次,公司必须采取有效策略分析压货问题,不能单一地根据压货数量对自身财务状况进行分析。

(三) 保证生产原材料的供应

在加大采购的基础上,对自身采购需求进行分析,保证能够满足生产需求,降低成本支出。另外,公司在运行过程中,必须考虑自身产品在生产之后的积压因素,保证能够更好地对自身经营进行决策,避免因为资金的不足,对自身的原材料进行变卖。公司可以对自身的存货规模进行控制,保证在存货过程中不会浪费过多的成本,避免公司出现资金周转问题。公司应该重视应付的款项,保证能够更好地调节存货与应收账款之间的供给关系,进而更好地对公司财务指标进行分析。

在公司财务管理工作中,管理人员应该重视自身财务管理工作,引进先进的科学技术对自身的财务加以管理,保证预算工作的科学、合理性,进而提升成本控制工作质量,增强公司的经济效益,要重视公司是否具有持续盈利能力,保证公司的资产情况符合预算标准,充分重视预算考核工作,避免在预算过程中出现影响公司发展的因素。

【专栏6-3】

青鸟天桥的财务管理目标

天桥商场是一家老字号商业企业,成立于1953年,20世纪50年代,天桥商场是全国第一面"商业红旗"。80年代初,天桥商场第一个打破中国30年工资制,将商业11级改为新8级。1993年5月,天桥商场股票在上海证券交易所上市。1998年12月30日,北大青鸟有限责任公司和北京天桥百货股份有限公司发布公告,宣布北大青鸟通过协议受让方式受让北京天桥部分法人股股权。北大青鸟出资6000多万元,拥有了天桥商场16.76%的股份,北大天桥百货商场更名为"北京天桥北大青鸟科技股份有限公司"(简称青鸟天桥)。此后天桥商场的经营滑落到盈亏临界点,面对严峻的形势,公司决定裁员,控制成本,以谋求长远发展。于是就有了下面一幕。

1999年11月18日下午,北京天桥商场里面闹哄哄的,商场大门也挂上了"停止营业"的牌子。11月19日,很多顾客惊讶地发现,天桥商场在大周末居然没开门。据一位售货员模样的人说:"商场管理层年底要和我们终止合同,我们就不给他们干活了。"员工们不仅不让商场开门营业,还把商场变成了群情激愤的论坛。1999年11月18日至12月2日,对北京天桥北大青鸟科技股份有限公司管理层和广大员工来说,是黑色的15天!在这15天里,天桥商场经历了46年来第一次大规模裁员;天桥商场被迫停业8天之久,公司管理层经受了职业道德与人道主义的考验,做了在改革的道路上是前进还是后退的抉择。

经过有关部门的努力,对面临失业职工的安抚有了最为实际的举措,公司董事会开会决定,同意给予终止合同职工适当的经济补助,同意参照解除劳动合同的相关规定,对28名终止劳动合同的职工给予人均1万元,共计300万元左右的一次性经济补助。这场风波总算平息。这次停业让公司丢掉了400万元的销售额和60万元的利润。

资料来源:吴平安.财务管理学教学案例[M].北京:中国审计出版社,2006.

第四节　公司信息化管理策略

随着经济全球化的发展和市场经济体制的建立,我国企业将面临更多的机遇和更大的挑战,各大企业为了取得更好的产销条件和获得更大的市场资源而展开激烈的竞争,形成优胜劣汰的竞争趋势,在这样的市场竞争环境下,企业需要通过不断的改革创新来紧跟时代的步伐,以此保证企业在市场竞争中取得优势地位。信息时代的到来,企业实现全面信息化已经成为不可抗拒的发展潮流,对于企业来说,管理战略就是企业发展的核心动力和生存方式,因此,必须将先进的信息技术与企业管理战略进行有机的结合,以此保障企业的长久发展和不断壮大。

一、企业战略管理信息化

(一) 企业战略管理

企业战略管理是一门关于如何制定、实施、评价企业战略以保证企业组织有效实现自身目标的艺术与科学,以研究企业作为整体的功能与责任、所面临的机会与风险,重点讨论企业经营中所涉及的跨越如营销、技术、组织、财务等职能领域的综合性决策问题。企业战略管理是企业通过分析、预测进行规划和控制,充分利用企业的人力、财力、物力等资源进行企业最优化管理,提高企业管理能力和经济效益。在进行企业战略管理时,注重企业总体战略、企业竞争战略和企业职能战略三者的战略制定。

(二) 战略管理信息化

企业管理信息化指的是企业的管理和所有的企业活动实现网络化管理和数字化运营,利用现代化的管理思路和手段转变企业的生产模式和管理理念,建设现代化的先进企业。从企业角度来说,企业战略管理信息化就是企业在实现现代化管理的一个整体性战略规划,是提高企业活力、加大竞争力的重要方式。企业战略管理信息化的目标就是在企业整体规划发展的指导下建立健全企业的信息化体系,提高企业软实力,促进企业在日益激烈的市场竞争中不断发展壮大。

二、企业战略管理信息化策略与建设

(一) 认识信息资源整合的重要性

"信息"是什么？当今社会是一个信息交汇的时代,信息无处不在,从人类的所有社会活动来看,信息就是人的活动依据,在人们的生活与工作中都扮演着极其重要的角色,小到个人、企业,大到社会、国家。信息就是引导者,是可持续发展的基础,也是领导者进行战略部署和成功规划的基础,如果没有正确的信息作为保障,所谓决策就是一个空想,非常容易出现错误。在社会竞争的大环境中,谁掌握了信息资源,谁就掌握了主动权,就像企业界流传着一句名言:"实行企业信息化是找死,但是不实行企业信息化就是等死。"这句话虽然存在一定的夸张性,但是也充分体现了信息时代下企业的无奈。可以想象,未来我国的企业将会是一个信息化、数字化的企业,但是企业的信息化同样也是一个漫长的过程,整个企业的变革也不是一日两日就能够完成的。

企业的信息化过程需要大量的人才、物力和经济投入,以此解决企业日常运营中的竞争

和发展问题。因此，企业之间的竞争就是人才的竞争，信息资源的竞争。企业必须认识到信息资源整合的重要性，以信息资源集成为企业运营的重要环节，将资源的价值最大化地发挥出来。企业进行资源整合的方式有以下两种：

首先，依托企业的自身优势来进行信息资源集成。"人无我有，人有我优，人优我创"本是政治经济学中的一句名言，用到企业经营当中就是提醒企业要想成功，首先就要做到与众不同，也就是企业的差异化优势。企业可以根据计算机系统整合企业的文化信息、人力信息、财力信息，根据自身情况的不同，打造属于自己的企业文化，提升品牌影响力，增加企业在市场竞争中的优势。

其次，每一个企业都有自己主打的特色品牌。就拿手机市场来说，每一款手机都有自己的品牌独特性，例如OPPO主打拍照，VIVO主打音乐，小米为发烧而生等等，这些就是企业最独特的核心能力，企业可以根据自己的核心能力进行信息集成，并且进行分析改进，加强品牌战略。

企业战略信息化的实施主体是人，是企业的每一个员工。俗话说得好，团结就是力量，没有凝聚力的企业就是一盘散沙，因此，企业内部应该全面宣传信息化建设的意义和优势，让员工积极投入到企业战略管理信息化的建设当中，为信息化建设出谋划策，加快企业信息化前进的脚步。

（二）注重信息化建设的整体性和目标性

在信息化建设的过程当中，需要从信息化的整体性和目标性进行考虑。信息时代的到来，既是企业的机遇，同时也具有一定的挑战，企业在进行信息化建设的过程中难免会出现跟风现象，企业自身对于信息化建设没有一个全面的认识和理解，简单地认为信息化建设就是将企业的现有的办公方式转化为计算机办公，但事实上，企业的信息化建设不是单纯的设备更换，更是企业的办公系统信息化处理，是为了更好地节约企业成本，提高经济效益。企业更换设备，使用计算机代替手工操作，看似简便了工作，但是却没有形成整体性的管理机制，使企业不能达到最终的全局优化，提高部分岗位办事效率固然重要，但是只有从全局出发，才能让整个企业处于进步状态。因此，企业在信息化建设的过程当中需要有一个目标发展战略，没有发展目标的企业就是猴子摘玉米，不知道自己想要的是什么，会对企业的成长和发展起到一定的阻碍作用。企业在引进管理战略信息化模式之初，就应该先从企业的整体情况出发，考虑到企业的方方面面，以及信息化建设带给企业的影响，综合分析之下制定出适合企业发展的、长远的目标。

人无远虑，必有近忧。目标对于企业的成长起着不可替代的作用，首先企业要了解自身情况，明确自身将来要发展成为一个什么样的企业，是服务型，还是生产型，以此作为打通市场的基础。其次，企业还要考虑如何占领市场，分几年完成，每一年的阶段性任务是什么。拥有这样的企业管理战略，企业的信息化建设才能取得成果。

（三）企业信息战略立足于IT治理

虽然企业实行战略管理信息化能为企业带来意想不到的经济效益和社会效益，但是由于技术、人才、资金等各方面的问题，部分企业进行信息化建设的效果不是很理想。投入和收入不匹配，使很多企业失去信息化建设的动力和信心。为此，企业要想在信息化建设的过程中取得利益最大化，在考虑企业战略信息化的基础上，还要重视企业的IT管理程度，发挥信息化建设的最大优势。在IT治理方面，企业首先要对信息战略的决策权进行合理的分配，尤其是较为大型的企业，IT活动通常需要多个部门之间进行合作才能完成，为防止员工之间发生"踢皮球"现象,企业应该建立规章制度,组成IT管理委员会,对员工的工作进行督促和管理,实行责任分配到人,奖罚分明制度,提高员工的工作积极性和个人工作效率。

(四)结合实际情况选择信息系统

任何活动都要因地制宜,因人而异,同样的,企业的信息系统建设也应该遵循企业的发展规律和实际情况,选择适合企业自身发展的信息化建设模式。很多企业在进行信息化模式选择时,往往会盲目效仿成功企业的信息化建设项目,没有考虑到自身的实际情况,这样模式的复制,不仅效果不明显,还可能会为企业的发展带来一定的风险。信息化模式有其自身的复杂性和灵活性,企业在进行应用时,不仅仅要从企业的整体战略角度进行考虑,更要根据企业的自身情况进行分析,企业的人力资源、资金情况、发展模式都是影响企业信息化模式选择的因素,只有选择正确的信息化开发模式,才能为企业真正地带来效益,帮助企业成功转型,提高信息化建设的质量,加大优势,减少风险。

在信息化建设过程当中,企业需要综合性地分析信息化系统模式,结合此项信息化模式的耗资情况、建设周期等,同样也不能单独地套用传统的瀑布型或螺旋型模式,而是经过整改和优化,建设成一种混合型的新型模式,既保持原有模式的优势,又与企业自身的实际情况相符合,优化企业结构,将有限的企业资源进行最大化的配置。

总而言之,信息技术的发展,给传统企业管理带来一定的冲击,迫使企业在信息时代下不断深化改革,将信息技术融入到企业战略管理当中,促进企业的快速发展。受到市场经济体制的影响,企业的竞争趋势也愈演愈烈,市场就是一块大的蛋糕,资源有限,企业必须提高自身实力,才能分到蛋糕,否则就会被市场所淘汰。为此,企业必须通过信息化的建设来提高自身实力,在激烈的市场竞争当中取得一定的地位。

【专栏6-4】

佛山市白燕粮油实业公司的原料库存管理

作为粮食行业的"白燕"面粉厂,非常重视原料的采购库存管理,但他们没有生搬硬套地按照ERP的原理去做。他们利用月度联席会议,讨论销-产-购计划,重点分析小麦原料价格走势,并根据分析结论做出采购决策(请注意:白燕公司不是根据生产计划来做采购计划)。当判断原料要涨价,他们就会加大采购量,增加库存;相反,就逐渐减少库存。

该公司有3万吨的原料仓库容量,满仓可以满足6个月的生产用量,在1994、2000年等几个小麦大涨价的年份,白燕都是超满仓库存,仓库不够用,就想方设法在仓库之间和车间过道设临时的"帐篷仓",甚至还让几十艘运粮船长时间在码头附近排队等待卸货,无形中充当了临时仓库。

正是通过这种"低价吸纳,待价而沽"的原料管理绝招,白燕公司在过去的十多年里,不但能够平安度过原料波动所带来的冲击,而且从中获得了丰厚的价差利润。这是白燕基于经营战略的ERP管理的胜利,这肯定是单纯实施ERP管理所不能够做到的。

资料来源:https://wenku.baidu.com/view/aab28c8a84868762caaed5cb.html.

第五节 在风险和不确定下的营销策略

当今社会是一个信息爆炸的社会,任何事情都是瞬息万变的,更不用说灵敏的市场环境,可见营销风险管理的重要性、及时性和战略性等。市场营销之所以瞬息万变,是因为构成营销的因素充满了变数,如何在世界金融风暴中寻找适合自己企业的中流砥柱,就成为当今社会中输赢的关键。

一、营销管理的风险与不确定性

营销风险管理,总体上可以这么理解,就是企业在正常运营的过程中,现实中潜在和存在的各种风险,需要我们采取有力措施来规避风险;而不是坐以待毙,等到企业到了申请破产的时候才总结经验教训。

(一) 风险和不确定性的管理

一般而言,风险和不确定性的管理就是组织对面临的各种风险进行识别、评估,确定恰当的处理方法并予以实施,以可确定的管理成本替代不确定的风险成本,并以最小经济代价获得最大现实保障的活动。

风险和不确定性的管理的核心是对风险进行识别和处理,其根本目标是确保组织经营的稳定、持续和发展。可以说,好的风险和不确定性管理机制能够增加企业成功的概率,降低失败的可能。

风险和不确定性的管理是动态的,始终贯穿于组织战略的制订和执行。风险和不确定性管理为组织的经营者提供可靠的方法来对付组织面临的各种风险,包括过去、现在和将来的风险,尤其是为决策者提供作为或不作为的依据。风险和不确定性的管理必须同组织的经营文化密切结合,并需要最高管理层的全力支持。

风险和不确定性的管理的受托人是风险和不确定性管理经理,而随着组织决策人对风险和不确定性管理的日益重视。在风险和不确定性管理最发达的北美,一些组织中已经出现了首席风险官,负责把组织的战略转化成可操作的各种计划和流程,督促组织各级成员实施,并设立严谨的考核体系,以确保组织的运营水平不断提高。

(二) 营销的风险和不确定性

市场营销风险和不确定性是指企业由于内外环境的不确定性和变化而存在于市场营销各环节及其管理过程的各种风险和不确定性,它主要来自于市场的变化。

市场营销的风险和不确定性管理就是运用风险和不确定性管理的原理和方法对市场营销的各个方面和环节中存在的风险和不确定性进行识别、分析、评估、预测、采取综合措施进行系统防范,对已经发生的风险和不确定性事件进行处置的活动。

在当今竞争激励、变化迅速、市场国际化、经营国际化市场经济条件下,市场营销的风险和不确定性管理成为企业的一项重大职能,也是企业风险和不确定性管理最重要的组成部分,为企业的获利、发展和生存保驾护航。

二、营销风险和不确定性管理分类

营销风险和不确定性管理,是一件具有挑战性和高弹性的管理工作,如何得心应手地处理就是一门大学问。由于市场变数因素的影响,市场经济中的企业面临着数以亿计的风险和不确定性,恐怕有时不止这些,尽可能地积极面对,采取得力措施,认清风险的根源,首先要好好理解以下九种风险和不确定性,以便举一反三,精益求精。

(一) 产品定位风险和不确定性

市场营销是企业经营活动的主要内容之一,也是企业竞争成败的关键环节。

企业经营成功要求有成功的产品营销,而产品营销必须以消费者为中心,在生产之前就该想到销售问题。先要明确有没有市场,市场在哪里,什么样的市场最适合自己,怎样才能满足特定的市场需求。如果把握不好这些,再好的产品也是垃圾。

产品定位是产品独特性的表现,只有能充分体现产品属性的定位才能在消费者心目中占据有利地位,在心理学叫做"莱斯托夫"效应。将产品定位理解为定位对象的物理特性和功能利益。定位是对消费者心智的了解,物理特性和功能利益是其"枝繁叶茂"的表征,产品定位的本质是针对公众的心理特征,实现产品的差异化。

(二) 产品研发风险和不确定性

市场变幻莫测。要想领导市场的潮流,代表市场的发展方向,创新意识乃是第一位的。市场是一只看不见的手,在市场这只手的指挥下:一般的商人紧跟着市场的步伐走,他们是循规蹈矩的经营者;拙劣的商人或跟着别人后面走,或闭门造车不理市场,最终导致被市场淘汰的厄运;成功的商人则能够创造条件引领市场的潮流。

不创新就会失败。要想领导市场的潮流,代表市场的发展方向,就要把创新放在第一位;企业最大的悲剧在于创新意识的泯灭。作为一个企业,必须时刻关注社会的发展形势与市场的变化情况,只有这样,企业才能因势而动,因势而变,才不会被市场淘汰。

(三) 品牌战略风险和不确定性

品牌是企业发展的强大动力和武器,未来的战争是品牌的战争。拥有市场比拥有工厂更重要,拥有市场的唯一方法就是拥有占市场主导地位的品牌。品牌是企业的生命,一个没有强有力品牌的企业,难以长久存活。

企业在注重"造名"的同时,还应注重"造实"。创立名牌的目的就是销售产品,从而获得利润,所以企业在创名的同时还要获利,所谓"名利双收"。一批企业靠"造名"而一夜暴富,结果出现更多的企业过度"造名"而忽视"造实"的现象,以致最终"为名所累",独自回味急功近利的苦果。一种产品仅仅有一个好的名字不行,要成为一流的名牌,还必须得有过硬的质量;品牌首先体现在产品质量上,没有好的品质作为支撑,再好听、再上口的名字也都是"空中楼阁","金玉其外,败絮其中"。品牌不仅仅是企业的一种财产,而且是企业利润的来源,是企业在激烈的市场竞争中立于不败之地的法宝。

(四) 产品沟通风险和不确定性

市场竞争的白热化可以用群雄逐鹿来形容,为了分得一杯羹,企业使尽浑身解数。广告作为一种信息传播与营销的手段,已越来越为企业所重视与应用。广告在一定程度上会给企业带来很好的宣传效果,但是,凡事有利也有弊,有许多企业因过分依赖广告宣传而衰落。

模糊的广告定位:广告诉求以产品为中心;广告诉求过于复杂;广告不仅传播产品属性,而且要实现产品与消费者的互动,成为与顾客进行情感沟通的主要手段与桥梁,在消费者心目中产生必要而适当的共鸣。

广告场面过于隆重:广告在无形中引导社会的取向;广告所传播的信息在引导消费潮流中起了非常巨大的作用。广告中采用了大量的富裕国家的享受镜头;广告的对象大多数是中产阶级,内容是大众化的。

广告的表达方式不能迎合消费者心理:广告是为了引起消费者对产品的注意,激发顾客的购买欲望和购买动机,说服顾客购买自己的产品。

公关是市场营销中十分重要的环节,也是实际操作中最棘手的热山芋。公关并不是有些人想象中的拉拉关系,喝喝酒那样简单,任何企业都必须重视公关工作,以使自己的营销活动达到目的。企业要搞好公关,必须参透公关,领悟其精髓。

存在以下几项具体公共关系风险和不确定性:

1. 盲目地与媒体对抗

我们生活在信息的海洋中,企业要同新闻媒体处理好关系。

2. 缺乏正确的公关对策

企业的决策人和领导者仅仅局限于用法律的手段去解决问题,而对公关置若罔闻,置企业对周围生存环节的依赖关系于不顾,无法避免出现有损于企业公关关系的举措,也无法建立和维护有利于企业稳步发展壮大的公共关系环境。

3. 注重公关活动,缺乏战略公关

许多企业公关失败的主要原因是公关没有与企业的形象战略和品牌战略联系起来;公关只是为市场促销而设计的,比如产品上市、淡季促销等等。形象战略与品牌战略的源头和实质是公关,要积极参与社会公益活动。普遍存在投机心理:重视对政府的公关;重视对媒体的公关;重视利用赞助公关;但忽视对消费者公关。实际上,消费者才是我们的衣食父母,顾客就是上帝,没有顾客的光顾,命中注定企业不能走得更远!

(五)渠道变革风险和不确定性

渠道变革的内涵,除了对渠道结构做调整之外,还包括销售政策的重大变化。日趋激烈的行业竞争,使企业的渠道变革成为一种日常性的工作,大多数著名企业的渠道每年一小变,每2~3年一大变。但无论渠道如何变革,变革的目标是不变的,都是为了降低渠道成本,提高渠道效率,加强对终端的控制力,提高对客户的服务能力。

所有的渠道变革都必然伴随着利益的重新调整,如果不预防风险和不确定性,就会导致渠道变革的失败,控制风险和不确定性是渠道变革中有机的组成部分。任由渠道老化却不加变革的风险和不确定性最大,然而渠道变革的风险和不确定性是可以控制的。

渠道变革,在本质上是一种内生的、自为的变化,而不是刚性的按图索骥。渠道变革必须与本企业的特征、本企业组织和渠道的历史形态相协调,这样的渠道变革成功的可能性才会大。最后会形成这样的局面:即使在同一行业内的同等规模的企业,其渠道特点往往也有很大区别,而这些渠道在运作中都有其成功之处,例如家电行业的海尔、格力、春兰,海尔是自建渠道,春兰是代理制,格力则是与骨干经销商组成区域性的股份制销售企业。企业的渠道变革如果能够最大限度继承原有渠道中的优点,就会降低渠道变革中的风险和不确定性。

(六)需求调查风险和不确定性

许多案例表明,必须按一定的计划,对市场进行广泛地调查研究,才能得到客观的信息。精明的经理应当通过最接近市场的人的系统反馈,对最新商业杂志上的统计数字紧密跟踪,从而掌握新的变化情况,并且运用市场份额和发展趋势等来进行系统的监测,控制市场形势和竞争形势。老企业为采取与自己过去既定行为方式不同的新方针,则必须经过一番艰苦的斗争。

销售预测具有重要作用,因为它是所有计划和预算工作的出发点。当市场变化反复无常、增长极快时,企业就会面临风险极大的选择:到底应采取乐观对策还是保守对策呢?如果采取保守对策,那么市场一旦开始繁荣,企业就会由于没有足够的生产能力和销售人员,面临不能满足市场需求以及不能充分扩大人力物力应付市场潜力的危险,其结果必然是放弃很大一部分日益增长的市场份额,使竞争者受益。

可另一方面,也应当判断这种需求上升是短期现象还是较为持久的形势,因为一个企业在不断上涨的生意中,很容易让自己的生产过度膨胀,造成生产过剩,从而危及企业的生存。如果一家企业以极端的不稳定状况根据组织生产,就应仔细对照检查实际经营效果与销售预测,根据实际销售状况来对销售预测进行上下调整。

(七) 营销策划风险和不确定性

市场不允许失误。现代企业的产品营销,必须紧紧围绕以产品为中心,进行深入细致的调查分析,采取独出心裁的营销策略,才有可能从对手那里争得市场份额。从这个角度来说,营销策划容不得半点平庸之处,因为平庸恰恰让对方获得了夺得市场的机会。联合利华牙膏就是这种营销失误的实例。

经销商最想跟厂家要的条件是什么?资金风险和不确定性:先赊货,后付款;低价格,高返利;单次进货量少,回转快;随时可以退货。更大的独家经销权:"中国总代理十年不变"。更多的支持:厂家更多的人力投入、更多的推广费、广告、促销支持等等。更好的服务:产品质量没问题;客户投诉出现,厂家能及时出面处理;及时地送货、不良品调换。

厂家最想要求经销商做的是什么?更大的市场推广力:经销商最好有成熟的网络,充足的人力、物力,厂家不必有太多的投入,经销商就能自行推广市场。更好的配合力度:经销商最好能"完全配合"厂家的市场策略;不窜货、不砸价、全品项销售、认真执行厂家的促销方案等等。

经销商的问题是什么?拿着独家经销权,却不"经销独家";对产品关注度不够,甚至"假意经销",拿着你的经销权然后集中精力卖"竞品"(竞品利润高);冲货、砸价、抬价、截流各种费用;只做畅销高利润产品,不做新品推广;运力、人力、资金不足,制约厂家市场发展;不给卖场供货,怕压资金;不给小店送货,怕运费划不来;网络反控在经销商中,经销商挟市场以令厂家,不断给厂家提无理要求等等。

当今中国国内的一些企业做得不很乐观,仅仅注重眼前的经济利益,忽视长远的社会效益,一旦有什么风吹草动,便处于破产的边缘。2008年年底的美国金融风暴的出现,就是事实例子,国际和国内许多企业的破产,便充分说明这些企业长期积累的经营和营销风险和不确定性。

(八) 销售管理风险和不确定性

企业当前销售管理中的八个问题:销售业绩下滑,应收款项居高不下;业务员垄断客户信息,企业难以判断客户风险和不确定性;销售部门盲目交易,企业缺少科学的控制依据;销售与财务在款项回收上职责不清,形成管理真空;对客户付款行为缺少有效的约束,客户关系混乱;企业收账效率不高,大量欠款无法收回;业务员与客户勾结,内部风险和不确定性巨大,客户资源流失;企业内部管理机制不合理,基础管理落后。当前销售管理问题出现的关键原因有:市场营销能力不足;缺少系统的市场营销策略和措施;销售渠道急需规范管理(包括销售代理、自营网点及合作关系);需要取得与主要竞争对手的营销优势(价格、渠道、售后服务等)。

目标客户的选择与维护欠缺:需要确定对重要客户的评估与选择方法;某些重要客户可能对订货和售后服务不很满意,需要建立先进的订单管理系统;需要建立更好地客户关系维护和意见反馈体系。

客户资信管理问题:业务员可能垄断客户信息,企业管理失控;客户惯性拖欠,占压大量流动资金;客户信息记录不全,信用风险过高。

营销管理问题:需要规范、强化销售渠道管理;存在业务员盲目交易现象,业务审批手续不科学;需要强化合同管理,排除风险隐患;应当对授信额度与期限实行科学控制。

(九) 营销风险和不确定性

营销风险和不确定性管理的重要性居于营销风险和不确定性管理的首要位置。营销风险和不确定性管理还具有不确定性、变化性、时时客观存在但有时候难以把握等特点,这在某种程度上为我们采取措施又增加了难度,冒险的概率又增加了几分。

三、规避策略与方法

(一) 市场定位风险和不确定性规避策略

注重市场的调查,深度挖掘产品特点,明确竞争优势,关注竞争对手定位,提供适销的产品。市场调查是企业生产经营活动的起点,贯穿于生产经营的全过程。方法:系统地对新产品设计、开发和试销情况,对现有产品进行改良,对目标市场在产品款式、性能上、质量上品牌以及包装等方面的偏好以及对本企业产品满意度上进行预测和调查,从而向目标顾客提供货真价实、物美价廉、适销对路的产品。

(二) 价格稳定风险和不确定性规避策略

价格重新定位,根据市场采用不同的价格组合、提供良好的超值服务、逆向定价。方法:用援用保险功能转嫁产品风险和不确定性。从企业角度来说,援用保险转嫁风险和不确定性的基本原理在于通过向保险人购买保单,与之确立保险关系的形式,将其固有的、可能是巨大的、不固定的损失用小额的保险费支出固定下来。援用保险功能可以提升本企业产品的形象,使消费者买得放心,从而使产品风险和不确定性降至最低。

(三) 价格变动风险与不确定性规避策略

返还部分贷款、予以实物赠品、实行不同产品组合定价优惠、降低部分技术指标,达到降价目的。方法:在生产、贸易活动中原材料价格的涨跌直接影响着企业利润,利用套期保值的方法来转移价格变动风险与不确定性,目的就是将期货市场当做转移价格风险的场所,利用期货合约作为将来在现货市场上买卖商品的临时替代物,对其准备以后售出商品或对将来需要买进商品的价格进行保险的交易活动。

(四) 渠道风险和不确定性规避策略

进行客户资信评估、制定切实可行的信用政策、加强客户关系管理、灵活采用货款回收控制方法、建立货款回收风险和不确定性处理机制。方法:营销损失控制是指企业对不愿意放弃也不愿转移的营销风险和不确定性,通过降低其损失发生的概率,缩小其损失程度来达到控制目的的各种控制技术或方法。营销损失的目的在于积极改善营销风险和不确定性单位的特性,使其能为企业所接受,从而使企业不丧失获利机会。

(五) 新产品开发风险和不确定性规避策略

慎重选择新产品投入市场的时机、做好研发资金的监控、提高企业的研发能力、加强新产品研发过程中的信息沟通。

1. 采购

采购即从本项目组织外采购产品和服务,常常是针对某些种类风险和不确定性的有效对策。比如,与使用某种科技相关的风险和不确定性就可以通过与有此种技术经验的组织签订合同减缓风险和不确定性。

2. 预防性计划

预防性计划指对一个确认的风险和不确定性事件如果发生如何制定行动步骤。

3. 替代战略

风险和不确定性事件常常可以通过及时改变计划来制止或避免。比如,一个备用的工作方案可以减少在安装期和建设阶段中产生的变故。实际上在许多应用领域都有替代战略在潜在价值方面的实体文字说明。

4. 投保

保险或类似保险的操作如证券投资常常对一些风险和不确定性类别是行之有效的。在不同的应用领域,险种的类别和险种的成本也不同。

【专栏 6-5】

法国兴业银行剧亏

2008年1月18日,法国兴业银行收到了一封来自另一家大银行的电子邮件,要求确认此前约定的一笔交易,但法国兴业银行和这家银行根本没有交易往来。因此,兴业银行进行了一次内部查清,结果发现,这是一笔虚假交易。伪造邮件的是兴业银行交易员凯维埃尔。更深入的调查结果显示,法国兴业银行因凯维埃尔的行为损失了49亿欧元,约合71亿美元。

凯维埃尔从事的是什么业务,竟能导致如此巨额损失?欧洲股指期货交易,是一种衍生金融工具产品。早在2005年6月,他利用自己高超的电脑技术,绕过兴业银行的五道安全限制,开始了违规的欧洲股指期货交易,"我在安联保险上建仓,赌股市会下跌。"不久伦敦地铁发生爆炸,股市真的大跌。他就像中了头彩……盈利50万欧元。2007年,凯维埃尔再赌市场下跌,因此大量做空,他又赌赢了,到2007年12月31日,他的账面盈余达到了14亿欧元,而当年兴业银行的总盈利不过是55亿欧元。从2008年开始,凯维埃尔认为欧洲股指上涨,于是开始买涨。然后,欧洲乃至全球股市都在暴跌,凯维埃尔的巨额盈利转眼变成了巨大损失。

这个事件给我们的启示就是:衍生金融工具的风险很大程度上表现为交易人员的道德风险,但归根结底,风险主要来源于金融企业内部控制制度的缺乏和失灵。在国家从宏观层面完善企业会计准则和增强金融企业实力的同时,企业内部也应完善财务控制制度,消除企业内部的个别风险。

资料来源:http://www.chinadmd.com/file/zpcxaczuprwossaiicrxocsp_1.html.

第六节 公司利润分配

利润分配管理是企业按照国家有关法律、法规以及企业章程的规定,在兼顾股东和债权人等其他相关者利益关系的基础上,将资金在企业和企业所有者之间、企业内部的有关项目之间、企业所有者之间进行分配的活动,其结果一方面导致资金存量和股东权益规模和结构的变化,同时也对企业资金的筹集和投资活动产生影响,从而影响公司战略的最终实现。

一、基于企业战略分析的利润分配决策探究

从公司战略角度分析利润分配管理,需要把握环境的现状和发展趋势,利用有利于企业发展的机会,避开各种环境带来的威胁,谋取企业生存发展的空间。可以从宏观环境、产业

环境角度进行深入研究。宏观环境分析应从政治和法律环境、经济环境、社会和文化环境、技术环境四个层面对利润分配进行重新审视。

(一) 利润分配的政治和法律环境影响

政治和法律环境制约和影响企业的政治要素和法律系统,也是保障企业生产经营活动的经营条件。利润分配政策的选择和制定应充分考虑所在国家和地区的政治稳定的影响、政府行为对企业的影响、产业政策、税收政策等,也要考虑各政治利益集团可能对利润分配施加的影响。法律是政府管理企业的一种手段,我国的《公司法》《外商投资企业法》对利润分配有约束性的规定。企业的利润分配应遵循相关的法律和法规,此外,企业还应从保护企业、保护消费者、保护员工、保护公众权益等角度对利润分配予以审视。在经济日益全球化的趋势下,国际法所规定的国家法律环境和目标、国内的法律环境也是企业应予以考虑的要素。

(二) 利润分配的经济环境影响

经济环境主要包括社会经济结构、经济发展水平、经济体制、宏观经济政策、当前经济状况等方面。企业应考虑国民经济中不同的经济成分、不同的产业部门及社会再生产各方面在组成国民经济整体时的相互适应性对利润分配的要求,从产业结构、分配结构、交换结构、消费结构等方面考虑对利润分配的影响。经济发展水平、经济体制、宏观经济政策与利润分配之间存在着影响与被影响的关系,也是利润分配管理过程中要考虑的因素。

(三) 利润分配的社会文化环境影响

社会文化环境包括人口因素、社会流动性、消费心理、生活方式变化、文化传统和价值观等要素。利润分配管理考虑投资者所在的社会文化环境,结合企业长短期发展规划,才能兼顾各方面的利益,达到较为理想的效果。

(四) 利润分配的技术环境影响

技术环境包括国家科技体制、科技政策、科技水平和科技发展趋势等。通过分析技术环境,企业可评测公司未来的投资发展机遇,在利润分配中考虑是否需要保留部分盈余,加大科研和固定资产投入等。

产业环境分析方面,应从产品生命周期、产业的五种竞争力、成功的关键因素等方面考虑利润分配。企业如处在产品生命周期的导入期,由于经营风险非常高,研制的产品能否成功,研制成功的产品能否被顾客接受,被顾客接受的产品能否达到经济生产规模,可以规模生产的产品能否取得相应的市场份额等,都存在很大的不确定性。因此利润分配时可以考虑选择高留存收益、低股利发放的政策。处在成长期的企业,经营风险有所下降,但经营风险仍处在较高的水平,由于竞争的加剧,市场的不确定仍在增加,企业选择利润分配方案时可以考虑在较低的固定股利基础之上按各年实现的净利的一定的股利支付率的办法,既能保证股东有固定的收入,也能将利润分配和企业经营业绩结合起来,具有较大的灵活性,以调和企业较大的经营风险。

处在成熟期的企业,经营风险进一步降低,达到中等水平,现金流充足且稳定,这时企业可考虑较高的股利发放水平,采取固定股利或固定股利成长率的分配政策。处在衰退期产品的企业,经营风险进一步降低,企业主要考虑合适的时机将产品退出市场,争取最后的现金流,这时的企业可以考虑部分利润留成,以备新产品的研发和市场开拓,或者寻找新的投资机会。

二、基于企业战略分析的利润分配策略

(一) 企业利润与分配中利益冲突的协调措施

企业利润与分配中经常会发生利益冲突的问题,这个问题的解决刻不容缓。首先,要有针对性地限定特定股东的利润分配的权力,利润的分配是由股东出资的比例来确定的;其次,对于一些中小股东要有相应的规定予以保障,要防止一些大股东或总裁以及经理滥用手中的权力;然后,对于债权人,也要采用规定以保护其合法权益;最后,对于董事会要完善其应该履行的义务。

(二) 企业利润与分配模式的措施

根据当前我国的现实情况与企业发展状况,建议从培养企业的社会责任感、加强政府和相关部门应监管力度、提高上市公司的盈利能力以及重视股东利益四个方面进行研究与分析。第一是培养企业的社会责任感。企业的社会责任感提升了,企业利润与分配才能更加快速、高效地进行,其模式与体系才能正式确立与快速完善、发展。第二是政府和相关部门应加强监管力度。政府和相关部门应该规范企业的运作,起到引导作用,使之根据各个企业的现实情况进行合理的利润分配。同时,我国的上市公司中还存在许多套现等问题,这就要求政府或相关部门进一步强化监管力度,规范企业行为,解决当前企业的利润与分配问题。第三是提高上市公司的盈利能力。上市公司在上市后需要处理很多的问题,需要更大的盈利才能满足企业的发展要求,股东才能有利润的分配。俗话说:"不能盈利的企业相当于犯罪,增加社会负担,影响一个国家整体经济发展。"因此,上市公司的盈利能力需得到重视,通过学习过去上市公司运营经验,具体企业情况具体分析,采用最佳的运营方式运营企业,提高上市公司的盈利能力。第四是重视股东利益。提升股东的参与度,强化股东的监督意识,正视股东的作用与功能,最大限度地提升股东合法权益。只有让股东得到实实在在的利益,企业才能更加健康、快速发展,企业利润与分配工作才能更加顺利开展。

(三) 国有企业分红收益与分配制度的建立

国有企业分红收益与分配制度的建立对提高企业利润与分配有巨大的推动作用。主要涵盖以下三个方面:第一是充实社保基金。我国的社保地域比较小,而且城市与乡村之间的社保基金的差异是比较大的,这就说明我国的社保制度是不完善的,需要正视我国社会的现实情况,充实社保基金。第二是用于公共事业。国企应该积极地支持公共事业的发展,不但有利于国家,还有利于自身的长远发展,同时人民群众也受益良多。公共事业既方便人们的生活,也是一个国家经济发展程度的象征,更是企业利润与分配模式发展情况的现实体现。企业利润分配健康发展会促进公共事业健康发展,同时公共事业的快速发展会进一步影响与促进企业利润与分配的快速发展。第三是补充企业国家资本金。将国有资本经营预算与一般公共预算分开,避免政府对国有企业的直接决策,而这关键在于补充企业国家资本金。

(四) 借鉴西方利润分享制,完善中国企业利润与分配的格局

西方先进的企业利润分配理论与实践经验对我国国有企业快速发展与运营有巨大的推动作用。下面将从现代西方利润分享制的理论及其对中国的启示两个方面进行分析:

第一,西方利润分享制是工人的收入与企业经营相联系的轨制,用于经济停滞不前的时期,是非常有作用的,其意义深远。

第二,将其作为我们考虑利润分配的制度是非常有必要的。完善按劳分配,实现按照劳动的价值进行工资的分配以及其他各项奖励,能够提高员工的积极性以及责任感,利于企业

的久远成长,在中国有非常重要的现实意义。

【专栏 6-6】

华为独特的利润分配机制

华为发布的 2017 年年报,显示,华为业绩稳健增长,实现全球销售收入 6036 亿元人民币,同比增长 15.7%,净利润 475 亿元人民币,同比增长 28.1%。小米 2017 年的经营收入刚刚超过 1000 亿,是华为的 1/6。腾讯 2017 年的经营收入 2000 亿元,是华为的 1/3。即便地产巨头万科、恒大、碧桂园,也都仅仅是华为的 1/2 左右。

华为今天的成功是因为探索了一套适合自身发展的企业经营机制,包括利益驱动机制、权力驱动机制、成就驱动机制、理想追求与价值驱动机制。公司的价值评价体系和价值分配制度是华为之所以成功的关键所在,也是华为管理中最具特色之处。其主要内容和特点是:劳动、知识、企业家和资本创造公司的全部价值;公司的成就、全体员工的士气和公司的归属意识是价值评价的标准;才能、责任、贡献、工作态度与风险承诺是价值分配的依据;组织权力和经济利益是价值分配的对象;机会、职权、工资、奖金、股权、红利、福利以及其他人事待遇是价值分配的形式。把知识转化为资本,知本主义实现制度是华为的创新。其表现在股权和股金的分配上,股权的分配不是按资本分配,而是按知本分配,即将知识回报的一部分转化为股权,然后通过知本股权获得收益。

资料来源:http://www.baiduandgoogle.com/x1798145586811343067/.

◆ 知识点

生产决策　成本决策　差异定价　财务管理　信息化管理　风险和不确定性　利润分配

◆ 习题

1. 请简述在企业经营过程中,生产决策的内容、程序和方法分别是什么?成本决策管理过程中一般要经过哪几个阶段?

2. 请运用企业定价理论解释产品定价策略有哪些,并运用目标利润定价方法分析其在现实中的应用。

3. 基于风险角度,请论述企业财务管理的重点方向和策略。

4. 优胜劣汰的市场竞争环境下企业信息化管理应采用什么样的方式才能达到经营目标?

5. 运用营销理论解释怎样解决在市场推广过程减少经营各方面的风险和不确定性?

6. 怎样安排利润分配使企业经营可以避开各种环境带来的威胁,并谋取企业生存发展的空间?

第七章 公司价值链

正确地分析企业的价值链对企业在激烈的市场竞争中取得胜利至关重要,因此深入了解并分析企业的价值链是企业在生产和经营管理中的重要内容。本章首先介绍了企业价值链的思想内涵和特性,然后重点介绍了企业价值链的内容及分析方法,其中包括价值链的基本增值活动和辅助性增值活动两大板块内容,最后从成本优势战略和差异化战略的角度介绍了价值链在竞争中的具体应用并附有相关的案例分析。本章将主要通过相关案例的分析来具体了解企业的价值链及其在市场竞争中的实际应用。

从价值链中探索耐克成功奥秘

耐克是全球著名的体育用品制造商,总部位于美国俄勒冈州。耐克自创立之日起,就在美国运动鞋市场中处于龙头地位,2015年据零售行业数据监测公司 NPD Group 公布的数据显示,美国运动鞋市场上耐克的市场份额高达62%,同时其在全球市场也一直处于领先地位。

在生产环节上,在20世纪70年代,耐克旗下只有一家规模很小的制鞋厂。97%以上的耐克球鞋的生产都采取在第三世界国家合同承包,以加工返销的形式进行,然后由耐克公司收购,并由耐克公司在发达国家销售。外包使耐克获得了廉价的劳动力,并从供应商那里得到了大量折扣。而且外包使顾客能够更快地从市场获得新产品,减少资本投入的风险。

在销售环节上,"期货"下单计划允许零售商提前5~6个月预先定下运输保证书,保证90%的订货会以确定的价格在确定的时间运到。这个策略成功地将存货减少到最少,并缩短了存货的周转。目前,耐克有三种销售渠道:零售商、耐克城以及电子商务。

在市场营销上,耐克的营销策略始终反映公众意见。20世纪80年代到90年代的大部分时期,公众将专业运动员当成自己心目中的英雄来崇拜。耐克根据人们的这种心理,投入了大量资金,请成功且富有魅力的知名运动员为产品代言。如邀请了著名球星迈克尔·乔丹加入耐克团队,"像迈克尔一样"就成为人们对乔丹仰慕之情的口号。而当乔丹1999年退役时,耐克无法找到一个运动员可以代替他的位置,因此,耐克转向一个名为"Nike Play"的新活动,这个活动由展示个人成就、鼓励所有人参与的系列短片组成。对市场变化做出快速反应,正是耐克保持自身在鞋类市场核心竞争力的法宝。

在产品设计上,耐克公司为开发新样式跑鞋而投入巨资。其跑鞋的样式是根据不同的性别、脚型、体重、跑速、训练计划和不同的技术水平设计的。这些风格各异、价格不同且多种用途的产品,立刻获得了成千上万跑步者的青睐,使他们感到"耐克"是提供品种最齐全的跑鞋制造商。耐克球鞋在市场主要靠其最佳设计和高档品牌形成了号召。

耐克得以发展壮大并在体育用品行业取得巨大成功的秘诀不是在于制造环节,而在其对产品设计和广告营销环节的控制上。当今运动鞋行业生产工艺成熟,制造环节的经济效益有限,而其研究开发和广告推销环节,固定成本高,产品的广告边际成本低,经济规模效应高,是应关键控制的战略环节。耐克这种"抓设计、营销、外包生产制造"的价值链战略是其成功的奥秘所在。

资料来源:http://wenku.baidu.com/link?url=kJgk1Sqrj0L8RA9v1UXBu7Wrf9mlPYGnrMbLt0Xezd-fmtqm5_rUsvUTT-SRSJ5KsFct7T3NtWoAcylhX0CBIlwjUk644n1bL3dbjeCrDdK.

第一节 价值链的思想内涵及其特性

1985年,哈佛商学院的迈克尔·波特教授在其所著的《竞争优势》中首次提出了价值链的概念。波特认为:"每一个企业都是用来进行设计、生产、营销、交货以及对产品起辅助作用的各种活动的集合。所有的这些活动都可以用价值链表示出来。"每一个企业的价值链都是由以独特方式联结在一起的九种基本的活动类别构成的。基本价值链可以用来表明如何为一个特别的企业建立一个反映它所从事的各种具体活动的价值链。

一、价值链的思想内涵

价值链思想认为企业的价值增值过程,按照经济和技术的相对独立性,可以分为既相互独立又相互联系的多个价值活动,这些价值活动形成一个独特的价值链。价值活动是企业所从事的物质上和技术上的各项活动,不同企业的价值活动划分与构成不同,价值链也不同。

价值链在经济活动中是无处不在的,上下游关联的企业与企业之间存在行业价值链,企业内部各业务单元之间也存在着价值链联结。价值链上的每一项价值活动都会对企业最终能够实现多大的价值造成影响。波特的"价值链"理论揭示,企业与企业的竞争,不只是某个环节的竞争,而是整个价值链的竞争,而整个价值链的综合竞争力决定了企业的竞争力。用波特的话来说:"消费者心目中的价值由一连串企业内部物质与技术上的具体活动与利润所构成,当你和其他企业竞争时,其实是内部多项活动在进行竞争,而不是某一项活动的竞争。"

在企业的经营活动中,并不是每个经营环节都创造价值或者具有比较优势。企业所创造的价值和比较优势,实际上是来自于企业价值链上某些特定环节的价值活动。企业的竞争优势,或者说核心竞争力,实质上就是企业在价值链上某一特定的战略环节上所具有的优势,这些战略环节是企业核心竞争力的源泉。只要控制住这些关键的战略环节,也就控制了整个价值链。企业要发展或者保持自己的竞争优势,并不需要在企业的所有环节上都保持优势,关键是发展或者保持那些创造价值同时生产比较优势的战略环节的优势。

对于制造业来说,价值链的基本活动包括内部后勤、生产经营、外部后勤、市场营销、服务;辅助活动包括企业基础设施、人力资源管理、技术开发、采购(见图7.1)。每一项活动都包括直接创造价值的活动、间接创造价值的活动、质量保证活动三部分。企业内部某一活动是否创造价值,看它是否提供了后续活动所需要的东西、是否降低了后续活动的成本、是否改善了后续活动的质量。每项活动对企业创造价值的贡献大小不同,对企业降低成本的贡献也不同,每一个价值活动的成本是由各种不同的驱动因素决定的。价值链的各种联系成为降低单个价值活动的成本及最终成本的重要因素,而价值链各个环节的创新则是企业竞争优势的来源。

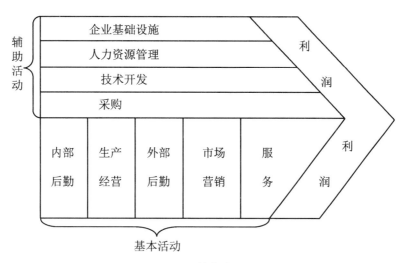

图 7.1 基本价值链

价值流是指企业运转从开始到结束的多组连续活动,这些活动共同为顾客创造价值,顾客可能是外部的顾客,也可能是价值流内部的最终使用者。如订单从开始到履行组成订单履行的价值流,订单接收是组成订单履行价值流活动中的一项。

价值链涉及整个企业,计算成本和价差是价值链作为竞争性比较的基础,企业的业务要求推动了价值链的发展;价值流涉及满足特定类型顾客(内部或外部)的一系列活动,为特定类型的顾客或用户提供特定的工作活动是价值流发展的基础。

价值链的含义可以概括为:第一,企业各项活动之间都有密切联系,如原材料供应的计划性、及时性和协调性与企业的生产制造有密切的联系;第二,每项活动都能给企业带来有形或无形的价值,如售后服务这项活动,如果企业密切注意顾客所需或做好售后服务,就可以提高企业的信誉,从而带来无形价值;第三,价值链不仅包括企业内容各链式活动,更重要的是,还包括企业外部活动,如与供应商之间的关系,与顾客之间的关系。

价值链列示了总价值、并且包括价值活动和利润。价值活动是企业所从事的物质上和技术上的界限分明的各项活动,这些活动是企业创造对买方有价值的产品的基石。利润是总价值与从事各种价值活动的总成本之差,这一差额可以用很多方法来度量。供应商和渠道的价值链也包括一个差额,它对于分别认识企业成本地位的各种资源非常重要,因为供应商和渠道利润都是买方所承担的成本的一部分。

二、价值链的特性

企业要生存和发展,必须为企业的股东和其他利益集团包括员工、顾客、供货商以及所在地区和相关行业等创造价值。任何一个企业都是其产品在设计、生产、销售、交货和售后服务方面所进行的各项活动的聚合体。每一项经营管理活动都是这条价值链上的一个环节。企业的价值链及其进行单个活动的方式,反映了该企业的历史、战略、实施战略的方式以及活动自身的主要经济状况。本书从以下五点对价值链的特性进行了描述:

1. 价值活动

价值活动可分为两种活动:基本活动和辅助活动。基本活动是涉及产品的物质创造及其销售、转移给买方和售后服务的各种活动。辅助活动是辅助基本活动并通过提供外购投入、技术、人力资源以及各种公司范围的职能以相互支持。

2. 价值链列示了总价值

价值链除包括价值活动外,还包括利润。利润是总价值与从事各种价值活动的总成本之差。

3. 价值和价值活动构成价值链的分析基础

价值表现为买方愿意为企业提供的价格,它代表着客户需求满足的实现。价值用总收入来衡量,总收入则是企业产品得到的价格与所销售的数量的反映。如果企业所得的价值超过创造产品所花费的各种成本,那么企业就有盈利。为买方创造超过成本的价值是任何基本战略的目标。价值活动是企业制造为买方提供有价值的产品源泉,涉及产品的物质创造及其销售、转移给买方和售后服务的各种基本活动,以及提供外购投入、技术、人力资源、各种公司范围的职能的辅助活动,是价值链分析法的基础。

4. 价值链的整体性

企业的价值链并不是处在一个真空地带,它与外界具有不可分割的价值联系。价值链揭示的是企业创造的总价值,体现在更广泛的价值系统中。供应商拥有创造和交付企业价值链所使用的外购输入的价值链(上游价值),许多产品通过渠道价值链(渠道价值)到达买方手中,企业产品最终成为买方价值链的一部分。因此,进行价值链管理,不仅要理解企业自身的价值链,而且要理解企业价值链所处的价值系统。所谓的价值系统也就是前后相连的价值链所形成的价值链系统。一个完整的价值系统如图 7.2 所示。企业的价值链上接供应商价值链,下联客户价值链,同时还受到市场价值链与竞争对手价值链的影响。它们共同构成了一个价值链系统。评估企业的成本竞争力需要将它的成本与整个行业的价值链进行比较,上游供应商的价值链之所以重要,是因为供应商提供的材料的质量、成本和性能直接关系到企业自己产品的成本和性能。下游渠道商的价值链之所以重要,是因为在下游的渠道商的成本和利润也是顾客支付价格的一部分,会直接影响消费者对产品和服务的满意度。

图 7.2　价值链系统利润

5. 价值链的异质性

不同的产业具有不同的价值链。在同一产业，不同企业的价值链也不同。它反映企业各自的历史、战略和实施战略的途径等方面的不同，同时也代表着企业竞争优势的一种潜在来源。例如，人民快递公司和联合航空公司都在航空业展开竞争，但它们有完全不同的价值链，体现为登机手续操作、机组人员政策和飞机作业方面的显著差异。一个产业中企业的价值链可能会因为产品线的不同特征、买方、地理区域或分销渠道的不同而有所区别。然而，一个企业这种次级的价值链是密切相关的，而且也只能在业务单元价值链的范围内被认识。

第二节 价值链的内容及分析方法

价值链作为公司分析诊断的一种工具，用以识别、创造更多的客户让渡价值的途径，每个公司都集合了设计、生产、销售、送货和为支持其产品而采取的一系列活动。

一、价值链的内容

价值链可以分为基本增值活动和辅助性增值活动两大部分。企业的基本增值活动，即一般意义上的"生产经营环节"，如材料供应、成品开发、生产运行、成品储运、市场营销和售后服务。这些活动都与商品实体的加工流转直接相关。企业的辅助性增值活动，包括组织建设、人事管理、技术开发和采购管理。这里的技术和采购都是广义的，既可以包括生产性技术，也包括非生产性的开发管理，例如，决策技术、信息技术、计划技术；采购管理既包括生产原材料，也包括其他资源投入的管理，聘请有关咨询公司为企业进行广告策划、市场预测、法律咨询、信息系统设计和长期战略计划等。价值链的各环节之间相互关联，相互影响。一个环节经营管理的好坏可以影响到其他环节的成本和效益。比方说，如果多花一点成本采购高质量的原材料，生产过程中就可以减少工序，少出次品，缩短加工时间。

虽然价值链的每一环节都与其他环节相关，但是一个环节能在多大程度上影响其他环节的价值活动，则与其在价值链条上的位置有很大的关系。根据产品实体在价值链各环节的流转程序，企业的价值活动可以被分为"上游环节"和"下游环节"两大类（图7.2）。在企业的基本价值活动中，材料供应、产品开发、生产运行可以被称为"上游环节"；成品储运、市场营销和售后服务可以被称为"下游环节"。上游环节经济活动的中心是产品，与产品的技术特性紧密相关；下游环节的中心是顾客，成败优劣主要取决于顾客特点。不管是生产性的还是服务性的行业，企业的基本活动都可以用上价值链来表示，但是不同的行业价值的具体构成并不完全相同，同一环节在各行业中的重要性也不同。例如，在农产品行业，由于产品本身相对简单，竞争主要表现为价格竞争，一般较少需要广告营销，对售后服务的要求也不是特别强烈，与之相应，价值链的下游环节对企业经营整体效应的影响相对次要；而在许多工业机械行业以及其他技术性要求较高的行业，售后服务往往是竞争成败的关键。

企业在竞争中的优势，尤其是能够长期保持的优势，说到底，是企业在价值链某些特定的战略价值环节上的优势。而行业的垄断优势来自于该行业的某些特定环节的垄断优势，抓住了这些关键环节，也就抓住了整个价值链。这些决定企业经营成败和效益的战略环节可以是产品开发、工艺设计，也可以是市场营销、信息技术，或者认识管理等等，视不同的行业而异。在高档时装业，这种战略环节一般是设计能力；在卷烟业，这种战略环节主要是广告宣传和公共关系策略(也就是如何对付各种政府和消费者组织的戒烟努力);在餐饮业,这种战略环节主要是餐馆地点的选择。虽然如前所述不同行业有不同的价值链,同一环节在各行业的作用也不相同,但是,对于具有较大规模的企业,例如跨国公司则可以通过价值链上的关键环节也就是核心能力在相关行业中进行扩散和移植,从而提高企业尤其是跨国公司的竞争优势。跨国公司在国际营销活动中拥有全球跨行业营销的范围经济效应。这种范围经济效应是跨国公司通过最佳广度(范围)地使用通用型要素和资源而获得的。这种通用型要素可以是通用的生产设备、管理经验、营销技能和研究开发能力。由于在价值链的每一个环节几乎都能发现通用型要素的存在,那么,当两个行业的价值链上的关键环节也就是核心能力需要相同的通用型要素时,跨国公司就将自己在一个行业中的核心能力扩散到另一个相关行业,使得范围经济效应转化为范围经济优势。因此,跨国公司在一个行业的营销沟通活动中获得的先进知识、经验和技能,可以不需要追加很大的投资就能转移到其他相关行业。如美国著名的烟草商菲利浦莫利斯公司创造了万宝路。

二、价值链分析方法

价值链分析方法视企业为一系列的输入、转换与输出的活动序列集合,每个活动都有可能相对于最终产品产生增值行为,从而增强企业的竞争地位。企业的信息技术和关键业务流程的优化是实现企业战略的关键。企业通过在价值链过程中灵活应用信息技术,发挥信息技术的职能作用、杠杆作用和乘数效应,来增强企业的竞争能力。价值链分析法涉及整个企业,可以分为三个类别:企业内部价值链分析、竞争对手价值链分析和行业价值链分析。

(一)企业内部价值链分析

通过对企业内部价值链的分析,确认企业的价值活动及其分布状态,以及企业在整个行业价值链中的位置,并将本企业价值活动的所耗成本与其对产品价值的贡献进行比较,确定其发生的合理性,进而决定对其消除还是改进。内部价值链分析由以下几步构成:第一,区分价值链作业。企业以价值创造方式为划分标准,区分出相互间彼此独立的作业。第二,确定战略性价值链作业。不同企业的产品或服务具有不同的特征,这些特征实现了企业的价值增值,与这些特征相联系的作业代表了企业最重要的活动,它们就是企业的战略性价值链作业。第三,追踪价值链作业成本。追踪即根据不同的成本动因,将成本分配到各个价值链作业。准确追踪各作业的成本能更合理地评估各项作业,确定增值作业和非增值作业。第四,利用作业成本信息对战略性价值链作业进行更有效的管理。企业的战略性价值链作业创造了吸引顾客的产品和服务特征,企业在为顾客创造价值的同时实现了自身的利益。更有效地管理战略性价值链作业,企业的竞争优势就可以得到不断的巩固和加强。

(二)竞争对手价值链分析

竞争对手价值链分析的目的就是为了揭示企业与竞争对手相比的相对成本地位。竞争对手价值链分析需要测算出竞争对手的成本水平、成本构成与成本支出情况,与企业的产品成本进行比较,揭示出决定竞争优势的差异所在。通过对竞争对手的分析,发现相对于竞争对手的价值链。企业获得竞争力的合理程度,具体包括企业拥有多大的竞争优势或劣势,是哪些价值活动或成本因素导致了这种状况的出现。

(三)行业价值链分析

通过对行业价值链的分析,确定企业是否需要实施纵向整合战略,通过对供应商和购买商的并购或建立战略联盟来降低成本,实现竞争优势。

在具体分析一个企业内部的价值链活动时,需要从以下三个内容把握:识别价值活动、确立活动类型和分析企业竞争的优势。

首先,识别价值活动。并不是企业的每一项活动都能够创造价值,在企业的所有经营管理活动中真正创造价值的是某一特定环节,实质上也就是企业价值链的"战略环节"具有比较优势,创造了价值。价值活动有两类,即基本活动和辅助活动。基本活动可分为:与接收、存储和分配相关的各种内部后勤活动;与将各种投入转化为最终产品相关联的各种生产经营活动;与集中、仓储和将产品发送给买方相关联的各种外部后勤活动;与提供一种买方购买产品的方式和引导他们进行购买相关联的各种市场营销活动;因购买产品而向客户提供的、能使产品保值增值的各种售后服务,如安装、维修和零部件供应等。辅助活动主要包括购买用于企业价值创造的采购活动、技术开发活动和人力资源管理,以及包括总体管理、计划、财务、会计、法律、政治事务和质量管理等在内的企业基础管理活动。

其次,确立活动类型。在每类基本和辅助活动之中,都有直接活动、间接活动和质量保证活动三种类型,分别对竞争优势起到不同的作用。

① 直接活动涉及直接为买方创造价值的各种活动,如零部件加工、安装、产品设计、销售、人员招聘等。

② 间接活动指那些使直接活动持续进行成为可能的各种活动,如设备维修与管理、工具制造、原材料供应与储存、新产品开发等。

③ 质量保证活动指确认其他活动质量的各种活动,如监督、视察、检测、核对、调整和返工等。

以上三种价值活动类型既存在于基本活动中,而且也存在于各种辅助活动中。例如,在技术开发中,实际的实验队伍是从事直接活动,而科研管理则是间接活动。在实际中对间接活动和质量保证活动的作用往往没有得到正确的认识,这使得三种形式的活动之间的区别成为判定竞争优势的一项非常重要的因素。尽管直接活动与间接活动所起到的经济效果是完全不同的,但是管理人员在考虑企业的活动时,常常会把二者归在一起考虑。间接活动也经常被归类到"管理费用"和"间接费用"科目,忽视了它们的成本对经济效果歧视性的贡献。

最后,分析企业的竞争优势。如前所说,企业创造价值的环节是价值链上的"战略环节"。企业竞争优势有三个主要来源:价值活动、价值链的内部联系和外部联系。

① 价值活动是构筑竞争优势的基石,企业在关键价值活动的基础上建立和强化这种优势就可能获得成功。通过同其他企业对比,企业发现自身竞争优势。

② 价值链的内部联系。基本价值活动之间、不同支持活动之间、基本活动与支持活动之间存在着联系,竞争优势往往来源于这些联系。例如,成本高昂的产品设计、严格的材料规格或严密的工艺检查也许会大大减少服务成本的支出,而使总成本下降。

③ 价值链的外部联系。价值链的外部联系是指企业与供应商、渠道价值链和买方价值链之间的联系。供应商、渠道买方的各种活动进行的方式会影响企业活动的成本或利益,它们与企业价值链的各种联系也会为增强企业的竞争优势提供机会。

企业的一切活动都应视为一项基本或支持活动。公司的完整价值链是一个跨越公司边界的供应链中各节点企业所有相关作业的一系列组合。完整价值链分析就是核心企业将其自身的作业成本和成本动因信息与供应链中节点企业的作业成本和成本动因信息联系起来共同进行价值链分析。具体来说,完整的价值链分析的步骤如下:首先,把整个价值链分解为与战略相关的作业、成本、收入和资产,并把它们分配到"有价值的作业"中;其次,确定引起价值变动的各项作业,并根据这些作业分析形成作业成本及其差异的原因;再次,分析整个价值链中各节点企业之间的关系,确定核心企业与顾客和供应商之间作业的相关性;最后,利用分析结果重新组合或改进价值链,以更好地控制成本动因,产生可持续的竞争优势,使价值链中各节点企业在激烈的市场竞争中获得优势。

第三节 价值链分析在竞争中的应用

在变革的时代,能否保持竞争优势已成为企业生存和发展的核心战略要求,并成为企业成败的关键。企业要获取有利的竞争优势就要实施基于价值链的战略。企业的竞争优势归根到底有两种:一种是成本优势,另一种是差异化。本书将结合以上两点分析价值链在竞争中的应用。

一、价值链与成本分析

企业的成本行为及其相对成本地位产生于企业在一个产业里竞争时所从事的价值活动。将企业作为一个整体来考察成本是没有意义的,因此,必须把企业的活动进行分解,从中找出产生成本的价值活动来分析。如果企业在从事价值活动中取得了低于其竞争者的累计成本,成本优势就由此而生。

成本分析法的起点是确定企业的价值链,并把营业成本和资产分配到各种价值活动中去。价值链里的每种价值活动包括营业成本、固定和流动资本形式的资产。为了进行成本分析,把基本价值链分解为单独的价值活动时反映出以下三个并行不悖的原则:一是活动所占的成本大小和增长;二是活动的成本行为;三是竞争对手在进行该活动时的差异。

(一) 识别并确定成本分析的价值链

识别企业自身价值链是划分企业的主要价值活动。企业在全部经营过程中会涉及数量很多的活动,我们没有必要将所有的活动都直接作为价值链分析过程中的单独价值活动来分析。总之,在识别企业价值链的过程中,不能将企业的各项价值活动划分得过细,也不能过于笼统地划分为主要价值活动,而应该遵循在成本中所占比例大,该活动的成本动因与其他活动有显著差异,对于创造差别化具有较大潜力以及企业所选择的战略、行业的特点等原则,将这一系列的活动划分为一项单独的价值活动。价值链将企业分解成不同的战略作业,每种作业对企业的相对成本地位都有所贡献,并且奠定了产品差异化的基础,是企业为顾客创造价值的基本元素。而成本分析的焦点是识别与分解企业的价值链,将成本与资产分配给创造价值的作业。价值链中每一种作业消耗资源,从而导致成本的消耗和价值的产生。企业在分解价值链后,须把营业成本和资产分摊归属到对应的价值作业中,从而反映出资源在作业中的配置规模和利用效率。

(二) 确定各价值作业的成本动因

企业的成本地位源于其价值作业的成本行为,而成本行为又取决于影响成本的驱动因素。在传统管理会计中,产出是唯一的成本动因驱动因素,而在价值链理论下,单纯地以产量作为成本动因已经不能说明不同作业之间的成本动因不同。美国学者罗曼诺从作业成本计算的角度,将成本动因分为两个阶段。第一阶段的成本动因主要用于各作业中心内部成本库之间分配资源,第二阶段的成本动因主要用于在各产品之间分配成本库。即我们现在所提的两大成本动因:资源动因和作业动因。资源动因反映了资源消耗的起因,是资源费用归集到作业的依据,可以用来评价资源使用的效率。作业动因是指作业发生的原因,是将作业成本库中的成本分配到成本中去的依据,也是将资源消耗与最终产出沟通的中介。通过作业动因的分析能够揭示增值作业与非增值作业,有利于将企业的资源引导至高效增值作业,消除不增值作业及增值低效作业。在价值链分析中,学者丹尼尔·赖利进一步将成本动因划分为结构性成本动因和执行性成本动因。结构性成本动因分析是通过企业的基础经济结构的合理安排,以有利于企业竞争优势的形成,从战略管理的视野来选择企业的规模、业务范围、厂址等。执行性成本动因分析要求强化企业的劳动力参与、全面质量管理、生产能力利用等方面的作业程序安排,为战略成本管理目标的实现提供效率保证。

【专栏 7-1】

从成本优势的角度剖析格兰仕的价值链

格兰仕最初从事的是羽绒服生产,1992 年开始转向制造微波炉。转向新行业后,格兰仕将原来众多与微波炉无关的产业统统放弃掉,连年利润 800 万元、出口额达 3000 万元的羽绒服产业,也果断放弃,集中精力做微波炉。格兰仕的战略是,把一个产品做精、做深、做透、做大、做强之后,再做第二个。格兰仕从 1993~1999 年,一直只生产微波炉,因为微波炉对它来说是一个新行业,需要若干年积累经验。经过 8 年的专注和积累,微波炉已经做得很成熟,且在国内已经达到 70% 的市场占有率,增长空间有限,因此,格兰仕于 2000 年由单一的微波炉扩展到空调、电风扇、电饭煲等多种产品。

虽然是多种产品,但是都属于家电行业,从产业上看,仍然是专,或者叫产品的多元化,而不是产业的多元化。格兰仕由微波炉单一产品的最大化到微波炉、空调、电风扇等产品的相关多元化,是由规模经济效益的最大化,到范围经济效益的最大化。

格兰仕最擅长的就是"价格战"。从 1993 年进入微波炉产业,到 1996 年,微波炉产量增至 60 万台。从这年开始,格兰仕在全国掀起了大规模的降价风暴,当年降价 40%。降价的结果使得格兰仕的销量大增,产量也跟着大增。至 1997 年,产量增至近 200 万台,市场占有率达到 47.1%。探其原因,是因为微波炉的价格弹性,微波炉本应是一种生活必需品,只要价格适中,人们都愿意购买和使用。然而,在 20 世纪 90 年代初,一台微波炉的价格高达 3000~4000 元,相当于普通职工几个月的工资。在这种情况下,格兰仕对微波炉进行了一次又一次大幅度降价,自然会引发人们的购买欲望。

降价的最大受益者是广大消费者。从 1993 年格兰仕进入微波炉行业的 10 年间,微波炉价格由每台 3000 元以上降到每台 300 元左右,降了 90% 以上,不能不说这是格兰仕对中国广大消费者的巨大贡献。

格兰仕的降价,不是在产品成本之下进行的倾销。格兰仕的每次降价都是建立在成本降低的基础之上,而成本的降低又来自于它的规模优势。由于格兰仕已经将微波炉的成本和利润都降到很低,任何一个跨国公司,要把微波炉的成本降到格兰仕之下,都是相当困难的,甚至是不可能的。即使成本能达到格兰仕水平,但由于格兰仕已经拥有 70% 的国内市场占有率,如果把生产能力做到与格兰仕相当(为了使成本与格兰仕相当,其规模也不得不与格兰仕相当),仅两家的生产能力就会超过市场需求的 40%,结果,必然是两败俱伤。这就是格兰仕"价格战"所产生的"恐吓"效应。

格兰仕每一次降价都是它主动发起的。之所以能一次又一次地主动降价,是因为它的成本在下降,具备了引导价格、引导市场的实力,正是在这样的背景之下,格兰仕的降价不仅不会造成价格与质量的恶性循环,反而成了清除劣质产品的重要方式。

资料来源:陈春花,赵海然.争夺价值链[M].北京:中信出版社,2004.

二、价值链与差异化

如果一个企业能够提供给顾客某种具有独特性的东西,那么它就具有了有别于其竞争对手的经营差异化。前面提到企业可能具有两种竞争优势,其中一种是成本优势,另一种就是接下来将深入探讨的——差异化。

所谓"差异化竞争",就是通过市场细分和个性化服务来获得差异化竞争优势。目前,差异化竞争已经成为企业经营战略的发展潮流,以客户为中心的思想是企业竞争战略中的一种体现。差异化竞争要求企业根据客户的需求细分市场,通过对细分市场的个性化服务提高客户满意度,更好地争取和维护客户。

尽管经营的差异化很重要,但是其来源往往得不到充分的认识。很多企业对于经营差异化潜在来源的认识过于狭隘。它们仅仅从有形产品或市场行为的角度看待经营差异化,而看不到价值链中任何一处都可能产生经营差异化。差异化可以来源自企业所进行的各种具体活动和这些活动影响买方的方式,如屈臣氏在进行促销活动时,不仅会在活动当日对会员消费积分翻倍计算,同时也会在收银台后的柜台处摆放许多可以进行低价换购的自有品牌产品,这种换购价不到平时价的一半,对于屈臣氏的低价自有品牌产品起到了很好的促销作用。差异化也可以来源自下游。企业的销售渠道可能是独特性的一个有力来源,可以增强声誉、服务、买方培训及许多其他因素。例如在软饮料行业,独立的制瓶商对经营差异化至关重要。可口可乐公司和百事可乐公司花费大量的精力和财力改造制瓶厂,提高效率。

现代企业为了减少冲突以及在激烈的竞争中存活,必须发展与其他企业不尽相同的生存能力和技巧,必须懂得任何优势都来自于差异的道理,拓展并利用一切可利用的资源去填补企业生态系统中的生态空缺,找到最能发挥自己作用的位置,从而发现生存和发展空间。企业在有限的资源条件下,为取得最大的竞争优势,以自己的差异化优势为中心,发挥自身优势,充分利用外部资源,对外部资源和力量进行有效整合,达到降低成本、提高竞争力的目的。创建差异化优势的必要性主要表现在以下几个方面:

一创建差异化优势是企业遵循"适者生存"基本法则的必然选择。"适者生存"既是自然界演化的法则,也是企业经营活动的法则。如果企业不能很好地适应外部环境的变化,则很可能在竞争中失败,从而被市场所淘汰。企业本身是有限理性的,它往往不能对自身和市场做出正确的判断,在竞争中表现为蜂群效应,也就是什么行业、产品热,就一窝蜂地去干什么。结果市场很快就达到饱和,利润下降,出现企业甚至全行业亏损。原因就是企业没有认真地进行差异化分析,找出自身优势与劣势,哪些环境对自己是有利的,哪些环境对自己是不利的。只有进行自身的差异化比较,明确自身的优势,并在适当的环境中能够使自身的优势发挥出来,优于竞争对手,才能在市场上站稳脚跟。差异化优势是现代企业对市场适应性的根本。

二创建差异化优势是企业实施可持续发展战略的必要保证。20世纪中叶后,由于新技术革命使企业的生态环境产生了巨大的变化,以特有的技术、特有的产品作为核心竞争力支持企业持续生存的工业社会企业生存竞争模式崩溃,在新的技术生态下,新技术、新产品不断涌现,没有什么产品和技术是不可模仿、不可超越的,而新技术革命产生了巨大的生产力,企业间的竞争使雷同的产品一出现很快就达到饱和。没有哪一个企业能靠一些具体技术、具体产品在竞争中占优势。因此，随着外部环境和内部条件的变化，企业应随时调整自己的经营战略与策略，寻找差异化优势，创立差异化优势，才能实现可持续发展，而不至于在无序的市场竞争中夭折。现代企业发展的关键在于利用自身的优势创造差异，创建特有的优势。

当行业中越来越多的企业意识到差异化优势在企业价值链中的重要地位后，就会争相采取差异化的竞争优势，抢得市场先机。但是要想恰到好处地发挥差异化的竞争优势，必须要找准实施差异化的最佳时机，也就是说考虑差异化实施的适用条件。企业在差异化优势创建的过程中：首先，要抓住机会，趋利避害。外部环境包括很多因素，有的对企业有利，有的可能给企业带来某种机会，如宽松的政策、技术的进步就可能为企业降低成本，增加销售量；有的则是不利于企业发展的因素，如原材料价格上涨、税收提高、出现新的竞争者、市场疲软等。注意正确识别机会与威胁，环境因素是复杂多变的，能否正确识别机会与威胁，往往依赖于分析者、经营者的主观判断和经验积累。不仅要善于发现机会，更要学会利用现有的条件去创造。其次，要明确优势，扬长避短。在分析企业的优劣势时，要带着强烈的问题意识，企业好的经营业绩只能代表过去，今后的发展对企业来说是严峻和艰巨的，要用长远的、发展的、动态的观点来评价企业的现状。对企业的优势分析要采取慎重态度，对企业的劣势分析要采取紧迫态度。再次，要改变环境，创新发展。企业外部环境是企业经营活动的约束条件，它对企业的生存和发展有着极其重要的影响。由于生产力水平不断提高和科学技术的进步，当代企业外部环境的变化速度远远超过企业内部条件变化的速度。因此，企业的生存和发展愈来愈决定于其适应外部环境变化的能力。强调企业对所处环境的反应和适应，并不意味着企业对于环境是无能为力或束手无策的，企业不能消极、被动地改变自己以适应环境，而是应从积极主动的角度出发，能动地去适应经营环境。最后，学会选择优势，构筑竞争力。通过差异化分析，发现若干潜在的竞争优势，在这些潜在的优势中进行科学的筛选，去掉那些开发成本太高，或者与公司的形象极不一致的优势。哈佛商学院教授波特对竞争优势作了如下描述：竞争优势产生于公司能为顾客创造的价值，而这个价值量大于企业本身创造这个价值时所花费的成本。顾客愿意花钱购买的就是价值。以比竞争者低的价格销售却提供等值效益，或者提供足以抵消较高价格的独特效益，这就是超值。只要超过了竞争者，就获得了差异化竞争优势，从而构筑企业竞争力。

【专栏 7-2】

屈臣氏的差异化竞争优势

屈臣氏是成立于1828年广州的一个小药房，于1841年将业务拓展到香港。到了20世纪初叶，屈臣氏已经在中国与菲律宾奠定了雄厚的业务根基，旗下有一百多家零售店与药房。1981年，华人首富李嘉诚公司旗下的和记黄埔将屈臣氏收购，通过导入现代商业管理理念系统，将屈臣氏变成了全球首屈一指的个人护理用品、美容护肤商业的巨擘。发展到今天，屈臣氏在全球门店数已超过五千家，销售额逾百亿港元，业务遍及亚、欧等四十多个国家和地区。根据美国学者迈克尔·波特的理论，企业可以拥有两种基本的竞争策略：低成本和差异化。如果一个企业能够提供给顾客具有独特性的某种东西，那么它就有了有别于其竞争对手的经营差异化。波特指出，经营差异化的代价一般很高。企业为获得持久的差异化优势，应该将经营差异化的成本最小化。

屈臣氏的差异化竞争战略包含以下几个方面：

(一) 产品差异化

1. 产品组合差异化

"健康"类产品从处方药到各种保健品、维生素等,占总数的18%;"美态"类产品从各种化妆品到各类日常护理用品,占总数的65%;而"欢乐"类产品包括各种服装、饰物、精品、礼品、糖果、贺卡和玩具等,占总数的17%。而屈臣氏的自有品牌主要集中在健与美的产品领域,即护肤、美发产品等500种产品。这些产品都经过了市场调研,即对店铺销售趋势和消费者偏好进行分析。这样一种产品系列组合的价值,就可以在差异化的品牌延伸中,为顾客提供全面解决方案,顾客可以从屈臣氏提供的产品组合中获得一种心理上和物理上的支持,从而在消费个性化上获得自己的成功。同时,在做到产品组合的同时,屈臣氏强调针对顾客进行价格组合,不是将顾客的钱一次赚个够,而是将廉价与高品质的双重品牌构成奉献给消费者,在"可持续赚钱"中保证顾客的持续购买。

2. 市场定位差异化

屈臣氏在1989年到1997年这段时期,发展不尽如人意,其原因就是没有建立好自己的目标客户群。屈臣氏在调研中发现,亚洲女性会用更多的时间进行购物,她们愿意投入大量时间去寻找更便宜或是更好的产品,这与西方国家的消费习惯明显不同。中国大量的女性平均在每个店里逗留的时间是20分钟,而在欧洲只有5分钟左右。这种差异,让屈臣氏最终将中国内地的主要目标市场锁定在18~40岁的女性,特别是18~35岁的时尚女性。

屈臣氏认为这个年龄段的女性消费者是最富有挑战精神的。她们喜欢用最好的产品,寻求新奇体验,追求时尚,愿意在朋友面前展示自我。她们愿意用金钱为自己带来大的变革,愿意进行各种新的尝试。而之所以更关注40岁以下的消费者,是因为年龄更长一些的女性大多早已经有了自己固定的品牌和生活方式了。

(二) 价格差异化

2004年,屈臣氏选择了消费者购买最频繁、对购买支出影响最大的1200多种保健与美容护肤商品进行让利。价格平均低于市场价格5%左右。其中自有品牌产品占减价商品的15%,这些自有品牌产品的价格甚至比同类产品在其他超市的售价低20%~30%。这次活动宣称:如果消费者发现同样商品在其他店以更低价格出售,则可以享受差额的双倍奉还。

这次低价活动不仅重新诠释了屈臣氏时尚消费的观念,更带给广大追求生活品质的消费者前所未有的购物新体验。从这时开始,"保证低价"成为屈臣氏为中国内地消费者量身定做的长期让利策略。有关"保证低价"策略消费者调查结果显示:消费者对其认知程度非常高,而低价、高品质、产品深度与广度是消费者选择到屈臣氏购物的主要因素。

(三) 促销差异化

1. 广告媒体差异化

由于零售商自有品牌仅在该零售商的内部进行销售,其广告宣传主要是借助零售商的商誉,与采用大众媒体相比,广告成本大大降低。屈臣氏店内有25%的空间留给自有品牌,包括所有一般品类以及特殊品类,摆放在屈臣氏自有品牌区域比较显眼的位置。同时,屈臣氏也紧跟时尚娱乐的潮流,邀请当红"小鲜肉"为品牌代言,极大地迎合了一众追星青年的口味。

2. 品牌形象差异化

屈臣氏在19世纪初的义诊以及送药行为曾为它赢得了良好的社会形象。屈臣氏曾为孙中山在香港就学时提供奖学金的故事更使得这个品牌不胫而走。为了更好地诠释屈臣氏

"欢乐"的品牌内涵,2004年6月,屈臣氏多年前开发的新奇士果汁自有品牌,与美国迪士尼公司合作在深圳上演"迪士尼100周年奇幻冰上巡演"项目,从娱乐角度切入,让人们感到轻松有趣之余,使屈臣氏"欢乐"主题淋漓尽致地体现出来,拉近了与消费者的距离。新奇士和迪士尼有着相近的消费群体——重视娱乐、思想年轻的乐观一族。新奇士与迪士尼品牌内涵相融合,增强了新奇士的品牌张力,丰富了屈臣氏的品牌内涵。

第四节 不同公司的价值链分析

成本优势战略和差异化战略是企业在竞争中取胜的两大法宝,缺少了这两大法宝之一,任何一个公司都很难在激烈的市场竞争中占得一席之地。任何一个企业的价值链分析都可以采用上节的方法来进行。由于可以选择的公司企业太多,在这里不再一一赘述。以下内容选取与当下生活密切相关的团购市场来进行公司的价值链分析。具体案例如下。

【专栏7-3】

基于价值链的我国团购市场商业模式分析

2010年团购网站发展迅猛,用户访问量快速增长。与传统的B2C商城相比,其主要有三大优势:一是团购网站更新速度快,"每日一团"的模式深受消费者青睐;二是团购的内容主要为贴近消费者的日常生活服务类;三是团购种类丰富,且性价比较高。艾瑞咨询的数据显示:2011年1月第1周我国团购网站的周访问人数达到6675.4万人,持续4周超过B2C商城的访问人数,位居电子商务网站第二名。数据显示,2010年10月以来,团购网站用户规模快速增长,12月第3周用户规模达到6012.7万人,首次超过B2C商城;2011年1月第1周用户规模达到6675.4万人,B2C商城则为6199.9万人。2010年团购网站展现了巨大的发展潜力,预计未来还会有进一步的增长,其在电子商务领域将取得举足轻重的作用。艾瑞调查2010年11月份发布的《中国网络团购市场研究报告》(2010年10月)指出,综合月开团次数、月参团人数、月度人均团购金额等各项指标,拉手网、大众点评团、糯米网、淘宝聚划算、QQ团购分居五类团购网站榜首,有很强的代表性。

拉手网(lashou.com),成立于2010年3月,隶属于拉手网络技术有限公司,以生活服务类商品为主团商品。作为我国新兴团购网站的代表,拉手网自成立以来发展迅速,位居我国新兴团购网站访问用户排名第1位。凭借其强大的市场拓广团队,拉手网在北京、上海、广州、深圳等国内一线城市及100多座二、三线城市,不断网罗与发掘优质的、符合当地品味的餐饮娱乐商家,是目前我国业务范围最广的团购网站。因此,拉手网推出的超低价精品团购,往往有着强烈的地域性。

大众点评网是我国最大的本地搜索和城市消费门户网站,也是国内最典型的Web 2.0网站之一。首创的第三方点评模式吸引了千万网友的积极参与,由用户点评的包括餐饮、休闲、娱乐等生活服务商户已覆盖全国2000多个城市100多万家,且信息量和覆盖范围在不断地快速增长和自主更新中。2010年6月,大众点评网团购频道"点评团"上线,其拥有成熟的线下商家和线上用户资源,被认为是各团购网站最强势的竞争对手。大众点评团依靠其大量现成的商家资源和用户资源,可以直接加以利用开展团购。大众点评网与站内各商户保持了长期合作联系,还可以对其服务质量进行监管。

2010年6月，千橡互动集团宣布投资打造团购网站——糯米网（nuomi.com）。作为一家综合性互联网集团公司，千橡互动集团目前已经拥有了娱乐、沟通、社区、网游等诸多属性的多元化互联网业务。这些网站在各具特色的同时，均将娱乐、社交、互动功能作为最核心的价值。糯米网的推出是依托千橡集团优势进行社交化电子商务的有益尝试。

淘宝网聚划算（ju.taobao.com）是阿里巴巴集团旗下的团购网站，也是淘宝网的二级域名。该二级域名正式启用时间是在2010年9月份。淘宝网聚划算依托淘宝网巨大的消费群体，2010年淘宝网聚划算官方公布的数据显示其成交金额达2亿元远远超过其余所有团购网站交易额之和，已经成为国内最大的团购网站之一。

2010年7月，我国最大的互联网门户网站之一、最大的互联网综合服务提供商之一，也是我国服务用户最多的互联网企业——腾讯宣布进入网络团购市场，成立QQ团购（tuan.qq.com）。QQ团购是在原有QQ商城服务基础上的推进。在QQ商城"今日团购"的右侧，有一个"用QQ消息通知我"明日团购商品的选项。为了更快召集人群购买，用户可以点击活动页面选项直接通过发给QQ群或好友的方式，方便邀请更多的人参加。从腾讯QQ商城团购页面上看，与其他的团购网站没有太大区别。

商业模式是贯穿于企业整个价值链中实现价值增值的一系列过程。团购网站作为一种新兴的电子商务模式，其战略环节和传统企业有所不同，主要表现在团购网站的商业模式就是指网站提供何种服务、如何提供服务并以什么方式获取收入。根据波特教授的价值链分析法，商业模式应该是企业价值链上某几个"战略环节"的组合。与团购网站创造价值的商业模式关系最为密切的战略环节主要有：产品定位与组合；盈利模式；营销渠道；交易模式；成本投入分析。

1. 产品定位与组合

企业提供的产品（包括无形产品和有形产品）是企业价值创造的直接来源，也是企业价值链存在的基础，对团购网站来说，就是网站能够提供给用户的各种产品、服务及其组合。

虽然上述五类团购网站的团购产品既有生活服务类产品，也有实物类商品，但根据团购网站价值实现的最终受用者不同，所有团购网站的客户都可分为商户和用户两类。

商户是网络团购网站的基础，他们为团购网站提供丰富的产品和服务来源，也可以作为付费的广告发布商，在团购网站的广告位发布自己的广告或与团购网站交换链接，借助团购网站巨大的浏览量来推广自己的品牌或产品。对商户而言，一方面，众多中小商家和服务提供商是团购网站的主要对象。这些企业一般无力支付巨额的传统媒体广告费，也很难找到适合的在线广告平台，而团购网站，或者采用大幅打折交易的方式将商家的产品团购销售，每天只提供一个商户的产品，并且只有购买者达到一定数量才能生效；或者通过购买搜索引擎、门户网站等提供的广告位以及微博等新媒体的口碑营销，为企业提供了获得较高曝光率的平台，吸引了很多有促销意向及需网络推广以扩大产品或品牌知名度的潜在商户。另一方面，知名商户与团购网站合作，使自身在短时间内获得大量消费者的同时，也使网站的品牌知名度得到进一步提升，达到双赢的最佳效果。

用户是指通过登录团购网站浏览团购信息，并进行团购消费的大众消费者。团购网站的产品与组合必须根据其客户性质来制定；需要通过发布折扣较大的团购信息以及消费者之间的"病毒式传播"来吸引消费者客户，形成"注意力经济"，从而为商户客户提供巨大的消费群，也为广告业务提供了坚实的基础。对于用户而言，团购网站抓住了较大折扣容易引起用户购买欲的心理，且通过设定团购人数下限门槛、互为推荐购买返还一定金额等方式，使用户通过网络进行有效的互动,自发组织达到商家的参与团购人数下限,而参与人数一旦达到一定程度,又能提升其他浏览此信息的用户信任度。因此,这种在用户自发形成二次传播的"病毒式"营销成为团购网站的亮点之一,使用户数、活跃程度及用户黏度大幅提升,加之外界对这种新的商业模式的促动,使得团购网站发展迅速。

团购网站所提供的产品实质上是以服务商户和用户为主,基于商户其担任的是渠道销售商的职责。艾瑞调查《2010年中国网络团购市场研究报告》显示,团购网站所拥有的用户以22~35岁具有较高消费欲望和消费能力的职场白领以及在校学生为主,因此对于商家来说,团购网站定位准确、目标明确、成本低廉,是网络广告宣传的最佳平台。

2. 盈利模式

盈利模式是企业在市场竞争中逐步形成的企业特有的赖以盈利的商务结构及对应的业务结构。取得盈利的方式,也就是企业价值的实现形式。没有收入,任何商业模式都是泡沫。因此商业模式的核心是盈利模式。网络团购企业通过以消费者作为主要利润来源,以市场营销为主要利润杠杆,以掌握商户资源为主要利润屏障,不断探索符合自身发展的盈利模式。

团购网站的收入模式比较简单,主要收入来源为佣金收入,另外广告收入也日渐重要。与世界最大的团购网站Groupon从商家提取高达30%~50%的佣金相比,国内的佣金比例较低,一般为10%~20%不等。随着团购网站在国内的不断涌现,许多企业为了"先发制人",取得商户认同,采取免费推广的方式,亏本做买卖,使得该行业的生存空间进一步变小,不少企业面临"赔本赚吆喝"的窘境,也导致团购行业市场这块原本肥沃的土地一片狼藉。

为了应对这一局面,各大团购网站纷纷调整经营策略,开拓新的盈利模式。目前团购网站的盈利大致有以下四个来源:

(1) 佣金收入。目前来说,佣金收入还是国内团购网站最重要的收入来源。但国内外团购网站佣金比例差距巨大,根本原因就在于目前国内的团购网站组织的团购都只局限在短期利益,对于产品和服务的选择不够严谨,并缺乏后续的服务支持,对于商户的吸引力不够,无法取得较高的佣金比例。并且随着团购市场竞争日趋激烈,交易佣金越发有限。

(2) 广告收入。团购网站通过出让网站广告位给商户做网络广告而获得的收入。作为新兴的"第四类媒体",网络广告是确定的广告主以付费方式运用互联网媒体对公众进行劝说的一种信息传播活动。其目的在于影响人们对所做广告的商品或劳务的态度,进而诱发其行动而使广告主得到利益的活动。团购网站通过较大折扣的团购信息吸引用户登录网站,庞大的用户浏览量成为团购网站不可多得的资源,团购网站的网络广告位也成为商户追逐的焦点。而团购网站所掌握的是具备一定消费能力的20~35岁的受众群体,对于商家来说定位精准、成本低廉,是商户进行广告宣传的最佳展示平台。商户通过支付固定的广告费用,不仅能够提升知名度,还可获得超过预期的用户数量,尤其对于那些以效果营销为主要目的的厂商和企业来说不失为一个非常好的推广渠道。团购网站已经成为未来市场中非常重要的营销平台,团购网站的营销价值将会越来越高,并且逐渐的体系化,广告收入在团购网站收入中所占的比例也越来越大。

(3) 会员制度。会员分为用户会员和商户会员两种。对于用户会员,团购网站通过收取一定费用或者用户达到一定的消费额给予其会员服务,一方面为会员提供更低廉的商品价格,更完备、贴心的服务;另一方面还可以通过会员卡在团购企业所掌握的商户资源中进行折扣消费。这对于增加用户黏度有着很好的推动作用。对于商户会员,通过对商户收取年费而提供广告支持、营销推广、用户需求调查、满意度调查等多项服务,是对所拥有的商户及新开发商户的一个长期合作及维护综合服务。

(4) 加盟授权。一般而言,大多数团购网站均采取直销模式,即需要进军跨区域市场时,采取建立分站,或收购当地有影响力的相关网站或直接经营。这一模式需耗费大量资金,需承担一定市场风险。于是一部分网站把线下商户拓展这部分工作外包给有当地资源的外包团队,以分站加盟授权的形式,为加盟者提供网络平台、运营经验、品牌共享等,在获得加盟费的同时也扩大了规模和影响力。

3. 营销渠道

营销渠道在企业的价值链中处于极其重要的战略地位。对于团购网站而言,营销渠道主要涉及如何将团购信息有效地传达到商户最需要的用户手中。团购网站规定出售的大幅打折产品或者服务只在规定时间内可以购买,且只在达到一定数量的客户决定购买后才能生效。这种限时限量的购物模式,促使用户为在规定时间内达到购买用户下限,自发通过各种渠道进行传播,有效地形成了口碑传播,不断增加其网络影响力和用户黏性。而用户通过何种方式进行团购信息的传播,便成为团购网站进行营销渠道推广的重要目标。

从网站上线时起,拉手网就确立了"Groupon+Foursquare"的混搭模式,开发了多款基于手机的移动互联网应用,比如"拉手离线地图""开心生活"和"拉手四方",通过"签到"(check-in)功能,吸引更多的用户,成为团购网 Groupon 和地理位置服务商 Foursquare 的混血儿。通过手机基站(A-GPS)和 GPS 为用户提供附近的餐馆、休闲娱乐场所的位置、电话信息以及网友点评查询服务,切入 Foursquare 模式增加签到功能后,可以增加用户的黏性,同时也为商家的精准营销创造了条件。

对于大众点评团、糯米网、淘宝聚划算、QQ 团购等其他团购网站来说,则主要依靠母网站的渠道资源。大众点评团依靠大众点评网大量现成的商家资源和用户资源,直接加以利用开展团购,省掉了其他各家团购网站在初期需要花费大量精力一对一拓展的商家资源,寻找合适团购的商品的成本较低。点评团依靠点评网的优势,一方面可以给用户带来更多的优质商家进行团购,另一方面消费者在团购之后也可以把自己的消费体会发布到点评网上。这样,既与站内各商户保持了长期合作联系,又可以对其服务质量进行监管。其"点评+团购"的模式,在商户和用户之间形成良性的循环,极大地增进了网站黏性。对于生活资讯类的门户网站,开展点评团可以说是大众点评网一个非常不错的盈利模式。

由于限时团购只有在购买人数达到最低要求后才能生效,为尽快使参与团购的人数能够"达标",团购用户便开始利用各种网络沟通工具在朋友圈中传递团购网的折扣信息。糯米网正是抓住了用户这一心理,开拓了"SNS+团购"模式,依托我国最大的 SNS 网站——人人网作为其推广渠道,通过团购商品链接分享、团购经验日志分享等手段,进行团购信息的有效传播。与社交网络的结合,延伸了 SNS 网站的社会化体验,同时对团购网站也起到了很好的推动作用。

淘宝聚划算作为实物类商品团购网站的代表,主要依托淘宝网庞大的用户资源进行推广。用户通过聚划算,可以买到比平时在淘宝便宜得多的商品。这种"便宜上的便宜"是聚划算在用户之间进行推广的主要动力。

QQ 团购则采用"IM+团购"的模式,凭借我国最大的即时通信软件——QQ 来进行渠道扩展。这种模式提高了团购信息传播的速率,能够有效增加团购的成功率。

除上述渠道外,团购网站无一例外地选择了现金或者优惠券作为网站的激励,用户每邀请一个朋友注册并完成一笔交易都将获得一定额度的现金奖励,此外,用户在参与中也会获得团购网站所给予的优惠券、奖品等特殊回馈。

4. 交易模式

对于团购网站来说,交易模式是其获得盈利和提供服务的途径,包括支付手段和产品服务的提供方式,是围绕产品到达消费者手中的整个服务过程的通道,是连接用户和网站的桥梁。团购网站依托互联网,在很大程度上能够摆脱地域的限制,减少中间商的层层盘剥,直接向客户提供服务。

支付手段问题直接涉及企业网站创造的价值能否顺利实现,也是价值链上非常关键的一环。团购网站提供给客户的几乎都是无形的服务——团购信息的发布。用户如果需要购买团购商品,就得支付相关的费用。与一般B2C购物网站不同,团购网站实行先付款后消费的交易流程。目前来说,团购网站支持的支付手段一般有三种:网上银行支付,只要有银行卡开通网上银行业务就能在线支付;网络支付工具支付,只要团购网站装有网络支付工具接口(支付宝、财付通等),用户有网络支付工具账户就能使用其付款;手机代扣,只要用户手机话费余额足够就可以通过话费付款。以上所有支付方式都是由团购网站交手续费,用户不需要缴纳任何交易费用。

同时,在"现金流"方面,团购网站与用户一般采用及时结算的方式,即用户付款后发放交易凭证;而与商户则采用团购结束后集体兑现的方式;用户和商户之间实质上是先付费后消费的方式。这一结算方式使得团购网站及商户都可以保持现金流的畅通,获得部分时间收益。同时,部分用户未对团购的服务进行消费也可以使得商户获得一部分收益。

产品服务的提供方式是团购网站完成将用户转移到商户手中最重要的一环,包括对用户的提供方式和对商户的提供方式。对于拉手网等生活服务类团购网站而言,在用户付款以后,即时发送电子商务优惠券信息。具体形式包括手机短信、在线账户下载。消费者预订服务后,凭短信或打印的优惠券到商家进行消费即可。对淘宝聚划算等实物类团购网站而言,用户在货款支付成功后,即可在个人账户中看到相应的订单信息;团购网站发送手机短信告知用户并将团购信息发送给商户,由商户安排物流进行实物商品的配送。对商户而言,在团购结束后,团购网站将参与本次团购的所有用户信息及系统生成的消费密码列成"付费用户名单"提供给商户,由商户按照"付费用户名单"在用户前来消费时核实信息并提供服务,或按照用户预留信息提供实物商品配送。

5. 成本投入分析

企业价值链上的各个环节只有投入成本才能产生价值,对于团购网站这样一个"烧钱"的行业来说更是如此。因此,如何使用最低的成本创造出最大的价值便成了团购网站最为关注的问题。团购网站创造价值活动的成本主要包括:(1)人力资源成本,也就是为获得或重置人力资源而发生的支出。团购网站的人力资源成本包括线下推广的业务人员及网站日常工作人员的工资;(2)营运成本是指团购网站维持正常经营活动的费用技术投入成本主要是建立网站、开发新的网站功能和板块所需要的费用;(3)营销费用包括团购网站实施营销管理和实践活动所需要的各种费用。

由于团购网站需要大量的人力进行商户资源的拓展和开发,网站的人力资源成本投入较高。在大部分团购网站资金有限的情况下,团购网站如何有效控制其经营成本水平,就显得尤为重要。团购网站在起步之初,主要将资金投资于广告宣传,由此带来的流量增加团购数量从而获取收入。而这些收入根本不能支撑整个营运成本,在网络团购竞争日趋激烈的情况下,开拓新的商业模式成为团购网站想要获取盈利的重点。此时更多的现金流费用主要用于新产品开发、新业务开展、新市场开发上,通过商业模式的发展,开拓更多的收入模式,使多种组合收入来源的总和大于成本的投入,形成盈利。

团购网站已经进入人们的主流生活并开始凸显其价值,无论是其商业价值还是为个人带来的娱乐休闲价值,团购网站已经对网民的生活产生了重要的影响。

资料来源:郭含文.Web 2.0条件下的我国团购网站商业模式创新研究[D].济南:山东大学,2011.

◆ 知识点

价值链　价值链的特性　价值活动　基本活动　辅助活动竞争优势
价值链分析成本行为成本优势分析差异化优势

◆ 习题

读下面案例,回答问题。

百胜的管控之道

1. 案例背景

1998年,拥有肯德基、必胜客、塔科钟(墨西哥式食品)三个著名品牌的餐饮系统从百事公司分离并在纽约证券交易所独立上市时,世界上最大的餐饮集团——百胜全球餐饮集团便正式成立了。仅仅数年时间,百胜全球餐饮集团的经营和发展便取得了令人注目的成功,而这些成功背后蕴含着集团管控的智慧。

2. 品牌管控

Yumbrands(百胜)这个在全美排名第二的食品企业是如此成功,却如此地鲜为人知!但是如果跟消费者提起肯德基、必胜客和塔科钟的话,不知道它们的人就很少了。这些著名的产品都是百胜旗下的产品。这个品牌拥有这三家著名连锁饮食快餐的全部特许权,在全世界拥有超过34000家的餐厅,超过它的对手麦当劳2000多家。

品牌战略一直是百胜餐饮在市场上对抗竞争对手的法宝,百胜餐饮有着自己独特的考虑。它的品牌战略是:把品牌特许权作为公司的经营基础,在此基础上建立公司的竞争优势与市场机会,并集中资源于具有这些竞争优势和市场机会的关键地区。

百胜餐饮的肯德基、必胜客和塔科钟三个品牌,在快餐馆业务部类中处于领先地位,加上艾德熊和银质约翰这两个新加入的品牌,使得百胜公司获得了一些独特的竞争优势,能够很好地补偿临时性的经营波动(这是百胜餐饮的单一品牌竞争对手将经历的一个难题)。

当百胜餐饮把多个品牌放在一起时,它就获得了一种独特的竞争优势。在世界上,百胜餐饮是多品牌营销的领先者,拥有1500家同时经营多个品牌的餐馆,年销售收入约达15亿美元。另外,百胜餐饮品牌的顾客喜爱这种变化,尤其对那些有着多样化口味的家庭来说更是如此。百盛魔下平均单个餐馆产生了比单一品牌店更多的现金流。目前,百胜餐饮的特许经营合作伙伴正在全世界扩展。现在,百胜餐饮每年的特许费收入已超过8亿美元,3年内增加了将近40%。在2001年底,百胜餐饮系统内特许经营伙伴在世界上拥有或经营了超过22000家餐馆,约占整个百胜餐饮系统全部销售额的75%。这些特许经营伙伴从百胜餐饮公司购买了250多家餐馆,这表明了这些业主对百胜品牌的信任,也表明了他们对百胜品牌的资源承诺。

其实,也有人担心,百胜在中国的几个品牌会互相影响,削弱整个集团的利润。但是必胜客、肯德基、艾德熊的定位不同,针对的消费者群体也不同,因而并不会互相削弱利润,相反,与麦当劳单一品牌经营相比,百胜的多品牌多层次经营,几个品牌之间至少也会"东边不亮西边亮"。

3. 价值链管控

百胜的成功之处在于发掘连锁经营的战略因素,通过对连锁经营的战略管理而不仅仅是日常管理来提高对行业的适应程度,通过对行业价值系统的整合而不仅仅依靠企业价值链的优化来创造比较优势,简言之,"战略性连锁经营"就是百胜的管控之道。

肯德基知道打通整个行业价值系统的关键在于企业内部价值链必须有强大的整合能力,然而这种"跨价值链"的整合能力不可能单靠常规的"五大基本价值活动、四大支持价值活动"予以实现,唯有在企业价值链中导入战略管理才是可行的解决之道。

(1) 以增长为核心的战略:瞄准高增长市场、先发制人、加速扩张

其实,从全球范围看麦当劳和肯德基尚不属于一个重量级,麦当劳目前在世界121个国家和地区拥有超过30000家店,全球营业额约406.3亿美元,而肯德基在世界80个国家和地区拥有连锁店数仅为11000多家。面对悬殊的实力对比,肯德基和百胜确定了三大增长战略:瞄准高增长市场、先发制人、加速扩张。

以中国为代表的高增长市场在百胜的战略蓝图中地位已经越来越重要,2002年百胜业绩报告表明旗下的五大品牌在美国本土的增长率只有1%,海外市场的平均增长率达6%,而在中国连续两年来都超过了10%,年销售额超过40亿元人民币。如果能瞄准这一新兴市场百胜将能超速地缩短与麦当劳的差距,因而百胜制订了"每年至少在美国本土之外增开1000家分店"的长期计划。凭借着比麦当劳早5年的"先发优势",在中国地区肯德基的市场占有率已经大大超过麦当劳,中国市场已经成为肯德基压倒性对抗麦当劳的"大本营"。例如2002年2月到12月间肯德基在中国增开了近200家分店,总数额达到850家,而麦当劳同期总店数仅为543家。我们可以看到"先发优势"如何把肯德基在全球范围的劣势转变为中国范围的优势。

保持"先发优势"的根本在于加速扩张,肯德基在中国完成第一个100家分店的开业目标用了整整9年时间,而现在的速度是7个月,现在平均每年在中国业务发展速度相当于过去10年的总和。

(2) 共同成长的人力资源发展:文化导向、培训体系

服务产业常常比消费品更加讲求企业文化,这是因为"人"的因素更为重要,另外繁复的规章制度也的确需要文化来补充。

不仅仅是文化,肯德基多层次的培训体系更使得人力资源发展能落到实处。对于一家餐厅来说,口味也许并不是决定他们在竞争中输赢的关键,而愉快轻松的工作环境和先进的管理模式才是整个餐厅盈利的关键。由经理层开始,每天都保持着愉快的心情面对员工,自然而然地,员工在厨房或者收银台的工作也会更加得心应手,而顾客感受的可不仅仅是服务好。仅仅是激励员工努力工作是远远不够的,百胜的员工雇用率始终在全美排在领先地位,且它的解雇率也是很低的。而且随着公司的高速发展,明年,雇用率还会翻一番。另外,百胜并不是单一地自己建设餐厅,他们运用店址收购的方法,把很多餐厅纳入自己囊中,不但节省了大量的成本,减少投资,在一定程度上也扩大了他们的知名度。

(3) 供应商的星级系统评估和支持性培训

百胜的供应商经常说"经过百胜星级系统(Star System)评估过的厂家,能轻而易举地通

过国家ISO9002质量认证",百胜星级系统是一项专门针对供应商管理的全球评估体系,从1996年开始对中国的供应商全面实施。

百胜公司的技术部和采购部除了对供应商进行评估之外,同时也针对供应商的弱点和不足进行相应的培训,技术部主要负责技术转移,比如对各家家禽厂推行养殖技术中的"公母分饲"技术、鸡肉深加工技术、分阶段屠宰技术等;采购部则经常拜访供应商和积极举办交流会(安排一些经验不足的小型企业参加有经验的大型供应商的交流会),从而把餐饮业的国际标准质量要求带给肯德基的供应商。不少供应商在其中得益显著。

(4) 双赢的特许加盟模式和商圈规划

1993年肯德基在西安开始了加盟业务,2001年肯德基已拥有近二十家加盟餐厅,而同期麦当劳的三百多家分店全部都是直营店,这种差别源自于百胜独特的特许加盟模式。

令业内艳羡的是百胜的选址成功率几乎是百分之百,众所周知,地点是餐饮连锁经营的首要因素,除了选址决策的两级审批制(地方公司和总部)之外,百胜有着周密的商圈规划程序。

4. 财务管控

对中国百胜餐饮的财务部门而言,他们的工作远不止日常账务的处理和保持收支的平衡,公司管理和流程控制也是一个重要的项目。财务高层的任务则是直接参与管理、分析和投资决策,为公司上层提供流程改革建议,帮助改进效率,提高股东的盈利。

2003年1月8日,百胜餐饮集团旗下的肯德基公司第800家分店在浦东机场开张。两天后,百胜旗下的另一品牌——必胜客公司第100家餐厅又在天津开张。仅仅4个月时间,肯德基的各个子公司就在中国境内开了整整100家餐厅,这其中当然少不了一个优秀的财务管理部门运筹帷幄,疏通账目,排解后顾之忧,同时协助其整合流程,发现新的利润增长点。

(1) 壮志豪情

走进坐落于上海美罗城大厦的中国百胜餐饮集团中国协作发展总部,走廊上粘贴的宣传纸在不经意间提醒着来来往往的员工——百胜餐饮集团要成为中国,乃至世界最成功的餐饮集团。作为这个集团的市场财务副总监,李旭东先生向记者介绍,他们财务部门与市场部门有着诸多合作。对中国百胜餐饮的财务部门而言,他们的工作远不止日常账务和保持收支的平衡,公司管理和流程控制也是一个重要的项目。这是财务的第二层任务,市场部往往根据这些分析做出新的发展决策。财务更高一层的任务则是直接参与管理、分析和投资决策,为公司上层提供流程改革建议,帮助改进效率,提高股东的盈利。

李旭东先生把财务管理的这三个不同层次的任务比作一座金字塔,称他们现在做得比较好的是第一、二层,第三层尚处于建造中。就财务分析决策部分,他们认识到这其中涉及相当多的主观因素,再加上百胜旗下诸多子公司,为了使他们的分析更加客观、可靠,最近总部正着手开发并推广一个被称为"核心分析模型"的系统。利用母公司的数据库资料和分析模型,再加上子公司财务经理的一些个人的主观判断,各分公司的财务管理人员可以把财务数据分析变得相对准确、可靠。

(2) 母子协力

作为外商控股公司,如何通过财务管理实现对子公司的有效控制是他们的难点所在。李先生在谈到这点时表示,百胜中国在这方面也经历了一个从无到有不断演变的过程。从1996年开始,他们引进了"地区性财务控制"概念,选派优秀的首席财务官和财务总管到各个子公司去查账,指出一些失误,调整部分流程,并把经验推广到整个中国地区的其他子公司。

第二阶段,也就是2000～2002年,他们要求各子公司的财务经理参与管理和控制。百胜中国在当时举行了一个"桂林会议",在会议上提出,各公司的财务经理不仅仅要记好他们的账本,还要参与管理和控制,指出其他部门或分公司流程中的问题或可借鉴之处。为业务发展需要,百胜中国还提高了财务经理的权限,允许他们"直线"汇报给集团总部的财务经理,作为子公司的财务支持,他们还需要同时向分公司的总经理进行"曲线"汇报。这样,财务处于一种相对而言比较超然的地位,便于集团总部实现有效的控制。

资料来源:白万纲,满妍.百胜的管控之道[J].企业管理,2012,11:36-38.

思考题

1. 百胜餐饮集团多品牌管控的优势是什么?有人担心百胜在中国的几个品牌会相互影响,削弱整个集团利润,你怎么看?

2. 百胜的成功之处在于价值链管控中导入战略管理,通过案例分析,百胜是怎样在企业价值链中导入战略管理的?

3. 百胜集团是如何通过财务管理对子公司实现有效控制的?

第八章　公司治理与激励机制

公司治理对于公司的长期发展至关重要,了解公司治理的内部架构和方式是公司生产经营的重要内容。本章首先介绍效率、交易成本、委托代理问题以及激励等基本概念,为之后的分析提供理论基础;然后对公司治理进行了概述,详细介绍了公司治理的内部架构,重点剖析了公司治理中出现信息不对称的原因,以及基于人力资源管理角度对信息不对称的解决方法;接下来对公司治理中的内部调查、董事行为与职责和金融危机后公司治理的最新进展进行了详细说明;最后讨论了我国国有企业改革历程和国有企业治理结构存在的问题,提出完善我国国有企业公司治理结构的对策。

鄂武商"控制权之争"

鄂武商是一家国有上市公司,创建于1959年,是全国十大百货商店之一。1986年12月25日以武汉商场、中国工商银行武汉市信托投资公司、中国农业银行等为发起人,经市政府批准,改组设立本公司,1992年11月20日正式在深圳交易所上市。成为"中国商业第一股"上市后,公司从一个"单体商场"发展成为集团化连锁经营企业。在2006年股权分置改革之后,非控股股东特别是第二大股东的实力显著增强,引发了公司前两大股东之间的控制权争夺。

2004年年初,浙江银泰百货有限公司(简称"浙江银泰")作为战略投资者,被引进武汉。2005年年初,浙江银泰转而投资鄂武商,并成为第二大股东,持有公司4.6%的股份。2005年4月底,浙江银泰与武汉国有资产经营公司(简称"武汉国资")合作的载体武汉银泰商业发展有限公司(简称"武汉银泰")成立。浙江银泰总裁周明海同时出任武汉银泰董事长。在武汉银泰,银泰持有85.87%,武汉华汉投资管理有限公司(简称"华汉投资")持有14.13%,其中以拥有的占鄂武商总股本的2.43%作为出资。但是华汉投资出资的股权一直未办理完过户手续为股权纷争留下隐患。

2006年4月,迟迟不能进入鄂武商最高决策层的浙江银泰蓄意发动首波"夺权"攻势。4月3日股权分置改革,银泰方面小幅增持,加上华汉投资2.43%的股权,落后武汉国资公司的股权比例不足1%。4月11日,第二大股东(当时为武汉银泰,持股10.64%)联合一致行动人通过二级市场再次增持鄂武商流通股,加上华汉投资2.43%,银泰系的持股总比例刷新至18.11%,超过了第一大股东持股17.23%,并于次日声称此次收购的目的是获取鄂武商的控股地位。8月初武汉银泰和浙江银泰正式向鄂武商董事会提议召开临时股东大会提出希望派人进驻鄂武商董事会的议案,并抛出"武广提租案"向第一大股东武汉国资发难。9月14日第二大股东及一致行动人的合计持股比例再次超过国资系。9月18日武汉国资迅速对银泰的行动做出反应,夺回第一大股东地位。

2007年3月,武汉国资与武汉经济发展投资(集团)有限公司(简称"武汉经发投")共同发起设立武汉商联(集团)股份有限公司(简称"武商联"),整合后,武汉国资大股东地位由武商联集团代替。武汉商业大重组给银泰方谋求鄂武商控制权增添了障碍,此后4年间再无战事。2011年3月29日,第二大股东及其一致行动人实际持股为22.72%,超过国资系的股权22.68%,再度引发两大股东之间的控制权争夺。3月29日～6月3日,第一大股东及其一致行动人与第二大股东及其一致行动人之间的股权比例反复变动,前者三次夺回优势地位。7月4日,浙江银泰发出"致鄂武商全体股东之公开信",指出他们已于6月17日在杭州对武商联以及鄂武商董事长等提起民事诉讼。而在此之前,武汉开发投资有限公司(简称"开发投",武商联一致行动人、鄂武商股东之一)于5月25日在武汉对浙江银泰提起了诉讼。截至2011年7月14日,公司第一大股东及一致行动人通过二级市场增持公司股份后,占公司总股本的29.99%。至此,控制权之争暂告结束。

2012年,浙江银泰提议派发现金红利,但遭到控股股东否决。2014年5月13日,二股东浙江银泰派驻的董事代表及关系股东湖北银泰投资管理有限公司(简称"湖北银泰")向公司表达反对公司2013年不分红的意见,并继续提出2013年度的分红议案(提议每10股派现金1元),但最终赞成票仅占38.29%,控股股东再次赢得决定权。2014年8月,在参与民营金融的问题上,鄂武商董事会内部又起争议。最终,鄂武商发布公告称,公司第七届五次临时董事会于8月28日采取通讯表决方式召开,审议通过了《关于参股湖北消费金融公司的议案》。

资料来源:郝云宏,汪茜.混合所有制企业股权制衡机制研究:基于"鄂武商控制权之争"的案例解析[J].中国工业经济,2015(3):148-160.

第一节 效率与激励

一、帕累托效率和卡尔多效率及其应用

在生活中我们经常听到"效率"这个词。企业管理者要关注效率,以提高企业的运行和管理水平;政府要关注效率,以减少腐败,提高行政机关办事效率;个人仍要关注效率,以提高自己的工作和学习能力。关于效率,经济方面的解释是,有效地使用社会资源以满足人们的愿望和需求。下面就以交换来说明效率。假如有两个人A和B,A有一个鸡蛋,B有一杯牛奶。但是对于A,与鸡蛋相比他更喜欢喝牛奶,而刚好B则偏爱鸡蛋,那么A和B可以将他们的食物交换,此时,A和B所得到的效用都增加了。我们说这是一种有效率的交易方式。其实每个人几乎每天都在考虑效率问题,以买东西为例,我们肯定是在货物带给我们的效用大于失去货币的效用时,才会买下货物,而这样才是有效率的。在经济史上,最著名的两种效率理论就是帕累托效率和卡尔多·希克斯效率。

(一) 帕累托效率和帕累托改进

在经济学里,帕累托效率可以这样来定义:一种状态(资源配置、社会制度等)被称为帕累托最优状态,即如果不存在另外一种可选择的状态使得没有任何人的处境变差而至少有一个人的处境变得更好。这意味着,当满足给定的约束条件,一种资源配置的状态已经使没有人能够按照自己的偏好在不损害别人的条件下变得更好,那么就是达到了帕累托最优状态。可以通俗地理解为,如果处于这种状态,除非损人,就不能利己,这就达到了帕累托最优。比如,如果达到这样的状态:除非让雇员少拿一些工资,否则,老板的利润就不可能增加,这种分配就是帕累托状态。

帕累托改进(Pareto Improvement)又称帕累托标准,是以意大利经济学家帕累托(Vil-fredo Pareto)命名的,并基于帕累托最优(Pareto-Efficiency)基础之上。帕累托改进是指在不减少一方的福利时,通过改变现有的资源配置而提高另一方的福利。帕累托改进可以在资源闲置或市场失效的情况下实现。在资源闲置的情况下,一些人可以生产更多并从中受益,但又不会损害另外一些人的利益。在市场失效的情况下,一项正确的措施可以消减福利损失而使整个社会受益。

(二) 卡尔多效率及其应用

帕累托最优和帕累托改进是微观经济学,特别是福利经济学常用的概念。福利经济学的一个基本定理就是所有的市场均衡都是具有帕累托最优的。但在现实生活中,通常的情况是有人有所得就有人有所失,于是经济学家们又提出了"补偿准则",即如果一个人的境况由于变革而变好,因而他能够补偿另一个人的损失而且还有剩余,那么整体的效益就改进了,这就是福利经济学的另外一个著名的准则——卡尔多-希克斯改进(Kaldor-Hicksim-Provement),又称卡尔多-希克斯标准。

卡尔多-希克斯效率是指第三者的总成本不超过交易的总收益,或者说从结果中获得的收益完全可以对所受到的损失进行补偿,这种非自愿的财富转移的具体结果就是卡尔多-希克斯效率。可以这样解释:如果甲将自己的某种商品认定为价值5美元,而乙将其商品认定为价值12美元,在此情况下,如果两人以10美元的价格(事实上可以是5美元到12美元之间任何价格)进行交易,就会创造7美元的社会总收益(福利)。因为,在10美元的价位上,甲认为他获得了5美元的境况改善(利润),乙则认为他获得了2美元的境况改善(消费者剩余)。与帕累托标准相比,卡尔多-希克斯标准的条件更宽。按照前者的标准,只要有任何一个人受损,整个社会变革就无法进行;但是按照后者的标准,如果能使整个社会的收益增大,变革也可以进行,无非是如何确定补偿方案的问题。

从上述的效率标准出发,我们思考几个卡尔多-希克斯标准的应用。

1. 市场交易的效率

交易广泛存在于人类社会的各种场合。例如,接受教育、买卖股票和债券、消费者购买商品以及企业之间的购销和兼并,都是一种交易。人们要进行交易的原因大致可归结为四种,这都与我们将谈到的公司治理结构有关。第一个原因是偏好不同。例如甲有一个苹果,乙有一个梨,但是甲更喜欢梨而乙更喜欢苹果。甲和乙交换对双方都有好处,是一个帕累托改进。第二个原因是生产成本不一样。如果一位经济学教授自己生产矿泉水,可能花1万元也生产不出来。但让矿泉水厂家生产,每瓶成本也许不到0.5元,他只要卖1元多即可。同样的,矿泉水厂家可能生产不出关于公司治理结构的理论,而经济学教授能以较低成本生产出来。所以教授和矿泉水厂家可以交换,就由各自生产成本低的人卖给生产成本高的人。

第三个原因是信息不同,即甲知道的乙不知道,或者乙知道的甲不知道,这时候也可能发生交易。股票市场上的大量交易就是由于信息不对称造成的。甲知道该股不值钱,而乙认为值钱,所以甲就卖给乙。第四个原因是风险态度不一样。这也是股票交易的一个主要原因。所谓风险态度就是人们对不确定性和风险的评价。有些人害怕风险,宁愿把钱存进银行;而另外一些人相对来讲更不害怕风险,更愿意买股票。交易大致上有这几种原因。不论基于哪一种原因的交易,一定要是自愿交易,而一般来说自愿交易一定是一种帕累托改进(假定没有欺诈),除非交易者是非理性的。

治理结构是一个合同,合同就是一个交易。如果交易是自愿的,一般情况下双方都会受益,也即双赢,这是一个帕累托改进。所以,人们尊重自愿交易,赋予自由这么神圣的地位。实际上只有在交易是按照当事人自愿的原则进行的情况下,我们才可以做出交易是否是帕累托改进的判断。设想 A 拥有 10 个苹果,0 个桃;B 拥有 10 个桃,0 个苹果。如果边际效用是递减的,A 用 5 个苹果换 B 的 5 个桃,对双方是一个帕累托改进,交易的结果是使 A 和 B 各有 5 个苹果、5 个桃。但是,如果 A 强迫 B 用 5 个桃换 3 个苹果,我们就没有办法判断这样的"交易"是否是帕累托改进。

图 8.1 可以用来说明市场为什么能够帮助社会实现最优效率。从整个社会的角度看,生产者的边际成本就是代表企业的供给曲线,即价格越高,企业的供给就越多。边际收益曲线就是需求曲线,这意味着,对于需求者来说,消费的产品越多,对该产品的边际评价越低,等同于对企业而言,企业卖的产品越多,价格越低。市场的交易最后达到了这两条线的交点,这时供给和需求刚好相等。在这一点之前(左边),生产成本低于消费者愿意支付的价格,意味着如果多生产一个产品,比如说,厂商有 50 单位的成本,但消费者却能获得 80 单位的好处,所以厂商应该增加生产;反过来,生产超过了这一点之后,生产的成本高于消费者愿意支付的价格,厂商就不应该生产。所以在交点处,对交易双方是一个帕累托最优;如果生产在其他点,就存在帕累托改进的可能,即通过调整产量,在不损害一方的情况下,可以使得另一方的收益增加。当然,实际的利益分配依赖于价格。在完全竞争的市场上,价格由竞争的市场决定,不由单个的买者或卖者控制,帕累托效率自然达到。这在经济学上被严格表达为福利经济学的第一定理。

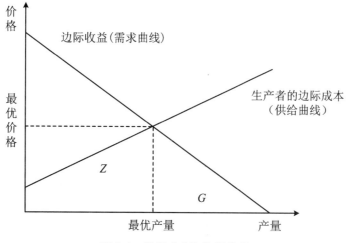

图 8.1　边际成本和边际收益

2. 竞争规则

设想有两个互相竞争的商店甲和乙。如果甲使用暴力捣毁乙的商店,然后在乙旁边办起自己的商店销售同类商品,这种行为就构成犯罪。但如果甲用较低的价格和更好的服务挤垮乙商店,他就无须为此承担责任。从乙商店的所有者来看,结果是一样,很难说哪一种伤害更小,但为什么法律后果不相同? 道理就在于,第一种情况下,甲用暴力捣毁乙的商店无法使社会对乙受到的损害和甲得到的好处做出判断,也许是乙生产成本比甲还低,这时从社会来讲生产成本增加了,所以是低效率的。但是,如果用竞争的办法把乙挤垮,那么必定说明甲的生产成本比乙低,社会所得(包括消费者和新店所有者)大于所失,是一个卡尔多-希克斯标准。所以,市场上的竞争被分成正当竞争和不正当竞争,社会允许甚至鼓励正当竞争而反对不正当竞争,所用的标准也就是卡尔多-希克斯标准。

3. 分工和专业化

我们再看分工和专业化。社会上不同的人从事不同的职业,是一种社会分工。关于分工的好处,二百多年前就被现代经济学的鼻祖亚当·斯密(1776 年)所论及,他指出经济的增长很大程度上来自于分工和专业化。一个经典的例子是关于制针的故事。如果没有专业化和分工,一个人自己生产一枚针所耗的时间成百倍于分工后所耗的时间,分工使每一个工作程序的效率都迅速提高。实际上分工与不分工相比是一个帕累托改进。设想如果两个人都既生产面包又生产牛奶,那每个人的产量是各 50,两种产品的总产量都是 100。但是如果实行专业化生产,A 只生产牛奶,B 只生产面包,专业化以后 A 的牛奶产量可以达到 140,B 的面包产量可以达到 150。因此牛奶的总产量是 140,面包的总产量是 150,这个状态与不分工的状态相比显然更有效率。进一步地,经济学把分工发生的前提分成绝对优势和相对优势。绝对优势是指参与分工的一方比另外一方在某一种产品的生产上有绝对的技术优势。假设 A 专业化生产面包,产量只有 50,如果他专业化生产牛奶,产量可以达到 140;而 B 专业化生产面包,产量可以达到 150,如果他专业化生产牛奶,产量只有 50。这时,我们发现 A 在牛奶生产上有绝对优势,而 B 在面包生产上有绝对优势,这时候分工的好处是显然的。如果换成另外一种情况,A 生产牛奶和生产面包的产量分别可以达到 140 和 150,而 B 生产牛奶和面包产量分别只有 50 和 40,此时 A 同时在牛奶和面包的生产上有绝对的优势,而 B 是绝对的劣势,因为无论生产何种产品,A 的产量都大于 B。但是即便如此,经济学告诉我们分工仍然可以发生,因为我们发现 A 在面包生产上有相对优势,也即其相对于牛奶的生产率要高一些;而 B 在牛奶生产上有相对优势,这时分工仍然是由 A 生产其具有相对优势的产品面包,B 生产其具有相对优势的产品牛奶。总而言之,无论是基于绝对优势的分工还是基于相对优势的分工,对双方而言都是一个帕累托改进,这也正是分工带来的效率。

4. 合作和组织

与分工类似,人类社会其他形式的合作和组织化活动也可以成为帕累托改进。企业作为一种组织而存在的理由,很大程度上也与此有关。简单地说,两个人或两个以上的人在一起创造的价值大于他们独立创造的价值之和,那么合作就有可能是一个帕累托改进(至少是一个卡尔多-希克斯改进)。用现在时髦的话讲,合作是一个双赢的选择。而自愿的合作一定是双赢,这也是社会要推进人们之间合作的原因。至于组织也是如此,组织是为了长期合作而存在的。一个 200 人的企业,与独立经营的 200 个个体户相比,有统一的战略和可执行的计划以及协调行动,效率可能更高,对所有的人而言可能是一个帕累托改进,或者至少是一个卡尔多-希克斯改进。这就是 1+1>2 的效应,否则组织将不会出现。再者,企业的战略联盟,作为一种松散的组织,它存在的理由也是如此,也是因为1+1>2的效应。例如,爱立信和索尼在手机生产上结成战略联盟,无论对爱立信还是对索尼,这都是一个帕累托改进。

二、外部性定理与交易成本

(一) 外部性问题

外部性通常指的是一个经济主体的经济行为对其他主体产生的非市场性的影响,也即这种影响并没有反映在市场价格体系中。换言之,该经济主体的活动使其他主体受益或受损,而该经济主体并不因此而向其他经济主体索取报酬或赔偿损失。实际上,当一个经济主体的经济活动所引起的个人成本或收益与社会成本或收益不一致时就产生了外部性。由于这种影响并没有反映在市场价格体系中,所以市场价格传递的信号就会失真,外部性会扭曲市场价格,导致资源配置扭曲。结果具有正外部性的经济活动进行得过少,具有负外部性的经济活动进行得过多,最终无法达到帕累托最优状态。

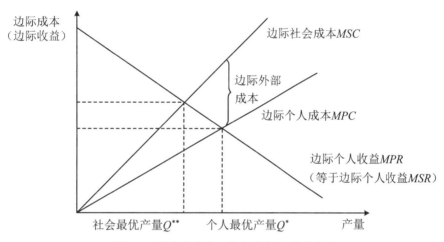

图 8.2 社会成本大于个人成本(负外部性)

由于存在负外部性,边际外部成本大于零,即 $MEC>0$,而边际社会成本等于边际私人成本与边际外部成本之和,即 $MSC=MPC+MEC$,所以边际社会成本曲线在边际私人成本曲线之上。企业追求的是自身利润最大化,所以企业会令 $MPC=MPR$,从而生产数量为 Q^* 的产品;而要使社会福利最大化,就必须使 $MSC=MSR$,企业需要生产数量为 Q^{**} 的产品。企业生产过量的产品会减少社会总福利,会使得社会净福利损失。

通常,矫正外部性的方法一般有庇古税与补贴、一体化、产权界定及当事人谈判。其中,第一种属于政府干预性的方法,后两种属于市场性的方法。外部性源于人们之间的相互联系,一个经济主体不可能完全脱离与其他主体的联系而存在,总会或多或少地与其他经济主体发生这样或那样的联系,这种复杂多样的联系使得一个经济主体的活动总是难以避免地会对其他主体产生有益或有害的影响,因此外部性是必然会产生的。不仅存在常见的空间外部性,还存在时间外部性,即一个经济主体的行为在未来对其他经济主体产生的非市场性的影响。如果外部性出现的时滞较长,就表现为代际外部性,负代际外部性阻碍了经济社会的可持续发展。垄断、公共品、信息不对称实质上也是通过引发外部性而导致市场失灵的,所以外部性才是市场失灵最根本的原因。经济学过去和现在试图解决的问题基本可以归结为外部性问题。

(二) 交易成本

与外部性密切相关的一个概念是交易成本(Transaction Cost)。1937年,科斯在其《企业的性质》一书中第一次提出了交易成本的思想,用以解释市场中企业存在的原因,他认为交易成本是指使用价格机制的成本。1969年,阿罗(Arrow)首次提出"交易成本"这一概念,他认为交易成本指的是经济制度的运行成本。威廉姆森(Williamson)深入系统地研究了交易成本理论,是该理论的集大成者,他认为交易成本是指为使经济系统运转所需付出的代价。交易是经济活动的基本单位,交易总是在一定的规则和制度的约束下进行,大量交易的进行表现为经济制度的运行。广义上来讲,交易成本指的是为了完成交易而产生的所有直接和间接成本;经济制度的建立是为了促进、规范和保护交易,产权清晰是交易的前提,因此经济制度的建立和运行的成本、界定和保护产权的成本都属于交易成本。虽然制度的建立和运行会产生交易成本,但是制度能够约束和规范交易各方的行为,也就减少了监督、仲裁和诉讼等成本,所以制度也能有效减少交易成本。

交易成本使得外部性能够一直存在。外部性的产生是由于产权不清晰并且交易成本较大,如果不存在交易成本,界定和保护产权也就不会产生成本,产权就会非常清晰,根据科斯定理,即使出现外部性也会很快得到完全矫正,自然也就不会存在外部性问题了。存在外部性的地方往往也是交易成本较大的地方,因此,减少交易成本能够有效减少外部性。

(三) 科斯定理

科斯作为新制度经济学的创始人,他提出了通过产权界定及当事人谈判来矫正外部性的新思路,从而超越了传统的庇古方法,这种新思路被后来的学者概括为科斯定理。科斯定理包括两个子定理,其中,科斯第一定理常见的表述方式为:当不存在交易成本或者交易成本足够小时,如果产权的初始界定是明确的,无论最初把产权分配给哪一方,市场机制都能自发地解决外部性问题并且有效率地配置资源。该定理揭示了产权明晰的重要性,如果产权不明晰就会存在外部性问题,从而影响资源配置效率。科斯第二定理可以表述为:当交易成本大于零时,产权的不同界定将会产生不同的资源配置效率。因此应该把产权界定给能够使得社会总产值最大化的一方。

现以矫正污水排放企业的负外部性为例对科斯第一定理进行说明。如图8.3所示,如果最初把享受清洁河水的权利界定给下游居民,则企业就必须为其排放污水而给下游居民造成的损失负责,这种损失就是企业生产时所引起的外部成本。当企业把外部成本也计算在生产成本中时,企业的实际边际成本就等于社会边际成本,所以企业的实际边际成本曲线就会由位置 MPC 上升到位置 MSC,产量就会由 Q^* 降低到 Q^{**},从而实现了资源的最优配置。相反,如果最初把排放一定量污水的权利界定给企业,由于企业可以通过出售排污权而获得一定收益,当企业选择自己使用排污权时,企业就会把自己使用排污权所引起的机会成本也计算在生产成本之中。企业每多生产一单位产品,就会多排放一些污水,多使用一些排污权,就会增加一些机会成本,增加的机会成本就是增加的边际成本,所以企业的实际边际成本就会增加。当排污权的价格较合理时,企业的实际边际成本曲线就会由位置 MPC 上升到位置 MSC,企业的产量就会下降,从而就能提高资源的配置效率。由此可见,当产权界定清晰并且交易成本足够小时,企业的边际成本曲线就会上升,从而就能优化资源配置。所以,利用市场机制矫正外部性必须满足两个条件:一是产权界定清晰,二是产权可以自由交易并且交易成本足够小。

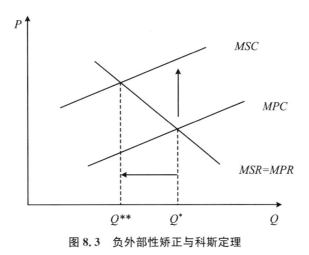

图 8.3　负外部性矫正与科斯定理

三、道德风险与委托-代理问题

(一) 道德风险

道德风险是指在信息不对称的情形下,市场交易一方参与人不能观察另一方的行动或当观察(监督)成本太高时,一方行为的变化导致另一方的利益受到损害。理论上讲道德风险是从事经济活动的人在最大限度地增进自身效用时做出的不利于他人的行动。它一般存在于下列情况:由于不确定性和不完全的或者限制的合同使负有责任的经济行为者不能承担全部损失(或利益),因而他们不承受他们的行动的全部后果,同样的,也不享有行动的所有好处。显而易见,这个定义包括许多不同的外部因素,可能导致不存在均衡状态的结果,或者,均衡状态即使存在,也是没有效率的。

以企业为例,部门经理的所有行为不可能为总经理所观察,甚至财务账目上的问题也不可能都被检查出来。如果总经理自己没有能力或者没有时间检查,他可能委托他人(例如专业审计师)管理,但问题是,谁来监督检查他人?在古代,皇帝可能对太监最信任,但是太监干了很多坏事,皇帝却不知道;当皇帝不能监督太监时,太监的行为就不可能与皇帝的利益一致。所有这些都属于道德风险。这类问题可能是企业管理中面临的最为严重的问题之一,有关治理结构的讨论很大一部分都集中于股东与经理之间道德风险问题。例如,当经理拥有企业全部股份,那么经营者承担所有的责任;当90%的股份属于股东,经理只占10%的股份,那么对经理而言,多花1个小时努力,自己的痛苦等于是10,给股东带来80的收益,但由于在80中经理只能得到8,经理就不会多努力1小时。要解决这类道德风险问题,必须设计相应的激励机制,现代经济学中的委托-代理理论提供了研究这类问题的专门分析框架。实际上,所有由信息不对称引起的问题,都可以归结为委托-代理问题。

(二) 公司治理中的委托-代理问题

在商业中,没有哪种关系比资本家和股份公司管理者之间的关系更容易遭遇风险。管理者可能转移资源用作他们的个人目的,并且如亚当·斯密所说的,在管理股东财富时,管理者很难像管理自己的财富那样尽心尽力。斯密认为,只有被授予垄断权或"排他性特权"时,股份企业才有希望优于"独资企业"。然而,隐藏行为并不是契约各方面对的唯一问题,在不确定和复杂的环境中,外部资本家很难像管理者那样区分结果较好的优良决策与成功机会较小的不良决策。因为管理者比资本家更了解公司事物,隐藏信息或逆向选择问题非常严重。

管理者与企业之间存在契约关系,这些契约条款和内在的激励方案对人们持有公司金融工具的意愿有着极其重要的影响,股东和债权人在评估这些契约可能的效果时会考虑与评估代理契约时同样的因素。如果有人否认几乎没有股东详尽地了解企业内的管理契约,那么我们支持这一观点的理由类似于斯蒂格利茨提出的对计件工资和计时工资的讨论。随着时间的推移,竞争过程会选择那些具有生存价值的契约安排,这些契约最终会看起来像解决代理问题的"方案"。

根据企业是一系列有机组合的观点,认为企业内部的产权结构要能够反映资助者所面临的风险。股东意识到管理者可能偷懒或者用利润投资于净现值低的项目,而不是仅仅获得固定利息,因为成功结果所带来的收益将会全部归股东所有,而有限责任又规定了运气不佳时股东损失的底线。那些积累了很多企业专用性技能的管理者和工人容易遭受违约机会主义的侵害,他们会寻求保护其利益的途径。这些观察结果表明,不同的条件会导致不同的契约安排和财务结构。

进一步地,讨论产生委托-代理问题的原因。第一个原因是代理人的行动难以观察:委托人只能观察到结果,不能观察到行动,因为有外生要素的干扰使得结果不能准确地测度努力程度,这就是前面讲的"隐藏行动"问题。在公司治理的问题中,股东不知道经理在办公室里是为公司操劳还是处理私人业务,经理的活动是股东没法观察的。如果股东能一一观察到经理的行为,那么问题就变得非常简单:股东可以和经理签订一个合同,规定一天应该工作多少小时,每个小时应该出多少力,流多少汗,没有达到这个标准就扣工资。假定经理工资是月薪 3 万元,合同上已经规定好第一天干什么,第二天干什么,每到月底查一下,哪一天没有履行合同,如上班迟到半小时,扣 3000 元,下班早走半小时,扣 5000 元。这时,经理自己就会考虑行为的成本,会做出最优的选择。但是因为经理的行动难以观察,签订这种合同是不可行的。

第二个原因是经理层"在职消费"带来的效用完全由经理层所有,但支付"在职消费"所需的高额成本则完全由企业股东承担,这种得到和付出的不平衡极易导致经理层侵蚀企业利益,为自己谋取福利而不承担任何成本。具体地讲,代理成本包括对代理人的激励成本和约束成本,主要包括以下几个方面:第一,制定有关契约、规划和协议的费用;第二,委托人度量、控制代理人行为和努力程度的费用;第三,代理人报酬方式和数量的设计;第四,代理人因经营决策失误或投机取巧行为造成的委托人福利损失。

第三个原因是代理人的偏好或目标可能与委托人不一样。假定 A 项目使经理收益 20 万元,股东收益 100 万元;B 项目经理收益 15 万元,股东收益 80 万元。这时股东和经理的目标一致,因此不需要股东激励,经理自己会选择对自己最有利同时也对股东最有利的项目。此时,社会最优也是经理个人最优。但是如果 B 项目经理收益 25 万元,股东收益 80 万元,那么偏好就不一样了。对股东而言最好的选择是 A,但对经理来讲最好的选择是 B。于是就会发生利益冲突。

四、激励机制

(一)契约激励

契约激励是指委托人采用一种激励机制以诱使代理人按照委托人的意愿行事的一种条款。在一个充满竞争的环境里,雇主(股东、决策者)必须设法引导其员工(经营者、核心人员)尽最大努力为其工作,这样可以降低公司成本,提高公司效益。值得注意的是,在同一个企业里要与不同的人签订不同的契约。股东很难监督高级管理人员的绩效,因此高级管理人员的契约可以通过期权把报酬和产出联系在一起,或者把奖金与利润联系在一起。类似的,旅行社推销员的报酬也许在很大程度上取决于其个人销售记录,监督困难意味着推销员需要承担相当大的风险。另一方面,那些实际生产产品的人会接受完全不同的契约,契约取决于技术因素及其对监督的意义。举一个例子,一个简单生产线过程中"偷懒"的机会很少,管理者可以预先设定生产线的速度,从而可以为每一"轮班"设定标准报酬。只要每周工作的"轮班"数不变,雇员就会避免所有的风险。对于一个风险规避的雇员来说,这要优于仅仅取决于产出的契约,因为产出也许会因为技术问题而变化,例如"故障"或者劣质零件。然而实际情况是这样的:故障的机会或者最终产品的质量在一定程度上取决于雇员的谨慎程度、专心程度或者熟练程度,所以,即使在生产线上,也可能通过晋升进行奖励。

(二) 股权激励

股权激励的本质是让企业员工(包括经营者、管理人员、广大员工)拥有本公司股票并参与对公司利润的分配。员工广泛持股,即平时人们所讲 ESOP、管理层持股、股票期权都被认为是股权激励的形式。

1. 员工持股计划

员工持股计划指由企业内部员工出资认购本公司部分股权,并委托员工持股会管理运作,员工持股会代表进入董事会参与表决和分红的一种新型股权形式。根据现有的操作实践,员工持股计划主要分为四种类型:"已运用杠杆的""可运用杠杆的""不可运用杠杆的"以及"可进行纳税减免的"。在"已运用杠杆的"员工持股计划中,该计划通过借款来购买该企业的证券。而雇主企业每年对员工持股计划信托的捐赠被用来支付贷款利息及偿还本金部分,这种情况下,公司捐赠给员工持股计划的资金,在计算应纳税时,属可以扣减的项目。"可运用杠杆的"员工持股计划是指计划得到了借款的授权,但没有被要求进行借款,而没有使用杠杆。"不可运用杠杆的"员工持股计划是指该计划中不允许进行借款,因此本质上是一种股票奖励计划,只不过被要求主要投资于雇主企业的证券。"可进行纳税减免的"员工持股计划是指公司将一定限额的金额捐赠给员工持股计划,就可以享受相应的税收抵免。

2. 管理层持股

相比带有全员福利性质的员工持股计划,管理层持股对象一般局限于公司中层以上的管理人员和关键技术人员等对企业经营有重大影响力的少数员工。管理层持股从广义上来说其实是员工持股的一部分,是承认人力资本产权价值的一种表现。

(三) 股票期权

股票期权起源于20世纪70年代的美国,是旨在解决企业"委托-代理"矛盾、使报酬和风险相对称的长期激励计划。它比管理层持股具有更显著的激励和约束效果。股权激励是20世纪80年代以来西方企业最富成效的激励制度之一,股票期权作为股权激励的典型方式在国外更是取得了很大的成功。股票期权一般只针对以总裁为首的少数高层管理人员和技术骨干,受益人主要为公司的高级管理人员和骨干人员,因此常被称作"高级管理人员股票期权"。它赋予高级管理人员或技术骨干一种选择权利,持有者可以在特定时期内行权,即在特定时期以事先确定的行权价购买本公司的股票。被授予人可以行使这种权利,也可以放弃这种权利。在行权前被授予人没有任何现金收益,行权后市场价格与行权价格之间的差价是被授予人获得的期权收益。在行权时,如果股票价格已上升,股票期权持有者将获得市场价和行权价价差带来的收益;在行权时,如果股票价格已下跌,股票期权将失去价值,持有者将放弃行权。股票期权是分配制度的一种创新,高级管理人员只有在增加股东财富的前提下才可获得收益,从而与股东形成了利益共同体。这种"资本剩余索取权"驱动高级管理人员不断努力提高公司业绩,最终达到股东和高级管理人员双赢的局面。一般而言,上市公司最适合实行股票期权计划,而高科技企业最需要股票期权计划。

【专栏 8-1】

中兴通讯股权激励方案分析

中兴通讯,全球领先的综合性通信制造业公司和全球通信解决方案提供商之一。成立于 1985 年,1997 年其 A 股在深圳证券交易所上市;2004 年 12 月,公司作为我国内地首家 A 股上市公司成功在中国香港上市。作为我国电信市场的主导通信设备供应商之一,公司为了维护其系列电信产品处于市场领先地位,采取了很多有效策略,其中包括股权激励方式。2007 年 2 月 5 日,依据《公司法》、《证券法》、中国证监会《上市公司股权激励管理办法(试行)》和中兴通讯《公司章程》以及其他相关法律法规和规范性文件的有关规定,公司董事会通过了股权激励计划。其主要内容如下:

其一,公司以授予新股的方式实施股权激励计划,一次性向激励对象授予 4798 万股标的股票额度,授予数量约占公司股本总额的 5%。其二,该股权激励计划的有效期为 5 年,其中禁售期 2 年,解锁期 3 年:其中禁售期后的 3 年为解锁期,在解锁期内,若达到本股权激励计划规定的解锁条件,激励对象可分三次申请解锁。其三,股权激励计划的激励对象为公司的董事和高级管理人员以及中兴通讯和其控股子公司的关键岗位员工。其四,公司 2007 年、2008 年和 2009 年度的加权平均净资产收益率分别为激励对象第一次、第二次和第三次申请标的股票解锁的业绩考核条件,该等加权平均净资产收益率不低于 10%(以扣除非经常性损益前和扣除非经常性损益后计算的低值为准)。其五,公司授予激励对象每一股标的股票的价格为授予价格,除本股权激励计划另有约定外,该价格为公司首次审议本股权激励计划的董事会召开之日前一个交易日,中兴通讯 A 股股票在证券交易所的收市价。公司授予激励对象标的股票时,激励对象按每获授 10 股以授予价格购买 5.2 股的比例缴纳标的股票认购款,其中 3.8 股标的股票由激励对象以自筹资金认购获得,1.4 股标的股票以激励对象未参与的 2006 年度递延奖金分配而未获得的递延奖金与授予价格的比例折算获得。

该方案实施后,2007～2009 年度,公司业绩表现出较大幅度增长。不可否认的是股权激励在其业绩增长中一定起了积极的作用,该方案呈现出以下几个主要特点:

其一,该方案在激励对象的选择上,符合公司战略,有利于公司的长远发展。中兴通讯所处的电信行业,主要特点是科技进步较快。作为技术领先型的高科技公司,最具战略价值的人力资本也相应集中在研发技术部门和主要管理层。所以有针对性地选择激励对象,激发关键员工的工作积极性和责任心,通过这种方式可以更好地控制风险以期实现发展战略。

其二,中兴通讯以授予新股的方式实施股权激励计划,是采用限制性股票的形式实施股权激励计划。管理层以较少的代价(激励对象按每获授 10 股以授予价格购买 5.2 股的比例缴纳标的股票认购款,其中 3.8 股标的股票由激励对象以自筹资金认购)获得较多的股权,较大程度上保护了管理层的利益。对管理层来说,实际上相当于仅支付 3.8 股的对价就获得了 10 股的期权收益。

其三,该方案一次性向激励对象授予 4798 万股标的股票额度,授予数量约占中兴通讯股本总额的5%,比例还是比较适当的。授予股票额度的高低,在一定程度上会影响管理层激励的效果。一般认为,当管理层持股在5%以下较为合适,过多的股权激励则相应出现激励作用下降。

其四,该股权激励计划的有效期为5年,其中禁售期2年,解锁期3年。通过有效期的确定,有利于减少管理层的短期行为,可以从中长期提升企业价值。

然而,金无足赤,中兴通讯股权激励在实施过程也遇到了一些问题。一是考核指标仍不完善。此处的考核指标仅仅为加权平均净资产收益率,且以不低于10%为准,指标明显太少。2008~2010年,中兴通讯相对于华为公司而言,资产收益率相差悬殊,但仍然满足日后行权条件,可见该指标的目标值偏低。净资产收益率虽然是比较综合的财务指标,但是却极易被操控。此外,企业的其他财务指标,如偿债能力、发展能力、周转能力指标等都未涉及,从公司的长远发展看是不利的。此外,由于中兴通讯属于国有企业,企业的相关措施应遵守国资委的相关要求。财政部2008年发布的《关于规范国有控股上市公司实施股权激励制度有关问题的通知》要求,上市公司应建立完善的业绩考核体系和考核办法。业绩考核指标一般是指能反映股东回报和公司价值等的综合性指标或是能反映市场价值增长和企业赢利能力的指标。在这方面,中兴通讯应加以完善,以满足国家相关部门监管的需要。二是外籍员工的激励问题。在我国目前的法律规定下,非中国国籍人士无法持有A股。若以H股为标的股票进行股权激励,目前中兴通讯在实施过程中还存在着很多障碍。因此在此次股权激励实施过程中,外籍员工无法参与以A股股票为标的的股权激励。

资料来源:赵团结,李培辉,李少武.中兴通讯股权激励方案及其实施效果评价[J].财会通讯,2011(26):121-122.

第二节 公司治理概述

本节涉及企业组织和所有权的多种形式,但上市公司是研究重点。上市公司是典型的股份公司,其所发行的股份或股票在证券交易所内进行交易流通。股票是一种所有权凭证,其持股者是股东,通常拥有在年度股东大会上投票以及选举董事会成员的权力。董事会对公司拥有最终控制权,由非执行董事和执行董事构成。其中,非执行董事的职能是兼顾股东以及诸如公司员工或银行等其他利益相关者的利益。

公司治理是指用来规范、协调股东、经理层、董事会和其他利益相关者之间责、权、利关系的制度体系。其实质是通过对以股东为核心的各利益相关者的权力安排和利益分配,形成相互之间的制衡关系。

公司治理的定义多以公司经营主要目标的假设为基础。但是,对于公司经营的主要目标是什么,学者和业内人士都没能达成一致意见。此外,公司目标通常受到一国的文化传统、选举制度、政府的政治导向和法律制度等因素的影响。

一、公司治理的含义

第一,股东制衡经理,即公司对企业家的选择、激励和约束。克服经营者的不作为和机会主义行为。第二,在追求股东利益最大化的前提下,协调利益相关者之间的关系。第三,保护中小股东的利益。

股东作为公司的资本提供者,公司治理的目的就是为了保障和实现股东的投资权益。然而公司作为一个社会组织,股东和公司只是社会存在的一部分,研究公司治理需要从组织的社会特征与功能的角度切入,考察股东权利以及其所处的制度环境。制度环境是一系列基本的经济、政治、社会及法律规则的集合,它是制定生产、交换和分配规则的基础,支配着经济活动、产权和合约权利的基本法则和政策。作为一个经济组织,公司需要一个有效的制衡、协调、监督和赏罚的制度结构和市场结构。其中的制度结构,通过政府的市场规制和股东大会、董事会对企业经营者的任免、监督和评价,以及由监事会的监督等过程构成;市场结构通过来自债权人的监督,来自资本市场的压力、产品市场的竞争和经理市场的选择,对企业经营行为施加影响。公司治理并不是简单的文本规则框架,而是一个结构与过程。股东为保障自身利益,通过某种手段约束经营者行为的过程,是影响公司治理的各方面当事人与公司之间基于合约关系而形成的一种制度安排。

公司作为一种社会存在,其最终目的是以有限的资源和尽可能少的投入创造尽可能多的社会财富,满足社会日益增长的物质和文化需求,即满足消费者、公司股东、公司经营相关者乃至社会发展的需要。这时,公司是一种开放的系统,承担一定的社会责任,但它又是一个以营利为目的的经济组织,在特定环境下由股东、经营者、债权人和雇员构成的利益共同体的不同利益驱动和目标动机,使得公司经营的目标选择可能是利润最大化、每股盈余最大化、股东财富最大化、公司价值最大化、政治利益最大化、管理者报酬最大化、内部人报酬最大化等。

二、定义的原因

公司治理根源于所有权与经营权(控制权)的分离下的委托-代理关系。为了使代理人(经营者)尽责尽力地为委托人(股东)工作,需要有一个有效的法人治理结构来保证委托人对代理人进行有效的监督。

公司治理问题的最早提出可追溯到亚当·斯密发表于1776年的《国富论》。"作为其他人所有的资金的经营者,不要期望他会像自己所有的资金一样获得精心照顾。"Berle 和 Means(1932年)在现代公司制度的背景下把亚当·斯密所观察到的现象概括为"所有权和控制权的分离"。他们认为,现代公司分散的股权可自由转让,以及股东之间的免费搭车,使股东对经理人实施有效的监督十分困难。看到股东和经理人利益的尖锐对立,Berle 和 Means 对无法回避所有权和控制权分离问题的现代公司制度的运行表现出无比的悲观。他们甚至表示,所有权与控制权的分离是"对过去三个世纪赖以生存的经济次序构成的威胁"(Berle 和 Means,1932年)。

【专栏 8-2】

"海底捞"的兴起

海底捞餐饮股份有限公司成立于1994年,是由一个路边麻辣烫小摊发展而来的,以经营川味火锅为主,经过16年的持续成长,现已经发展成为大型跨省直营餐饮民营企业,在北京、上海、南京等多个城市拥有51家直营店、4个大型现代化物流配送基地和1个原料生产基地,2010年营业额近15亿元,拥有员工1万多人。曾获大众点评网评出的"最佳服务餐厅"和"最受欢迎10佳火锅店"称号;连续三年获得"中国餐饮百强企业"名誉称号。在2008年"餐饮连锁业成长十强"的评选中,以208.14%的成长速度,成为当年中国餐饮连锁业发展最快的企业。

"海底捞火锅"成立至今,市场占有率不断提升,品牌效应日益明显,目前已经成为一种口碑相传的餐饮文化。中国餐饮业的平均员工流动率为28.6%,而海底捞低于10%,海底捞的顾客回头率高达50%,顾客满意度和口碑明显优于竞争对手,单店的日翻台次数为7次,新店从开业到回本盈利的周期为6个月,种种数据显示其经营业绩整体优于竞争对手。在中国餐饮业"风水轮流转、各领风骚三五年"的情境下,它的成功使其成为非常稀缺的案例资源。2009年海底捞的管理案例被写入《哈佛商业评论》,更是引发了企业管理人员学习海底捞、总结海底捞、研究海底捞的热潮。黄铁鹰曾深入调查海底捞管理模式,并撰写《海底捞的管理智慧》,他感慨道:海底捞你学不会。企业靠创新产品吸引顾客,更要靠创新服务留住顾客,让顾客成为常客。事实上,海底捞的主打产品——火锅是常见菜品,火锅底料与配菜也属常见,但海底捞能够通过独特的烹制使之成为吸引顾客的美味,彰显浓郁的"蜀地、蜀风"火锅风情。更为重要的是,海底捞资源并非得天独厚,对顾客更能产生强烈吸引力的,是海底捞的优质贴心服务。去过海底捞的人都会被海底捞的服务深深触动,这是一家与众不同的火锅店,井然有序的候餐区,随意选取的零食、水果,尤其是殷勤热情的服务员,让顾客在候餐、就餐的同时享受到人性化的关怀。这种服务是许多餐馆学习海底捞,却无法复制海底捞的基本原因,这种服务构成海底捞的核心竞争力。

根据大众点评网对北京28家海底捞火锅店的评分进行统计,并随机抽取了100家其他火锅店进行比较。统计结果显示,消费者对海底捞在口味和环境方面的评价与其他火锅店相近,甚至人均消费略高,但是消费者对海底捞的服务评分则高出了其他火锅店40.8%。很明显,海底捞区别于其他餐饮企业(至少是火锅类餐饮企业)最显著的优势在于其服务质量。正是由于这种高品质的服务,让顾客可以忍受较长的候餐时间、较高的人均就餐费用,还能感觉物有所值、物超所值。

资料来源:衡虹,何丽峰.新时期企业管理和服务创新的探索与分析:海底捞的做法与启示[J].经济界,2013(2):41-45.

第三节 公司治理的内部架构

一、公司治理结构的定义

公司治理结构又叫法人治理结构,它是以实现公司最佳利益为目的,由股东大会、董事会、经理和监事会构成,通过指挥、控制和激励等活动而协调股东、债权人、职工、政府、顾客、供应商以及社会公众等利益相关者之间关系的一种制度安排。它的本质是公司与其组成人员之间的一种合约关系。公司治理结构包括内部治理结构和外部治理结构。内部治理结构是以产权为主线,为实行事前监督而设计的内在制度安排,主要研究公司内部股东大会、董事会、监事会和经理层的权力和责任及其相互制衡关系。公司内部治理主要包括:管理层与股东、大股东与中小股之间的关系。

1. 股东大会和董事会

在公司内部治理结构中,股东大会和董事会是公司的权力中心。股东大会是企业最高权力机关,它对公司内部高层管理者和重大经营活动的监督和约束主要表现在:有权选举或罢免董事、监事,甚至对那些因玩忽职守、机会主义行为使公司和股东造成严重经济缺失和不良社会影响的董事进行起诉,它有知情权和监察权。其中监察权由董事会代为行使,但保留对结果审查和最终决定的权利。

董事会的主要职责是代表股东招聘或解雇公司的高层经理;制订高层经理的薪酬计划;必要时向经理人提出意见和建议等。

2. 激励合约设计

激励合约设计分为薪酬激励和声誉激励。薪酬激励是一种通过在投资者与经理人之间订立合约,将经理人的收益与经营绩效相联系,从而达到促使经理人按照投资者的利益行事的激励手段。声誉激励是经理人在职场上的品牌,它一方面使经理人获得巨大的心理满足,从而激发出更大的工作热情和付出更多的工作努力;另一方面是其在经理人市场上竞争力的重要表现。

3. 大股东治理

在股权高度分散的条件下,一方面,众多的中小股东对经营者采取一致行动的成本昂贵,另一方面,中小股东对公司经理人的监督没有动力,最终使得公司的控制权自然而然地落入经理人手中,公司的绩效和股东的利益难免受到损害。因此,一种有效的替代手段就是将股权适当地向少数大股东手中集中,控制权也就随之转到少数大股东手中,从而实现对经理人的有效监督。

但少数大股东一旦掌握了公司的控制权,又会对中小股东的权益产生侵害。控制权收益包括控制权风险溢价和控制权超额收益。

所以,公司内部治理中包括董、监事会的结构与组织及其权利义务的界定;同时,内部治理包括股东权利、股东权利的保护、股东权利事后弥补、财务信息披露和上市中必要的内部控制监管等。

外部治理结构是以竞争为主线的外在制度安排,主要研究公平的竞争环境、充分的信息机制、客观的市场评价以及优胜劣汰机制,还包括政府和社区对公司所进行的治理。具体说来,公司外部治理结构包括:

1. 金融机构外部治理

金融机构的外部治理,主要是确保公司能够维持适当信用评级的相关监督机制设计。因此,金融机构通过融资活动对其往来公司产生外部监督作用。

2. 资本市场的外部治理

除了金融机构外,直接融资的资本市场也提供公司外部治理机制。例如,如果公司的内部管理机制不佳,则公司在资本市场不易筹集到资金,或所筹集资金的规模不足,导致对公司的运作产生重大影响,此为资本市场的外部治理。

3. 市场机制的外部治理

这是关于证券市场中市场机制所产生的外部治理机制部分。例如,如果公司降低公开财务信息的质量,则专业投资机构可能会降低公司的投资评级等,因此会对公司股票成交的活跃性及股价产生显著影响。相对的,公司为了提高投资者对公司的注意力,会想办法提高内部管理绩效与公开披露信息。同时,市场中企业兼并行为也是属于市场机制外部治理的一种。

4. 破产机制的治理

公司法规定：如果企业无法支付到期的本息，根据规定企业一定要宣告破产。公司法中这种破产机制的设计会迫使公司有足够的意愿维持信用等级，以利未来在资本市场上融资。

5. 竞争

竞争是公司治理结构的补充，二者之间相辅相成。例如，上市公司在资本市场中竞争，每家公司均希望在上市公司中脱颖而出，得到投资者青睐，也就是在资本市场中易于融资，可以筹集到最便宜的所需资金。公司为了达到这种竞争的目的，会提高经营绩效、提高信息披露程度等。此为竞争为公司治理所带来的相辅相成结果。

由于分析和强调问题的角度不同，人们对公司治理结构所下的定义也不一样。

英国牛津大学管理学院院长阿林·梅耶在他的《市场经济和过渡经济的企业治理机制》一文中，把公司治理结构定义为："公司赖以代表和服务于它的投资者利益的一种组织安排。它包括从公司董事会到执行人员激励计划的一切东西……公司治理的需求随市场经济中现代股份公司所有权与控制权相分离而产生。"

二、公司治理的类型

（一）英美模式——外部控制主导型

1. 含义

英美模式是指投资者通过在发达的证券市场上"用脚投票"以及由此引发的公司控制权转移来实现对公司的控制，使公司目标与自身目标相一致的公司治理模式。

2. 适用条件

第一，股权资本占主导地位，资产负债率低。第二，股权高度分散，机构投资者占据重要地位。第三，经理市场发育充分。

3. 特点

第一，董事会中独立董事比例较大。在英美国家，公司一般是单层结构，不设监事会。董事会兼有决策和监督职能。董事会下设执行委员会、报酬委员会、审讯委员会等。执行委员会负责公司经营决策；报酬委员会、审讯委员会负责监督，而这两个会的成员全部由独立董事担任，执行董事一般不能兼任。独立董事在董事会成员中的占比较大，据《财富》杂志报道，美国公司1000强中董事会平均规模11人，其中独立董事9人，占到80%以上。独立董事的权利：公司的关联交易的批准权、召开临时股东大会。独立董事制度主要是为了防止大股东对中小股东和其他利益相关者利益的侵犯。

第二，公司控制权市场占据核心地位。控制权市场是指通过兼并、收购等方式获得公司的控制权，从而实现对公司的资产重组或公司高层管理人员的撤换。这是外部市场对公司经营者激励和约束的关键。

第三，经理薪酬中股票期权比例较大。据《商业周刊》统计，1999年美国1000家公司管理人员的薪酬中，有53%来自股票期权，美国收入最高的前20位首席执行官的收入中，股票期权的收入占总收入的90%以上。

第四，信息披露完备。在英美模式下，有十分发达的证券市场，公司的股权高度分散；银行等债权人在公司治理中扮演十分有限的角色；公司治理效率主要体现在证券市场及其相关联的公司控制权市场。在这种模式的国家,法律制度相对比较健全,法律支持股东控制公司的权利,同时要求董事会和管理层严格地对股东负责,因此信息披露完备。

4. 优缺点

优点:优化资源配置;激励企业的创新精神;促进企业努力提升自身的竞争力。

缺点:资本结构稳定性差,不利于企业生产经营活动的开展;"股东大会空壳化",企业行为短期化;忽视了其他相关者的利益。

(二) 日德模式——内部控制主导型

1. 含义

日德模式是指投资者主要依靠在股东大会上"用手投票",直接参与公司决策,以达到约束经营者的目的的公司治理模式。

2. 适用条件

第一,以借贷融资为主,资产负债率高。第二,法人股占据主导地位。公司的股票主要集中在银行、家族、其他关联企业等法人手中。在日本,法人持股占公司总股份的2/3以上。

3. 特点

(1) 董事会与监事会分设的双层董事会体制。董事会由执行董事组成,他们与公司的高层经营人员合二为一,决策者与执行者合二为一。监事会由非执行董事组成,通常都是前任管理人员。监事会独立于董事会,行使监督作用。

(2) 企业与银行共治。银行是企业的债权人,同时企业相互持股,兼有债权人和股东双重身份,从而形成了特殊的银企关系——主银行关系(又称主银行制度)。即企业选择一家银行作为主要往来银行,并把从该银行获得贷款作为资金的主要来源;银行与企业之间相互持股,银行参与企业的治理;经济危机时,由银行对企业进行救助。

(3) 法人之间交叉持股。目的在于加强企业与企业之间的业务联系而不在于获得股票投资收益。认为为了获得短期股票投资收益而损害长期的合作关系是不值得的。

优点:能够较好地发挥公司治理机制的作用;有利于公司的长期发展;有利于降低交易成本,提高效率;职工董事的设立有利于调动职工参与公司管理的积极性。

缺点:股票流动性差,不利于发挥证券市场对经营者的激励和约束作用;终极股东的权利被大大削弱。导致"无责任经营",企业创新不足;银行与企业交叉持股形成的不是相互支持而是相互信任,相互合作;企业选择高度依赖的结果,更容易诱发金融危机。

(三) 两种模式的比较

1. 融资结构不同

英美模式以股权资本和持股为主;日德模式以银行借贷资本和法人持股为主。

2. 治理手段不同

前者主要依靠资本市场实现对经理人员的激励和约束;后者主要通过公司内部层级组织建立投资者对经营者的制衡关系。

3. 治理组织结构不同

前者多采用单层制董事会,董事会行使决策和监督职能。后者采用双层制董事会,董事会与监事会分设,董事会负责经营决策;监事会行使监督职能。

三、中国公司治理的演变

(一) 传统计划体制下的"企业治理"——行政性治理

传统的计划体制下,国有企业是政府的行政附属物,根本称不上是企业,不存在"企业治理",更不存在"公司治理"一说。即使有治理,也应该是政府治理。为了方便叙述,本书称之为"企业治理",说"公司治理"那是断然不行的。

从政府层面看,治理内容无所不包、治理手段指令性、治理结构一元性。从企业层面看,治理行为(方式)行政化、治理主体模糊化、治理目标非效率、治理成本高昂。

(二) 行政性治理向经济型治理的转变

1. "放权让利"下企业治理困境

这一改革的本质是在管理层面上赋予企业更多的手段,即有权通过物质刺激调动企业和职工的生产经营积极性,根本没有触及行政型治理的实质,结果非但没有找到出路,反而由于物质激励与原有体制的不兼容陷入困境——放权不足则企业依然没有自主权;放权太多又导致"内部人控制"。

2. 承包制下的企业治理——强化经营权

承包制下的企业治理即将经营权交给承包人,通过明确经营者的经济责任、经济权利和经济利益,使承包人对国有资产的效率负责。尽管取得了一些成效,但并不能从根本上扭转国有企业效率低下的问题。其原因在于承包制仍然是一种行政性分权。所以,承包制下的企业治理仍然是一种行政性治理,只是进行了一些局部改革——纯粹的行政命令被行政性契约所替代。

3. 现代企业制度改革下的公司治理

法人治理结构是现代企业制度的核心。管理创新、激励作用是企业长盛不衰的法宝。这是行政性治理走向经济性治理的标志。

(三) 我国公司治理存在的问题

1. 所有权"缺位"

计划体制下,政府以行政管理者和资产所有者的双重身份直接经营国有企业,但是,政府总是以行政权力代替资产权力,使国有企业内部财产所有者"缺位"。改革开放以来,国有企业改革的基本思路是"强化经营权,淡化所有权"。尽管相关法律规定了国家享有所有权,企业拥有占有、使用和依法处分权,但由于没有同步建立起国有资产出资制度以及相应的国有资产管理机构,因此无法落实。于是,实践中采取的办法是:由国家授权国有企业的领导人,以所有者代理人的身份全权经营修正的国有资产。这种授权经营把所有者对经营者的监督变成了企业的受托人自己对自己的监督。可见,国有企业所有者名义上"在位",实际上"缺位"。

2. 内部治理结构失灵

(1) 股东大会失灵:国有股东是代理股东(假股东),难以履行股东的职责;参加股东大会的股东缺乏代表性,对与会股东数量的限制将众多的中小股东拒之门外;股东大会不能有效履行职责。

(2) 董事会的问题:一是"三多"现象:官派董事多、兼职董事多、内部董事多,其后果一是董事长代替董事会;二是政府官员替代了企业家;三是中小股东的权益受到侵害;四是制衡机制失灵。

(3) 监事会的问题：与董事会类似。

3. 经营者的激励机制不足

目前，我国大中型国有企业中经营者获得的合法公开收入主要是工资和奖金，大多数企业工资和奖金的差别相当小，不足以发挥激励作用。即使实行与企业业绩挂钩的年薪制度，其总体水平偏低，激励力度不够且大多数企业只是简单地把月薪制改为年薪制，没有引入竞争机制。

4. 市场竞争不充分

主要集中在石油化工、航运、金融、钢铁等传统行业，这些行业的准入门槛较高，几乎被国有企业垄断。垄断在初期能够保证行业利润最大化地进入极个别公司中，但因为缺乏竞争，随之也就缺乏活力与进化动力。

5. "内部人控制"问题严重

(1) 含义。从狭义上讲，是指企业的主要负责人在事实上或者依法掌握了企业的控制权，并使他们的利益在公司决策中得到比较充分的体现的现象。从广义上讲，是指由于企业的外部成员监督不力，企业的内部人掌握了企业的实际控制权。

(2) 表现。在职消费、信息披露不规范、短期行为、过度投资与滥用资产、转移国有资产、不顾小股东利益、拖欠债务严重。

(3) 成因。一般原因：第一，信息不对称（经营者个人信息不对称与企业经营信息不对称），委托人由于信息不对称，难以进行监督，形成内部人控制；第二，目标函数不一致使其具有"内部人控制"的主观动机。特殊原因：产权主体缺位；公司内部治理机制失灵；激励机制缺乏；市场竞争不充分。

【专栏 8-3】

富士通的管理变革

位列 2002 年《财富》杂志 500 强第 88 名、日本最大的 IT 与通信企业——日本富士通株式会社，近年来大胆打破传统，力行管理变革。

1993 年，富士通开始在全公司范围内实行在当时日本人看来几乎是"冒天下之大不韪"的改革——即将其实行多年的"终身制"转向"工作成果制"。因为当时几乎所有的日本大企业都还在实行沿用多年的雇佣终身制，员工早已经习惯将公司当做终生死守的大家庭。此项改革出台后，立刻在日本企业界引起震动，富士通面临巨大的压力。但变革迫于严峻的现实。当时，全球 IT 产业中，日本企业面临来自更具有创新性的美国企业咄咄逼人的竞争，提高公司创新能力是富士通亟待解决的问题，而传统的终身雇佣制已经难以适应 IT 产业的飞速变化。于是，富士通于 1993 年开始逐步实行"成果制"。其主要内容包括：引进目标管理、设定评价制度与收入相联系。首先让员工自己设定工作目标，然后与自己的顶头上司商议目标是否合适，可升可降。工作目标设定后，员工就要为达到目标而努力工作。一年后，员工如果没有达到预计的工作目标就要降薪或解雇。此项制度实施近 10 年，有些员工因没有达到工作目标而受到了惩罚，但是大部分人在制定工作目标后都会努力工作，圆满完成了任务并获得加薪或晋升。现在，公司上下对"成果制"已经完全认可。"工作成果制"引进成功之后，富士通从 1999 年起开始倡导"能力主义"。公司高层主张废除企业内部白领阶层和蓝领阶层的区别，建立能够充分发挥每位员工能力和工作热情的体制。富士通将按资历划分等级的做法改为以职责判定等级的制度，不再以学历和年龄取舍人才，主张取得显著成绩的人员应该晋升快，加强职责评价与报酬的联系。据富士通香港有限公司董事简友和的回忆："富士通从 2000 年起，就规定所有员工的评估必须根据成果，而不是从年龄和资历的角度看问题。此项规定一宣布，立刻成为日本各大报纸的头版头条。"这从另一方面反映了在颇为保守、求稳的日本企业界，推进变革所面临的压力确实不小。富士通能够引领日本企业变革之风，与其自身强烈的危机感有关。富士通自成立之日起，就是一个充满危机感的企业。它没有移动自己的大厦，东京总部所在地是租用的办公楼层，原因在于公司领导认为只有这样才能一直保持危机感和紧迫感，才有不断求索发展的动力。

管理机制的变革为富士通带来了活力，进而提高了企业的竞争力。2000 年，富士通的营业收入已经从 1993 年的 179 亿美元增长到 472 亿美元。位列《财富》杂志评选的世界 500 强第 45 名，成为规模仅次于 IBM 和惠普的世界第三大 IT 公司。由于该公司人事组织制度充满了活力，相比其他日本公司，富士通在企业本地化方面也具备了一定优势。比如，富士通在中国的人员本地化策略就很成功，有很多高级职位是由中国员工担任的。富士通的中国员工只要表现出色，晋升速度就非常快。如在销售公司，只要有业绩，很快就会晋升到销售经理。有一名员工在短短两年多内就从普通员工晋升到了课长，这种情况在一般的日资企业还很少见。

2000 年之后，世界 IT 和通信产业陷入低谷。富士通的发展也面临困境，2002 年营业收入从 2001 年的 496 亿美元下降到 400 亿美元，降幅达 20％。富有变革精神的富士通在社长秋草直之的带领下，根据世界 IT 产业和通信产业融合的趋势，进一步提出了"网络世界创意无限"的口号，并基于此而推行了更为深入的组织改革。

目前，富士通的通信本部和 IT 本部已经合并，以便更好地管理客户关系，这在日本企业界又迈出了领先的一步。秋草直之曾经抱怨说："如今很难看到 20 世纪 60 年代日本人创业时那种奋发向上的精神了，优裕的日子磨去人们的上进心，这才是今天日本最大的顽疾。"而富士通多年来的变革，则在很大程度上克服了这种顽疾。

第四节　信息不对称与人力资源管理

经过二十多年的改革开放，我国的市场经济取得了令世人瞩目的成就，我国的市场也已经从卖方市场根本性的转变为买方市场，同时全球经济一体化步伐加快，世界各国的信用管理优秀的企业也纷纷涌入我国，在这个竞争越来越激烈的市场上，竞争已不仅仅是质量和价格的竞争，支付手段也成为重要的竞争因素。目前我国市场的诚信状况堪忧，不守信用的事件此起彼伏，信息不对称分布较为严重和普遍，在这样的市场中，如果没有有效的对客户信用的甄别系统和信用风险控制系统，减少企业与客户之间的信息不对称和企业内部的信息不对称所带来的风险，盲目采用信用销售方式，势必会给企业带来大量的不良应收账款，降低企业的资产运用效率，甚至会带来毁灭性的打击。因此，企业必须学习先进的信用管理技术，建立完善的信用管理系统，提高信用管理能力，才能有能力参与到激烈的市场竞争中去，控制风险，扩大销售，提高效益，从而在优胜劣汰的市场竞争中生存下来，并不断发展壮大。

一、信息不对称

2001 年度诺贝尔经济学奖授予了三位美国经济学家：哥伦比亚大学的约瑟夫·斯蒂格

利茨、伯克利加州大学的乔治·柯克尔洛夫和斯坦福大学的迈克尔·斯彭斯,以表彰他们在"使用不对称信息进行市场分析"领域所做出的重要贡献。信息不对称理论产生于20世纪70年代,论述了信息在交易双方的不对称分布或在某方的不完全性对于市场行为和市场运行效率所产生的一系列重要影响。

所谓信息不对称是指这样一种情况,缔约当事人一方知道而另一方不知道,甚至第三方也无法验证,即使能够验证,也需要花费很大物力、财力和精力,在经济上是不划算的。

(一) 信息不对称的分类

对信息不对称的划分可以从多个角度进行。

1. 按照内外生分

一是外生的不对称信息,它是指自然状态所具有的一种特征、性质和分布状态,它不是由交易人所造成的,而是客观事物本来所具有的;二是内生的不对称信息,它是指在契约签订以后,其他人无法觉察到的,事后也无法推测的行为。

2. 从不对称发生的时间划分

信息不对称的发生在时间上是不同的,可能发生在当事人签约之前,也可能发生在签约之后,分别称为事前不对称和事后不对称。研究事前不对称信息博弈的模型称为逆向选择模型,研究事后不对称信息的模型称为道德风险模型。

3. 从不对称信息的内容看

不对称信息可能是指某些参与人的行动也可能是指某些参与人的知识或信息,研究不可观测的行动的模型称为隐藏行动模型,研究不可观测的知识或信息的模型称为隐藏知识模型或隐藏信息模型。

4. 从信息不对称发生的层次看

有的信息不对称发生在企业整体,即对于某些信息,企业中所有的人都不了解,与相对应企业相比,企业整体处于信息劣势,这种信息不对称为企业整体与其外部的信息不对称;有的是企业中个人(如销售人员、采购人员、企业高层人员)掌握的信息,但是企业中其他人员不知情从而处于信息劣势,这种不对称为企业内部的信息不对称。因此信息不对称从发生的层次和范围又可分为企业整体信息不对称(外部信息不对称)和企业中个体或局部信息不对称(内部信息不对称)。

5. 从不对称发生的程度和产生的影响来看

信息不对称又可分为轻度信息不对称、一般信息不对称和严重信息不对称。轻度信息不对称是指委托-代理关系双方存在少量信息不对称,但这些少量信息对处于信息劣势一方几乎不会造成利益损失,所以没有必要花费额外成本去解决这种不对称。一般信息不对称是指委托-代理关系双方存在一定程度的信息不对称,企业需要支付一定成本去解决这种信息不对称,但由于其只会给处于信息劣势一方造成有限的损失,企业不宜花费过多的成本,否则会得不偿失。严重信息不对称是指对契约会产生重大影响的信息,缔约当事人一方不知道,由此可能会给处于信息劣势一方造成重大损失,因此必须千方百计力求避免或降低这种不对称。

(二) 信息不对称产生的原因

信息不对称的产生主要与以下几个方面的因素有关:

1. 个体的认识能力的差别

人类作为地球上最具智慧的生物,其聪明才智是其他任何一种生物都无法比拟的,尽管体能上人类要比很多动物逊色许多,在环境适应性上也无法与很多动植物相比,但是毋庸讳言,人类凭借自己的大脑,创造出各种各样的工具,改变环境的本领却是地球生物中的佼佼者。人类作为一个整体其智慧令动植物无可匹敌,但作为个体的人,其智力、兴趣、爱好、能力、经历等方面存在很大的差异,其对世界、周围环境、人际关系等的认识和协调能力是千差万别的,其信息收集和鉴别能力存在差异,也即人的信息获取能力是不对称的,从而导致个体的信息不对称。

2. 社会分工和专业化导致的信息非均衡分配

人类社会的发展产生了社会分工和专业化。社会分工和专业化提高了社会经济运行的效率,但同时也加剧了基于人的信息获取能力不同而导致的信息不对称。现代社会,社会分工和专业化成为信息不对称的重要因素。

3. 制度缺陷阻隔信息传播

社会经济的发展,使得社会分工、专业化更加深化,各行各业之间的依赖程度越来越高。需要相应制度的配套和完善,发展先进的信息收集、处理、传递和使用技术,使社会信息沟通机制发挥应有的作用,促使信息的及时、准确传播。但是,由于制度的缺陷,相关技术的落后,影响了信息的传播利用,依赖程度高并不等于知识、技能方面的相知程度就高。

对于一个企业来说,除了上述原因会导致和强化信息不对称外,企业自身的一些因素也对信息不对称产生重要影响,这些因素包括:

(1) 企业组织规模的扩大

当企业处于初创时期,规模较小、人员较少、投资较少、经营品种单一、生产工艺简单,人们在企业运作中能够进行充分的信息交流,因此方方面面的信息能够很快掌握,信息不对称较少或比较轻微。随着企业规模的不断扩大,雇佣的人员越来越多,分工越来越细,生产工艺越来越复杂,投资越来越大,项目越来越多,新知识越来越多,相反部门隔阂越来越大,人们之间的信息沟通、交流越来越困难和复杂,由此导致企业内部信息不对称加剧,给企业运作带来风险。

(2) 企业经营销售范围的扩大

企业在发展初期,一般在很小的区域内经营销售,范围有限,便于企业进行控制,信息不对称比较轻微,随着企业销售、经营范围的不断扩大,从一个地区扩展到多个地区,从国内发展到国外,企业的销售渠道越来越长,管理层次逐渐增加,经销商越来越多,销售区域和经营区域的文化差异扩大,信息传递沟通越来越困难、越来越复杂,信息不对称现象越来越严重,给企业运营带来重大风险。

因此,从管理角度看,随着企业规模的扩大,企业经营区域的拓展,使企业运营越来越复杂,从而加剧了企业的信息不对称,使企业运作风险加大。

二、人力资源管理中的信息不对称

在人力资源市场中,信息的不对称往往是造成人的价值错误"定价"的根源。在人力资源管理中,信息的不对称也会破坏对人力资源的有效使用,从而导致企业管理的失误。信息的不对称存在于人力资源管理的各个方面,不管是员工的招聘、使用,甚至辞职,还是员工的培训、考核和激励,都存在信息的不对称。在人力资源管理中信息的不对称往往会导致人力资源管理效率的下降。

信息不对称不仅会导致人力资源市场效率下降,而且会给人力资源管理过程带来风险。

但信息不对称是如何导致企业人力资源风险的呢？这就是我们要研究的信息不对称引起企业人力资源风险的机制。信息不对称引起企业人力资源管理风险的原因是多种多样的，大体可归结为主观和客观两个方面。

（一）主观方面

在人力资源管理中，信息的不对称既包括获取信息的数量和质量不对称，也包括对信息评估的不对称，这些都是引起企业人力资源管理风险的重要因素。一方面，在人力资源市场上，由于在市场交易中经济主体拥有信息的数量和质量不对称，而且相关信息越多对自身越有利。因此，信息的优势方为获得最大化的经济利益就会隐藏信息或者向市场提供虚假信息，这就造成人力资源管理风险。如应聘者在应聘过程中有意识地夸大自身的人力资本价值，提供含水的文凭、虚假的简历、泡沫业绩等，这种故意隐瞒的行为导致人事招聘风险。

另一方面，由于市场经济主体对信息的把握和理解的不同造成的信息不对称也会引起人力资源管理风险。这主要表现为委托人与代理人（经济学上的"委托-代理"关系泛指任何一种涉及信息不对称的交易，交易中拥有信息优势的一方称为"代理人"，另一方称为"委托人"）的价值观和素质的差异。如限于自身的知识和经验，招聘者无法很好地理解应聘者提供的信息；在投资者与经营者的"委托-代理"关系中，委托人（投资者）所拥有和能支配的时间资源是有限的，这决定委托人在签约时不可能完全掌握代理人（经营者）的所有情况，签约后也无法完全清楚代理人的行为方式及其可能产生的后果的全部信息；管理者无法理解下属提出的设想和意图等。

（二）客观方面

从客观上来说，人与人之间是有差异的，这个差异表现在各个方面。在人力资源管理过程中，表现为不同的人在获取信息、处理信息、输出及反馈客观事物时的差异性。人力资源中个体的这些差异，使其在决定自己行为时所表现的过程上存在不确定性，这就导致了人力资源管理过程的不确定，从而引起人力资源管理风险。

其次，人的知识都是有限的，人们不可能知道在任何时候、任何地方发生或将要发生的任何情况。而且，由于行为主体充分了解某一方面的信息或需花费的成本太大，这也不允许其掌握完全的信息知识。这主要是由人所拥有和支配的资源的有限性所决定的。

三、防范信息不对称导致人力资源管理风险的对策建议

（一）企业外部的防范和控制措施

信息不对称导致人力资源管理风险的客观外在条件是社会信用的缺失。在信用缺失的情况下，只靠企业和个人之间是不能构建起防范人力资源措施的。这时政府必须发挥其宏观调节作用，致力于宏观环境的营造，为减少信息的不对称性创造条件，以提高人力资源管理效率。

一是营造诚信氛围，培育诚信观念，建设信用社会，提高全民的诚信素质，以减少信用缺失带来的信息不对称而引发人力资源管理风险。二是规范劳动力市场管理。政府可以建立个人电子诚信档案，通过互联网建立全国性的人才信息系统，规范健全人才市场和服务机制，建立良好的人力资源配置机制，培育诚信中介。人才招聘过程中的信息不对称非常普遍，劳动力市场和中介机构是企业降低（或转移）其获得真实信息成本的重要途径。政府应完善相应的法规制度，规范中介机构，为降低用人单位搜寻信息的成本创造条件。三是建立完善的人才信息数据库，特别是中高级人才的信息数据库建设，并逐步从地方联网扩展到全

国联网以减少假文凭、假证书给用人单位带来的困扰,以降低用人单位信息搜寻的成本;四是建立相关惩罚欺骗和瞒报行为的法律法规和监督机构。在这方面,国外的许多做法值得我们借鉴。比如,德国中央银行设有专门掌管社会成员的信用信息服务机构,从事信用评级、管理等业务。若个人乘车逃票被查到,就会写入个人的信用记录,成为终生的污点。

(二)企业内部的防范和控制措施

1. 完善招聘流程和招聘机制,实行特色招聘

应聘者在进行信息传递的过程中,传递信息的质量和数量存在无意和有意之分。某些应聘者由于遗漏或者表达不全,造成无法准确传递信息。但是多数的隐瞒信息,属于无德者。人力资源招聘具有很强的主观性。在招聘之前,就必须有全面的招聘计划,力求公正、公平和客观化,以树立招聘的严肃性和权威性。企业应该加强人力资源的招聘创新,比如可以进行跟踪招聘。以校园招聘为例,企业可以在学生早期学习阶段进行跟踪招聘,在跟踪观测学生的全面素质的同时,也可以展示企业自身形象。企业可以给予学生资助,如以奖学金等形式进行激励,同时在"准员工"中树立自己良好的公众形象和社会责任。企业还可以进行特色招聘测试。当前的大多数企业招聘只停留在纸笔测验,须知企业招聘不同于学校招生,由于工作岗位的不同特点,求职者千差万别,仅靠做几份试题和回答几个问题往往很难反映测试的可信度。企业可以根据职位特点,推出一些新颖的测试方法。

2. 实行有效的激励机制和监督约束机制

现在的人力资源工作往往只强调激励机制而忽视监督约束机制,只有两者相辅相成,才能更好地发挥激励效应。企业应引入激励监督机制,采用怎样的绩效考评是发挥激励监督机制作用的关键。企业可以根据自身实际,选择合适的绩效考评方法,在完善绩效考评的基础上,建立起和适合企业长远发展的多层次的激励机制和监督约束机制,规范员工行为,降低信息不对称引发的道德风险。

3. 积极倡导员工职业生涯规划,加强员工的职业道德建设

马斯洛的需求层次理论认为,人的需求层次是逐级由低层次向高层次发展的,员工工作热情和工作努力程度与从事的工作环境、工作价值认同和自身价值实现等密切相关。人力资源管理要以人为本,充分结合员工需求和人生价值,为员工设计一条经过努力可以达到的个人职业发展道路。应使员工明白,个人的发展与企业的发展密切相关。通过员工职业生涯设计,有利于企业了解员工的需求、兴趣及工作态度和努力程度,有利于稳定团队,减少员工隐藏信息和隐藏行为造成的损失。

总之,企业在人力资源管理的各个环节上,应致力于缩小信息不对称的程度和范围,通过外部环境的改造、内部制度及企业文化的建设和倡导员工职业生涯规划,提高人力资源管理的有效性和实用性。

【专栏 8-4】

小道消息传播带来的问题

斯塔福德航空公司是美国西北部一个发展迅速的航空公司。然而,有段时间在其总部发生了一系列的传闻。公司总经理波利想出卖自己的股票,但又想保住自己总经理的职务,这是公开的秘密了。他为公司制定了两个战略方案:一个是把航空公司的附属单位卖掉;另一个是利用现在的基础重新振兴发展。他自己曾经对这两个方案的利弊进行了认真的分析,并委托副总经理本查明提出一个参考的意见。本查明曾为此起草了一个备忘录,随后让秘书比利打印。比利打印完以后即到职工咖啡厅去了。在喝咖啡时比利碰到了另一个副总经理肯尼特,并将这一秘密告诉了他。比利对肯尼特悄悄地说:"我得到了一个最新消息。他们正在准备成立另外一个航空公司。他们虽说不会裁员,但是我们应该联合起来,有所准备啊。"这些话又被办公室的"通讯员"听到了。他又高兴地立即把这个消息告诉他的上司巴巴拉。巴巴拉又为此事写了一个备忘录给负责人事的副总经理马丁。马丁也加入了他们的联合阵线,并认为公司应保证兑现其不裁减职工的诺言。

第二天,比利正在打印两份备忘录,备忘录却被路过办公室探听消息的莫罗看见了,莫罗随即跑到办公室说:"我真不敢相信公司会做这样的事情,我们要卖给航空公司了,而且要大量减员呢!"

这个消息传来传去,3天后又传回总经理波利的耳朵里。他也接到了许多极不友好甚至是敌意的电话和信件,人们纷纷指责他企图违背诺言而大批解雇工人。有的人也表示为与别的公司联合而感到高兴,波利则被弄得迷惑不解。

后来波利经过多方了解,终于弄清了事情的真相。然后波利就采取了澄清传闻的工作。首先他给各部门印发了他为公司制定的那两个战略方案,并让各部门的负责人将两个方案的内容发布给全体职工。然后在三天后,他把全公司的员工召集在一起,让他们谈谈对这两个方案的看法。职工们各抒己见,但多数人更倾向于第二个方案。最后波利说:"首先向大家道歉,由于我的工作失误使大家担心了,很抱歉,希望大家能原谅我。其次,我看到大家这样的爱公司,我也很受鼓舞,其实前几天大家所说的那件事就是这两个方案的升华,今天我看到了大家的决心,那么我就更有信心,使我们的公司发展更好。谢谢!"

最后,该公司采取了第二个方案,因此也迅速地发展起来。

资料来源:http://www.docin.com/p-736960807.html.

第五节　公司治理的应用与拓展

一、备受瞩目的内部调查

在当今这个充斥着各种公司丑闻和咄咄逼人的起诉案件的恶劣环境下,想要及时发现你所在的组织的潜在危机,需要准确及时地进行调查,并且第一时间采取行动。这已成为卓越公司治理的必备特征。

美国证券交易委员会的执法行动说明,除了强化"自律"外,公司需要及时地向政府尽心"自我报告"。在当今的环境下,公司及时汇报自己发现的潜在不良行为和内部调查结果是将政府制裁的可能性降至最小的基本条件之一。

与快速、精准地得到事实同样重要的是,与调查涉嫌违法行为的政府部门合作,避免发生类似错误——据称美银证券(Banc of America Securities)以及其他被告因没有及时地与美国证券交易委员会全面合作而遭受重大处罚。当今美国证券交易委员会的"合作"律令已经成为一个令人遗憾的"捉迷藏"式的博弈游戏,这无形中大大加重了公司的负担。按照它的要求,任何不合规的公司行为都会迅速成为所谓的公司"不合作"的证据。你在调查中可能做了很好的工作,但是,如果这些调查结果并没有系统地展现在委员会面前并得到它的重视,那么你还是要为此付出代价。本节将会介绍一些与美国证券交易委员会有效交涉的方法以及符合委员会新的合作要求的方式。

(一) 建立合规文化,执行有效的合规政策和程序

在公司受到质疑或者被起诉之前,应该对涉嫌不法行为做有效的反应。一个组织的责任感是从建立并执行一个能够防止、发现违法行为的程序开始的。这个有效的公司合规程序的有无是政府决定对公司进行强制执行还是提起刑事诉讼的关键。以下内容总结了近期政府发布的关于公众公司应当如何建立和执行"有效"的公司合规程序的公告。

1. 美国联邦《量刑指南》

1991 年美国首次发布《量刑指南》以前,美国量刑委员会就已经设立了公司治理标准。如今,美国证券交易委员会和其他政府机构已经把《量刑指南》看作评估公司合规程度的领先"基准"。2004 年 4 月,美国量刑委员会对现存的组织量刑指南进行了修改,特别是关于"有效合规程序"的要求部分,即美国联邦《量刑指南》第 8B2.1 条。不管公众公司如何履行合规职责,也不管它们对不端行为的起诉如何做反应,这些新的标准都将对它们产生深远的影响。

2. 美国证券交易委员会的《锡博德报告》

需要说明的是,《量刑指南》并不是政府重视建立有效合规程序、预防和制止违法行为的唯一事例。2001 年 10 月,美国证券交易委员会发布了一份"涉及 1934 年《证券交易法》第 21 条(a)款的调查报告"。该报告因与一家公众公司锡博德公司有关,故称作《锡博德报告》。它源于对锡博德子公司查账员的撤诉,以前的查账员篡改锡博德公司的账簿和财务记录,谎报定期报告,并且拭图掩盖这些事实。值得注意的是,美国证券交易委员会并没有对锡博德公司采取行动,只是在其发布的《在执行判决中与公司建立合作关系的声明》中交代了具体原因。

3. 司法部的《汤普森备忘录》

2003 年 1 月 20 日,美国司法部常务副部长拉里·D·汤普森发布了关于联邦检察官在决定是否指控商业组织的违法行为时应该考虑的各种因素的备忘录,即《汤普森备忘录》。在美国司法部防止公司欺诈任务小组和司法部咨询委员会的共同努力下,备忘录将公司与政府部门的合作关系提升到了至关重要的高度。当然,《汤普森备忘录》也同样讨论了公诉方在决定是否控告公司的时候应该考虑到各个方面的情况。其中,包括"公司合规程序的存在性和适当性"以及公司相似行为的历史。

(二) 调查与合作

之前我们已经讨论了公司在预防和制止违法行为时所采取的几个步骤。下面我们将注意力转移到涉嫌违法行为调查带来的责任问题上。每个组织在面对不端行为调查时都有双重身份:① 真相调查者,即在执行一个彻底的和客观的,直击诉讼和潜在问题的内部调查;② 配合政府执行"自我报告"的代理人,作为调查代理,与政府开展便捷、自愿和全方位的合作。

1. 内部常规调查

《锡博德报告》为公司内部调查的操作方式提供了指导意见,并且强调了部分调查方式在一定程度上可以决定政府是否对公司采取强制措施。《锡博德报告》还警告说美国证券交易委员会会仔细考虑内部调查方式以及与之相关的人。其中,与内部调查方式有关的各个因素包括:公司发现不当行为后做反馈的时间,告知审计委员会和董事会时采取的措施,探查重要讯息、严重程度以及行为的后果。依照《锡博德报告》,美国证券交易委员会同时会考

虑参与调查的人员是否是管理人员、董事会,或者不参与决策的委员会是否监督了这项调查,以及调查是否包含第三方人士。如果在调查中采纳了第三方咨询建议,它还要质询这些机构的独立性。

2. 与政府机构合作

有效的合规程序、自律和自愿地披露信息可以尽可能地降低遭受政府惩罚的概率。

美国证券委员会要求公司向其工作人员提供信息,这与委员会经常以非正式的合作方式开展调查有关。虽然公司和下属员工没有义务向委员会人员提供信息,但是很多公司往往出于自我利益的考虑会配合委员会的工作。证券法也允许美国证券交易委员会发出传票强制公司提供文件,强制证人出庭并且在宣誓后对可能违反证券法的案件作证。如果美国证券交易委员会发现可能违法证券法的行为,那么就会提起诉讼。如果控告成立,那么委员会就会被授权通过联邦法院采取措施。美国证券交易委员会可以寻求禁令救济,追缴非法取得的钱财,矫正信息披露机制,对公司治理结构进行调整,勒令公司员工或者董事停止个人工作,并且对其进行民事罚款。

(三) 补救与赔偿

美国证券交易委员会和司法部的做法及常识都表明,公司不仅要识别和报告问题,而且要尽快采取补救措施。一套完整的补救计划的目标是采取措施以避免同样的问题再次发生。

《锡博德报告》指出,美国证券交易委员会并不认为公司在披露不端行为后就可以中止责任,即便那些责任是政府要求公司承担的。美国证券交易委员会不但关注公司在处理不法行为上所做的工作,而且也考虑公司是否采取有利措施以建立更完善的内部控制制度和更有效地应对不法行为的反应程序。委员会同意锡博德公司加强其财务报告制度,其中包括:健全详细的结账程序,在母公司注册会计师的帮助下提高子公司的财务水平,聘用额外的财务人员,重新设计并细化审计要求,以及要求母公司负责所有高级财务人员的面试和录用。

(四) 实施内部调查的最佳实践

1. 慎重回应,不鲁莽行事

首先,公司应该制定解决问题的策略,并成立专门小组应对不得不面对的调查。在此期间,公司应当避免就问题和行为的性质草率地发表声明。此外,任何对政府的声明都应该是最准确、最完整的,因为错误对公司信誉的破坏力是巨大的。

公司应该慎重考虑调查委员会的构成。例如,委员会是否与被调查者有商业或者社会往来?调查委员会成员是否曾供职于董事会或者专业委员会并参与批准所要调查的行为?同时,董事会必须确保调查委员会拥有充分的资源和权利,以避免失实的调查结论。这在派生诉讼可能或者确实发生的时候显得尤为重要。

尽管美国证券交易委员会把工作的重心放在公司尽快报告所谓不法行为上,但是公司应该有责任停下来反思,向法律顾问咨询,并决定以后的发展方向。即公司认真关注调查需要事先筹划——没有必要对无关宏旨的相关事件开展全身心投入的调查。

2. 雇佣律师

公司往往被强烈建议雇佣外部法律顾问协助工作,这也是需要慎重考虑的。法律顾问需要得到明确的授权,而且所代表的一方不得有任何欺瞒。他们必须具有完全的自主性,不仅与调查委员会或者其他社区居民没有任何利害冲突,而且也不能与相关机构和人员有任何的历史往来,或者从事过有争议的任何交易。举例来说,外部法律顾问不能是为目前有争议的交易曾经提供咨询的律师事务所的成员。

3. 保全文字记录

在公司进行内部调查或者面临政府调查和民事案件的时候,前期的一个重要步骤就是确认哪些员工的文件或者电子文档应该被保全和审查,以获得相关的信息。重要文件包括关键人员的助理和秘书的文件,同时,不要遗漏电子文档,包括电子邮件、个人硬盘以及公共硬盘。如果近期有员工离职,要确保他们的个人硬盘得以复制、保存或者以其他方式保全。最糟糕的是文件丢失或者损坏,公司将会因"隐瞒"重要文件而付出惨重的代价。

4. 在涉及财务问题时,雇佣法务会计

在涉及财务虚假声明的情况下,聘请一位专业的、对财务和会计问题都很熟悉的法务会计是很重要的。法务会计可以迅速地识别潜在的财务欺诈,并且对财务问题的性质和严重程度提供非常有价值的指导。他在与关键证人面谈、参与审计委员会和外部审计师的讨论中也发挥重要作用。

5. 积极参与

审计委员会或者其他调查员应该亲自参与调查过程。他们不但要与关键证人面谈,定期向外部顾问咨询,参加有关的会议,而且还要审查重要的证据文件,经过慎重考虑后做最终选择。

二、关于董事行为

温斯顿·丘吉尔曾说:"一些人把私营公司看作一个要实现的目标,另一些人看作一个可以用来挤奶的牛,但是只有很少的人将它看作一匹可以拉车的强壮的马。"我们可以把董事和董事会比作那些负责喂养和照看"强壮的马"的人。投资者,或者股东拥有那只"强壮的马",并且有权利和责任去期待董事和董事会有所作为。董事和董事会主要负责维持并管理投资者和股东的投资,在可以接受的范围内行使公司治理职责,并在用来检验他们管理水平的标准和规则的框架内行使职责。董事和董事会有责任监管公司的日常管理,他们要日复一日地负起全部责任,目的就是为了"让强壮的马去推动车子前进"。

(一) 现代公司董事的职责

董事必须尽其所能推动、维持和提升公司业务。他们被要求尽到勤勉与忠实义务。勤勉义务就是指每一位董事必须获得充分的信息,并且要掌握搜集一切合理有用的信息的知识,以便帮助他们采取行动并做出决定。当采取行动和做出决定的时候,董事必须按照在类似环境下一名普通的董事所具备的认真且审慎的素养来行事。忠实义务则要求董事能够善意地开展工作,一切为了公司和股东的最大利益,绝对不能进行内幕交易,也不能因为一己私利滥用公司的机会。

就信义职分而言,如果董事在工作中谋求个人私利,这就属于明显的失职行为,并且与公司和股东的最大利益背道而驰。根据事后结果进行判断,这样的行为通常是明显的法律问题。这样做对于董事来说是有害的,因为这不仅牵涉财务问题,甚至是一种犯罪行为,更为严重的是,它损害了整个股东的利益。

(二) 董事管理行为的审查标准

1. 关于《商业判断规则》

集中化管理的公司治理模式导致董事拥有了非常实质的权力,当然董事和经理们也必然因此而承担一定的义务,即信托义务,而股东正是信托义务的受益方,而且正是他们要求法院执行董事的该项义务,以维护自身的权益。从理论上讲,该项义务其实就是要求董事随时将公司利益放在首位;而实际上,法院必须非常谨慎地定义和执行该项义务,以免损害董事管理公司的独立判断力。因此为保护董事的独立执行力,维护其经营公司的积极性,法学学说上发展出了一条非常重要的规则,让董事会能够绝缘于股东的诉讼,我们称之为"商业判断规则"。在商业判断规则下,只要符合一定的情形,法院将不再对董事的决策重新进行司法审查,而推定董事的决策最大限度地体现了公司的利益,董事的行为符合信托义务的要求。只有在不适用商业判断规则的情形下,法院才会进一步审查董事的行为是否违反了勤勉义务、忠实义务等。可以说正是商业判断规则的出现,让董事得以在一定情形下免受股东的非难,相对独立地进行商业管理和业务执行。

商业判断规则作为公司治理原则,成为普通法内容的一部分至少有超过150多年的历史了。传统上它被用以保护董事不因其决策而受责任追究。如果董事有权受到该规则的保护,那么法院就不能再对其商业决策作司法评价;如果董事无权享受该规则的保护,那么法院就会审查董事的决策是否体现了对公司以及公司少数股东的公正性。该规则是一个既定的假设,即董事在没有自我交易、没有个人利益冲突的情况下,合理谨慎、善意地行事,那么董事理应比法院更有能力做商业决策。任何认为董事决策不适当的人,负担推翻该假设的证明责任。如果在股东代表诉讼中,认为公司董事批准的交易缺乏公正,那么董事只有在没有利害关系、独立于交易、做决策前获悉了所有相关信息的三个前提下,才有权适用商业判断规则。如果缺乏上述任何一条,董事将无法援引商业判断规则免责。重要的是,这并不意味着董事的决策是错误的,这仅仅意味着董事将不在商业判断规则的保护伞之下。

2. 独立性要求

近来董事与公司管理层之间的关系引起了人们的高度关注,这与董事的信托责任有关。董事们必须独立地行动,而且独立于管理层,不能受其控制或欠其人情,也不能为管理层或者其他外部利益所左右。"被控制的董事"是一个新概念,正在得到被董事会侵犯其利益后牢骚满腹的一些群体的青睐。

(三) 在财务困难时公司董事的责任

当公司处于或者濒临破产时,公司管理曾和董事会所做的任何决策都要接受一些社区居民密切而认真的审查。董事的一举一动都要受到来自公司债权人的严密监控,在公司所有者领取任何分红之前,债权人都要获得全额偿付并且通过讨价还价得到全部收益。债权人严密监控公司的管理以使其资产投入获得最大化收益。他们期望董事会和董事承担起责任,为他们履行信义职分。的确,处于破产边缘的公司主要就是为债权人的利益而运作的公司。

在公司濒临破产的情况下,董事转移到债权人身上的信义职分取决于用什么样的无偿债能力概念来衡量公司的财务状况。这是一个非常困难的问题,因为关于资不抵债和无偿还债能力的界定口径和检验标准太多了。不幸的是,在公司即将发生财务困难时,董事采取的行动却要受制于"后见之明"的决定。这是董事们必须小心谨慎的一个非常重要的原因。

三、金融危机后公司治理研究的最新进展

(一) 公司治理失效是金融危机的原因之一

金融危机之后,有大量研究探讨危机的原因,诸如扩张性货币政策、金融监管不力、全球经济失衡、国际货币体系缺陷、新自由主义泛滥和人性贪婪等被认为是产生危机的根源(比特纳,2008;科茨,2008;王自力,2008;余永定,2009 等)。从微观层面来看,越来越多的研究表明,公司治理的失效是导致次贷危机和金融危机的重要原因之一。比如,经济合作与发展组织(OECD,2009a,2009b,2010)指出,本轮金融危机暴露出公司治理在四个领域存在缺陷,分别是内部控制和风险管理失效、薪酬制度错位、董事会运作不佳及股东权利存在缺失。高明华和赵峰(2011)认为,引发金融危机的原因主要在于金融机构内外部治理风险的累积。鲁桐(2012)认为,过去 20 年中大多数国家已发布了用于指导最佳实践的公司治理准则,但是这些准则大多类似于外部的强制性规定,较少考虑公司治理演进变化的特点,僵化的治理模式导致在危机面前乏以应对,造成危机的蔓延和扩大。

Pirson 和 Turnbull(2011)考察了危机前后董事会层面的风险管理问题,他们发现,董事会层面存在系统性的信息处理问题。从信息处理视角来看,董事会未能在这次危机中有效地控制风险。原因有两点:第一,董事会成员未控制信息供应,因此没有获得与风险管理相关的信息;第二,董事会成员不能处理已有的与风险有关的信息,没有激励或权力去影响管理层的决策行为。作者认为,造成这一问题的原因是现有的单一性董事会结构存在系统性缺点,使董事会层面出现不良风险管理的概率增加。以控制论和决策理论为依据,他们提出,可以通过建立多重董事会的方式,让不同的董事会代表不同的利益相关者,从而使权力和工作分工,使董事会层面的信息处理和决策能力得到强化。作者将这种治理模式称为网络治理,认为其可以实现高质量的风险管理,也可以防止"太大而不能倒"的现象。

(二) 金融危机后公司治理理论的新发展

危机过后,公司治理理论的发展体现在两个方面,一是研究公司治理的成本与收益,二是重新定位公司治理的导向,从原来的利益分配转向利益创造,也即更关注创新和价值创造活动。在公司治理的成本与收益方面,Hermalin 和 Weisbach(2012)指出,在通常的公共政策讨论中,一般认为企业信息透明度越大,越有助于减轻代理问题。但是,这一论断是不完全的,因为更大的信息透明度也会加剧代理问题,提高相关的成本,比如管理层薪酬。因此,存在一个信息透明度的均衡点,超过这一点,更大的信息透明度将趋向于减少企业价值。该研究发现,大公司将趋向于采用更严格的信息披露规范,信息透明度往往高于小公司。企业的信息披露质量越高,更可能选聘有能力的管理人员。Gantchev(2013)着重关注股东对经理的监督成本,探讨股东积极主义是否带来净收益。他把股东积极主义视为一个序贯的决策过程,包括需求谈判、董事代议及代理权争夺等阶段。数据显示,一个项目从提案到最后通过,其平均成本是 1070 万美元。股东的监督成本减少了净收益的 2/3。虽然股东积极主义的平均净收益接近于零,但是积极者所获的收益要高于不积极者获得的收益。

【专栏 8-5】

从雷曼兄弟破产看内部控制

雷曼兄弟公司(简称"雷曼兄弟")成立于 1850 年,被视为华尔街上最成功的投行之一。成立 150 多年来,雷曼兄弟历经风雨,蓬勃发展,可谓是饱经风霜而屹立不倒。2007 年它被

《财富》杂志评为年度"最受尊重的证券公司"。然而,2008年9月15日,雷曼兄弟突然倒闭,创下美国历史上规模最大的破产案。倒闭前,雷曼兄弟资产规模达到6390亿美元,业务覆盖全球逾40个国家。

2007年美国次贷危机爆发后,雷曼兄弟CEO富尔德并不愿低头。此时的雷曼兄弟凭借对"反周期增长战略"的信念,继续推行风险投资计划。尽管它开始有意识地减少住宅房地产按揭贷款,但是其缩减幅度远远小于竞争对手。2007年下半年,次贷风暴骤然加紧了步伐,雷曼兄弟很快发现手中的房地产资产既不容易脱手,也难以作为贷款抵押物。公司已深深地陷入了流动性差的资产泥沼。虽然雷曼兄弟四处奔走,可是无人能伸出援手,2008年9月14日,雷曼兄弟向美国联邦破产法庭提交破产保护申请,成为美国银行业百年来最大的一次破产案件。

美国法庭对雷曼兄弟的调查报告中指出,雷曼兄弟涉嫌通过粉饰资产负债表,从而误导投资者、评级机构等。其中揭示的内幕更令人咋舌,如2008年第二季度雷曼兄弟曾表示公司短期流动性资金达到450亿美元之多,而实际上还不到区区20亿美元。我们不禁要疑惑,难道雷曼兄弟完全没有意识到自己所面临的风险?如果意识到,又是什么让这样一个老牌金融巨头败在风险管理之上,万劫而不复?

雷曼兄弟破产主要有以下几个原因:

一是控制环境不合理。内部环境是企业实施内部控制的基础,内部控制只有得到高层的重视和领导才能取得成功。如果主要领导人滥用职权,或者不相容岗位串通舞弊,内部控制必然要失效。雷曼兄弟的破产,一个重要的原因就是董事会没有发挥真正的作用,重要决策由一个人决定。强人CEO——理查德·富尔德在雷曼上花大力气实行物质激励,以股权分红的形式鼓励员工积极投身至"追逐高风险高回报"的游戏中,在短期利益的驱使下,董事会对财务报告的状况不加过问,严重违背了内部控制需遵循的制衡性原则。在次贷危机爆发后,公司前首席风险官马德林·安东西、固定收益部门主管迈克尔·格尔本德都对增加非流动性资产表示质疑,最后却落得被开除的下场。公司从而失去了第一时间控制风险的主动权,直到危机爆发,一切为时已晚。

二是风险评估机制不健全。风险评估是实施内部控制的重要环节,单位管理层在评估了相关风险的可能性和后果以及成本效益之后,要选择一系列策略使剩余风险处于期望的风险承受度之内。由于雷曼兄弟转变传统投资银行经营范围,进入多角色的跨界经营模式,经理人激励过高,促使各分、子公司大量操作风险业务,导致在市场风险加大时资产结构的调节难度大大增加,并且由于一直增加的杠杆率使其在双高风险下运作,风险难以度量。2007年春,次贷危机开始第一次大规模显示其破坏力。在其竞争对手纷纷减少风险投资的情况下,雷曼却凭借对"反周期增长战略"的信念,继续推行风险投资计划。同年5月,雷曼贷款23亿美元收购Archstone-Smith房地产投资信托基金事件,使雷曼的风险投资战略一举跃上巅峰。

三是控制活动不到位。在风险评估之后,单位应采取相应的控制措施将风险控制在可承受度之内。雷曼公司在使用创新金融工具过程中,出现大量授权审批不规范的现象,多数内部控制制度流于形式,并未得到有效实施。雷曼的资产结构其实早已隐藏着巨大风险,它是全球最大的MBS(美国抵押支持债券)承销商,其资产也主要是按揭贷款及与按揭贷款相关的债券,早就偏离了传统业务,并将杠杆机制用到极致。公司应该提早进行防范,拒绝在原有基础上把风险再扩大,但事实上企业并没有采取任何措施,而是继续肆意地使用杠杆,享受高收益带来的快感。

四是内部监督机构形同虚设。内部监督是单位对内部控制建立与实施情况监督检查，评价内部控制的有效性，对于发现的内部控制缺陷，及时加以改进。它是实施内部控制的重要保证。公司的董事会下设审计委员会、薪酬委员会、提名委员会，这些委员会一方面协助董事会行使决策与监督，另一方面也对公司内部管理的改善起着很重要的作用。然而在此次危机中这些监控机构似乎都失效了，公司内部的监控机构也没有事先实施正确风险评价和进行必要的风险防范。

金融巨头雷曼兄弟的倒下虽然具有其特殊性，但却不是个偶然。外在危机的不利环境固然给了雷曼兄弟的经营以沉重的打击，但绝不足以摧毁这个庞大的企业。从内部控制的角度来看，雷曼的倒下从以下几点给国内外金融行业敲响了警钟：

首先，完善的内部环境是企业内部控制有效性的保障。雷曼兄弟CEO权力过大，缺少制衡。内部监督机构形同虚设，风险评估机构难以准确评估风险，更不能及时提出有效的风险应对措施。现代企业制度的实质是以企业所有权和经营管理权相分离，以经营管理权和监督权相制衡为主的各种权利相互制约、相互依存，在这个多元利益主体结构中，不同利害关系者对企业的权利和经济利益要求及其所承担的责任不同。因此，作为一家公司的首席执行官应该严格遵守公司的治理结构，建立一套行之有效的监督制衡机制，否则内部控制将会失效。

其次，制定明确的内控战略目标，及时识别、应对风险。雷曼兄弟破产的另一个重要原因就是公司管理层对于其内部控制的具体目标不清晰，错失了挽救的机会。次贷危机爆发以后，各大投行纷纷采取措施规避风险，雷曼却只看到高额的利润，未能主动开展风险评估，以至于风险超过了公司能够承担的最大限度，造成了严重后果。内部控制的目标是保证企业经营管理合法合规，资产安全，财务报告及相关信息真实完整，提高经营效率和效果，促进企业实现发展战略。企业应当根据设定的控制目标，全面系统持续地收集相关信息，结合实际情况进行风险评估。风险来临时，应该及时根据现实情况综合运用风险规避、风险降低、风险分担和风险承受等风险应对策略，实现对风险的有效控制。

最后，建立具有独立审查与时时反馈的内部审计机制。雷曼兄弟破产，公司的内部审计部门难辞其咎。作为不直接参与企业经济活动的部门，内部审计部门原本应当处于相对独立的位置，更应由此对企业的经营状况、所面临的风险有更为客观的评价。然而，雷曼兄弟的内部审计部门，受高管层与审计委员会的双重影响，在首席执行官物质激励的诱使下，面对企业高管层的人为粉饰财报行为竟毫不作为，致使董事会对于企业高杠杆的债务结构缺少及时清晰的认识，间接造成了无法挽回的结果。基于此案，建立真正更为独立，能够及时、客观对企业危险违规行为做风险警示与汇报的内部审计部门显得迫在眉睫。只有真正建立起不受任何外界人为因素影响的内部审计部门，才能起到时时监督内部控制运行，协助内部控制有效开展的作用。

雷曼兄弟158年的历史，构成了华尔街金融业发展的一个缩影。冰冻三尺非一日之寒，2007年的次贷危机虽然具有摧枯拉朽之势，但也不足以让一个历经风霜的"债券之王"轰然倒地，以致百年基业毁于一旦。仔细探究却发现其内部控制严重失效才是真正的幕后黑手。内部控制本质上是对风险的管理与控制，无数的事实一再证明，缺乏有效的内部控制将会使一个名噪一时的"企业帝国"崩塌于旦夕之间。

资料来源：耿立伟.雷曼兄弟内部控制案例分析[J].经济视野，2013(10)：196.

第六节 我国国有企业制度改革

一、国有企业的含义

传统的国有企业,是指由中央或者地方的一个财政主体或一个国有企业事业单位所设立,利用全民所有的财产从事经营,隶属于政府主管部门,适用《企业法》的企业。这种观点反映了国有企业的产权关系,国有企业是全民所有的。但是在股份制改造过程中,国有企业的产权主体发生了重要变化,相当多的国有企业在建立现代企业制度的过程中加入了非国有经济成分,增加了投资主体的数量,在扩大了国有财产控制力的同时,也引发了非国有经济成分和对国有企业定性的新认识。有关学者们做出如下推论:"国有企业应当包括国家或者政府可以根据资本联系,对其施加控制或者控制性影响的各种企业。"具体来说,除了国有融资和国有资产出资超过50%的企业外,对于国有资产出资不到50%的,有以下两种情况也应当认定为国有企业:一种情况是,所有股东出资比例大体相当,且都不超过50%,这时可将国有资本在企业中超过25%者认定为国有企业;另一种情况是,在股权相当分散时,除国有投资主体外,其他股东均为公众或者持股不超过5%的小股东,国有资本在企业资本中超过10%者,即不妨将其认定为国有企业。但是我们又不能将其中的国有资产控股的中外合资、合作经营企业界定为国有企业,因为这有悖于"国家对合营企业不实行国有化与征收"的法律途径,不符合我国改革开放的既定方针政策。

狭义的国有企业是指企业财产所有权全部属于国家,依法具有独立法人资格的企业。一般是指依照《企业法》登记设立的全民所有制企业,但也可能是依照《公司法》的有关规定登记设立的国有独资公司。广义的国有企业则是指国家或者政府可以根据资本联系,对其实施控制或者控制性影响的各种企业,包括全民所有制企业、国有独资公司、国家控股的有限责任公司和股份有限公司。

众所周知,国有企业控制着国民经济的命脉,在国民经济中起主导作用,是社会主义的经济基础,中石油、中石化、中国电信、中国移动、工商银行等大型国有企业都位列全球500强行列。

二、我国国有企业改革的历程

30年的国有企业改革,大致可以分为三个时期、八个阶段。1978~1993年是国有企业的制度改进时期,大体经历了扩大企业自主权试点、放权让利全面展开、完善企业经营机制和转换企业经营机制四个阶段;1993~2003年是国有企业的制度创新时期,大体经历了企业制度创新、国有经济布局调整与国有企业重组两个阶段;2003年以后是国有企业的制度完善时期,先后经历了完善国有资产监督管理体制和国有企业股权多元化两个阶段。

1978~1993年是国有企业的制度改进时期。这个时期的改革,是我国经济体制由传统的计划经济体制向有计划的商品经济体制过渡,逐渐引入市场机制在资源配置中的调节作用,以国有企业为主体,以放权让利为主要内容的改革。1978年10月,重庆钢铁公司等6户四川省地方国营工业企业率先进行"扩大企业自主权"试点,成为国有企业改革乃至整个城市经济体制改革起步的标志。沿着"简政放权、减税让利"的改革思路,先后采取了扩大企自主权试点、推行经济责任制、两步"利改税"、承包经营责任制、资产经营责任制、租赁制、股份制试点等改革措施。这一时期的改革,大体经历了扩大企业自主权试点、放权让利全面展开、完善企业经营机制和转换企业经营机制四个阶段。

1993~2003年是国有企业的制度创新时期。这个时期的改革,是我国经济体制由计划经济体制向社会主义市场经济体制转轨时期,探索建立国有资产管理体制,以国有企业和国有经济为主体,以企业制度创新为主要内容的改革。1992年10月召开的党的十四大确立了建立社会主义市场经济的经济体制改革目标,并首次将全民所有制企业由过去的"国有企业"改称为"国有企业"。这是对国有企业认识的重大转折,标志着国家与国有企业的关系,由过去的国有国营,转变为国家所有、企业自主经营。1993年11月召开的党的十四届三中全会正式提出建立现代企业制度的国有企业改革目标。自此,国有企业改革由在维持原有制度框架不变前提下进行政策调整的制度改进时期,转入重新构建社会主义市场经济微观主体制度框架的制度创新时期。这一时期的改革,大体经历了企业制度创新、国有经济布局调整与国有企业重组两个阶段。

2003年以后是国有企业的制度完善时期。先后经历了完善国有资产监督管理体制和国有企业股权多元化两个阶段。这个时期的改革,是在我国经济体制转轨基本完成,社会主义市场经济体制基础已经确立,统一开放、竞争有序的现代市场体系初步形成,现代企业制度初步建立,在新的国有资产管理体制下,以中央企业和大企业为主体,以发展混合经济为主要内容的改革。2002年11月召开的党的十六大,明确提出了建立代表国家履行出资人职责的国有资产管理机构,改革国有资产管理体制的要求。2003年10月召开的党的十六届三中全会提出了要建立现代产权制度,使股份制作为公有制的主要实现形式。标志着国有企业改革以及经济体制改革自此进入一个以产权制度改革为重点,以调整重大利益关系为目标的深层次攻坚时期。据有关方面预计,这一阶段的改革将持续到2015年至2020年之间,在这段时期里,与中国经济体制转轨这一特殊历史时期相配套的国有企业的过渡性改革任务将基本完成。而在此之后,中国国有经济、国有企业的发展将步入一个趋于常态、相对稳定的发展阶段。

三、国有企业公司治理结构存在的问题

(一)所有者缺位

现代公司治理理论是建立在现代企业制度所有权和经营权分离的基础上的。就我国而言,虽然国有企业监管体制发生了变化,形成了"国有资产监督管理委员会—国有资产控股公司—国有企业"的监管格局,但不管是国有资产监督管理部门、国有控股公司,还是企业的董事会或者经理,它们之间都是委托代理关系,都是国有资产的代言人而已,并不是真正意义上的股东。即使将权力从董事会转移到管理层,在管理层之外另设一套驾驭权力的董事会,也最多只能起到一个互相牵制的作用。由于所有者缺位,有关利益各方的权利无法明确界定,对经营者难以形成有效的激励和约束机制,因而企业国有资产难免流失。

在这种情况下,企业无法建立科学的法人治理结构。由于国有资产不可能有人格化的所有者,只能是所有者代表的人格化,行使股东权利的只能是国有资产的代理人,董事长及董事也主要由国有资产的代理人担任,作为代理人的董事长,其个人的动机与国有资产要求的保值增值动机是不一致的,这就产生了所谓的所有者目标与代理者目标的偏离。而在所有者缺位的情况下,国家很难对代理人进行有效的监督和约束。更何况目前大多数公司股

东会与监事会虚设或不设,独立董事也不能发挥应有的作用,上级任命的董事长及董事会在没有任何所有者控制的条件下占有了财产的支配权,在这种情况下,不可能形成相互制衡的现代企业的法人治理结构。

(二) 股权结构严重不合理,"内部人控制"现象比较普遍

股权结构是公司治理结构的基础。现代企业制度理论告诉我们:作为契约联结体的企业,其内部的股权结构安排会直接影响到公司绩效和价值。我国证券市场的上市公司大多是由国有企业改制而成,股权结构严重不合理,突出存在两个方面的问题:一是股票发行的种类过多,A、B、H股等市场被分割,各自有着不同的市场价格,在股权分置改革前,国有股和法人股不能上市流通,占总股本比重较小的流通股在二级市场上的买卖难以形成(或基本上不发生)公司控制权的转移,资本封闭性比较强,难以形成有效的产权约束机制,中小股东的利益无法得到有效保障。在股权分置时期,上市公司难以贯彻"同股同权、同股同利和同股同价"的原则。二是股权过度集中,在公司的股份比例中,国有股和国有法人股占了全部股权的绝大部分,机构投资者比重很小,流通股十分分散。国家拥有高度集中的股权,是最大的控股股东,且国有股股东控制了上市公司的权力机构,以致"大股东控制"或"内部人控制"现象比较普遍,大股东的意志往往就是公司的意志。这种一股独大的股权结构束缚了产权多元化的股东制衡机制的形成,不利于形成规范的公司治理结构,从而影响了企业的经营业绩。

在我国国有企业中,"内部人控制"导致的不良后果有以下几种典型的表现方式:一是过分的在职消费。一些企业经营者在出资者不能满足其个人利益时,会通过扩大其个人支出账户和其他违法行为来满足自己的需要,如在一些国有企业的经理人员中大量出现的公费吃喝、公费旅游的现象。二是短期业绩行为。企业经营者为烘托自己的经营业绩,不考虑企业的长期利益和发展,不考虑企业资产的保值增值,而只考虑眼前可能取得的成绩、地位和利益,并不惜为了后者损害前者。于是出现了过度使用资产,进行投机性投资,工资、资金、集体福利增长过快,侵占利润等现象。这实际上损害了出资者的长远利益。三是无视小股东的利益和呼声,利用"一股独大"的股权结构侵害小股东的现象时有发生。四是转移国有资产。例如,在国有大企业之外建立一个与经营者关系密切者所有的小厂,通过关联企业的内部转移价格将利润从大厂转移到小厂,风险损失由大厂承担,收益则完全地归小厂,造成国有资产的流失。

(三) 监事会监督职能弱化

监事会虽然在法律地位上与董事会不相上下,但实际权力较少且小,在公司运作过程中难以发挥实质性作用。其原因有三:第一,我国的公司制企业采用的是单层董事会制度,与董事会平行的公司监事会仅有部分监督权,而无控制权和战略决策权,无权任免董事会成员或高级经理人员,无权参与和否决董事会与经理层的决策。第二,由于我国《公司法》等法规在规范公司治理结构方面以股东价值最大化为导向,只重视董事会的作用而忽视了监事会的地位,因而导致监事会实际上只是一个受到董事会控制的议事机构。第三,监事会缺乏有效的监督手段,难以获得充分的知情权、建议权、财务检查权,使得监事会形同虚设。

(四) 独立董事独立性不强,职工董事形同虚设

从董事会的组成上看,国有上市公司虽然也引入了独立董事制度,但存在着明显的缺陷:① 独立董事并未被赋予董事职权来履行董事应尽的责任和义务,更多地被视为政策制度的配套品,如将公司内部董事视为顾问,形成了独立董事"顾问化"的现象。② 由于我国国有股"一股独大"的问题十分突出,国有控股股东利用控制权委派自己的代表出任董事,使得董事会中代表大股东的董事所占席位过多,且大股东凭借其优势地位,或者推荐、扶持与自己关系好的独立董事,或者尽一切可能地排斥外来独立董事,限制其作用的发挥。而董事会由于很容易被大股东所操控,因而公司的经营决策往往按照大股东的意志行事,独立董事的独立性受到严重损害。职工董事则由于势单力薄且往往欠缺管理知识和整体信息,因而在绝大部分会议期间"失语"或成为附和者,很难融入董事会的会议氛围,从而无法真正代表职工参与议事和决策。

四、完善我国国有企业公司治理结构的对策

(一) 确保所有者到位

国家是一种身份十分特殊的股东,假若国家股东的行为不当,就没有一种力量能够制约。因此,由政府代表国家直接行使股东权力是很不适宜的,应该按照"国家所有、分级管理、授权经营、分工监督"的原则,建立和完善国有资产的运营、管理和监督机制。政府作为国家所有者,可委托"出资人"作代表而并非直接出面行使股东权力。"出资人"是受国家所有者委托而经营国有资本的投资控股机构,属于特殊的企业法人,除了行使股东权力,不宜行使任何行政管理职能。建立国有"出资人"制度的目的是:① 明确国有资本的投资主体,落实国有资产的营运责任,规范"出资人"与企业的关系,使"出资人"统一行使选择经营者、进行重大决策和处置资本收益的职能,并对授权经营的国有资本进行资产重组和优化配置,确保国有资产保值增值;② 明确每一部分国有资产的唯一人格化代表,并使之权责明确,在政府管理层次解决国有资产无主、无人负责、政出多门的问题;③ 运用一系列经济指标对经营者进行考核,对其进行有效监督,将经营者报酬与公司业绩挂钩,在企业层次上解决国有资产无人负责的问题,有效发挥国家所有者的产权约束功能。

(二) 推行股权多元化

目前可以从两个方面推行股权多元化:一是加快发展包括民营经济和外资经济在内的非国有经济,为国有资本的转让、流动创造市场条件;二是加大引进国内外资本的力度,通过引进国内外资本,改变现有国有控股公司控制权过分集中的股权结构,实现股权多元化。具体的实施途径是:① 进行内部改革,扩大投资者和持股者的范围,使公司的经营者、管理者、技术人员、普通职工等都成为公司的入股者或者投资者;② 进行外部改革,吸引外资、社会资本进入公司,实现投资多元化格局,增加其他成分的股份在董事会中的话语权,形成其他股东与国有股股东之间的产权联合与产权制衡关系,建立董事会内部的平等对话机制。这样,公司董事会就能真正成为一个独立履行职责、追求经济高效运行的机构,从而在公司治理链中发挥应有的作用。

(三) 强化公司监事会的监督职能

有效发挥监事会的职能,必须提高监事会的权威性,进一步明确监事会的权限和职责。为此,应做好以下几个方面的工作:① 证监会应加强对监事会工作的研究和指导,尽快出台《上市公司监事会工作指引》,明确监事会的职权,赋予其独立行使职责的权力,逐步扩大其监督权限,促进上市公司监事会工作落到实处;② 建立监事资格认定制度,促使公司股东大会推选有知识、有能力、懂经营、会理财的专业人士担任监事;③ 健全监事会的激励、约束和淘汰机制,公司监事的报酬、晋升和工作关系应由股东大会直接决定。同时,要对监事的任免和奖惩制定明确的程序,明确规定监事会决议、违反法律、行政法规和上市公司章程或对

公司造成经济损失时,相关监事应承担法律责任;④ 妥善处理监事会与独立董事之间的关系。上市公司应根据各自的具体情况,合理划分监事会与独立董事的监督权力和范围,明确各自的责任,避免机构重叠和政出多门,使独立董事与监事会在公司治理中起到双保险的作用。

(四)建立独立董事资格认定制度和执业上岗制度

独立董事应该是在某一领域威望较高并且受投资者和公众所信任的高素质的人才,要对独立董事的资格进行认证,建立有效的独立董事职业市场,并加速培养职业独立董事,促进一部分高素质人才专职从事独立董事工作。股东可通过对独立董事职业声誉和专业能力的了解,有效选择合格的独立董事。同时,建立畅通的信息反馈渠道和禁业机制,对于那些在执业中没有履行职责、丧失原则和独立性的独立董事,撤销其独立董事任职资格,并将其从独立董事市场清退出去。

【专栏 8-6】

国企改革的一个成功案例

武汉市建材工业总公司的前身是武汉市建材局,1989 年曾因长动集团整体承包,全系统成建制改为建材工业总公司而名声大噪。但到 1996 年结束承包时,该公司下属 10 多家工业企业大多数处于停产或半停产状态。企业债务沉重,实有总资产 8 亿多元,负债 7.7 亿元,负债率为 95.5%,刨去土地价值后,负债率高达 119%,仅 1994 年净值不足 4000 万元,人均年收入不足 5000 元。面对困难重重的局面,公司上下涌动着一股激情:寻求中小国企改革脱困之路。

其一是产权制度的变革。国企改革,改革到深处是产权,改革到难处也是产权,于是总公司发动干部职工展开企业命运大讨论。有的职工认为,国企背靠国家大树,落个安稳;国企生死有政府和厂长操心,落个安逸;国企工资收入虽不高但月月有,落个安心。但更多的职工从分析国有企业的困难现状和民有民营企业发展的原因中体会到,民有民营企业的资产为我所有、为我所用、为我创效,以资本为纽带形成了"五联",即联资、联劳、联责、联利、联心,有利于提高资产的利用率和再生产率。还有的职工说,民有民营企业具备三大优势,在投资上具有广泛性,在管理上具有务实性,在经营上具有灵活性,所以民营企业越办越兴旺。总公司因势利导,进一步发动干部职工对比身边人、身边事、身边物作换位思考,引导大家实现地位观、效益观、竞争观、用人观、成本观、资本观等思想观念的大转变。几轮大讨论后,全公司的民意测验表明,98%以上的职工达成了共识——只有从产权制度改革入手解决"国企病",才能真正使国企走出困境;只有企业振兴发展了,才能解决干部职工的就业、待遇、福利等问题。

总公司的领导从大多数职工那儿获得了信心,并下定决心另起炉灶:借鉴民营企业的优点,通过实行劳动联合与资本联合相结合,走"民有民营"的道路,把职工的命运和企业的前途捆绑在一起,形成产权清晰的法人治理结构,建立现代企业制度。

其二就是另起炉灶。另起炉灶,就是由干部职工自愿入股,以入股资金作为注册资本,按照现代企业制度的要求,注册新的民有民营企业。在组建方式上,总公司根据企业资产规模不一、主辅体结构不同、产品主次有别、技术水平不齐、经营特点各异等实际情况,探讨了四种模式。第一,股份合作制。即由干部职工入股,将原国有企业一步或分步改制为股份合作制企业。在分步改制中,先由他们自愿入股组建新企业,然后实行委托经营,最后通过分期购买国有资产的方式,使国有企业"消号"。采取"先尝后买"的目的,是为了把民企的机制优势和国企的资产优势相结合,使之先盘活、后购买,提高人们的参与热情。第二,股份制。围绕市场前景较好的产品或项目,采取股份制的办法组建新的有限责任公司。第三,合伙制。对企业剥离的辅体,如厂医务室等采取裂变分割的方式,实行合伙经营。第四,个体经营。对企业规模较小,资产不大的辅体或部门,由个体筹资自主经营。

为使新企业迅速壮大,总公司采取低股本、高回报、强刺激、快扩股的战略。在政策上采取三点措施,一是在股权结构设置上,不搞平均股权,实行骨干相对控股。普通职工一般以1000元为下限,人多不限;管理、技术、营销"三大骨干",要求达到普通职工的3~5倍;进入董事会、监事会的成员,要求追加股本,达到普通职工的10倍以上。二是在募股形式上,坚持入股自愿的原则,不搞强行入股。三是在股民行使表决权上,实行一股一票,体现同股同权的精神。

采取另起炉灶的方式进行产权的变革,实现了企业由计划经济向市场经济的跨越,挣脱了原国有企业历史遗留问题的羁绊,不需经过评估、申报、审批等手续,只要筹资到位就可注册登记。同时它风险小,不涉及国企沉重的债务负担和人员负担,确保红利收益;也不受制于原国企用人、用工、分配等体制的约束,完全按新企业生产经营需要来改变经营机制。这样的好处是:产权清晰、经营目的明确、管理方式科学。因而,全公司仅用3个月的时间,就完成了8家企业组建新企业的工作。

同时,他们在建材模式上还有所创新。民企受托经营国企后,使企业生产经营得到了快速发展,干部职工看到了企业的希望,尝到了改革的甜头,干劲格外高涨。于是,总公司从2000年6月份开始,实施了改革的第三步,彻底实现民有民营的目标。在改革第三步的过程中,他们首先兼顾国有、企业、职工三方面利益的原则,不流失国有资产,不给企业留包袱,不让职工有顾虑;而后坚持经营者持大股、职工自愿参股的原则,其股本结构形成宝塔型;最终形成新的法人治理格局。据记者了解,武汉市建材工业总公司2000年12月前可完成实现民有民营预定目标的80%,到2001年6月,全公司企业全部达到民有民营。

武汉市建材工业总公司以企业产权制度改革为突破口,采取另起炉灶的方式,通过打好更新观念、转换机制、变革体制、务求发展的四大战役,取得了国企改革脱困的较大进展。1998年,工业总产值同比增长15.33%,减亏28.53%,有2户企业扭亏为盈;1999年,工业总产值同比增长20.16%,减亏67.6%,有6户企业扭亏为盈;2000年1~10月,工业总产值同比增长37.02%,完成税收1701万元,同比增长36.41%,盈亏相抵净利润472.3万元。"建材模式"已引起了人们的广泛关注。

资料来源:晓杏,占伟.中小国企改革的一个成功典范[J].楚天主人,2001(2).

◆ 知识点

帕累托效率　卡尔多效率　交易成本　科斯定理　道德风险　内部调查　信息不对称　董事行为　国有企业

◆ 习题

1. 卡尔多-希克斯标准在市场和企业中的主要应用是什么?请举几个例子。
2. 企业文化如何在管理上发挥重要作用?

3. 组织变革必然会遭受各种阻力,怎样看待组织改革的阻力?如何有效地化解这种阻力?

4. 小道消息在什么情况下可以被管理者采用?

5. 企业实施内部调查的主要步骤是什么?你知道实施内部控制调查的相关案例吗?

6. 寻找国内国有企业改革成功的例子,说说这些企业是怎样做的,他们能改革成功的基本原因是什么?

第九章 公司合作与竞争战略

公司竞争和合作行为是公司发展的常态,研究公司竞争、公司合作理论具有重要的意义。本章首先介绍公司竞争和合作的基本理论和方法——博弈论,探讨博弈论的要素、分类以及占优战略均衡、重复剔除的占优战略均衡、纳什均衡、贝叶斯纳什均衡等不同情况下参与人的选择问题。其次,介绍公司合作理论,对公司合作原因、方式及影响因素、对象选择、合作关系维持等进行探讨。再次,在引入"五力模型"的基础上,分别阐述成本领先、差异化、集中化三种竞争战略,分析这三种竞争战略的内涵、优势、风险以及实现途径等。最后分析不同情况下的竞争战略选择及战略转换。

石油价格和石油输出国组织

石油输出国组织,简称欧佩克(OPEC)。该组织由发展中国家中一些主要的石油生产与输出国于1960年9月14日成立,创始国有沙特阿拉伯、伊拉克、伊朗、委内瑞拉和科威特五国,后期利比亚、阿尔及利亚、厄瓜多尔、加蓬、印度尼西亚、尼日利亚等国加入。该组织的主要宗旨是:协调和统一各成员国的石油政策,以维护各成员国的经济利益;维护国际市场石油价格的稳定,以确保各成员国获得稳定的收入;有计划地向石油消费国输出石油并使他们在石油业的投资中获得合理的收入。

欧佩克成员国的石油储存量约占世界总储存量的2/3,它的产量曾占世界总产量的45%,出口量曾占世界总出口量的75%,所以,它们在世界石油市场上具有举足轻重的地位。在欧佩克成立之前,世界石油市场上的供给量和价格主要由西方石油财团控制。欧佩克成立以后,在实现石油资源国有化、取得原油定价权和控制石油生产等方面取得了成功,维护了欧佩克各成员国的经济利益。从20世纪70年代开始,在欧佩克成员国共同努力下,通过削减各成员国的石油产量,成功提高了石油价格,导致了世界石油市场的价格大幅度地成倍上升。当时的情况是:原油的标价由最初的约每桶1.8美元,上升到1974年初的约每桶11.65美元,到1981年底原油的标价竟高达约每桶34美元。欧佩克各成员国的合作行为给各成员国带来了巨大的经济利益,同时也震动了整个世界经济。石油当时被称为"黑色的黄金",飙升的石油价格对西方石油消费国的经济产生巨大冲击,导致了两次西方石油消费国所称的"石油危机"。为此,西方国家专门成立了国际组织机构来协调石油的生产与销售。

在欧佩克通过达成协议限制各成员国的产量和出口来提高石油价格的同时,另一种现象是值得注意的:由于高价出口石油带来的巨大经济利益,各成员国为了本国的经济利益,往往会私下突破合作协议所规定的产量和出口配额限制,从而给维持石油高价带来压力。到了1983年,也就是自大幅度提高石油价格之后的第十年,欧佩克便不得不面临石油价格的维持问题。到了1993年,石油的价格已经跌到每桶15美元以下。当然,石油价格下跌是由多种因素所造成的,它包括国际石油市场供过于求、西方国家的节能,以及欧佩克的石油产量和出口量在世界总产量和总出口量中所占比重不断下降所造成的欧佩克对世界石油市场控制力的削弱。但其中仍有一个重要因素是不可否认的,那就是欧佩克内部各成员国因利益冲突导致的分歧和矛盾,以及各成员国破坏了欧佩克所规定的生产限额。在1994年欧佩克各成员国的石油部长的会晤中,伊朗等国严厉批评沙特阿拉伯,敦促沙特阿拉伯降低其巨大的产量。但沙特阿拉伯却拒绝这种要求,并声称其他的欧佩克成员国都在提高各自的产量,即使沙特阿拉伯降低产量也不会对世界市场的石油价格产生什么影响。由此可见,欧佩克达成的协议具有不稳定性。

至今,欧佩克仍然在世界石油市场中处于举足轻重的地位。2000年9月27日欧佩克在委内瑞拉首都加拉加斯召开自成立40年以来的第二届成员国首脑会议。会议呼吁加强欧佩克各成员国间的团结,以维护石油价格和保证原油生产国的利益;强调要适应全球化的趋势,重振欧佩克这个多边合作的国际机构,使其在稳定世界石油市场和油价方面继续发挥重大的作用。

资料来源:http://www.doc88.com/P-172439847411.html.

试用本章知识分析欧佩克组织成员国的决策行为。

第一节 博弈论初步

博弈论思想古来有之,我国古代的《孙子兵法》可看作是最早的一部博弈论著作。博弈论思想最初主要运用于象棋、桥牌等对弈问题以及军事战役等,而且人们对于博弈局势的把握更多停留在经验上,没有形成专门性理论。1928年,约翰·冯·诺依曼证明了博弈论的基本原理,从而宣告了博弈论的正式诞生。1944年,他和奥斯卡·摩根斯特恩(O. Morgenstern)联合出版《博弈论和经济行为》(*Theory of Games and Economic Behavior*),标志着现代博弈论作为一种系统理论的创立,该书对于预期效用理论的研究为后来运用博弈论分析经济行为的主体特征奠定了基础。20世纪50年代,博弈论进入蓬勃发展期,纳什创立了公理化的讨价还价理论,证明纳什讨价还价解的存在性,并逐渐形成了以纳什非合作博弈理论为核心的现代博弈论体系。20世纪60年代以后,博弈理论进一步发展和完善,理论家们对一些重要的基本概念作了系统的阐述和证明,并拓宽了研究层面。泽尔滕在纳什的研究基础上引入动态分析,海萨尼则把不完全信息引入到博弈论中。这段时期,博弈论在各领域内的应用也取得了重要突破。20世纪70年代中期以后,经济学家开始强调个人理性,在研究个人行为时,个人决策有一个时间顺序,就是说当你做出某项决策时必须对之前别人的决策有一个了解(或猜测),你的决策受你之前别人决策的影响,当然你的决策也影响你决策之后的别人的行为。这样,时序问题在经济学中就变得非常重要。博弈论发展到这一阶段正好为相关问题提供了有力的分析工具,被视为最合适的经济分析工具之一。

博弈论中的个人决策与传统微观经济学中的个人决策相比,目标相同,都是在给定的约束条件下追求个人效用或收益的最大化,但约束条件不同。传统微观经济学中个人决策与他人的决策无关。在资源、偏好或技术、预期等因素既定条件下,个人的最优决策仅仅是价格与收入的函数,而不是他人决策的函数。因此,传统微观经济学的个人决策,既不考虑自己的决策对他人的影响,也不考虑他人决策对自己决策的影响。与此相反,博弈论中的个人最优决策与他人的决策密切相关,个人的最优决策是他人决策的函数。例如,古诺模型中,某一厂商的最优产量是对方产量的函数。因此,博弈论中的个人在决策时,既要考虑自己的决策对他人决策的影响,又要考虑他人决策对自己决策的影响。

博弈论把他人的决策看成内生变量进行分析,注意到了事物之间的普遍联系,考虑到了人们之间决策的相互影响,从而拓宽了传统经济学的分析思路,使其能更加准确地描述与解释现实世界。博弈论重视理性选择的相互依赖性的深刻思想,不仅构成了现代微观经济学的重要理论,而且为宏观经济分析提供了重要的微观基础。

【专栏 9-1】

因博弈论获奖的诺贝尔经济学奖得主

约翰·福布斯·纳什(1928~2015),小时候孤独内向,虽然父母对他照顾有加,但老师却认为他不合群,不善社交。纳什是一个天才的数学家,他在普林斯顿大学读博士时刚刚二十出头,纳什 1950 年发表的《n 个人博弈的均衡点》《讨价还价问题》和 1951 年发表的《非合作博弈》,彻底改变了人们对竞争和市场的看法。他证明了非合作博弈及其均衡解,并证明了均衡解的存在性,即著名的纳什均衡,从而揭示了博弈均衡与经济均衡的内在联系。纳什的研究奠定了现代非合作博弈论的基石,后来的博弈论研究基本上都沿着这条主线展开。约翰·纳什被看作经济学界最不幸却又最幸运的人。22 岁创建博弈论,重构了经济学的基础;8 年后,却突遭精神分裂症的打击长达 30 年;将近 60 岁时,他奇迹般地走出疾病的阴影,1994 年,约翰·纳什、约翰·海萨尼和莱因哈德·泽尔腾,共同获得诺贝尔经济学奖。这三位数学家在非合作博弈的均衡分析理论方面做出了开创性贡献,对博弈论和经济学产生了重大影响。

2005 年 10 月 10 日,诺贝尔经济学奖授予有以色列和美国双重国籍的罗伯特·奥曼和美国人托马斯·谢林。瑞典皇家科学院说,两位经济学家获得诺贝尔经济学奖是因为"他们通过对博弈论的分析加深了我们对冲突与合作的理解"。罗伯特·奥曼,1930 年生于德国法兰克福,目前拥有以色列和美国双重国籍。1955 年于麻省理工学院取得数学博士学位,现在以色列希伯来大学担任教授。奥曼是国际知名的博弈论专家,2002 年与约翰·纳什一同被聘为山东青岛大学名誉教授。托马斯·谢林,1921 年生于美国加利福尼亚州的奥克兰,1951 年从哈佛大学取得经济学博士学位,他是马里兰大学经济系和公共政策学院荣退杰出教授,同时也是哈佛大学政治经济学荣退教授。

一、博弈的基本要素和分类

(一) 博弈的基本要素

博弈论(Game Theory)又称对策论或游戏论,它是研究在利益与决策方面具有相互依存或相互制约关系的各主体如何决策以追求自身利益最大化的理论。博弈论研究当某一经济主体的决策受到其他经济主体决策的影响,而且该经济主体的相应决策又反过来影响其他经济主体的决策问题和均衡问题。

博弈的基本要素包括：参与人、行动、战略、信息、支付函数、结果、均衡。

① 参与人是指博弈中选择行动以最大化自身利益（效用、利润等）的决策主体（如个人、厂商、国家）。

② 行动是指参与人的决策变量。

③ 战略是指参与人选择行动的规则，它告诉参与人在什么时候选择什么行动。例如，"人不犯我，我不犯人；人若犯我，我必犯人"是一种战略。这里，"犯"与"不犯"是两种不同的行动。战略规定了什么时候选择"犯"，什么时候选择"不犯"。

④ 信息是指参与人在博弈中的知识，特别是有关其他参与人（对手）的特征和行动的知识。

⑤ 支付函数是参与人从博弈中获得的效用水平，它是所有参与人战略或行动的函数。

⑥ 结果是博弈者感兴趣的要素的集合，如参与人最终的行动或效用集合。

⑦ 均衡是所有参与人的最优战略或行动的组合。

上述概念中，参与人、行动、结果统称为博弈规则。博弈分析的目的是使用博弈规则预测参与人的行为和均衡。

（二）博弈的分类

（1）按照参与人的多少划分成双人博弈与多人博弈。

（2）按照参与人是否合作分为合作博弈与非合作博弈。合作博弈与非合作博弈之间的区别，主要在于博弈的当事人之间能否达成一个有约束力的协议。如果有，就是合作博弈；反之，就是非合作博弈。例如，如果几家寡头通过订立并实行协议，限制产量，制定垄断高价，则称这种博弈为合作博弈。若寡头们在市场竞争中没有达成有约束目的的协议，每个企业仅仅是在考虑竞争对手可能采取行动的条件下，独立地进行产量与价格的决定，则称这种博弈为非合作博弈。

（3）按照参与人决策的先后顺序，可以分为静态博弈和动态博弈。静态博弈是指参与人同时决策或者行动；或者虽非同时行动，但后行动者并不知道先行动者采取了什么具体行动。动态博弈是指参与人的行动有先后顺序，而且后行动者可以观察到先行动者的行动，并据此做相应的选择。

（4）按照参与人是否掌握竞争对手的战略集合及其支付情况，可以分成完全信息博弈和不完全信息博弈。完全信息博弈是指在每个参与人对所有其他参与人（对手）的特征、战略和支付函数都有精确了解的情况下所进行的博弈。如果了解得不够精确，或者不是对所有的参与人都有精确的了解，此时即为不完全信息博弈。

（5）按照参与人的最后所得，可将博弈分成零和博弈与非零和博弈。在零和博弈中，各参与人的支付总和为零，即一方所得恰好等于另一方所失。非零和博弈中，各参与人支付总和不为零。

二、占优战略均衡与重复剔除的占优战略均衡

（一）占优战略均衡

一般来说，由于每个参与人的效用（支付）是博弈中所有参与人的战略的函数，因而每个参与人的最优战略选择依赖于所有其他参与人的战略选择。但在一些特殊的博弈中，一个参与人的最优战略可能并不依赖于其他参与人的战略选择。换句话说，不论其他参与人选

择什么战略,他的最优战略都是唯一的,这种战略被称为占优战略。

以博弈论中著名的囚徒困境为例。一位富翁在家中被杀,财物被盗。警方在侦破过程中,抓到两个犯罪嫌疑人 A 和 B,并从他们的住处搜出被害人家中丢失的财物。但是他们矢口否认杀人,辩称是先发现富翁被杀,然后只是顺手牵羊偷了点东西。于是警方将两人隔离,分别关在不同的房间进行审讯。由检察官分别和他们单独谈话:"由于你们的偷盗罪已有确凿的证据,所以可以判你们一年刑期。但是,我可以和你做个交易。如果你单独坦白杀人的罪行,我只判你三个月的监禁,但你的同伙要被判十年刑。如果你拒不坦白,而被同伙检举,那么你就将被判十年刑,他只判三个月的监禁。如果你们两人都坦白交代,你们都要被判五年刑"。如图 9.1 所示。

图 9.1 囚徒困境

在图 9.1 中,参与人为囚徒 A 和囚徒 B,"坦白"和"抵赖"为参与人面临的两种战略选择,表格中的数字代表不同战略情况下参与人的支付所得,正值为参与人所得,负值为参与人所失。

如图 9.1 所示,每个犯罪嫌疑人都有两种可供选择的战略:坦白或抵赖,但不论同伙选择什么战略,每个犯罪嫌疑人的最优战略都是坦白。以犯罪嫌疑人 A 为例,当犯罪嫌疑人 B 选择坦白时,A 选择坦白,被判处 5 年徒刑;选择抵赖,则将被判处 10 年徒刑,因而 A 选择坦白。当犯罪嫌疑人 B 选择抵赖时,A 如果选择坦白,则被判处三个月徒刑;如果选择抵赖,则被判处 1 年徒刑。因而,无论何种情况下,A 选择坦白都比选择抵赖好,"坦白"是犯罪嫌疑人 A 的占优战略。类似地,"坦白"同样也是犯罪嫌疑人 B 的占优战略。

如果所有参与人都有占优战略存在,博弈将在所有参与人的占优战略基础上达到均衡,这种均衡称为占优战略均衡。在图 9.1 中,(坦白,坦白)就是占优战略均衡。

值得注意的是,占优战略均衡只要求所有参与人理性,并不要求每个参与人知道其他参与人也是理性的。因为不论其他参与人是否理性,占优战略总是一个理性参与人的最优选择。

囚徒困境说明个人理性带来的集体非理性。个人做决策时,往往是理性地追求自身利益最大化,但当决策者多于 1 人时,由于每个人还是按照个人利益最大化的原则来做决策,因而就可能出现集体非理性的情况。在图 9.1 中,如果每个犯罪嫌疑人都选择抵赖,则每人将被判处 1 年徒刑。对于两个犯罪嫌疑人来说这显然比每人判处 10 年徒刑要好。但由于 A、B 两人均从个人角度出发,如果不存在某种约束,他们不可能在(抵赖,抵赖)上达到均衡。

(二)重复剔除的占优战略均衡

大多数博弈中,占优战略均衡是不存在的。尽管如此,我们仍然可以用占优的逻辑找出均衡。以智猪博弈为例,猪圈里有两头猪,大猪和小猪。猪圈的一头有一个猪食槽,另一头安装着一个控制着猪食供应的按钮。按一下按钮,将有 8 个单位的猪食进入猪食槽,供两头猪食用。可供大猪和小猪选择的战略有两种,自己去按按钮,或者等待另一头猪去按按钮。

如果某一头猪做出自己去按按钮的选择,它必须付出下列代价:第一,它需要支付相当于2个单位猪食的成本;第二,由于按钮远离猪食槽,它将成为后到者,从而减少能够吃到的猪食数量。具体情况如图9.2所示。

		吃到的猪食数量	
		大猪	小猪
按按钮的猪	大猪	4单位	4单位
	小猪	7单位	1单位
	两猪同时	5单位	3单位

图 9.2 按按钮对于吃食的影响

智猪博弈的后果如图9.3所示。表中的数字表示不同情况下每头猪所吃到的猪食数量减去按按钮的成本之后的净支付水平。

		小猪	
		按按钮	等待
大猪	按按钮	3,1	2,4
	等待	7,−1	0,0

图 9.3 智猪博弈

图9.3表明,在这个博弈中,无论大猪选择什么战略,小猪的占优战略均为等待。而对大猪来说,其最优战略依赖于小猪的选择。如果小猪选择等待,大猪的最优战略是按按钮;如果小猪选择按按钮,则大猪的最优战略是等待。换句话说,大猪没有占优战略。

什么是这一博弈的均衡解呢?假定小猪是理性的,它肯定会选择自己的占优战略——等待。再假定大猪知道小猪是理性的,则大猪会正确地预测到小猪会选择等待,根据小猪的这一选择,大猪选择了在此前提下自己的最优战略——按按钮。在这种情况下大猪和小猪的支付水平分别是2单位和4单位。这是一个多劳不多得、少劳不少得的均衡。

在寻找"智猪博弈"的均衡解时,我们所使用的做法归纳如下:首先找出某一博弈参与人的严格劣战略,将它剔除掉,重新构造一个不包括已剔除战略的新博弈;然后继续剔除这个新博弈中某一参与人的严格劣战略;重复进行这一过程,直到剩下唯一的参与人战略组合为止。这个唯一剩下的参与人战略组合,就是这个博弈的均衡解,称为"重复剔除的占优战略均衡"。

这里所说的严格劣战略是指无论其他博弈参与人采取什么战略,某一参与人可能采取战略中对自己严格不利的战略。在智猪博弈中,我们首先剔除了小猪的严格劣战略"按按钮"。在剔除掉小猪的这一战略之后的新博弈中,小猪只有"等待"这一战略,而大猪有两个战略可供选择。我们再剔除新博弈中大猪的严格劣战略"等待",从而达到重复剔除的占优战略均衡。

在现实生活中有许多智猪博弈的例子。例如,在股份公司中,股东承担着监督经理的职能,但不同的股东从监督中得到的收益大小不一样。在监督成本相同的情况下,大股东从监督中得到的收益显然多于小股东。因此,股份公司中监督经理的责任往往由大股东承担,小股东则搭大股东的便车。

与前面讨论的占优战略均衡相比,重复剔除的占优战略均衡不仅要求博弈的所有参与人都是理性的,而且要求每个参与人都了解所有其他参与人都是理性的。在上例中,如果大猪不能排除小猪按按钮的可能性,则"按按钮"就不是大猪的最优选择。

三、纳什均衡

纳什均衡是在给定竞争对手战略的情况下,各参与人所选择的最优战略组合。在纳什均衡下,参与人的战略都是针对竞争对手战略的最佳反应,因此,没有一位参与人能通过改变决策来增加自己的福利。

纳什均衡是完全信息静态博弈解的一般情况。构成纳什均衡的战略组合一定是在重复剔除严格劣战略过程中无法被剔除的战略组合。

在占优战略均衡中,无论所有其他参与人选择什么战略,一个参与人的占优战略都是他的最优战略。显然,这一占优战略也必定是所有其他参与人选择某一特定战略时该参与人的最优战略。因此,占优战略均衡一定是纳什均衡。在重复剔除的占优战略均衡中,最后剩下的唯一战略组合,一定是在重复剔除严格劣战略过程中无法被剔除的战略组合。因此,重复剔除的占优战略均衡也一定是纳什均衡。

纳什均衡所包括的情况远不止占优战略均衡和重复剔除的占优战略均衡。以博弈论中经常提到的性别战为例,谈恋爱中的男女通常是共度周末而不愿意分开活动的,但对于周末干什么,男女双方各自有着自己的偏好,男方喜欢看足球比赛,女方喜欢逛商店。不同选择下男女双方的得失见图9.4。

		女方	
		看足球	逛商店
男方	看足球	3,1	0,0
	逛商店	0,0	1,3

图9.4 性别战

在这个博弈中,存在着两个纳什均衡。男女双方或者一起去看足球,或者一起去逛商店。如果没有进一步的信息,我们无法确定男女双方在上述博弈中会做出什么选择。与重复剔除的占优战略均衡一样,纳什均衡不仅要求博弈的所有参与人都是理性的,而且要求每个参与人都了解其他的所有参与人都是理性的。

纳什均衡有时也叫非合作性均衡。因为各参与人在选择战略时没有共谋,他们只是选择对自己最有利的战略,而不考虑这种战略对社会福利或任何其他群体利益的影响。将自己的战略建立在对手总是会采取最佳战略的假定基础上,这是博弈的一个原则。

假定A和B是两家寡头垄断厂商,他们的支付矩阵如图9.5所示。

		寡头 B	
		低价格	高价格
寡头 A	低价格	10,10	150,−20
	高价格	−20,150	100,100

图 9.5 寡头博弈

从图 9.5 可以看出,如果他们互相勾结,限制产量以维持较高的价格,他们将分享较高的垄断利润;反之,如果互相欺骗,即增加产量,降低价格,双方所获利润都将减少。但在无合谋的情况下,他们还是会选择低价格,双方选择低价,是纳什均衡。

最优战略均衡一定就是纳什均衡,但纳什均衡不一定就是最优战略均衡。实际上,可以将最优战略均衡看成是纳什均衡的特例。有些博弈中,也可能存在多个纳什均衡。

四、贝叶斯纳什均衡

前面的分析中,我们都假定博弈中的每个参与人对其他所有参与人的支付(效用)函数有完全的了解,并且所有参与人知道所有参与人的支付函数,即支付函数是"共同知识",这种博弈叫完全信息博弈。然而,这种假设往往与现实并不相符。比如说,当你与一个陌生人打交道时,你并不知道他的特征,如喜好(事实上,即使长期相处也难说你对他完全了解);当你想买一辆旧车时,你不知道它的质量如何等等。现实中,往往存在不完全信息状况。不完全信息博弈中,至少有一个参与人不知道其他参与人的支付函数。下面以市场进入博弈为例说明。假定 A 和 B 是两家寡头垄断厂商,他们的支付矩阵如图 9.6 与 9.7 所示。

		企业 A	
		高价	低价
企业 B	进入	40,50	−10,0
	不进入	0,300	0,300

图 9.6 市场进入:高成本情况

		企业 A	
		高价	低价
企业 B	进入	30,100	−10,140
	不进入	0,400	0,400

图 9.7 市场进入:低成本情况

这是一个不完全信息博弈,对潜在进入企业 B 来说,不知道企业 A 的成本函数,也不知道企业 A 是否采取斗争(低价)战略。在给定企业 B 进入时,高成本企业的最优选择是高价(合作),而低成本企业 A 的最优战略是低价(斗争)。低成本情况下,斗争之所以比合作好,可能由于在位者的生产成本是如此之低,从而他在非常低的价格下获得的垄断利润(此时,进入者已无利可图)也高于相对高的价格下分享到的寡头利润(另一种可能的解释是,企业

A有一种好斗的天性，他更乐于与进入者斗争而不是合作）。

因为企业B不知企业A的成本函数，所以处于进退两难之境。之前的学者认为这种博弈是没有办法分析的，直到1996年海萨尼提出了解决方案。他引入一个虚拟的参与人——"自然"。"自然"不同于一般参与人之处在于它在所有后果之间是无差异的。"自然"首先行动——选择参与人的"类型"。被选择的参与人知道自己的真实类型，而其他参与人并不清楚这个被选择的参与人的真实类型，仅知道各种可能类型的概率分布。另外，被选择的参与人也知道其他参与人心目中的这个分布函数——也就是说，分布函数是一种"共同知识"。在"市场进入"例子中，"自然"首先选择企业A的类型——高成本还是低成本。企业A知道自己是高成本还是低成本，而进入者仅知道企业A可能是高成本，或可能是低成本，并且知道高成本和低成本的概率。

海萨尼使不完全信息博弈的分析变得可行。此外，他还定义了"贝叶斯纳什均衡"的概念：在静态不完全信息博弈中，参与人同时行动，没有机会观察到别人的选择。给定别人的战略选择，每个参与人的最优战略依赖于自己的类型。由于每个参与人仅知道其他参与人的类型的概率分布而不知道其真实类型，因此他不可能准确地知道其他参与人实际上会选择什么战略；但是，他能正确地预测到其他参与人的选择是如何依赖于各自的类型。他的决策目的就是在给定自己的类型和别人的类型依从战略的情况下最大化自己的期望效用。贝叶斯纳什均衡是这样一种类型依从战略组合：给定自己的类型和别人类型的概率分布的情况下，每个参与人的期望效用达到了最大化，也就是说，没有人有积极性选择其他战略。

"市场进入"例子中，企业B只有一种类型，企业A有两种类型（高成本与低成本）。也就是说，进入者具有不完全信息，而企业A具有完全信息。给定企业B进入情况下，企业A选择斗争还是合作依赖它的类型：如果是高成本，则合作（高价）；反之，斗争（低价）。进入者不知道企业A的真实类型，但假定它知道高成本可能性为p，低成本的可能性为$(1-p)$。那么企业B选择进入时的期望利润为$40p+(-10)(1-p)$，而选择不进入时的期望利润为$0 \times p + 0 \times (1-p) = 0$。通过简单计算得到：当$p>0.2$时，企业$B$"进入"得到的期望利润大于"不进入"时的期望利润，从而"进入"才是最优的。假定$p>0.2$，那么贝叶斯纳什均衡为：企业B选择"进入"，高成本企业A选择"高价"，低成本企业A选择"低价"。

假定有人向你表白，你的选择是接受还是拒绝取决于你对追求者品德的判断。问题是你可能并不能准确判断追求者的品德。这时，你的决策显然取决于你多大程度上相信他是一个品德优良或品德恶劣的人，图9.8和图9.9是两种情况下的支付矩阵。

		你	
		接受	不接受
表白者	表白	100,100	−50,0
	不表白	0,0	0,0

图9.8 追求博弈：品质优良者表白

		你	
		接受	不接受
表白者	表白	100,−100	−50,0
	不表白	0,0	0,0

图 9.9 追求博弈:品质劣者表白

现在假设你认为表白者品德优良的概率为 p,品德恶劣概率为 $(1-p)$。表白者也知道这个 p 为多少,那么,他表白,你接受时的期望效用为 $100p+(-100)(1-p)$,你不接受时的期望效用为 0。当 $p>0.5$ 时,你接受才是最优选择。如果 p 确实大于 0.5,贝叶斯纳什均衡为:表白者表白,你接受。反之,如果 $p<0.5$ 时,叶斯纳什均衡为:表白者表白,你不接受。不过,在 $p<0.5$ 时,表白者不会选择表白战略。为什么 $p<0.5$ 时,表白者不选择表白战略呢?那是因为他估计自己"没戏",不用徒增烦恼,自讨没趣。

非合作纳什均衡对于各博弈方来说,不一定是有效率的均衡,但对于社会来说往往是有效率的均衡,而合作博弈均衡可能是低效率的均衡。例如,完全竞争就是一个纳什均衡,每个经济主体都在考虑其他各方的价格战略以后做出决定,最后导致价格等于边际成本,利润等于零的有效结局。相反,如果厂商实行合作,则经济效益反而会受到影响,这也解释了政府为什么要执行反托拉斯法的原因。但在某些博弈中(例如污染、治安、军备竞赛与政治经济体制改革等),非合作纳什均衡常常是无效率的。非合作纳什均衡的无效率,表明人们追求私人利益最大化的理性行为不一定都能够增加整个社会福利,这对"看不见的手"的原理提出了挑战。

尽管非合作纳什均衡对各博弈方而言不一定有效率,但如果博弈无止境地重复下去,只要双方采取"针锋相对"或"以牙还牙"的战略,结局可能会改善。如果对方采取欺骗战略,则自己也采取欺骗战略,以惩罚对方的欺骗;如果对方采取合作战略,则自己也采取合作战略,以鼓励对方的合作。多次博弈以后,双方都会发现合作比不合作好。

第二节 公 司 合 作

一、公司合作基础理论

(一) 分工与合作

合作理论的基础是分工理论。人类社会经济发展的过程也是分工不断深化的过程。亚当·斯密在《国民财富的原因和性质的研究》中提到,一根针的生产已经被分成近 60 道工序,每道工序的工人只要完成本道工序的操作要求就可以了。这样的生产方式至少带来三方面好处:

第一,工人操作熟练。分工导致的专业化为工人迅速掌握技术和提高工作精度提供了条件。由于复杂的工作被分解为很多道简单的工序,而每个人只要完成其中的一道,频繁的重复使得工人较快地适应自己从事的工作。工人在劳动时所表现出来的熟练、技巧和判断,毫无疑问很大程度上得益于分工,熟能生巧使单位时间完成的工作量显著增加。

第二,生产效率提高。由于复杂的工作任务被分解为许多道简单的作业工序,加之有机器传输及控制的辅助,工人的位移大大减少,工具的搬运也被降到最低限度,工人由一项工作转向另一项工作的转换成本随之大幅下降。因而,亚当·斯密认为即使在生产技术不变的情况下,在一个人数密集的工厂里,只要进行合理的分工,就能极大提高劳动生产率。他考察了家乡小镇的扣针生产过程,发现在扣针生产中对劳动者进行分工能够使生产效率数百倍地提高。

第三,机器革新。由于工作对象的专一和工作程序的固定,操作人员能更深入了解自己的操作工序,有利于岗位的技术改进并有效寻求用机器代替手工的途径,马克思指出:"机器生产的原则是将生产过程分解为各个组成阶段,并且应用力学、化学等等,总之就是应用自然科学来解决由此产生的问题",分工在促进机器的发明和运用中具有极其重要的作用。

分工使生产本身从个体行动变成一系列合作的社会活动。过去,一个工匠可以从头到尾生产一件完整的商品,而现在可以分解成许多工序,分别由不同的工人完成,合作成为不可避免的选择。分工的细致程度同时也伴随着合作的紧密程度,在社会分工越细致的地方,劳动者之间的合作就越紧密。

分工基础上的合作成为规模经济的基础,诸如厂房等建筑物、除尘通风设备、起重运输设备的运用在单个作业中成本极高,但是如果许多人共同使用则可以分摊成本;分工情况下,企业主只要训练工人精通某一项技能即可,这大大缩短了职工的培训周期,降低了培训成本;分工合作还使过去必须按顺序进行的工序可以同时进行,从而大大节约了生产时间。规模经济的发展,企业的扩张,加速了社会分工与合作的结合。

最初,专业化分工主要出现在同一家工厂中,在一家工厂内就可以完成整个产品的生产。随着机器"制造"机器的出现,生产越来越专业化,合作从工厂内部发展到许多工厂之间,一件综合性较强的产品必须经多个工厂的共同协作才能完成。除生产过程的专业化以外,一些辅助职能也开始专业化。各种专门化的公司相互依赖,共同构成社会经济活动的整体。马克思和恩格斯曾指出:"一个民族的生产力发展水平,最明显地表现在该民族分工的发展程度上。"合作作为分工的必然结果,与分工一起共同促进了经济和社会的发展。

(二) 公司合作

合作不仅停留在公司内部的工人之间、工人与管理层之间,而且还发生在公司之间。随着铁路网扩张,为防止因盲目争夺运输量导致的铁路经营固定成本的增加,经营铁路的经理们希望就价格问题达成一致,避免自相残杀。在卡特尔形成以后,企业间开始了进一步的合作。最先成立卡特尔的是干线公司,它们建立了一个位于各家铁路公司之上的委员会,用以检查、监督和保持费率的稳定。曾任该委员会主席的艾伯特在其1879年的报告中指出,"依靠一套切实可行的办法,能够将各公司间激烈争夺的容货运量置于适当的管理和控制之下,这在以前是不可能做到的","通过设立一个永久性的执行部门,以及相应的裁决部门,就有可能以和平的方式解决任何有争端的问题,避免诉诸毁灭性的对抗时将会造成的大量耗费和许多有害的后果……"虽然运输卡特尔这种方式并未长久地维持下去,但是就像艾伯特所指出的那样,它通过价格上的一致和运量分配上的合作确实在一段时期内有效地控制了企业间的自相残杀,促进了运输和相关产业的发展。19世纪80年代后期,卡特尔在皮革、石油、炸药、造纸、钢铁、制铜等多行业中出现,企业设计出更复杂的方法来维持工业的价格水平和生产限额。

如果寡头行业中的主要厂商通过明确的、正式的协议来协调其各自的产量、价格或其他诸如销售地区分配等事项,那么他们就会形成所谓的卡特尔。在西方某些国家,卡特尔是法律所允许的,因而也是普遍的。但是在美国,早在1890年就已通过谢尔曼法对公开或秘密的勾结行为加以限制。因此,美国不存在公开的卡特尔,厂商要进行暗中勾结也要冒受到法律制裁的风险。如果成员厂商能够结成牢固的联盟,卡特尔可以像一个垄断者那样来追求整体总利润的最大化。假定各成员厂商生产相同的产品,但成本状况并不完全相同,此时卡特尔需对市场需求曲线及卡特尔作为一个整体的边际成本曲线做出估算,然后确定一个统一的"垄断价格"和相应的总产量,并将总产量在各成员厂商之间进行分配。

为简化起见,仅分析卡特尔只有两家成员厂商的情况。假定两厂商的成本曲线分别如图9.10(a)与9.10(b)所示。那么,卡特尔作为整体的边际成本曲线可通过将这两家厂商的边际成本曲线按水平方向加总得到。再假定整个行业的需求曲线为D,则全行业的边际收益曲线即为MR。这样,卡特尔即可根据$MR=MC$的利润最大化准则,确定其总产量为Q^*,相应的垄断价格为P^*。在此基础上,卡特尔将按照等边际成本原理来分配其总产量,因为在总产量Q^*和价格P^*已定的情况下,卡特尔的总收益已经确定,那么,利润最大化就等同于成本最小化。因此,按等边际成本原理分配总产量可使其总利润最大化。如图9.10(c)所示,曲线MR与曲线MC的交点确定了相同的边际成本水平(拉一条水平虚线),再由这条虚线与各家厂商的边际成本曲的交点确定各自的产量Q_1与Q_2。

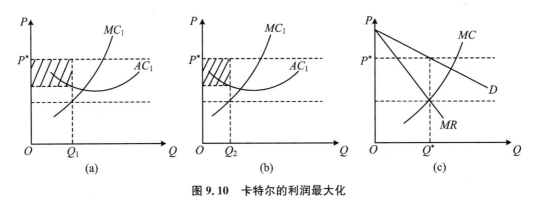

图9.10 卡特尔的利润最大化

上述分配方式往往只是在理论上是合理的,实践中的产量分配则取决于建立卡特尔时达成的协议所做出的安排。事实上,从图9.10容易看到,产量不同,各成员厂商的利润往往也是不同的(图中的阴影部分大小不同)。各厂商从自身利益出发,或者对这种分配结果不满,或者在已经获取较多利润的情况下希望更多的利润,这就使得卡特尔的协议及相应的分配结果往往是不稳定的。

二、公司合作原因

所谓公司是一个组合各种生产要素,生产出售各种产品或提供服务的经济组织。它是社会生产力发展到一定水平的结果,是商品与商品交换的产物。公司的一个重要目标是追求利润,实现利润最大化。在传统的经营理念中,公司间的关系是相互竞争,大多数公司都把竞争对手看成是自己生存与发展的威胁,它们的目标是想方设法消灭对手,以提高自己在市场上的竞争地位,尽可能多占有相对稀缺的资源。

然而随着人类经济的发展,传统的工业经济时代逐步向网络经济时代迈进,无论哪个公司的发展都已不可能再局限于一个地区或者一个国家的范围内,它已经自觉或不自觉被纳入到全球一体化的轨道之中。任何公司都面临着激烈的全球竞争,快速的技术变化使得开发新产品的风险与成本上升。整个产业的技术和产品趋于成熟,全球化市场以及普及的信息技术使得产品的差别越来越小,同质化的程度越来越高。从产品生命周期看,产品已经进入标准化阶段,规模效应越来越明显,但是公司内部资源难以跟上发展的脚步,成为发展的瓶颈。管理效率改进使得公司内部改进的空间也有限,公司不得不向外拓展,与其他公司合作,互补双方的资源和能力,将市场做大。

新兴公司同样面临严峻的考验。一方面,产品的开发、模仿和更新换代的速度加快,市场的不确定性提高。产品在生产过程中的高固定成本、低边际成本也使得公司在开发和推广新产品的过程中风险很大,为分摊成本、规避风险,合作成为一种必然的选择。另一方面,新兴产业率先进入的公司可以制定行业标准和规则,可以形成"赢家通吃"的局面,但是公司独立开发和推动形成这种格局,往往风险很高,而且缺乏足够的资源和能力支持。与其他公司的合作共赢成为越来越多公司的共识。

公司合作的原因不尽相同,但基本上都是为了获取单个公司无法达到的协同效应。合作动机可以归纳为以下几个方面:

1. 资源依赖的互补

公司必须与它所处的环境进行交换来获取需要的资源,这就需要公司与外部各种实体之间相互依赖,有助于公司长期绩效的产生。公司的合作对象可以是供应商、竞争者、顾客、政府部门。公司参与合作伙伴的建立,可以增强关键资源的控制能力,以获取先进技术和稀缺资源,实现关键资源的优势互补,这是一种战略资源需求和社会资源机会驱动的结果,是公司实现资源价值、优化资源边界的尝试。

2. 核心竞争力的加强

核心竞争力从战略上将本公司与其他公司区分开来,它注重公司本身具有而竞争对手不具备的显著竞争优势,这种竞争优势具有价值性、稀缺性、不完全可模仿性、不可替代性等,并由此产生高于市场平均水平的利润。公司不可能也没有必要在每个方面都做得很好。公司要集中力量提高自己的核心竞争力,把自己不擅长的、不重要的活动交给其他公司去完成,由此产生了合作。出于自身降低成本和提高效率的内部驱动,合作具有长久性和相互信任性。

3. 公司战略的选择

公司建立战略伙伴关系是为了提高自己的竞争力。伙伴关系建立的原因可能是多种多样的,不单纯是从某种资源需求或交易成本的角度进行考虑,战略合作选择的范围较为广泛。

4. 相互学习的需要

公司之间建立合作关系可以使其获得新的学习机会。公司从对方获取新的技术和技能,并通过创新提高公司优势,优化学习曲线,实现公司的发展和壮大。

5. 制度完善的需要

制度环境和社会规范给公司形成压力。公司必须向社会规范的方向努力。加入合作伙伴的社会网络,获得相应的社会资源,提高规范化、制度化的能力,帮助自己得到关键资源和经验,使其声誉、社会价值和环境相吻合。

6. 社会网络的建立

公司的关键资源(如特定关系资产、共同知识、互补资源和能力、有效的管理机制)可能在组织的边界之外,这需要内外关联形成新的竞争优势。合作方关系的设定,有利于协同发展和提高生产率,关系构筑越强,公司获取经验和资源的能力就越强,对手越难以模仿。

从能力视角,将公司合作分为能力转移、能力聚合、能力提升和能力创造四种类型。

(一) 能力转移型合作

所谓能力转移是指由于各种主观和客观方面的原因,公司的建设重点发生变化,但公司在原有能力领域所积累的经验或形象仍能使它捕捉到一些机会。此时,公司已无意为实现这些机会组织有关的经营活动,需要借助外部的力量来利用这些机会。例如,很多跨国公司在研制成功新一代产品后,往往会将市场份额正在缩小但仍有利可图的上一代产品转移给一些中小公司或发展中国家的公司。这样,该公司一方面仍能够在该产品上获得一定的收益,另一方面又避免了在原产品上再投入资金和财物,可以集中力量发展新一代产品,以获得更大的收益。

能力转移型合作通常发生在实力差距比较悬殊的公司之间,而且合作者往往拥有合作的控制权,合作对象则处于相对劣势,讨价还价的能力比较弱。合作者所选择的伙伴一般是拥有类似产品生产能力的公司,这样可以使合作很快转为现实的供应能力,合作对象也能较快从中获得好处。但是这样的合作也有它不利管理的一面,在合作对象掌握了原有产品的生产知识外,合作者的控制能力会被削弱。能力转移型合作可以是"一对多"型的,一个合作者往往可以同时选择若干个合作对象,当然这些合作对象最好处于不同的细分市场。

(二) 能力聚合型合作

所谓能力聚合是指具有不同经营优势的公司结合在一起,为了实现各自的或共同的经营目标而协同努力。能力聚合型合作中公司的主要目的是利用彼此的长处并充分发挥自己的优势,而不是学习对方的长处使之成为自己的优势。例如,海尔集团出口的彩电主要是在香港长城公司的东莞生产基地加工的,海尔集团并不打算收购该公司,也没有限制该公司为其他公司进行加工,海尔集团只是利用该公司的生产能力,获得低成本的产品,提高自己的经营能力,而长城公司则可以通过为海尔集团加工获得直接的经济收入。又如,一家公司擅长软件开发,另一家公司则对技术支持服务比较在行。现在有一家公司招标,招标内容包括上述两项,虽然这两个公司不可能单独投标,此时可以考虑组成一个应标小组合作投标,并根据自己的特长负责不同的工作,联合完成整体工作。

能力聚合型合作比较强调合作者之间的平等关系,如果是同一项目,一个公司通常只能选择一个合作者。例如,面对同一个招标项目,A 公司如果既与 B 公司合作应标,又与 B 公司的对手 C 公司合作,那么往往会出现 B、C 公司都不愿意尽心尽力与 A 公司配合的情况,甚至出现 A 公司竹篮打水一场空的结局。

能力聚合型合作有两种趋势:一是以项目为连接点,这样的合作通常在项目中止之际,合作也就终止了;另一种是以能力为连接点,这样很可能会导致今后的一体化进程。能力聚合型合作要求合作各方基本实力相当,否则合作难以达到预期的效果。

(三) 能力提升型合作

所谓能力提升是指通过合作使自己在某一方面的能力得到加强。能力提升型合作可分为两种:一种是单纯借用合作者的力量使公司在某方面的能力得到加强。现在许多大型公司与高校及科研院所联合,共同开发新项目,这种能力加强型合作对合作者来说比较简单易行。另一种是通过合作将对方的能力内化为自身的能力,这样的合作实质上是一个学习的过程。美日两国的汽车公司通过建立合资公司,美国公司学到了日本公司先进的生产管理方法,并与美国公司的典型管理方法相比较,整合出新的管理方法。又如我国提倡在引进技术的时候进行"引进、消化、吸收、提高",也具有类似的涵义。

能力提升型合作在某些情况下也会发生在非合作对手之间,如果双方恰有彼此所需要的能力,也可能达成合作。能力提高型合作通常发生在相对弱势公司在向强势的转变过程中向强势公司提出需求,强势公司在不影响自身经营地位的情况下将一些技术或经营能力转移给相对弱势公司以图获得经济收入。另外,在没有根本性冲突、但具有相似能力的公司或机构之间,能力提高型合作比较容易发生。通常情况下,能力提高型合作容易受到合作对象的警惕,比较容易遇到机会主义行为,合作者一定要向合作对象提供相当的报酬,或是采用长期合作的方式,来避免合作伙伴的机会主义行为。

(四) 能力创造型合作

所谓能力创造是指通过合作创造一种全新的能力,这是合作效用非常独特的一种方式。能力创造型合作也可分为两种:

一种是对于所有合作者来说都产生了质变,而这种质变的能力并不为某一家公司所单独拥有。中国有句俗话:"三个臭皮匠,顶个诸葛亮"。虽然三个臭皮匠中的任何一个都成不了诸葛亮,但当三个臭皮匠的智慧经过整合碰撞以后就会产生新的力量。新力量不仅是量的增加,更是质的飞跃。这种情况下的合作会产生一种类似共生的现象,就是每个主体都要依靠客体存在。这样的合作如果存在于公司核心能力领域,或是彼此的依赖性十分强,那么久而久之,这样的合作就有走向一体化的可能。

另一种是合作者从无到有创造某种能力的过程,这需要借助于别的公司的能力优势来完成。例如,一家新成立的公司,在销售方面没有经验,这时它往往会和一家比较可靠的批发商合作,采用卖断的方式销售产品。当公司的产品开始广为人知时,该公司可以收回销售权,借助于先前批发商所创造的声誉和渠道进行销售,将原来与批发商分享的利润收回到公司本身,又如,日本公司在学习中国宣纸制造技术时,首先是与中国的公司建立合资公司,将外在利益一致化为内在利益。在经营合资公司的过程中认真参与生产的全过程。一旦掌握制造诀窍,就自己建立同样的工厂,类似的例子不在少数。合作对象需特别关注具有这种倾向的合作,如果合作对象本身没有足够的实力通过合作提升自己的能力,到头来就很有可能是为他人做嫁衣。

在能力创造型合作中,合作者本身要能够提供充分的价值,吸引合作对象的参加。但由于这种合作具有很强的潜在对抗成份,所以往往合作对象不会提供充分的合作。这时,对于合作者来说,另一条途径就是选择不会将该能力作为核心能力的公司进行合作,采用迂回的学习方法,获得创造能力所需要的帮助,并转化为新的能力。

能力的转移、提升、聚合和创造这四种类型相互之间本身并没有冲突的地方,公司合作可以是四种类型的叠加。当然在选择之前,公司通常需要对合作动因有一个基本的分析:一方面分析公司自身的特点,一方面分析可能合作对象的强项、弱项以及行为方式等,从而选择适当的合作策略和合作伙伴。

三、公司合作方式

(一) 公司合作方式

公司合作是不同的公司将它们的资源、资金、信息、市场、技术、设备、管理技能、研发能力的优势互补,为了现实的利益或未来可预期的利益而进行某种联合的行为。早期合作主要是为了防止盲目争夺市场,表现为合作对外的一致性上,尤其表现在通过合作,维持一定的价格水平。早期合作形式有卡特尔、托拉斯和合并。现在代表性合作形式有:公司合作网络、战略联盟、供需链管理、公司集团、业务外包等。

1. 公司合作网络

经济学中经济组织间相互依赖的活动关系看作是一种网络,而各种从事这类活动的经济行为者就是网络中的节点。处于网络中的公司及经济组织间的互动既不是通过市场交易完成的,也不是通过公司内部一体化过程完成的,而是通过组织间的彼此协调完成的。

公司与供应商之间的关系,两家在市场上互相对立的公司共同投资经营一家新公司,若干家公司为了开发某项新技术而派出自己的专家协同工作,以微软和英特尔为核心的庞大的公司群等,以硅谷为平台的大量公司之间,法律服务公司与公司之间,大学与公司之间以及组织之间的协作伙伴关系都可以看成是公司合作网络中的一环。

2. 战略联盟

战略联盟又称为策略联盟,它是两个乃至多个实体之间为了达到某种战略目的,通过契约或者部分股权联系而形成的一种合作形式。常见的战略联盟形式有:① 合资,即联盟各方共同出资、共担风险、共享收益;② 共同研发,即为了研究开发新产品或新技术,具有共同利益和互补优势的公司签订联合开发协议;③ 定牌生产,即拥有剩余生产能力的一方为拥有知名品牌的一方生产;④ 特许经营,即特许方拥有重要的无形资产(如品牌、专利和专有技术等)通过与受许方签署特许协议,允许受许方使用自己的品牌、专利或专有技术等;⑤ 相互持股,即通过协议互相持有双方一定数量的股份。

3. 供需链管理

供需链管理实际上是一个公司与其供应商、供应商的供应商等,以及与其销售商、销售商的销售商等之间的关系联结。供需链管理是市场渠道各层级之间的一个联结,是控制供需链中从原材料通过各制造和分销商直到最终用户的一种管理思想和技术。供需链的出发点是:通过协调供需链上各成员之间的关系,高效率优化配置公司内外资源,有效控制供需链上物流、资金流、价值流、工作流、信息流,既保持稳定和灵活的供需关系,又从整体上加快产品对市场和技术变化的响应速度。

4. 公司集团

公司集团是以一个或若干个实力雄厚的大公司为核心,以资本联结为主要纽带,并以产品、技术、经济、契约等多种纽带,把多个公司联结在一起,形成具有多层次结构的、以母子公司为主体的、在经济上统一控制、形成法律上各自独立的多法人一体化的经济联合体。比如20世纪60年代日本的三菱、三井、住友、芙蓉、第一劝业和三和六大财团的公司群,这些公司集团在一个金融中枢周围按产业系列组成了巨大的公司群体,其内部由银行、信托、保险公司等金融机构,重要产业领域中的大公司以及控制流通部门的综合商共同组成的一套网络系统。

5. 业务外包

如果我们在公司价值链的某一环节上不是最好的,不是公司的竞争优势,则可以将这部分业务分包给其他的专业公司去做。换句话说,一个公司首先要确定自己的核心竞争优势,并且把公司内部的智能和资源集中在具有核心竞争优势的活动上,然后把剩余的其他活动外包给专业性的公司去做。

(二) 影响公司合作方式选择的主要因素

公司合作方式的确定是由合作各方通过多次互动、筛选而成,且会随着合作目标与合作内容的变化而发生相应的变化。从这一意义上说,合作方式的选择是一个动态发展的过程,是合作方对外部环境和合作伙伴行为的一种反应,具有一定的能动性。虽然在合作关系中,存在着影响合作方式选择的诸多客观因素,但公司的高层管理人员对合作方式是可以选择的。在公司的合作实践中,合作的内容、合作的目标以及合作伙伴的情况对公司就合作面临的关系风险和绩效风险做出判断都有深刻影响,从而影响公司所采用的合作治理结构与管理方式。

1. 合作目标

合作目标分为单一目标和多元目标。一般而言,单一目标,如获得某种特定的技术或技能,或共同完成某一技术创新活动等,往往采用战略联盟、许可证经营、联合研究或外部市场交易的方式。而当合作有多元目标时,则往往采用建立相对正式的关系,或采用一体化的战略,如联合经营或收购等。

在某些合作中,组织学习是首要的目标,需要学习的也不仅仅是某一专门技术。在这种情况下,相对较为松散的、非正式的合作关系反而有利于知识和信息的流动,此时,联盟、网络等就是较为合适的选择。相对而言联合研究是一种最有助于在众多合作伙伴之间分享研究成果、交换技术诀窍,实现组织学习,效应最大化的合作方式。

2. 合作内容

公司对合作所涉及的技术知识和管理知识越熟悉,则越可以采用一体化的合作方式,例如公司并购等。因为公司熟悉合作内容,可以有效降低绩效风险。如果公司缺乏技术知识或管理知识,那么采用联合经营或联盟的方式比较有利于公司知识的补充,也有利于降低绩效风险。由于公司存在着能力方面的相互依赖与相互支持,股权联盟的方式有利于规避关系风险,从而保证合作的顺利进行。当公司对合作的知识与技术一无所知时,公司为了获得新知识而进入新领域,可以采用"学习型收购方式"。采用学习型收购方式主要是为了获得掌握这些新技术与新知识的技术专家和管理专家。当然,从成本的角度看,首选应是招聘专家,其次才是收购有关的公司。

3. 与公司经营优势的相关程度

当合作围绕着公司的核心能力展开时,出于对公司核心能力的高度重视,公司往往采取控制程度更强的合作方式来保证合作的成功。当公司拟向合作伙伴输出公司的核心技术与能力时,公司往往采用合资的方式来保证对自己核心技术的控制。当合作伙伴拥有合作公司核心能力发展所需的知识时,合作公司也会采用合作时间跨度更长、关系更紧密的合作方式,如收购、合并或合资等,以保证获取核心知识。之所以采用这些股权联盟的合作方式,是为了尽可能避免当合作伙伴不合作时,有可能造成的公司核心能力的损失。当合作主要涉及的是公司的非核心知识时,公司可能会采用成本低廉、更具有弹性的合作方式来获得知识和技术,例如有些公司通过交叉许可证经营的方式从对方获得各自所需的非核心技术。

4. 技术的生命周期

一般而言,新技术的潜在市场拓展能力应高于成熟技术,但同时新技术的不确定性也更高。在围绕新技术所展开的合作中,由于技术的垄断性和知识的未编码程度都较高,因此,存在机会主义行为的风险也就较大,具有较高的关系风险。但是,潜在的收益相对而言也较为长久。成熟技术往往具有较低的市场拓展能力,不确定性相对较小。也就是说在成熟技术领域,由于其他竞争对手的存在和市场价格的明晰,关系风险相对较低。因此,公司在处理涉及新技术的合作时,往往采用股权联盟的方式,如合资、收购等;而在处理与成熟技术有关的合作关系时,则喜欢采用非股权联盟的方式,采用弹性较大的合作方式,如外部合同方式等。

5. 产品开发的不同阶段

一般而言,在研发的早期阶段,其绩效风险和关系风险都相当高。关系风险高的重要原因在于技术的编码程度较低,而研发的贡献又难以明晰;绩效风险高的主要原因在于技术前景不明,投入与产出都不甚明了。在研发初期,公司需要投入较多的专门性资产,且这些资产有可能覆水难收。因此,在研发活动早期,公司往往采用非股权联盟方式来进行合作,其中较为普遍的方式有联合研究、技术交流、战略技术联盟等。在离产业化阶段较远的研发活动中,公司甚至还会与对手进行联合研究,或充分利用大学、科研机构及专门性研究公司的人力与实验设备,用合同委托研究项目的形式来进行合作研究。例如惠普公司建立之初的实验就是在斯坦福大学完成的,作为对大学的回报,惠普公司为其提供研究资助。中国一些中小型民营科技公司往往能够成功地运用合作研究来降低早期研发阶段的成本与风险。有些情况下,在长期合作的基础上,多家公司(如供应商——制造商伙伴)会参与并共同资助研究网络,以齐心协力尽快获得新技术。在研发阶段的后期,特别是在商品化阶段,由于技术相对稳定,其中的不确定因素有所下降,公司往往会采用股权联盟的方式来控制这一技术。由于缺乏市场开拓的必要投入能力,公司之间会采用合资的方式来促进技术的有效商品化,尤其是在两个合作伙伴之间规模或实力不对等的情况下。

6. 资产的专门化程度

资产的专门化程度是对合作方式影响较大的一个因素。正如我们在前面分析中所指出的,资产的专门性程度越高,所需投入的专门性资产也就越多,而这种专门性资产的生产率相对而言也会高于一般性资产。显然,此时专门性资产的投资风险会高于一般性资产的投资风险。如果所在行业的规模经济效应显著,那么公司持续在专门性资产上的投资,能够为公司带来投资收益规模递增的可能。在这种情况下,公司采用股权联盟的合作策略是比较有利的。公司可以采用收购、合并、合资的方式来控制这些专门性资产。这种内部一体化的合作方式在公司之间围绕高专门性资产进行合作存在较高关系风险,而在关键公司有足够的协调与管理能力时,较为合适。但是,如果公司之间存在着较高程度的相互信任,那么公司的关系风险则可能低于绩效风险,此时采用网络式合作方式更为有利。因为建立在相互信任基础上的网络合作方式的协调与管理成本都较低,且入盟公司能够保持相当的弹性与市场应变能力。

公司在一个规模经济不明显的行业中,一般较多投资于一般性资产。在这种情况下,绩效风险相对较低,而关系风险则与彼此的信任程度有关。如果彼此相互信任,可以较多地采用松散的联盟方式。但是,如果彼此之间明显存在着机会主义风险,那么实际的合作方式选择就是一种以合约为基础的生产联盟与网络。这种网络能够实现对一般性资产的最佳组合与充分利用,能够通过合约基础上的重复交易来节约交易成本,增加公司生产与经营的柔性,提高经营效益。

7. 知识的未编码程度

未编码知识是公司核心能力的重要组成部分。由于未编码知识及其传送特点,围绕未编码知识的合作往往不同于基于编码知识的合作。知识的未编码程度越高,知识传递的成本就越高。一方面是由于未编码知识的接受难度较大,另一方面是因为未编码知识的编码与外化会对知识输出方的核心能力带来不利影响。同时,知识的未编码程度越高,相对而言,合作中的关系风险也就相对较高。这种关系风险既来自输出方知识奉献方面的机会主义,也来自接受方对未编码知识的攫取动机。此外,未编码知识的价值衡量与贡献评价也具有相当的不确定性。由于上述种种原因,公司会偏好选择股权联盟的方式来控制未编码知识,采用合资、并购等方式来获取/扩散未编码知识。事实上,只有在长期、紧密、利益一体的合作中,公司才能围绕未编码知识与技术诀窍进行有效合作,公司很难用外部市场交易的方式获得未编码知识,因为未编码知识的市场价值具有不确定性,且又有相当难度。此外,未编码知识的获得是一个"干中学"的过程,一次性的短期交易是难以获得有价值的未编码知识的,而公司也不会向一个"陌生人"去传授未编码知识。

四、公司合作对象选择

(一) 合作对象

一般情况下,公司合作对象的选择分两个层次来进行,即合作网络的选择和具体合作对象的选择。

第一层次的选择是合适的合作网络。合作网络的选择决定于公司合作行为发生的大环境与大背景,决定于公司在市场经营中的能力层次。如与丰田公司的合作,就意味着中小公司参与的是世界著名汽车制造商之间的对抗。而与IBM结盟则意味着产品有相当的市场能力,同时也意味着公司必须为一流的制造商提供一流的专门技术。同时,合作网络的选择在一定程度上还决定了下一步的具体合作伙伴的选择范围。因为在公司合作关系中,公司选择合作对象时,首先需要考察的是新的合作对象对原有的合作是否构成危害,是否会损害网络的共同利益,影响自己与盟友的关系,是否会危及自己长远的利益。这种合作关系上的锁入效应要求公司在选择合作网络时需非常慎重,而且在选择具体的合作伙伴时,应该关注这一伙伴所在的网络及其盟友的情况。

第二层次的选择是确定与何种类型的对象进行合作。公司可以和上游公司、下游公司、同行业公司、其他公司以及政府、高等院校、科研机构等其他组织进行合作。实际合作过程中,这些各不相同的知识系统为组织提供各种知识资源,其合作的成本与收益各不相同。

(1) 与大学和科研单位的合作。一般而言,大学在与公司的合作中,主要具备以下三个功能:为公司提供专门的技术支持;进一步延伸公司内部的研究;为公司提供窗口使它们了解正在成长的技术。公司与大学的一般合作关系中,大学所能提供的主要是一些非核心层的技术与知识,其资产的专门性程度较低。知识资本化过程中,知识的价值实现需要拥有知识的组织将其编码并市场化,因此,大学逐渐参与到知识的直接商品化过程中。大学在长期知识积累的基础上,比过去更关注于应用研究、技术开发及其商品化,更重视市场的需要,重视公司的知识与经验,也重视与公司的合作。

(2) 与专门性研发公司的合作。专门性研究与开发机构往往拥有资产专门性程度极高的知识资源(包括知识资产与未编码知识),因此,为满足公司对这些专门资产的需求,与专门性研究公司的合作非常必要。通过与专门性研发公司的合作,公司可以迅速获得知识资产,并快速产业化。专门性研发公司的知识优势和资源优势主要集中在知识创新上,但在创新商品化所得的结构性资本、生产知识与营销知识方面处于劣势。因而,公司与专门性研发公司的合作,将有利于实现知识投资的规模报酬水平。对于不成熟的技术创新来说,大公司的加盟能够为产品产业化提供资金支持,加快产品开发速度。

(3) 与政府资助研究机构的合作。政府部门的研究机构拥有一定的专门知识方面的优势,特别是在产业政策和技术发展态势方面的知识与经验相对丰富。在一些行业主管部门的研究机构中,大量的行业内信息资源也是这些研究机构的优势所在。

(4) 与其他公司的合作。公司间的合作是最主要的合作方式,包括与上游公司(供应商)的合作,与下游公司(供销商及客户)的合作,与同行业的合作以及与其他行业的公司之间的合作。在与上游公司的合作中,需要解决的关键问题是培养上游公司与公司的信任。如果上游公司不信任制造商,将某些与制造商共同开发的技术提供给制造商的对手,那么技术外泄即可能导致供需链的断裂。当公司成为一个合作网络中的技术整合者时,它就负有整个合作网络技术发展的组织与管理的责任。有意识地培养上游公司,管理与上游公司之间的平衡关系是技术整合者必须承担的任务。在与下游公司的合作中,选择合适的经销商是制造商们共同关心的问题。合作伙伴的奉献态度、协作意识,彼此信任的程度、沟通的质量、参与的情况以及通过合作方式解决冲突的能力都会对制造商与经销商之间的伙伴关系产生积极影响。此外,还应关注经销商的信誉以及他在当地市场的社会资本情况。

(二) 合作对象的选择

1. 合作对象选择的原则

(1) 避免空心化原则。在选择合作对象时,应该努力避免因合作造成的自身能力的空心化。对于参与合作的公司,最大的风险是合作对象使用自己原先的技术来反对自己,以及在合作中公司完全失去控制合作关系的能力。当公司能力弱小、又没有过硬的创新技术时,最好别奢望大公司能够与自己合作,否则很可能会因为没有能力来制衡大公司而无法控制合作局面。

(2) 信誉与业绩原则。合作伙伴的信誉既是其能力与资源水平,特别是知识资源水平的标志,又是其采取合作行为的基础。越有信誉的合作伙伴越会重视信誉,它会将因机会主义行为所导致的信誉损失视为成本。因此,在与它们的合作中往往产生较少道德风险。如果合作伙伴除重视信誉外,还有良好的社会网络资源,有良好的合作业绩,则沟通、成本将大大减少。

(3) 熟悉与相近原则。文化上的近似可以降低沟通与协调成本,容易形成彼此之间的吸引。在合作过程中,相对于市场交易和内部一体化,沟通与协作成本是合作中的主要成本之一。而文化的相近则能够有效降低成本,提高合作效率。文化的相近并不是指语言的一致性,而是指文化气质的相近,如开放度、包容性、对技术创新与组织学习的重视程度等。合作方如果同样具备鼓励创新的组织文化,则他们之间将更容易对合作研究中可能出现的问题有所准备,能够有效促成知识之间的流动与分享,知识的输出与输入通道能够保持畅通。

2. 合作对象的选择

(1) 创造合作价值的能力分析。选择合作对象的目的是实现合作的价值,因而优秀的合作对象的特点首当其冲就是要有创造合作所需价值的能力。如何判断一个公司是否具有创造合作所需价值的能力呢?其一,合作者必须明确自己希望达到的目的,自身缺少的和合作所需要的究竟是什么;其二,判断合作对象在自己所需要的方面的能力如何;其三,分析合作者本身能为合作对象带来什么,如果合作对象有我们所需要的能力,而我们并没有合作对象所需要的东西,合作关系将很难真正建立起来。

(2) 合作的诚意分析。首先,可以通过以往的合作经历来了解。当我们不了解一个公司的历史,一无所知或知之甚少时,可以通过走访他过去的合作伙伴,从正面或侧面多角度了解。其次,与该公司接触,通过洽谈等方式了解该公司的态度是否积极,如是否愿意发表本公司的意见,高层管理者是否支持,该公司能否提供使合作计划得以进行的充分信息及该公司对合作成果分配的看法等等,也就是通过该公司的实际行动来了解他是否具有合作的诚意。再次,从比较客观的角度测评双方在该合作中的可能获益,以此作为辅助评判标准,通常合作的利益越大越有合作诚意。

(3) 公司的兼容性分析。共同的价值标准是优秀的合作对象的根本特征。一个公司认为低成本的廉价商品是经营优势的来源,而另一个公司认为高品质的商品是经营优势的来源,在两种截然不同的价值观念的指导下,两个公司在行为上很难一致。如果价值标准一致,即使在文化上存在一定的差异,也不会影响彼此的合作。

3. 合作关系的维持

(1) 建立信任。相互信任的一个突出表现就是站在合作伙伴的角度思考问题。能够站在合作伙伴的角度思考问题意味着能够将事情做得更好。比如说,在产品的开发设计方面进行合作时,甲方希望乙方达到某种要求,但乙方现在的确达不到。乙方如果只站在自己的立场上,告诉甲方自己做不到,或是为了达到合作的愿望虚称自己能够满足要求。对于第一种回答,甲方只能另找他人,对于第二种回答,一旦被识破,甲方还是会另请高明。乙方如果站在合作伙伴的角度来考虑这个问题,意识到合作伙伴需要的迫切性,一方面分析自己做不到的原因,尽量找到自己能够提供帮助的地方;另一方面与具有这一能力的其他公司协作,提高解决问题的能力。这样尽管合作所带来的一部分收益会落入他人之手,但毕竟大家都有收益,还能赢得合作者的信任。相互信任是借以达到目的的手段。合作双方应具备将信任转化为互有价值的能力,信任才更加具有意义。

(2) 广泛沟通。充分的信息交流和沟通有助于增进合作各方之间的相互了解,产生信任,从而使合作关系更加牢固。充分的信息交流和沟通可以采用以下几种方式:① 让合作对象了解自己的公司。② 经常性的对话。对话能让合作双方了解彼此的愿望、对上一步工作的评价及对下一步工作的建议。组织定期的贸易洽谈或巡回访问合作伙伴,以增进双方感情,有助于确认双方可以共同发展的产品。③ 主动说明自己的决定。④ 适当地开放与合作相关的信息渠道和内部信息,有助于合作双方更全面、客观地对待合作,收到更好地合作效果。

(3) 不断收获。从吸引合作伙伴的角度来看,收获分为两类:一类是满足合作伙伴的预期;一类是向合作伙伴提供出乎对方预料的有价值的事物或建议。

(4) 着眼未来。将来的存在会使合作各方为了未来的收益或进一步合作而更加友善。合作关系中的"将来"是由最终目标、现在的成效和实施步骤组成的蓝图。在上述三者的支撑下,短期目标更易完成,合作中出现的矛盾也更容易化解。

【专栏 9-2】

2015 年中国互联网科技巨头合作创新案例

六大互联网科技企业的经典合作案例覆盖了智慧出行、团购 O2O、人工智能、硬件制造、资本运作、物联网以及互联网金融等领域,这些巨头的动向揭示了未来中国经济的崭新驱动力量。

滴滴快的:共享经济背后的智慧出行梦

2015 年的中国 O2O 市场在资本寒冬的影响下无数曾经的对手握手言和,上演了"打则惊天动地,合则恩爱到底"的诗篇。滴滴和快的如此,58 同城和赶集网如此,美团和大众点评如此,携程和去哪儿网也是如此。

第一个走向合并的正是滴滴快的。经历了腾讯和阿里等资本主导的2014年约租车市场烧钱大战,2015年年初,滴滴打车和快的打车两家出人意料地走向了合并,为一年持续烧钱20亿元的惨烈竞争画上了句号。

滴滴快的合并或许只是未来互联网世界中的沧海一粟,但滴滴快的合并带来的示范意义却是独具价值。这为无数在烧钱苦海中苦苦挣扎的O2O企业指明了方向,也揭示了中国互联网大格局中何为"永恒的朋友与永恒的利益"。

合并后不到一年时间,滴滴快的在快车、专车、公务用车等领域持续发力。虽然面临着"共享经济始祖"Uber的威胁,但滴滴快的在与国际巨头的竞争中依旧不落下风。

覆盖全国600多个城市,用户接近3亿。手握3亿人的出行大数据,和美国Lyft等国际公司建立合作关系,这样一个出行市场的巨无霸正在逐步构建网络出行的大平台,曾经的营销驱动型公司正在朝技术驱动型公司转变,一个全球最大的移动出行"超级大脑"呼之欲出。从单一的打车市场到覆盖全面的出行市场,滴滴快的用合作创新的理念向世界昭示了"中国式出行"的梦想。

新美大:纵情向前的"中国互联网+"

如果说滴滴和快的合并是空前的,那么美团和大众点评的合并则是绝后的。2015年1月9日,美团与大众点评共同成立的新公司完成首次融资33亿美元,融资后新公司估值超过180亿美元。此次融资不但创下中国互联网行业私募融资单笔金额最高纪录,同时也成为全球范围内最大的O2O领域融资。

一对冤家结束多年抗战纵情向前,事件之突然令世人瞠目结舌。美团挺过了千团大战,王兴素来桀骜不驯,不愿向巨头妥协。大众点评则是稳健地走过了12年创业历程,掌舵者张涛行事稳健,在和美团的长期博弈中虽说一直绵柔,但却始终有力。2015年10月8日,美团和大众点评毫无征兆地正式宣布合并,令业内震惊。更令人惊讶的是,美团和大众点评合并后的整合速度如快刀斩乱麻,仅仅一个月之后,美团和大众点评就正式公布了新公司的组织架构,王兴、张涛各司其职、各谋其政。

如果仅仅执掌一个四面受敌的美团,王兴的巨头梦几乎夭折。如果仅仅只是掌握一个保守的大众点评,张涛可能也将永远屈居一隅。但今天拥有"新美大"帝国,王兴离自己的最初梦想又进了一步,张涛多年的夙愿也显得更加清晰。"新美大"如双头鹰一般,成为如今的BAT主导的互联网格局中的棋眼。

美团、大众点评合并后被称作是"新美大",英文名为"China Internet Plus Group",译成中文则是"中国互联网+"。虽说这个名子口气很大,但这也从侧面证明,当今的互联网行业的进步其实是和传统产业、传统企业结合的一个过程,双方之间必须要相互促进,实现所谓全产业的"互联网+"。新美大的合作创新或许正是中国经济通过O2O的方式走向连接、提升效率的一次伟大尝试。

百度荣耀:人工智能与硬件终端的结合

如果说滴滴快的、新美大的合并都是商业模式的创新运用,那么百度和荣耀在人工智能与硬件终端领域的合作则是前沿技术在大众消费品上的一次普及。

荣耀2015年在荣耀7手机上首次推出的智能语音交互系统,深度整合了百度的人工智能和机器人助理"度秘"。长按荣耀7上独创的智灵键,便可快速、高效地直达百度提供的各项互联网资源与O2O服务。而在业内人士看来,荣耀7智灵键联合百度"度秘",可以让消费者能够彻底解放双手,一键快速开启丰富的互联网生活;也将构建起全球领先移动互联网人工智能服务体系,连接360行,实现服务品类全覆盖,通过硬件与软件技术的深度整合,最终完成线上和线下两个生态的高度融合。

其实荣耀的这一做法恰恰契合了如今世界互联网巨头在软硬件上的大趋势。无论是苹果还是微软,都在将人工智能、语音助理与自家硬件产品进行紧密地结合。苹果的 Siri 在 iOS 9 之后,越来越注重语言直达服务这一层面的探索。而微软则是继续深耕自家的 Cortana,让其在 Windows Phone 中发挥独特的语音助理作用。

相比苹果和微软,荣耀的做法更加适合中国消费者和中国市场的现状,依靠百度这样的流量入口和技术先驱,荣耀可以尽情利用百度全面的服务,更加专注于硬件和交互。

这样的合作形式成为了软件厂商和硬件厂商之间合作的典范。让更专注的人做更专注的事,未来荣耀的硬件产品将针对生活全场景展开,提供手机、路由、盒子、电视、手环、手表等多元产品,而其他软件厂商参与其中寻求载体,双方可以一起为用户提供全场景的极致产品体验。

这种开放的模式与苹果、微软、谷歌等寻求封闭闭环的做法相比更为大度,也是中国互联网这一竞争激烈的环境中最为经济和实用的做法。相信未来这样的合作形式将在软硬件产品之间有着更多的尝试。

华为和英特尔:硬碰硬催生物联网时代的到来

不同于滴滴快的、新美大的模式创新,也不同于荣耀和百度的软件创新,华为和英特尔之间的合作则是技术流对技术流的一场"硬碰硬"的创新。

2015年,华为首次公开了自己在物联网领域的"1+2+1"战略,其中第一个"1"是指一个平台,华为要建立一个物联网平台,集中收集、管理、处理数据后向合作伙伴、行业开放,基于该平台,行业伙伴可以开发应用。"2"则代表网络接入,包括有线接入和无线接入。而最后一个"1"则是华为要推出物联网操作系统 LiteOS。

有标准还不够,更需要硬件厂商进行落地。英特尔则成为华为的合作伙伴,协助华为完善了"云管端"的物联网连接功能,英特尔全面释放,计算威力不断扩充物联网产品系列,让更多样的解决方案变得触手可及。英特尔技术通过华为 FusionShpere 技术提供高性价比的云服务,同时通过其卓越的性能为客户提供更多样的解决方案。

随着5G Wifi技术的逐渐成熟,华为和英特尔两家企业在物联网未来的布局中还将有着更为紧密的合作。

蚂蚁金服和兴业银行:互联网金融的升维改造

互联网金融兴起后,业内频频出现过"颠覆论""替代说"等声音,其实这也是中国互联网行业一贯以来的一个误区——互联网沙文主义。互联网沙文主义迷信互联网可以取代一切,互联网可以颠覆一切。在当前的经济环境中,很难脱离线上谈线下,也很难脱离线下谈线上。尤其是在2015年,传统的线下价值正在不断被市场重新审视并放大。

即使是马云也不得不承认,互联网公司的机会未来30年一定在线下,因为互联网经济不是虚拟经济,而是虚实结合。传统企业或者线下企业的希望一定是在线上,双方在未来30年必须融合。"互联网+"这一概念指的也正是传统产业、传统企业结合的一个过程,双方之间必须要相互促进,实现所谓全产业的"互联网+"。

互联网金融行业也是如此,蚂蚁金服这样的互联网金融企业与兴业银行这样的传统金融企业有着诸多合作的空间。中国的市场足够大,蚂蚁金服很难吃下整个市场,而银行在线下获客、风险控制、产品设计等方面积淀了多年的经验。当蚂蚁金服和传统银行结合时,双方之间的优势互补和资源共享将有更多多元化的需求,双方各自的竞争力也会进一步增强。

其实这种合作创新的过程正是传统银行业的升维改造过程,正如业内人士所说,互联网金融企业和银行应该抛弃各自的门户之见,双方优势互补,寻求融合,这样才能使互联网金融真正成为生活的一部分。

资料来源:吴俊宇.2015中国互联网科技巨头合作创新的六大经典案例[R]. 站长之家2016-01-27. http://www.chinaz.com/news/2016/0127/500179.shtml.

第三节 公 司 竞 争

【专栏9-3】

"更年期"的沃尔玛如何保持竞争优势

当一家领袖企业45岁之际,该如何调适才能保持住绝对的竞争优势呢?

2007年6月,沃尔玛宣布,计划当年减少在美国的开店数量,大型卖场开店数量最多减少30%,并力求提高美国的店面销售量。沃尔玛首席财务官回应这么做主要是"同店销售没有达到应有水平"。

事实上,沃尔玛增速放缓已无可回避。2006年,沃尔玛在美国的销售额只增长了1.9%,堪称有史以来最差的业绩。2007年4月份销售额下降了3.5%,是1979年以来最大的跌幅。应该说,沃尔玛当时已经45岁了,是"成熟型企业"而非"成长型企业",期望其保持青年期的高速发展已不可能,关键在于沃尔玛美国市场的布局基本趋于饱和。

而沃尔玛的竞争环境则比以前严酷的多。如经营成本的上升,以及同业竞争对手的快速成熟。像克罗格这种美国大型连锁超市,规模和商品价格都对沃尔玛构成了巨大威胁。这种种因素都是限制沃尔玛在美国扩张的因素。

令人关注的是沃尔玛探索的改革路径。疑问最多的是低价策略还是不是沃尔玛该恪守的根本竞争法则。

2007年5月,清华大学中国零售研究中心的一项调查结果显示,在各项指标中,消费者最关心的仍然是价格。只是"以低价为基本点形成差异化竞争"的关键基础在于降低成本。虽然沃尔玛推出了针对吸引白领阶层的商品策略,但在各个环节降低成本保证"天天平价"留住中低收入核心顾客群还是其不变的策略。而中国在其成本策略中的角色日益重要。

目前,中国的舆论一直认为,中国是沃尔玛的盈利新大陆,但至少目前还不是,美国以外的其他国家也不是。虽然2001年沃尔玛就成立了"国际部"意图探寻美国之外的市场,但至今美国仍然是支撑其业绩的主要阵地。沃尔玛正在寻找改革的良方,这种良方首先是疗救美国市场。

中国对沃尔玛的意义在于,它是一个巨大的潜在市场,这是毋庸置疑的。但它更是其全球采购的轴心,这种作用对目前提升美国市场的业绩更为重要。沃尔玛在中国的采购额达到180亿美元,这个额度还在逐年上涨。

有一个说法称,如果美国限制本国企业对中国的采购,美国商品的价格指数将上涨0.2%。正是中国采购商品的成本优势,缓冲了沃尔玛整体业务增长的压力。虽然调整采购环节不是沃尔玛"更年期"改革的唯一策略,但它是沃尔玛完善供应链体系中的关键一环,在各个环节成本上升的现状下,低成本全球采购已成为沃尔玛利润来源最敏感的部位。

资料来源:慧聪网.http://info.ceo.hc360.com/2007/06/13081542417.shtml.

是否有竞争力是公司成败的关键,公司制定竞争战略是要追求一种理想的竞争地位。竞争战略的选择由两个问题组成,第一个问题是由行业长期盈利能力及其影响因素所决定的行业的吸引力。公司所处的行业环境十分重要,它通常会影响本行业内的所有公司。行业盈利能力是决定行业中某个公司盈利能力的一个必不可少的因素。第二个问题是决定公司在产业内相对竞争地位的因素。公司的竞争优势与寻求这些优势的活动组合形成不同的基本战略。定位合适的公司将获得理想的收益率。

一、行业结构性分析

决定公司盈利的首要因素是行业吸引力。公司的竞争战略源于对决定行业吸引力的竞争规律的深刻理解。行业内的竞争状态取决于五种基本的竞争势力:新的竞争对手进入,替代品的威胁,购买者议价能力,供应商议价能力,以及现存竞争对手之间的竞争(图9.11)。这些势力的集合强度确定了该行业潜在的最终利润。

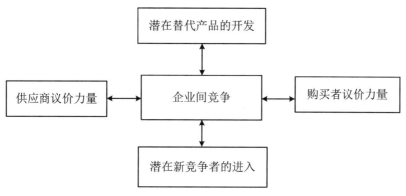

图9.11 竞争的五种力量模型

(一) 公司间竞争

公司间竞争是五种竞争力量中最重要的一种。只有那些比竞争公司的战略更具竞争优势的战略,才可能是成功的战略。公司战略的变化可能会招致竞争对手的对抗性报复行动,如削价、提高质量、增加产品特色、提供服务、延长保修期、增加广告等。

一般而言,下面这些情况会使得公司间的竞争更加激烈:竞争者数量增加,竞争者在规模和能力方面更为均衡,产品需求下降,削价策略更普遍地被采用,用户可容易地更换品牌,市场退出壁垒较高,固定成本较高,产品易变质,竞争公司在战略、起源和文化上有很大不同,合并与收购在产业中很普遍等。当公司间竞争更为激烈时,产业利润将下降,有时会降到使该产业完全丧失投资吸引力。

(二) 潜在新竞争者的进入

当新竞争者可以容易地进入某特定产业时,该产业内的竞争程度将提高。当然,很多因素都可构成进入壁垒,例如迅速获得技术和专有知识的需要,经验的缺乏,用户对原有产品的忠诚度,对大量资金的需求,缺乏足够的销售渠道,政府的管制政策,关税,缺乏原材料来源,潜在的市场饱和等。

尽管存在众多的进入壁垒，新的公司往往还是能够以更高的产品质量、更低的价格和强大的营销力量进入产业。因此，战略制定者的任务在于识别潜在的进入市场的公司，监视这些公司的战略，必要时进行反击，以及充分利用现有的优势与机会。

（三）潜在替代产品的开发

公司可能会与其他产业生产替代产品的公司展开直接竞争。例如，塑料盒制造商与玻璃盒、纸盒和铝盒制造商之间的竞争，乙酰氨基酚制造商与其他止痛药制造商之间的竞争等，替代产品的存在为产品的价格设定了上限，当产品价格超过这一上限时，用户将转向替代产品。

当替代产品价格下降或用户改用替代产品使成本下降时，替代产品带来的竞争压力将会增大。衡量替代产品竞争优势的最好尺度是替代产品进入市场后得到的市场份额，以及竞争公司增加生产能力和加强市场渗透的计划。

（四）供应商议价力量

供应商议价力量会影响产业的竞争程度，当存在大量的供应商，好的替代原材料稀少或者转换成其他原材料的成本很高时，更是如此。供应商和作为购买者的生产商之间可以以合理的价格、更好的产品质量、开拓新的服务项目、及时供货及降低库存成本等方式而互相帮助，这能使双方同时受益，并提高有关各方面的长期盈利。

为获得供应商的所有权和控制供应商，公司可能会采用后向一体化的战略。当供应商不可靠，供货成本太高，或不能持续、一贯地满足公司需求时，采用这一战略尤为有效。在特定产业中的竞争公司普遍采用后向一体化战略的情况下，公司在与供应商进行谈判时通常处于更有利的地位。

（五）购买者议价力量

当用户分布集中、规模较大或大批量购货时，他们的议价力量将成为影响产业竞争强度的一个主要因素。当用户有相当大的讨价还价优势时，竞争公司可能会以延长保修期或提供特殊服务等方式而得到用户的忠诚。对于标准化的或非差别化的商品，用户拥有更强的讨价还价优势，此时用户将在销售价格、保修范围、配件提供等方面提出更为苛刻的条件。

上述五种竞争势力共同决定着行业竞争的强度和获利能力。从战略制定的观点来看，最强大的某个或某些势力起支配作用，具有决定性意义。例如，某公司在新竞争者不具威胁作用的行业内可能拥有强有力的市场地位，但如果它面临某个占优势的、成本较低的替代产品，那么它将可能获得较低的收益。如果现有竞争者之间存在激烈竞争，也会使该公司的收益缩减，竞争强大的极端情况发生在经济学家定义的具有完全竞争力的行业内。

二、竞争战略选择

（一）成本领先

成本领先又叫低成本策略，是较长时期内在价值链的各个环节上使产品成本保持同行业中的领先水平，并按照这一目标采取一系列措施，使公司获得同行业平均水平以上的利润。如果某行业中所有公司生产的都是标准化产品，产品差异较小，价格差别不大，那么只有保持较低的成本才能在竞争中保持竞争优势。

1. 成本领先策略的理论基础

（1）规模经济效益，即单位产品成本随生产规模的增大而下降。这主要是因为在生产中随着生产规模的扩大能更好地进行专业化分工，更好地利用生产设备所致。

(2) 学习曲线效应,即单位产品成本随公司累积产量的增加而下降。随着产品累积数量的增加,职工生产经验更丰富,生产技术更熟练,使劳动生产率提高,因而使单位产品成本下降。同时,随着产量的增加,职工能更有效地组织管理起来,因而提高了劳动生产率,使单位产品成本下降。

如图 9.12 所示,学习效应使得单位产品成本即 LAC 曲线由 LAC_1 下移到 LAC_2,在生产的产量、投入水平不变的情况下,平均成本降低。

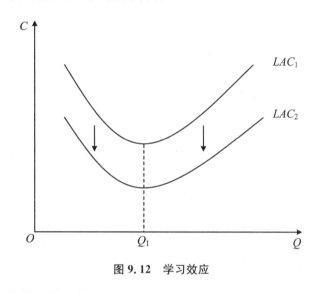

图 9.12 学习效应

2. 实施成本领先策略的条件

(1) 该策略适用于大批量生产的公司,产量要达到经济规模,这样才会有较低的成本。

(2) 要有较高的市场占有率,就要严格限制产品定价和初始亏损,以此来获得较高的市场份额。

(3) 公司必须使用先进的生产设备,先进的设备使生产效率提高,能使产品成本进一步降低。由于有较高的市场占有率,所以就有可能赢得较高的利润,以此利润又可对设备投资,进一步购买更先进的设备,以维护成本领先的地位。这种再投资往往是保持低成本状态的先决条件。由于使用先进的生产设备,使得生产批量加大,其经济规模加大,市场占有率更加提高,公司收益进一步增加。于是又可再投资到更先进的生产设备,如此循环是实施成本领先策略的条件。

(4) 要严格控制一切费用开支,全力以赴地降低成本,最大限度地减少研究开发、服务、推销、广告及其他一切费用。

3. 成本领先策略的优势

低成本公司在行业中有明显的优势:可以低价位与竞争对手展开竞争,扩大销售,提高市场占有率,获得高于同行业平均水平的收益;可以在与客户的谈判中争取到更大的生存空间;可以依托低成本形成竞争优势,形成进入障碍,限制新的加入者;可以削弱弱势产品的竞争力量。具体而言:

(1) 形成进入障碍。公司的生产经营成本低,可以对那些欲进入行业的潜在进入者设置较高的进入障碍,使那些生产技术尚不成熟、经营上缺乏规模经济的公司难以进入本行业。

（2）增强公司的讨价还价能力。公司的成本低，可以使自己与供应者的讨价还价能力增强，降低投入要素价格变化所产生的影响；同时公司成本低，可以提高自己对购买者的讨价还价能力，对抗强有力的购买者。低成本可以为公司提供部分的利润保护，因为再强大的客户也很难通过谈判将价格降到成本效率仅次于卖方公司的存活价格水平。

（3）降低替代品的威胁。公司的成本低，在与竞争者竞争时，仍然可以凭借其低成本的产品和服务吸引大量的顾客，降低或缓解替代品的威胁，使自己处于有利的竞争地位。

（4）保持价格领先的竞争地位。在迎接竞争对手挑战方面，低成本公司也处于有利地位。以价格为基础的竞争，利用低价格的吸引力可以从竞争对手那里挤占销售份额和市场份额，可以在竞争对手毫无利润的水平上保持盈利，在残酷的价格战中存活下来并获得高于行业平均水平的利润。而高于同行的获利水平，使得成本领先者可以在营销、研发上投入更多的资金，进一步打击对手，保持绝对竞争优势的地位。

4. 成本领先策略的风险

（1）新加入者可能后来居上。行业中新加入者通过模仿、总结前人经验或购买更先进的生产设备，使得他们的成本更低，以更低的成本起点参与竞争，后来居上。这时，公司会丧失成本领先地位。

（2）削弱对市场变化的能动反应。如果公司一味强调降低产品成本，从而对市场变化的预见能力降低，最终导致虽然公司的产品价格很低，但也不为顾客所欣赏和接受。

（3）技术变化降低公司资源的效用。生产技术的变化或新技术的出现可能使得过去的设备投资或产品学习经验变成无效的资源。

（4）容易受外部环境的影响。遭遇供应商的歧视性提价，势必提高公司的生产成本，成本领先策略将会受到严重影响。

因此，公司不能太集中于成本的降低而削弱公司的可持续发展能力，公司必须采取重要措施确保成本优势的持久性。

5. 开发成本优势的途径

成本领先策略要求建立起高效的大规模的生产设备，抓紧成本与管理费用的控制，最大限度地减少研发、服务、推销、广告等方面的成本费用。为了达到这些目标，公司就要在管理方面对成本给予高度的重视。要获得成本优势，公司价值链上的累积成本必须低于竞争对手的累积成本。可以通过下面的途径实现：

（1）规模经济。如果某项活动的开展，规模大比规模小成本更低，如果公司能够将某些成本，如研发费用分配到更大的销售量上，那么就可以获得规模经济。对那些容易受到规模经济或规模不经济制约的活动进行管理是节约成本的一个主要方法。

（2）学习及经验曲线效应。开展某项活动的成本可能因为经验和学习的经济性而随时间下降。

（3）关键资源的投入成本。公司产品生产成本取决于公司购买关键的资源投入所支付的成本。对于从供应商那里购买的投入资源，各个竞争厂商所承担的成本并不完全相同，一家公司对外购投入成本的管理通常是一个很重要的成本驱动因素。

（4）在公司内部同其他组织或业务进行成本分享。一个公司内部的不同产品线或不同业务单元通常使用相同的销售力量，使用相同的仓储和分销设施，依靠相同的客户服务和技术支持队伍。这种类似活动的合并和跨部门的资源分享可以带来重要的成本节约。成本共享有助于获得规模经济，有助于促进生产能力更充分的使用。

(5) 垂直一体化所具有的利益。部分或全部一体化可以使一个公司更具有谈判的权力,如果合并能够带来重大的成本节约,那么前向或后向一体化就有很大的潜力。相反,有时部分业务外包,让外部的专业厂商来做或许更便宜,因为他们可以利用技术和规模优势,开展活动的成本会更便宜。

(6) 生产能力利用率。生产能力利用率的提高可以使得承担折旧和其他固定费用的生产量扩大,从而降低单位固定成本。业务的资本密集度越高或固定成本占总成本的比重越高,成本驱动因素的重要性就越明显,因为生产能力利用不足会使单位成本遭受很大的损失。因此寻找生产运作的满负荷运转是获取成本优势的又一源泉。

【专栏 9-4】

沃尔玛的低成本竞争策略

沃尔玛百货有限公司由美国零售业的传奇人物山姆·沃尔顿先生于 1962 年在阿肯色州成立。经过五十多年的发展,沃尔玛公司已经成为世界最大的私人雇主和连锁零售商,多次荣登《财富》杂志世界 500 强榜首及当选最具价值品牌。

沃尔玛致力通过实体零售店、在线电子商店以及移动设备移动端等不同平台不同方式来帮助世界各地的人们随时随地节省开支,并生活得更好。每周超过 2.6 亿名顾客和会员光顾沃尔玛在 28 个国家拥有的超过 63 个品牌下的约 11500 家分店以及遍布 11 个国家的电子商务网站。2016 财政年度营业收入达到近 4821 亿美元,全球员工总数约 230 万名。一直以来,沃尔玛坚持创新思维和服务领导力,一直在零售业界担任领军者的角色,更重要的是,沃尔玛始终履行"为顾客省钱,从而让他们生活得更好"的这一重要使命。

沃尔玛始终保持自己的商品售价比其他商店便宜,是在压低进货价格和降低经营成本方面下工夫的结果。沃尔玛直接从生产厂家进货,想尽一切办法把价格压低到极限成交。公司纪律严明,监督有力,禁止供应商送礼或请采购员吃饭,以免采购员损公肥私。沃尔玛也把货物的运费和保管费用降到最低。公司在全美的配货中心都设在离沃尔玛商场距离不到一天路程的地点。商品购进后直接送到配货中心,再从配货中心由公司专有的集装箱车队运往各地的沃尔玛商场。公司建有最先进的配货和存货系统,公司总部的高性能电脑系统与所有的配货中心、商场的 POS 终端机相联网,每家商场通过收款机激光扫描售出货物的条形码,将有关信息记载到计算机网络当中。当某一货品库存减少到最低限时,计算机就会向总部发出购进信号,要求总部安排进货。总部寻找到货源,便派离商场最近的配货中心负责运输路线和时间,一切安排有序,有条不紊。商场发出订货信号后 36 小时内,所需货品就会及时出现在货架上。就是这种高效的商品进、销、存管理,使公司迅速掌握商品进销存情况和市场需求趋势,做到既不积压存货,销售又不断货,加速了资金周转,降低了资金成本和仓储成本。

压缩广告费用是沃尔玛保持低成本竞争战略的另一种策略。沃尔玛公司每年只在媒体上做几次广告,大大低于一般的百货公司每年的 50~100 次。沃尔玛认为,价廉物美的商品就是最好的广告,我们不希望顾客买 1 美元的东西,就得承担 20~30 美分的宣传、广告费用,那样对顾客极不公平,顾客也不会对华而不实的商品感兴趣。沃尔玛也重视对职工勤俭风气的培养。沃尔玛说:"你关心你的同事,他们就会关心你。"员工从进公司的第一天起,就受到"爱公司,如爱家"的店训熏陶。从经理到雇员,都要关心公司的经营状况,勤俭节约,杜绝浪费,从细微处做起。这使沃尔玛的商品损耗率只有 1%,而全美零售业平均损耗率为

2%,从而使沃尔玛大量降低了成本。沃尔玛每周五上午召开经理人员会议,研究商品价格情况。如果有报告说某一商品在其他商场的标价低于沃尔玛,会议可决定降价,保证同种商品在沃尔玛价格最低。沃尔玛成功运用低成本竞争战略,在激烈的市场竞争中取胜。

资料来源:http://www.wal-martchina.com/walmart/index.htm.

(二) 差异化

1. 差异化的含义

差异化是指在某些环节上,公司提供的产品与服务在产业中具有独特性,即具有与众不同的特色,这些特色可以表现在产品设计、技术特性、产品品牌、产品形象、服务方式、销售方式、促销手段等某个方面,也可以同时表现在几个方面。这种产品由于具有与众不同的特色,因而赢得一部分用户的青睐,使同产业内的其他公司难以与之竞争,其替代品也很难在这个特定的领域与之抗衡。产品差异化使同一产业内不同公司的产品减少了可替代性,这意味着产业市场垄断因素的增强。

这种可替代性减少程度可用需求的交叉弹性来衡量。交叉弹性,就是某一产品需求量的变化率对另一产品的价格变化率之比。A产品的需求量对B产品价格的交叉弹性可由下式表示:

$$交叉弹性 = \frac{A产品需求量变化的百分比}{B产品价格变化的百分比} \tag{9.1}$$

对在同一产业内的A、B两个产品而言,当B产品的价格变化、A产品的价格不变时,A产品的需求量有较大被动,则A产品和B产品显然有较高的可替代性;如果波动较小,则说明可替代性相对较小,说明A产品的差异化程度较高。将同一产业内不同公司产品的交叉弹性加以比较,就可以了解产品差异化的程度。

2. 实施产品差异化策略的条件

(1) 公司要有很强的研究开发能力,公司要具备一定数量的研发人员,而且这些研发人员要有很强的市场意识和创新眼光,及时了解客户需求,不断地在产品设计及服务中创造出独特性。

(2) 公司在产品或服务上要具有领先的声望,公司要具有很高的知名度和美誉度。

(3) 公司要具有很强的市场营销能力。要使公司内部的研究开发、生产制造、市场营销等职能部门之间有很好的协调性。

3. 差异化策略的优势

(1) 设置进入的障碍。公司在差异化的基础上,拥有了一定的消费群体。由于产品和服务的特色,赢得了消费群体的信任和忠诚,便为潜在进入者设置了较高的进入障碍。潜在的进入者要与公司进行竞争,则要克服这种差异化所带来的独特性。

(2) 降低替代品的威胁。替代品能否替代现有的产品,主要取决于两种产品的性能与价格比。如果公司的成本领先策略可以通过价格优势提高现有产品的性能与价格比,降低替代品的威胁,则公司的产品差异化战略同样可以通过性能优势来提高现有产品的性能与价格比,降低替代品的威胁,在一定程度上不被替代品所替代,保持自己的优势地位。

(3) 增强讨价还价的能力。公司具有差异化的优势,可以为公司产生较高的边际收益,增强公司对付供应者讨价还价的主动性和灵活性。同样,公司差异化的优势在增强购买者对产品品牌忠诚度的同时,也降低了购买者对产品价格的敏感程度,因而削弱了购买者讨价还价的能力。

(4) 保持领先的地位。公司的差异化优势主要体现在与行业内的竞争对手的比较上。公司面对日新月异的市场挑战,能不断适应市场的需求,在提供产品和服务的差异上一直领先于行业内的竞争者,拥有一批和吸引一批新的顾客群体,从而保持公司在行业内的领先地位。

4. 产品差异化的风险

(1) 差异化的成本过高。公司要保持产品和服务的差异化,一般情况下,都要以成本的增加为前提。公司如果实施产品差异化不能有效控制其限度和范围,便有可能将实施产品差异化所取得的利润中的相当一部分被成本的上升所抵消,以致造成公司利润的下滑。

(2) 竞争对手的模仿。当公司的产品和服务具有差异化的优势时,竞争对手往往会采取合法的模仿,形成与公司相似的差异化优势,给公司的经营活动造成困境,这种情况会随着产业的成熟而不断发生。尤其是由于公司对自己新开发的具有某种特殊功能的产品未能加以保护,更有可能被竞争对手抢先申请专利,从而给公司造成难以预料的损失。

(3) 顾客爱好的转移。一般情况下,实施差异化策略的公司,其关注点是消费群体对产品和服务的特殊需求。如果形成差异的成本高出一定的限度,超过消费群体所能接受的价格范围,便可能使原有消费群体的爱好发生转移,这样势必影响公司的市场竞争地位。

5. 实现差异化战略的途径

(1) 产品内在因素的差异化。

产品内在因素的差异化是指公司在产品性能、设计、质量及附加功能等方面为顾客创造价值,并创造与竞争对手相区别的独特性。即应当认清购买者是谁,然后要认清购买者所看重的价值是什么,要在客户看重的价值链环节中为客户创造与众不同的价值。

(2) 产品外在因素的差异化

产品外在因素的差异化是指公司要利用产品的包装、定价、商标、销售渠道及促销手段,使其与竞争对手在营销组合方面形成差异化,开创独特的市场。

① 公司可以采用定价、改进包装、树立名牌的方法实现产品差异化。例如高价显示高贵、精美包装显示优质,以此树立公司产品的形象。

② 通过宣传,利用广告形成产品的差异化。要通过各种媒体和传播手段,将有关产品特征的信息传达到国际市场,使顾客感到产品差异,从而在顾客心目中树立与众不同的形象。

③ 通过优质服务来实现产品差异化。如采用免费送货、分期付款、一定时间内实行包修等方法,使产品形成差异化。

④ 通过分销渠道来实现产品差异化。如采用零售或上门推销等方法,使产品直接与顾客接触,使产品形象在顾客心目中产生差异。

产品外在因素的差异有时与能否满足消费者的物质需求无多大关系,但它却能够使消费者心理上得到满足。感到实现了某种愿望,使顾客愿意为其所喜欢的商品支付更高的价格,从而建立起公司的信誉和顾客对公司产品的忠诚,使竞争对手难以与之竞争。

(三) 集中化

1. 概念

集中化战略通过满足特定消费群体的特殊需要,或者服务于某一有限的区域市场,来建立公司的竞争优势及其市场地位,中小型公司比较适合采用此战略。集中化战略的最突出特征是专门服务于总体市场的一部分,即对某一类型的顾客或某一地区性市场作密集型的经营,这种战略的优点在于公司能够控制一定的产品势力范围,在此势力范围内其他竞争者不易与之竞争,因而竞争优势地位比较稳定。

2. 集中化战略的实施条件

(1) 在行业中有特殊需求的顾客存在,或在某一地区有特殊需求的顾客存在。

(2) 没有其他竞争对手试图在上述目标细分市场采取集中战略。

(3) 公司经营实力较弱,不足以追求广泛的细分市场。

(4) 产品在细分市场的规模、成长速度、获利能力、竞争强度等方面有较大差别,因而使部分细分市场具有一定吸引力。

3. 集中化战略的优点

(1) 经营目标集中,管理简单方便,可以集中使用公司的人、财、物等资源;

(2) 由于深入钻研以至于精通有关的专门技术,熟悉产品的市场、用户及同行业竞争方面的情况,因此有可能提高公司的实力,争得产品及市场优势;

(3) 由于生产高度专业化,可以达到规模经济效益,降低成本,增加收益。

这种战略适用于中小公司,能使高度集中的专业化中小公司对国民经济做出重要贡献,成为"小型巨人",即小公司采用单一产品市场战略可以以小补大、以专补缺、以精取胜,成为受大公司欢迎为其提供配套产品的友好伙伴。

4. 集中化战略的缺点

(1) 当市场发生变化、技术创新或新的替代品出现时,该产品的需求量下降,公司就会受到严重的冲击。

(2) 这种公司对环境的适应能力差、经营风险大,应当看到市场上大多数产品或迟或早终究要退出市场。因此采用此战略应当有应变的准备,做好产品的更新改造工作。

公司采用集中化战略要注意防止来自三方面的威胁,并采取相应措施维护公司的竞争优势。

(1) 以广泛市场为目标的竞争对手,很可能将该目标细分市场纳入其竞争范围,甚至已经在该目标细分市场中竞争,它也可能成为该细分市场的潜在进入者,对公司造成威胁。这时选用集中战略的公司要在产品及市场营销等各方面保持和加大其差异性。产品的差异性越大,集中战略的维持力也越强。应当指出,正由于集中化战略的维持力是建立在差异性基础上,因此,随着差异性的变化,选用集中化战略的公司的目标细分市场也应该随之做出相应的调整。

(2) 该行业的其他公司也采用集中化战略,或者以更小的细分市场为目标,对公司造成了威胁。这时选用集中化战略的公司要建立防止模仿的障碍,当然其障碍壁垒的高低取决于特定的市场细分结构。另外,目标细分市场的规模也会对集中化战略造成威胁。如果目标细分市场较小,竞争者可能不感兴趣;但如果是在一个新兴的、利润不断增长的较大的目标细分市场采用集中战略,就有可能被其他公司在更为狭窄的目标细分市场也采用集中化战略,开发出更为专业化产品,从而剥夺了原选用集中化战略的公司的竞争战略。

(3) 集中化战略的细分市场中,由于替代品或消费者偏好发生变化,价值观念更新,社会政治、经济、法律、文化等环境的变化、技术的突破和创新等方面的原因引起目标细分市场的替代,导致市场结构性变化,此时集中化战略的优势也将随之消失。

5. 实施集中化战略的原则与形式

（1）原则

公司实施集中化战略的关键是选好战略目标。一般原则是，公司要尽可能地选择那些竞争对手最薄弱的目标和最容易受替代产品冲击的目标。在选择目标之前，公司必须确认：购买群体在需求上存在差异；在公司的目标市场上，没有其他竞争对手试图采用集中化战略；公司的目标市场在市场容量、成长速度、获利能力、竞争强度等方面具有相对的吸引力；本公司的资源实力有限，不能追求更大的目标市场。

（2）形式

集中化战略一般有两种形式，即成本集中和差异化集中。这两种形式的集中都是面向公司选定一个特定细分市场。具体形式有：

① 产品线的集中战略。对于产品开发和工艺装备成本较高的行业，部分公司可以以产品线的某一部分作为经营重点。

② 用户集中化战略。即公司将经营重点放在特殊需求的顾客群上。

③ 地区集中化战略。即按照地区的消费习惯和特点来细分市场。公司则选择部分地区进行有针对性的组织生产。

第四节　竞争分析与战略选择

一、公司战略选择

低成本、差异化、集中战略这三种竞争战略是公司对付竞争力量的有效战略。按照波特的说法，未能在上述三个方面开展竞争的战略就属于中庸战略(Stuck in the Middle)。采取中庸战略的公司处于不利的战略地位。这样的公司缺乏高的市场占有率、资本投入以及实施其他三种战略的途径，也可能受含糊的文化以及矛盾的组织设计或激励体系的影响，从而有较低的盈利性。它们既丢失了需要较低价格而大量购买的顾客，又不能与采取差异化战略和集中化战略的公司相竞争。

处于中庸地位的公司要想改变不利的战略局面，必须进行根本性的战略转变。要么采取措施达到成本领先战略的目标(需要大量投资，获得较高市场占有率)，或者面向一个特定目标(集中战略)或者取得某种程度的独特性(差异化战略)。对三种战略的选择要依据公司的能力和局限来做出，因为成功实施战略需要不同的资源、组织设计和管理风格等，很难从单方面进行判断。

对成本领先战略、差异化战略、集中战略和中庸战略的优劣评价，是根据市场占有率和盈利性存在的可能关系做出的。波特认为，以投资收益率代表盈利性指标，盈利性和市场占有率二者间存在U形曲线关系，如图9.13所示。在U形曲线的A部分，较低的市场占有率也能获得较高的投资收益。处于这部分的公司一般采取集中战略或差异化战略，因为二种战略都与较低的市场占有率相联系。处于C部分的公司有较高的市场占有率，也带来较多的投资收益。C部分的公司大都采取成本领先战略，因成本领先战略与较大的产品生产和销售累计数量相联系，因而也就具有较高的市场占有率。当然，C部分的公司也并非都采取成本领先战略，例如IBM公司、SONY公司等均证明，采取差异化战略的公司有时也能获得较高的市场占有率和较高的投资收益。而处于 B 部分的公司具有中等的市场占有率,却带来最低的投资收益效果。原因在于 B 部分的公司采取了中庸战略。这是一种含糊不明的战略,它不能使公司在上述三种有效战略的任何一个方向上发展,因而具有最低的效益。

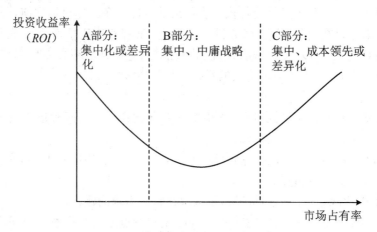

图 9.13　市场占有率与盈利性的关系

市场占有率与盈利性存在 U 形曲线关系也说明,较小的公司能够选择集中化战略或差异化战略,较大的公司能够选择成本领先战略或差异化战略,因此这两类公司都是最有盈利性的公司。而中等规模的公司,由于其市场占有率的中等性,可能具有最低的盈利性。因此,对任何类型的公司,要想具有较高的投资收益率,要么采取成本领先战略或差异化战略来达到较高的市场占有率;要么放弃追求全行业范围的高市场占有率,而去采用集中化战略或差异化战略来追求特定目标市场上的较高市场占有率。

图 9.13 中的 U 形曲线关系并非存在于每一行业中。在一些行业,不可能存在集中战略应用的机会,唯一的选择是成本领先战略,许多大宗商品的情况即是如此。而在其他一些行业,竞争如此激烈,取得高于平均收益的唯一途径是集中化战略或差异化战略。因此,U 形曲线的存在以及具体的战略选择还得结合行业特点来定。

波特曾比较过不同行业下,销售额在行业总销售额中至少占 30% 的大公司(即行业领先者)与较小规模的追随者公司在主权资本收益率(ROE)上的差别,从而说明在何种行业中市场占有率高的大公司占有效益上的优势。在 28 个行业中,有 15 个行业表现出小公司的利润明显高于大公司,而余下的 13 个行业的中大公司(市场占有率高)的收益明显高于小公司(市场占有率低)。收益较高的小公司一般处于规模经济不存在或者不太大(如服装、鞋、陶瓷、肉类产品、地毯)的行业中,同时也可能是处于那些高度细分的产业中(如光学、医疗及眼科用品、烈性酒、期刊、地毯以及玩具和体育用品)。而收益较高的大公司所处的行业一般属于广告型(肥皂、香水、软饮料、谷类产品、刀具等)或需耗资研究且可形成经济生产规模的产业(收音机及电视、药品、照相设备)。他的这一结果说明,U 形曲线的存在与行业有很大关系。

二、公司战略转换

西方学者对战略转换有两种定义:一个是基于衰退产业战略的研究,称之为 Strategic Turnaround,即战略转换;第二个是基于管制放松和自由度增加的条件下为适应新的挑战而产生的,称之为 Strategy Change,即战略变化。本质上讲两者的出发点都是战略与过去战略相比发生了较大变化,都是为公司在变化的环境中找到新的突破和方向,都是为应对内外部环境的变化做出的重要决策。

美国学者安索夫(1965年)最早提出了产品-市场矩阵,把市场分为现有市场和新市场。把产品分为现有产品和新产品,形成四个交叉区域,由此形成四种战略选择:市场渗透战略、产品开发战略(差异化战略)、市场开发战略(市场扩张战略)和多样化战略(如表9.1所示),随着内外环境变化和时间推移,这四种战略也会发生一定的转换。

表9.1 安索夫产品-市场矩阵

	现有市场	新市场
现有产品	市场渗透战略	市场扩张战略
新产品	差异化战略	多样化战略

战略转换主要以两种方式发生:渐进式和剧变式。前者指在各项战略活动反复、逐步调整基础之上,完成一个新战略的变换过程;后者指公司在短期内的战略活动与公司结构、权力分配等以断续、跳跃的方式发生重大改变。当公司战略发生重大、激烈的改变时,即为战略转移。

由于市场、技术和竞争等多项因素引起环境变化,战略转换是根据环境变化重新在公司内分配和使用信息、资源,作为一项复杂的组织技能,体现出鲜明的动态性特征。战略转换主要源于宏观和公司内部环境的变化。在动态化的竞争环境中,原有战略实施的基本条件已经改变,公司必须寻求更有效的方式,将战略形成和战略实施有效整合起来。此外,对业绩不满意或认为公司的信息和资源未得到有效配置也是战略转换的动因。

战略转换必须有一个轴心以保证战略转换不会给公司带来危机甚至是灭顶之灾,这个轴心就是核心竞争力。对公司来说,核心竞争力不是永恒不变的,当环境发生变化,公司原有的核心竞争力可能会消失。环境包括两个方面:一是公司内部环境变化,如专利泄密、关键人才流失、重大决策失误等,都有可能导致公司丧失原有优势;二是公司的外部环境变化,如国家政策导向发生变化、消费者偏好改变、竞争者模仿或其他不可抗拒事件发生,使公司原有核心竞争力消失。具有动态核心竞争力的公司能够影响它所在的竞争环境,核心竞争力的杠杆作用还有助于公司实现规模经济和范围经济效应。因此,虽然变化的环境会给公司带来诸多不确定性,但动态核心竞争力有助于减少不确定性或减少不确定性的消极影响。

战略转换能否带来效益,首先取决于战略转换的速度,以及公司在战略转换中的适应能力和控制能力;其次还取决于战略转换后是否具有协同效应,即战略转换是否带来了市场、组织、制度、人力资源、品牌等方面协同效应的提高。信息网络的发展为促成战略转换的发生和度量战略转换的成本收益提供了新的契机。

【专栏9-5】

奇 瑞 汽 车

奇瑞汽车股份有限公司成立于1997年。公司以打造"国际品牌"为战略目标,现已成为国内最大的集汽车整车、动力总成和关键零部件的研发、试制、生产和销售为一体的自主品牌汽车制造企业。公司已具备年产90万辆整车、90万台发动机及80万台变速箱的生产能力,建立了A00、A0、A、B、SUV五大乘用车产品平台,上市产品覆盖十一大系列共二十一款车型。奇瑞以"安全、节能、环保"为产品发展目标,先后通过ISO9001、德国莱茵公司ISO/

TS16949等国际质量体系认证。2013年,奇瑞累计销量突破400万辆,产品远销80余个国家和地区,累计出口已超过80万辆,并连续11年成为中国最大的乘用车出口企业。

(一)成本领先战略

1. 成本领先战略优势。采用成本领先战略能够增加行业的进入障碍,其他企业要想进入该行业,就必须达到同等产品的低成本门槛,并且低成本可以采用低价策略在较低消费层次市场获得竞争优势。奇瑞汽车有如下成本领先优势:第一,初始建设成本。奇瑞汽车地处安徽芜湖,有很强的政府政策性背景,获取建设性土地费用很低,当奇瑞第一辆汽车开下生产线时,由荒滩起家的工程投资仅仅17.52亿元人民币,创下了国内纪录。第二,人力资源成本。奇瑞整合国内国际人力资源,采取多渠道、弹性的用人方式使奇瑞在技术研发、产品品质、营销等方面都有了质的提高,不仅降低了人力资源成本,更是奇瑞"成本控制"和"适度模仿"模式成功的关键。第三,管理成本。奇瑞管理严格,而且效率较高,通过内部管理降低成本是奇瑞克服进入壁垒的重要手段。如奇瑞成功地利用了合资企业已在国内为引进车型国产化而发展起来的配套体系,大大降低了产品配套的采购成本和战略投资成本。第四,技术成本。作为后进入者,奇瑞通过产品逆向工程、生产设备和技术购买、人才引进等获取技术,从而实现低成本的模仿和学习。同时,世界各大公司大规模的技术创新平均只有3%~4%的成功率,说明其承担了技术创新的风险成本。而后进入者能够吸取先动者的经验,降低技术创新的风险成本。另外,先动者承担了市场开拓的巨大成本,如教育买方、开发服务设施、市场试验等,而收益却由先动者和诸如奇瑞公司的后动者分享。

先动者有技术和质量领先、率先建立行业标准、优先获得稀缺资源和声誉、率先锁定客户等优势,从而增加了后动者如奇瑞公司的进入成本。除了这些以外,作为后动者的奇瑞汽车还有如下成本劣势:第一,资金成本。奇瑞汽车的竞争对手,特别是国家计划重点扶植的"三大三小",它们的资金很多属于财政补贴优惠贷款或者债转股,同它们相比,奇瑞有着资金劣势。且随着产业规模进一步扩大,奇瑞汽车的资金压力将更进一步增大。第二,其他政策成本。例如奇瑞汽车原来的所得税率是33%,但在新所得税制实施后,这种政策成本已有大幅度减轻。

2. 成本领先战略风险

从奇瑞大幅度提升产能、控制成本和提高市场占有率角度看,奇瑞汽车采取的是成本领先战略。这种战略是在特定的市场环境下,通过"成本控制"和"适度模仿"模式实现的。但这种战略存在如下风险:技术变化使得降低成本的投资与积累失去效应,新加入者以高技术投入所带来的挑战,采用大规模生产使得原有生产技术和生产设备过于专业化,企业无法掌握整个行业的利润分布、企业适应性差等。

奇瑞的模仿战略注定了其市场适应性差,产品附加值低。尽管成本较低,但是价格也低,无法积聚利润。另外,采用成本领先战略,不可避免地要把成本转移到供应链体系的上游,这种做法从长远来看,其实是不明智的。而且如果以牺牲质量为前提追求低成本,追求车型研发和上市的速度,从而造成该品牌的产品质量不稳定,市场口碑不好,那更是得不偿失。

当时的董事长尹同耀认为,奇瑞对资源的整合控制能力是它们的核心竞争力之一,"只有控制才能把握整个利润分布"控制力来源于汽车的核心技术——底盘设计能力和动力传动(发动机和变速箱)系统。作为非合资企业,奇瑞采取的对策是与国内外的设计公司合作设计开发车型、变速箱、模具,甚至全系列的发动机,逐步将这些技术积累转移到自己手中,以取得对汽车核心技术的掌握。正向开发很难获得直观的参照,意味着更多的投入成本和更大的风险。奇瑞与国内外的设计公司合作的方式尽管降低了这种成本和风险,但也存在着较长时间的技术依赖和利润分成。

(二) 差异化战略

1. 差异化战略优势

奇瑞汽车销量较好的车型绝大多数都是低价位车型,超低价位也给奇瑞创造了一个差异化的市场:合资公司无法进入的低端市场。差异化战略能够增加行业的进入壁垒,这种壁垒并不是技术和市场等功能性的,而是价格障碍。合资公司更愿意把资源投入到利润高的中高端市场(比如广州丰田,利润率一度高达36%;而德国大众与中国合资生产的轿车,占其全部产量的14%,却贡献了其全部利润80%的利润额;通用在美国每卖一辆车赚145美元,而在中国却获得纯利润1.6万元人民币),而可能无暇顾及或忽略低端市场,因此奇瑞汽车能够利用低端市场以低于合资公司同类产品30%的价格突破产品差异化壁垒。当然,奇瑞汽车在原创技术与品牌塑造上持续不断投入,看来是希望在原创技术基础之上创造一个从低端到高端的差异化的汽车品牌。

2. 差异化战略风险

低端市场低价格的差异化战略使企业产品的附加值小,而且因为门槛较低,很容易招来新的进入者。因此,作为自主品牌汽车,奇瑞也在解决利润率较高的中高档产品的放量问题。但是如果依然走模仿的老路,那么需要面临合资品牌的降价封顶"围剿",不仅在市场竞争中没有优势,也使目标利润在降价中摊薄。如果采用差异化战略进行自主研发、建设品牌和引导消费,则需要面临较大风险。这些风险包括:

第一,难以突破规模经济壁垒。规模经济壁垒是指新进入企业在未取得一定的市场份额之前,由于无法享受规模经济而导致的高昂成本。Maxcy-Silberston 曲线揭示,在产量达到40万辆之前,主要由固定成本的摊薄所致,一家汽车工厂单位成本下降幅度是非常明显的,对生产单一车型的汽车装配工厂而言,当年产量从1千辆增加到5万辆、由5万辆增加到10万辆、由10万辆增加到20万辆、由20万辆增加到40万辆时,单位成本分别下降40%、15%、10%和5%。而当年产量超过40万辆时,单位成本进一步下降的幅度则明显减缓。奇瑞汽车的产品规模销量较低,难以使产品达到规模经济效应。

第二,研发周期较长带来的高成本。产品成本上升导致价格上升,一旦价格超过消费者的心理接受能力,企业将失去这块市场。

第三,管理能力的限制。2005年3月,奇瑞在北京开始实行分网销售,即不同品牌由不同经销商做一级代理,分网销售需要不同研发团队、生产准备团队和管理团队与不同的车型相匹配,管理能力要求较高。销售模式的超越和创新对一个历史较短的汽车厂商来说充满契机,也充满风险和考验。

(三) 集中化战略

1. 集中化战略优势

集中化战略谋求在其一特定市场的竞争优势,这对于那些力量不足的公司,是一个明智的选择。事实上,奇瑞之所以在国内低端市场上以低价位取得成功,是因为奇瑞公司战略的多维度性质,而使国内低端市场上的低价位战略兼具成本领先、差异化和集中战略的特征。值得注意的是,奇瑞目前把市场盯向国外,把中东、非洲以及东南亚地区等边缘市场作为目标集聚市场。这种战略至少为奇瑞带来两点优势:

第一,寻找市场缺口。合资企业进入中国的目的在于中国的庞大市场,而并非想利用中国的合资车打入国际市场,瓜分其在国际市场的占有率。因此,奇瑞汽车并不担心国内合资企业在国际市场上的"跟风",从而携自主知识产权的成本优势在国际市场上整合资源,打开市场缺口。

第二,获取现金流。出口汽车的利润较高(部分车型的出口价如表9.2所示),东方之子出口埃及和叙利亚,售价3.7万美元;瑞虎在俄罗斯的售价,高配置2.2万美元,基本配置1.9万美元;QQ在俄罗斯的售价为7900美元,在埃及的售价达到9000美元,均高过国内价,单车出口利润也都高于国内。另外,海外销售回款较快,一般在货到后的20天左右可以收到全部贷款;而在国内市场,一般在6个月后才能收到销售款。况且,出口还能获取出口退税的政策优惠。

表9.2 部分车型的出口价格表

车型	国别	售价
奇瑞QQ	埃及	43000埃磅(约9000美元)
奇瑞东方之子	埃及	37000美元
吉利豪情	马来西亚	约10万人民币
吉利自由舰	马来西亚	14万~15万人民币
华晨尊驰	德国	约2万欧元
长城皮卡	中东	6300美元(约5万人民币)

2. 集中战略风险

随着中国汽车成为世界主要汽车生产国,我国的汽车产品批量进入国际市场。汽车出口必须警惕如下风险:

第一,竞争对手的进入和围堵。奇瑞的出口优势集中在中东、非洲以及东南亚地区等边缘市场。但是国外大汽车厂商不断向中国投资的同时,也在全世界的各个角落进行着激烈的渗透和竞争。因为发达国家已经形成了坚固壁垒,所以汽车工业相对比较落后的第三世界国家成了竞相争夺的战略目标市场。

第二,资金的瓶颈制约。2004年,奇瑞就开始研究进入欧洲和北美市场,但是,在欧美这样的成熟市场销售汽车,需要完善的销售渠道和售后服务体系,需要达到欧美在安全性、持久性和环保等方面严格的汽车检验标准,这都需要庞大的资金作为后盾。但是国产的微型轿车目前的价格已经是世界最低,生产企业已经基本上没有多少利润可言。因此,以低端市场低价产品为主的奇瑞事实上缺乏资金后盾,在国际化进程中显得心有余而力不足。

第三,销量和价格的悖论。在发达国家的成熟市场,奇瑞采用高价战略则毫无优势,若以低价作为核心竞争战略,则要以低成本为基础,而海外的低成本只能以销量的提高为基础。销量的提高促使成本降低,从而支撑低价。悖论的症结在于奇瑞低价支持的时间是否长到能使销量提高到一定的程度。

第四,质量和售后服务的缺陷。客观地讲,奇瑞汽车在国内市场的品质并没有达到很高水平,因此要警惕质量给企业带来的风险。另外,如果把国外市场作为一种战略,也需要有完善的售后服务体系。但是如果由于资金等原因在当地市场投入不够,无法在场地、人员等方面进行大量投资,而受托者也无法按约定完成售后服务任务,则会使产品品牌受到损害,使企业缺乏可持续的市场竞争力。

资料来源:田冠军.基于竞争决策的动态战略成本管理系统[M].成都:西南财经大学出版社,2011.

◆ **知识点**

博弈论　占优战略均衡　重复剔除的占优战略均衡　纳什均衡　贝叶斯纳什均衡
卡特尔　战略联盟　五力模型　成本领先战略　差异化战略　集中化战略　战略转换

◆ **习题**

1. 试举例说明博弈论在现实经济生活的应用。
2. 尝试举一个公司合作成功的例子,并分析公司合作成功的原因。
3. 结合现实谈谈公司竞争战略的应用。
4. 谈谈在不同条件下公司竞争战略的转换。

第十章 公司兼并与收购

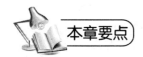

公司兼并和收购是增强企业核心竞争能力、实现规模经济效应的有效途径,因此公司兼并和收购是企业实现扩张目的的重要方法。本章首先介绍兼并与收购的基本理论,然后介绍并购的类型、并购的风险、并购的效应以及恶意并购和反收购策略,最后介绍公司跨国并购和法律监管。

英特尔公司将斥资167亿美元兼并美国阿尔特拉公司

欧盟监管部门于2015年10月13日通过了世界最大芯片制造商英特尔公司斥资167亿美元兼并美国阿尔特拉(Altera)公司的交易。该交易是硅谷有史以来较大手笔的交易之一。欧盟竞争监管部门表示,欧盟已经许可英特尔公司兼并电子元器件供应商阿尔特拉公司,欧盟认为合并后的企业仍然会在欧洲面对有效竞争。

英特尔公司位于美国加州,该公司于2015年6月表示,将以每股54美元的现金形式兼并阿尔特拉公司。阿尔特拉公司所设计的处理器主要用于电话网络、服务器系统、汽车以及其他设备等。美国在2015年9月已经通过对该兼并的审批,欧盟对该交易的审查是实现兼并的最后关卡。英特尔公司表示,该兼并是其47年历史中的最大兼并,将有力推动其芯片产品满足数据中心和物联网方面的需求。尽管互为竞争对手,这两家公司2013年曾经开展合作,阿尔特拉公司在其下一代产品中采用了英特尔公司的晶体管技术。欧盟官员表示,许可这项兼并令人高兴,这表明,在经过最初调查之后,这项以数亿欧元计数的复杂工业的兼并已经通过了审查。

值得注意的是,欧盟当时正卷入一场痛苦的同互联网巨人谷歌公司的反垄断战争当中,同时也在对苹果公司和亚马逊公司进行税务调查。欧盟的这些举措招致美国官员的批评,抱怨欧盟对待美国的技术巨型企业不公正。英特尔公司2014年的销售收入为559亿美元。该公司建立于1983年。阿尔特拉公司在20多个国家共有员工超过3000人,2014年销售收入为19亿美元。

资料来源:http://news.163.com/15/1021/14/B6F6O3E700014SEH.html.

第一节 并购的特性与动因

并购的内涵非常广泛,一般是指兼并和收购。兼并收购简称并购。兼并,又称吸收合并,指两家或者更多的独立企业,公司合并组成一家企业,通常由一家占优势的公司吸收一家或者多家公司。收购,指一家企业用现金或者有价证券购买另一家企业的股票或者资产,以获得对该企业的全部资产或者某项资产的所有权,或对该企业的控制权。与并购意义相关的另一个概念是合并——是指两个或两个以上的企业合并成为一个新的企业,合并完成后,多个法人变成一个法人。

并购的实质是在企业控制权运动过程中,各权利主体依据企业产权做出的制度安排而进行的一种权利让渡行为。并购活动是在一定的财产权利制度和企业制度条件下进行的,在并购过程中,某一或某一部分权利主体通过出让所拥有的对企业的控制权而获得相应的受益,另一个部分权利主体则通过付出一定代价而获取这部分控制权。企业并购的过程实质上是企业权利主体不断变换的过程。

兼并是指通过产权的有偿转让,把其他企业并入本企业或企业集团中,使被兼并的企业失去法人资格或改变法人实体的经济行为。通常是指一家企业以现金、证券或其他形式购买取得其他企业的产权、使其他企业丧失法人资格或改变法人实体,并取得对这些企业决策控制权的经济行为。兼并是合并的形式之一,等同于我国《公司法》中的吸收合并,指一个公司吸收其他公司而存续,被吸收公司解散。

产生并购行为最基本的动机就是寻求企业的发展。寻求扩张的企业面临着内部扩张和通过并购发展两种选择。内部扩张可能是一个缓慢而不确定的过程,通过并购发展则要迅速得多,尽管它会带来自身的不确定性。

具体到理论方面,并购的最常见的动机就是——协同效应(Synergy)。并购交易的支持者通常会以达成某种协同效应作为支付特定并购价格的理由。并购产生的协同效应包括——经营协同效应(Operating Synergy)和财务协同效应(Financial Synergy)。

在具体实务中,并购的动因,归纳起来主要有以下几类:

(1) 扩大生产经营规模,降低成本费用。通过并购,企业规模得到扩大,能够形成有效的规模效应。规模效应能够带来资源的充分利用,资源的充分整合,降低管理、原料、生产等各个环节的成本,从而降低总成本。

(2) 提高市场份额,提升行业战略地位。规模大的企业,伴随生产力的提高、销售网络的完善,市场份额将会有比较大的提高,从而确立企业在行业中的领导地位。

(3) 取得充足廉价的生产原料和劳动力,增强企业的竞争力。通过并购实现企业的规模扩大,成为原料的主要客户,能够大大增强企业的谈判能力,从而为企业获得廉价的生产资料提供可能。同时,高效的管理、人力资源的充分利用和企业的知名度都有助于企业降低劳动力成本,从而提高企业的整体竞争力。

(4) 实施品牌经营战略,提高企业的知名度,以获取超额利润。品牌是价值的动力,同样的产品,甚至是同样的质量,名牌产品的价值远远高于普通产品。并购能够有效提高品牌的知名度,提高企业产品的附加值,获得更多的利润。

(5) 为实现公司发展的战略,通过并购取得先进的生产技术、管理经验、经营网络、专业人才等各类资源。并购活动收购的不仅是企业的资产,而且获得了被收购企业的人力资源、管理资源、技术资源、销售资源等。这些都有助于企业整体竞争力的根本提高,对公司发展战略的实现有很大帮助。

(6)通过收购跨入新的行业,实施多元化战略,分散投资风险。这种情况出现在混合并购模式中,随着行业竞争的加剧,企业通过对其他行业的投资,不仅能有效扩充企业的经营范围,获取更广泛的市场和利润,而且能够分散因本行业竞争带来的风险。

第二节 并购的类型

根据并购的不同功能或根据并购涉及的产业组织特征,可以将并购分为三种基本类型,分别为横向并购、纵向并购和混合并购。

横向并购的基本特征就是企业在国际范围内的横向一体化。近年来,由于全球性的行业重组浪潮,结合我国各行业实际发展需要,加上我国国家政策及法律对横向重组的一定支持,行业横向并购的发展十分迅速。

纵向并购是发生在同一产业的上下游之间的并购。纵向并购的企业之间不是直接的竞争关系,而是供应商和需求商的关系。因此,纵向并购的基本特征是企业在市场整体范围内的纵向一体化。

混合并购是发生在不同行业的企业之间的并购。从理论上看,混合并购的基本目的在于分散风险,寻求范围经济。在面临激烈竞争的情况下,我国各行各业的企业都不同程度地想到多元化,混合并购就是多元化的一个重要方法,为企业进入其他行业提供了有力、便捷、低风险的途径。

上面的三种并购活动在我国的发展情况各不相同。目前,我国企业基本摆脱了盲目多元化的思想,产生了更多的横向并购,数据显示,横向并购在我国并购活动中的比重始终在50%左右。横向并购毫无疑问是对行业发展影响最直接的。混合并购在一定程度上也有所发展,主要发生在实力较强的企业中,相当一部分混合并购情况较多的行业都有着比较好的效益,但发展前景不明朗。纵向并购在我国比较不成熟,基本都在钢铁、石油等能源与基础工业行业。这些行业的原料成本对行业效益有很大影响。因此,纵向并购成为企业强化业务的有效途径。

第三节 并购的风险分析

很多的调查结果表明,成功的并购与失败的并购在许多方面都存在着区别,其中包括从并购前的战略提出到并购后期的整合管理。1992年英国著名的库柏斯-莱布兰会计咨询公司(Coopers & Lybrand)对英国公司最大的100家公司的高级管理人员的调查研究,涉及56项交易价值超过130亿英镑,从而形成了分析的基础。研究内容包括自20世纪80年代末到90年代初,英国一些最大的公司以最低价值1亿英镑进行的大型并购。如表10.1所示。

表 10.1　并购成功或失败的原因

失败的原因	失败的缘由	成功的原因	成功的缘由
目标公司管理模式和企业文化差异化（85%）	决策的方式缺乏能动性，敌意收购	完善的整合规划和高效地实施（76%）	交割前详尽的整合方案，设计聘用咨询顾问
缺乏完整并购整合计划（80%）	并购协同没实现低效率运营	明确的并购目标（76%）	适宜的管理方式，合适的目标公司
缺乏进入行业或目标公司运营的经验（45%）	尽职调查不深入，管理粗犷，整合时机贻误	企业文化的融合程度高（59%）	管理层和员工支持变革最小的政策障碍
目标公司管理水平低下（45%）	多层级结构管理权的分散和失控	高效的管理协同（47%）	工作稳定，资源有效分配，信息的共享
缺乏并购经验和专业机构的支持（30%）	方向不明确，事倍功半	熟悉的行业（41%）	快速整合，完成战略转变

数据来源：萨德沙纳姆. 兼并与收购[M]. 北京：中信出版社，1998：287.

关于并购成败的原因众说纷纭，按照全面风险管理的角度分析并购的全过程，从战略管理的高度，全面审视并购的全过程风险，从提出并购战略、确定并购目标、设计并购方案、执行并购交易、完成并购整合等阶段，分析其各环节的风险要素。

国内某公司是一家以经营进出口贸易为核心业务的大型国有企业集团，该集团以成套设备与技术进出口、工程总承包、实业投资与租赁经营、一般贸易和其他服务为主营业务。伴随着中国外贸体制的改革，中国粮油进出口集团公司、中国化工进出口集团公司等国内外贸行业的龙头企业，均走出了一条产业链纵向延伸的成功之路，由单纯进出口贸易型企业集团，发展成为贸易与实业有机结合的产业一体化集团公司，并取得了卓越的成绩。该集团公司以中国粮油集团公司为标杆，及时调整发展战略，重点向实业投资倾斜，规避激烈的贸易竞争所带来的业绩的大波动。在此背景下，该集团公司确立了收购位于河北石家庄市的北方第二大水泥企业控股的项目。经过七个月的调查、谈判，于 2004 年 11 月签署了收购协议。股权过户后，集团重组了该水泥企业的董事会，重新聘用集团派出的高级管理人员，主管企业的财务、供应、销售和计划。经过一年多的整合，水泥企业的经营业绩、财务结构并没有达到收购的目标，没有为集团带来期望的利润贡献，按照本书提出的衡量并购成功的标准分析，现阶段该项并购不能称为成功的并购。那么其问题或风险出现在哪些环节，最终会导致怎样的结果？

（一）并购战略的提出缺乏风险管理的评价

随着中国改革开放的纵深推进，以及中国成为 WTO 成员国的现实，中国外经贸的政策和环境发生了重大的变化，外经贸行业的运营模式以及企业之间的竞争发生了深刻的变化，原国家外经贸委直属的专业外经贸公司已由行业的管理和经营公司转变为纯市场化运作的公司，丧失了行政性或行业性管理职能，真正成为市场竞争的一员。该集团及时提出产业转型的战略，即由单纯的贸易型向贸易与实业结合型转变是正确的。本次并购战略的提出缺乏与集团资源优势的有机集合，投资产业方向不明晰。

该集团原属于外经贸企业以经营成套设备出口，对外援助承接工程项目总承包管理业务的行业性公司,成套设备的出口产品多集中在电力成套设备。该集团提出向实业投资倾斜,实行产业链前移,投资方向应依据其多年积累的对第三世界国家市场需求充分了解的信息和建立的经营模式,投资的行业应与其主业和经营资源有相关性。水泥行业属于资源型行业,其产品销售有严格的区域性特点,销售半径严格限制在500公里以内,加上运输方式多以散装为主,在河北石家庄地区生产水泥实现出口基本是不可能的。并购战略投资方向的论证,确定收购水泥企业行业风险识别不充分,对自身经营优势是否能够实现跨行业的复制缺乏风险评价,更没有充分考虑风险的应对措施。

(二)目标的选择和评价指标缺乏完整性

在评价指标选择方面不仅依据收购主体的战略实施,而且要考虑被收购企业的行业特征及其个性化指标。该集团属于外经贸企业,非实业投资项目产业公司,更没有水泥行业投资管理的经验,自身缺乏大型项目收购目标的评价体系,因此导致公司对收购水泥企业的评价不全面,重要的风险评估不准确,应对的措施缺乏有效性。

水泥行业重要的资源之一是矿山资源,衡量其优劣表现在储量、开采条件、开采成本、运输条件和开采权使用年限。该水泥企业有一分厂和二分厂。一分厂两台日产2500吨熟料生产线,该厂1998年建成投产。二分厂设计两条日产5000吨熟料生产线,截至2004年11月已经建成投产了一条,日产5000吨,另外一条生产线尚处于在建状态。该厂生产能力,需要一定量的且稳定的矿产资源配套,方可保证其生产原料的稳定供应。然而,在签署收购日前,该水泥企业合法拥有矿山资源开采许可证的仅有供应一分厂的一座矿山,可开采储量仅剩余5年。二分厂尚未合法取得矿山资源开采许可证,按照向地方政府租用交纳相关费用的方式采掘矿石。虽然收购公司认识到矿山资源对水泥企业的重要性,但由于水泥企业股权转让方为地方政府,政府口头承诺将在收购完成后协助买方办理水泥企业矿山开采许可证,开采期限为50年,开采权价格折算为每吨矿石2.5元。然而,股权过户后,地方政策发生变化,要求对矿山资源开采权采取公开挂牌方式交易,导致水泥企业获得上述矿山50年开采权成本由每吨2.5元,提高到了每吨4元,导致企业成本上升。

水泥企业的生产技术装备水平决定企业发展的能力。该水泥企业生产工艺采用新型干法预分解窑的生产工艺,生产线均于2000年以后设计建设,应用了目前国内新型干法水泥技术的最新成果,工艺水平和装备水平明显优于国内其他厂家。主要设备有荣获国家专利的大型单段锤式破碎机、全国最大的$4.6\times(10+3.5)$m中型烘干生料磨、高效组合式选粉机等,部分关键设备从国外引进,采用DCS集散式计算机控制,中央控制室确保生产过程全部实现自动化。该水泥企业的技术装备水平高,但是由于该企业长期以来现金流紧张,缺乏维修资金的及时投入,致使生产环节中出现部分关键设备不能及时维修,带病工作,在股权过户以后,在2005年水泥生产旺季4月份经常出现非正常停产。产生上述问题的原因是在收购项目过程中,缺乏水泥行业的技术专家深入对该水泥企业进行评述评估,在收购后,原企业技术人员流失后也没有及时聘请技术人才,充实人才队伍。对该企业的技术装备的风险没有识别到,没有制定技术风险对策。

销售风险因素估计不足,主要表现在销售模式和客户资源掌控方面。水泥销售一般以地方散户销售和大型工程项目销售相结合的方式,销售按照区域分级管理的模式。然而,该企业虽然有100多名销售员,但是采取的是销售部直接管理销售员的方式,没有建立分区域、分层次管理模式,客户均由销售员直接掌控,企业缺乏对客户资源的充分占有。由于收购行为,部分销售员流失,一度使企业出现客户流失,应收账款回收困难。收购公司发现上述状况以后,经过近一年的调整,重新建立销售管理组织体系,于2006年才使企业销售得以正常,然而2005年企业已经出现了亏损。

债务重组因素考虑不全面,措施不得力。该水泥企业的注册资本4亿元人民币,截至2004年6月30日的财务状况见表10.2。

表10.2 财务状况表

项目	2002年	2003年	2004年6月
资产负债率	64.64%	64.87%	68.06%
速动比率	0.48	0.56	0.55
存货周转率	5.69	4.6	8.49
应收账款周转率	2.3	3.83	4.13
总资产收益率	5%	1%	−0.28%
净资产收益率	14.05%	4.11%	−0.88%
主营业务利润率	30.98%	21.13%	12.4%

从表10.2可以看出,该水泥企业资产负债率一直维持在较高水平,速动比率也比较低,说明企业在经营过程中债务负担较重,资金压力大。分析其原因在于该企业近两年以来固定资产投资规模大,产能扩张快,而股本金投入相对不足,财务费用随贷款规模的增加上升迅速。截至2004年6月30日,账面短期借款12480万元,长期借款45700万元,一年内到期的长期借款3600万元,应付票据3610万元,应付账款13924万元。然而企业账面货币资金仅有6820万元,可动用货币资金不足3000万元。而企业每月的经营活动净现金流量不足1500万元。企业的债务负担是非常严重的。虽然收购企业作为中央在京企业,在商业银行有良好的信誉,在融资安排上有相对的优势。但是,由于企业异地注册,在收购完成后的近10个月内,将水泥企业纳入集团的综合授信并没有得到银行的批准,加上水泥企业自身的资产状况和盈利能力,自身无法获得新的贷款,导致企业营运资金紧张。

(三) 缺乏应对整合风险的应对措施

缺乏收购后的有效整合。整合的风险没有得到有效的识别,缺乏应对风险的策略。针对收购后所发生的企业操作层面的风险,因为收购方属于跨行业收购,缺乏行业管理的经验,尤其缺乏值得信任的专业技术人员,对设备运营发生的风险缺乏应对的有效措施,更没有预防措施,导致生产线不能稳定运营,二分厂设备运转负荷率仅有70%,大大低于行业85%的平均水平。

针对水泥企业的财务风险没有得到及时的规避,表现在原股权转让方为水泥企业提供的近4亿元贷款的担保,收购方因为综合授信额度没有及时得到银行的批准,担保责任没有及时转移,原转让方不再承担续保的责任,致使企业一度陷入债务危机,迫使水泥企业不得不采取现金结算评价或微利销售水泥熟料方式,解决一时资金紧张的局面,应对短期的债务危机。

(四) 构建并购的风险管理体系

成功的并购需要有效的风险管理体系来保证,即使是不成功的并购,也需要并购风险管理来减小并购可能带来的损失,提高并购的成功率。众所周知,世界性大企业几乎是无一例外的经过多次的企业并购与重组逐步发展起来的,并购给企业注入了新的活力。并购是企业实现战略目标的措施之一,构建并购风险管理体系是企业必需的。

既然并购风险体现在并购的全过程,因此风险的管理应贯穿并购的全过程。风险管理的框架应体现在并购战略风险管理、目标评价的风险管理、收购过程的操作风险管理和并购整合风险管理等阶段,并购风险管理的框架如图10.1所示。

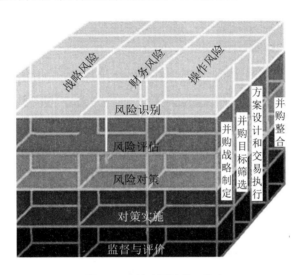

图 10.1　并购风险管理框架

针对不同阶段,建立风险识别、评估及风险应对机制,有效管理风险,提高并购成功率。

为了实现并购全过程的风险管理,首先需要建立并购决策与执行机构,明确职责、规范决策程序,建立风险分析报告机制。如图10.2所示。

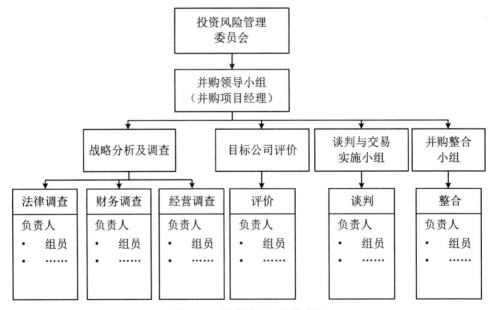

图 10.2　并购的组织结构建议

明确职责分工与风险报告流程,强化风险管理意识,规范风险报告和决策流程。如图10.3所示。

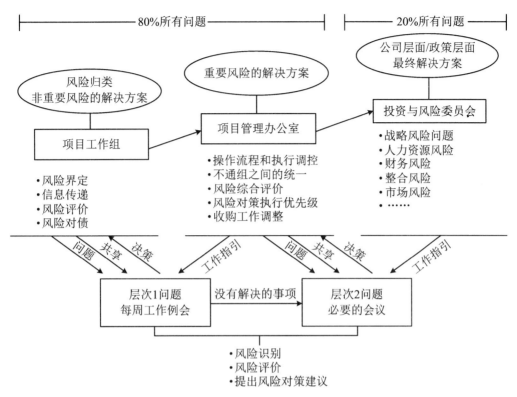

图 10.3　并购风险管理与报告流程

建立并购过程的风险要素集，构建风险识别的评价流程。依据并购项目的流程，并购全过程的关键风险要素集如表 10.3 所示。

表 10.3　并购战略制定关键风险事项

	关注事项	风险点	识别与评价	对策	实施	监督与评价
并购战略	公司整体发展战略	方向不明				
	行业发展规律为企业带来的挑战和机遇	增长缓慢				
	公司业务发展的阶段	高速扩张、下滑				
	竞争环境的分析	激烈				
	公司扩张资源匹配的能力（资金、人才、技术、管理、盈利能力等）	不足				
	国家政策的走向	不鼓励、限制				
	实现公司战略目标的模式	不清晰				
	现有业务单元的投资组合	失衡				
	基于期望的业务单元的 ROE	低于期望值				
	收购后企业文化融合的风险	企业文化弱势				

在并购的各个环节都需要明确并购阶段的关键风险要素,并在并购执行过程中,按照风险报告流程决策程序,及时就风险做出应对措施,有效规避和利用风险,实现并购交易的成功。对于影响并购成功的关键阶段——并购整合阶段,其风险要素如表10.4所示,有效规避表中的风险对整合成功,实现并购目标是非常有指导意义的。

表10.4 并购整合关键风险事项

	关注事项	风险点	识别与评价	对策	实施	监督与评价
并购战略	战略的协同性	差异化				
	企业文化的相融性	不能融合				
	管理模式的匹配性	不匹配				
	客户的稳定性	流失率高				
	技术资源匹配性	技术体系差异大				
	市场和服务的匹配	明显的差异化				
	人力资源稳定性	流失率高				
	整合管理的有效性	运作不畅				
	资产结构的合理性	债务负担重				
	盈利能力的持续性	波动大、下降				

企业的兴衰史,也是风险管理的发展史。众多企业在风险出现时消失了,管理优秀的企业积极应对风险,保持了持续的发展。但是,随着技术更新速度的加快,市场竞争的加剧,人才竞争日趋激烈,应用全面风险管理的理念,逐步完善企业风险管理体系,提高企业风险管理的水平,增强企业抗风险的能力显得意义重大。对采取并购手段实施发展战略的企业,构建本节介绍的并购风险管理体系框架,规范风险报告流程,明确并购风险管理组织职责,对并购各阶段关键的风险事项予以充分的关注,识别和评价风险可能产生的后果,制定相应的风险对策,可有效化解或降低并购风险,对提高并购成功率具有积极的保证。

第四节 并购效应及其实证研究

一、获得规模效益

当产品的单位成本随着企业生产和经营规模扩大而逐渐降低时,规模效应就出现了。外资企业通过并购方式可以迅速扩大规模,从而在降低平均成本的同时增加利润,对于跨国公司而言,通过并购国内企业来实现规模经济的成效至少体现在以下五个方面:一是生产方面的规模经济效应。生产规模扩大可以采用高参数的大型生产设备,使产量增加,投资减少,单位成本降低,而且企业在并购整合时可以实现最佳配置,从而降低生产成本。二是市场营销的规模经济效应。数个企业合并为一个企业,可以使企业的整体经济实力增强,提高市场控制和营销能力,而且大批量采购原材料和批量销售产品能降低流通费用。三是管理方面的规模经济效应。企业管理人员的集中使用不仅有利于提高其专业化水平,而且可以提高其工作效率,加之有更多的产品参与管理费用的分摊,使得生产单位产品所支出的管理费用呈下降趋势。四是融贷方面的规模经济效应。通常情况下,规模较大的企业实力强,资信度高,抵御风险的能力强,易于以较低的成本筹集资金。五是研究开发的规模经济效应。企业并购后,可以将原来分散在数个企业的技术人员进行优化组合,共同研究开发某项技术,提高科技创新能力,也有利于在更大范围内分摊技术开发的成本,避免在研究开发上的重复投入,加快科技成果的转化速度。

诚然,并购对跨国公司而言,其最终目的就是要提升企业自身的价值,提高企业的综合竞争力,拓宽更广阔的生存空间。对我国而言,鼓励跨国公司对国内低效率的企业进行并购。从宏观上来讲,就是要提升经济主体的生存质量,提高国家的综合经济实力,从而坚实在国际上的经济政治地位;从微观上来讲,可以使我国的企业学习全球一体化下的经济运作规则。因此,要使跨国并购在我国取得多赢的战略目标,就要求社会各层面积极应对跨国公司在我国的并购行为。积极、理性、客观地探讨外资并购潮对我国政治、经济以及整个社会发展的影响。

二、降低进入新行业和新市场的障碍

当企业寻求发展和面临行业市场萎缩时,都可能将投资转向其他行业或市场,企业可以采取两种方式:一是通过投资新建方式扩大生产能力;二是通过并购的途径来实现。采用投资新建的方式时,往往会受到原有企业的激烈反应,还可能面临原有企业拥有的专门技术、积累的经验、取得原料的有利途径以及政府的优惠政策等不利因素,通过并购方式进入新行业和新市场的障碍便可以大幅降低。因为企业的并购并没有给行业和市场增添新的生产能力,短期内行业和市场内部的竞争结构不变,所以引起价格战或报复的可能性减少,同时,并购方企业可以获得现成的原材料供应渠道、产品销售渠道,可沿用目标企业的厂房、设备、人员和技术,能在较短的时间内使生产经营走上正轨,获得赢利。

三、降低企业的经营风险

企业通过横向并购可以减少竞争者的数量,改善行业结构,增强对市场的控制力;企业通过纵向并购可以增强对原料和销售渠道的控制,增强在行业内的竞争力;通过规模经济、市场占有率和市场控制力的增强而降低经营风险;企业通过混合并购可以实现多元化经营,从而增强抵御不可预见的突发性环境变化的能力,使企业可以较稳定地发展。

四、获得科学技术上的竞争力

科学技术在当今经济发展中起着越来越重要的作用,企业间的竞争也从成本、质量的竞争转化为科学技术的竞争。由于技术变革自身具有爆炸性增长的性质,对企业产生持续的竞争压力。这种情况下,企业常常为了获得科学技术上的优势而进行并购活动。一国企业要想维持在产品和技术上的优势地位,仅仅依靠自身的研究和开发远远不够,必须通过与目标国创新型企业开展合作,才能加速获取高新技术和产品更新换代所带来的收益。虽然国内企业的研发能力总体上弱于跨国公司,但在某些技术环节也有自己的优势,特别是由于了解国内消费者,所推出的产品可能更适合本土市场。更为重要的是,由于产品的生命周期越来越短,跨国公司一旦研发出新技术和新产品,就必须在最短的时间内推向世界市场,以此来分摊高昂的研发成本和获取最大利润。在这种情况下,并购相关企业要比新建更能节省宝贵的时间,也更容易达到自己的目标,特别是在国际贸易还受到某种阻碍时。

2010年10月,美的电器以5748万美元收购了美国联合技术公司间接持有的埃及Miraco公司32.5%股份。

Miraco公司主要生产销售家用空调、中央空调及冷链产品,占据埃及家用空调、轻型商用空调与中央空调市场的主导地位。分析师认为,通过此次股权收购,Miraco公司将成为美的电器在非洲推广整合资源的优质平台,美的电器将坐地埃及,同时辐射非洲、中东和南欧,有助于提升公司在埃及和周边地区的成本竞争力。

五、获得经验共享和互补效应

并购可以取得经验曲线效应。在很多行业,尤其是对劳动力素质要求较高的行业中,当企业在生产经营中经验积累越多时,单位成本有不断下降的趋势,企业通过并购可以分享目标企业的经验,形成有力的竞争优势。

2010年1月19日,中国海南航空集团购买澳大利亚Allco金融集团飞机租赁业务签字仪式在悉尼举行。澳大利亚新南威尔士州议会上议长阿曼达·法齐奥、中国驻悉尼总领事胡山、中国驻澳大利亚大使馆公使衔参赞邱德亚、海航集团副董事长兼首席执行官王健及项目顾问巴拉特·拜斯等中澳两国政界和工商界近100位嘉宾出席。

胡山总领事在仪式上致词。他祝贺海航集团成功收购Allco金融集团飞机租赁业务,表示此次收购是中国企业对澳投资多元化的重要标志,表明在携手应对金融危机的过程中,中澳两国工商界相互依存、合作共赢的趋势日益加强。胡总领事希望这样有利于两国企业和人民的合作成果越来越多。

海航集团是中国第四大航空企业,目前已发展成为一个跨领域、多元化、国际化的企业集团。总部位于悉尼的澳大利亚Allco金融集团因受此次金融危机冲击而于去年破产。经过谈判,海航集团通过其位于香港的子公司香港升飞公司以1.5亿美元收购了该公司商用飞机租赁业务。此项目于2009年下半年分别获得中、澳两国政府批准。至此,中国四大航空公司均已在澳开展业务。

六、实现财务经济

这里主要分析并购带来的财务协同效应。

(一)合理避税

税法一般包括亏损递延条款,如果某公司某一年度出现了营业净亏损,那么,它不仅可免付当年的所得税,还可以向后递延,以抵消以后几年的盈余,使以后年度少交所得税,这一规定促成了为数众多的企业并购。一个盈利丰厚、发展前景良好的企业与一个拥有大量累积亏损而又无法使其得以利用的企业相合并,可以带来巨额的税收利益。同时,一些国家税法对不同的资产适用不同的税率,股息收入、利息收入、营业收益、资本收益的税率也各不相同,企业可利用这些规定,通过并购行为及相应的财务处理合理避税。

(二)提高财务能力

提高财务能力主要表现在降低融资成本、减少资本需求量、提高企业举债能力上。并购扩大了企业的规模,一般情况下,大企业更容易进入资本市场,它们可以大批量发行证券,从而使证券的发行成本相对降低,减少融资成本。而且,并购会降低两个企业总资金占用水平,如通过对现金、应收账款和存货的集中管理可以降低营运资本的占用水平。如果被并购企业并购前资本成本较高,而并购企业资本成本较低时还可以降低并购后的资本成本。另外,企业并购扩大了自有资本的数量,自有资本越大,由于企业破产而给债权人带来损失的风险就越小。企业并购成功后,对企业负债能力的评价不再是以单个企业为基础,而是以整个并购后的企业为基础。由此企业的举债能力和偿债能力也得以提高。

(三) 提高资金利用效率

如果并购企业的现金流量超过了自身投资机会的需要,存在大量的闲置现金,而被并购企业虽然有较多有利可图的投资机会,但却面临严重的现金短缺,两个企业合并就可以充分有效地利用现金流量,被并购企业可以从收购企业得到闲置资金投向具有良好回报的项目。而良好的投资回报又可以为企业带来更多的资金收益,形成一个良性循环,在混合并购下并购企业的经营多样化又可以为企业提供多种有效益的投资机会,从而提高企业的投资报酬率和资金利用效率。

(四) 预期效应

预期效应指的是由于并购使股票市场对企业股票评价发生改变而对股票价格的影响。由于预期效应的作用,企业并购往往伴随着强烈的股价波动,造成了极好的投机机会。可以说预期效应是股票投机的一大基础,而股票投机又刺激了并购的发生。企业进行一切活动的根本目的是增加股东的收益,而股东收益的大小,很大程度上决定于股票价格的高低。股价反映了投资者对企业内在价值的判断,股价与企业的获利能力、企业风险、资本结构等多种因素有关。并购企业可以通过并购那些市盈率较低但每股收益较高的企业,促使并购后的每股收益不断上升,股价也形成一个上升的趋势,从而产生并购协同效应,使并购双方都能从中获益。

2004年12月8日,联想集团在北京宣布,以总价12.5亿美元的现金加股票收购IBMPC部门。协议内容包括联想获得IBMPC的台式机和笔记本的全球业务,以及原IBMPC的研发中心、制造工厂、全球的经销网络和服务中心,新联想在5年内无偿使用IBM及IBM-Think品牌,并永久保留使用全球著名商标Think的权利。借此收购,新联想一跃成为全球第三大PC厂商。

联想在付出6.5亿美元现金和价值6亿美元股票的同时,还承担了IBM 5亿美元的净负债,来自于IBM对供应商的欠款,对联想形成财务压力。但对于手头上只有4亿美元现金的联想,融资就是必须要做的了。在2005年3月24日,联想宣布获得一项6亿美元5年期的银团贷款,主要用作收购IBM的PC业务。

收购后,联想集团的股权结构为:联想控股46%,IBM18.9%,公众流通股35.1%,其中IBM的股份为无投票权且3年内不得出售。为改善公司的高负债率,化解财务风险,联想又在2005年3月31日引进了三大战略投资者:德克萨斯太平洋集团(Texas Pacific Group)、泛大西洋集团(General Atlantic)、新桥投资集团(New Bridge Capital LLC),分别出资2亿美元、1亿美元、5000万美元,共3.5亿美元用于收购IBMPC业务。

引入三大战略投资者之后,联想收购IBMPC业务的现金和股票也发生了变化,改为8亿美元现金和4.5亿美元股票。联想的股权也随之发生了变化。联想控股持有27%,公众股为35%,职工股为15%,IBM持有13%,三大战略投资者持有10%(3.5亿美元获得,7年后,联想或优先股持有人可随时赎回)。三大战略投资者入股后,不仅改善了公司的现金流,更优化了公司的股权结构。

七、有利于跨国经营

有些国家为了保护民族工业和国内市场,对外资企业的发展进行种种限制,从税收政策和企业规模等方面控制外资企业的发展,通过并购他国企业的方式可以避开这些障碍,直接进入国际市场。如日本企业为了能在欧共体中进行自由贸易,在英、法、德等国进行了大规模的兼并活动,试图解决关税壁垒和贸易摩擦带来的一系列问题。

中国普遍被认为在未来几年内有可能进入全球对外直接投资输出大国行列,联想收购IBM的PC业务正是中国本土企业成长为跨国公司的重要探索,并购使联想走上了一条尽管风险极高但却一跃成为跨国公司的道路。

并购不论是在成熟的欧美市场,还是在新崛起的发展中市场,都是企业迅速崛起壮大的成长利器。全球化的市场,全球化的竞争,必然伴随着全球化的企业并购。企业大并购时代的到来,预示着市场资源的整合和产业结构的迅速升级。

综上所述,企业利润的实现有赖于市场,只有当企业提供的商品和服务在市场上为顾客所接受,实现了商品和服务向货币转化,才能真正实现利润。与利润最大化相联系的必然是市场最大化的企业市场份额最大化,由于生产国际化、市场国际化和资本国际化的发展而使一些行业的市场日益扩大,并购这些行业的企业以迎接国际开放市场的挑战。

在并购决策时,应遵循的主要原则有:并购目的上的主次分明原则;并购后行为主体的企业化原则;实施方案的科学论证原则;并购机理上的资产核心原则;并购行业选择上的产业政策导向原则;并购容量的整合显著有效原则;并购进程上的渐进原则;并购重组与生产经营有机结合原则等。这里的所谓整合,就是并购方所拥有的与调整包括被并购企业在内的所有生产经营要素与环节的能力;所谓的以资产为核心,是指集团通过控股、参股等形式与其他企业建立起紧密的资产联系,并购双方的资产能否建立一种有助于提高整体效益的关系,并购方的地位取决于净资产的多少和整体资产的获利能力。总之,以上述原则为依据,可保持企业的长期可持续发展。

第五节　公司跨国并购

跨国并购是跨国公司常用的一种资本输出方式。跨国公司的国际并购涉及两个或两个以上国家的企业,两个或两个以上国家的市场和两个以上政府控制下的法律制度。其中,一国跨国性企业是并购发出企业或并购企业;另一国企业是他国被并购企业,也称目标企业。这里所说的渠道,包括并购的跨国性企业直接向目标企业投资,或通过目标国所在地的子公司进行并购两种形式。这里所指的支付手段,包括支付现金、从金融机构贷款、以股换股和发行债券等形式。收购有收购人以自身主体名义去直接收购,也有为了规避和隔离投资风险而通过在第三国尤其是在离岸法域设立离岸公司(特殊目的公司)进行的间接收购。而跨国公司的国内并购是指某一跨国性企业在其国内以某种形式并购本国企业。

一、主要类型

按跨国并购双方的行业关系,跨国并购可以分为横向跨国并购、纵向跨国并购和混合跨国并购。横向跨国并购是指两个以上国家生产或销售相同或相似产品的企业之间的并购。

其目的是扩大世界市场的份额,增加企业的国际竞争力,直至获得世界垄断地位,以攫取高额垄断利润。在横向跨国并购中,由于并购双方有相同的行业背景和经历,所以比较容易实现并购整合。横向跨国并购是跨国并购中经常采用的形式。

纵向跨国并购是指两个以上国家处于生产同一或相似产品但又处于不同生产阶段的企业之间的并购。其目的通常是为了稳定和扩大原材料的供应来源或产品的销售渠道,从而减少竞争对手的原材料供应或产品的销售。并购双方一般是原材料供应者或产品购买者,所以对彼此的生产状况比较熟悉,并购后容易整合。

混合跨国并购是指两个以上国家处于不同行业的企业之间的并购。其目的是为了实现全球发展战略和多元化经营战略,减少单一行业经营的风险,增强企业在世界市场上的整体竞争实力。

二、直购和间购

从并购企业和目标企业是否接触来看,跨国并购可分为直接并购和间接并购。直接并购指并购企业根据自己的战略规划直接向目标企业提出所有权要求,或者目标企业因经营不善以及遇到难以克服的困难而向并购企业主动提出转让所有权,并经双方磋商达成协议,完成所有权的转移。间接并购是指并购企业在没有向目标企业发出并购请求的情况下,通过在证券市场收购目标企业的股票取得对目标企业的控制权。与直接并购相比,间接并购受法律规定的制约较大,成功的概率也相对小一些。

第六节　法律与监管

一、国外反垄断规制

美国可以说是反垄断法的起源地,国内反垄断立法十分完备。美国并购反垄断规制的法律体系由三部反垄断法(《谢尔曼法》《联邦贸易委员会法》《克莱顿法》)、法院积累而成的《判例法》以及司法部和联邦贸易委员会颁布的《企业并购指南》(1968年、1982年、1988年、1992年)构成。

《谢尔曼法》是反垄断的基本法,其对垄断的判断依据:一是按区域和产品划分的市场份额,如果某个企业的产品市场占有率为80%~90%;二是当事企业采取了某些掠夺性定价或者排他性行动。《克雷顿法》还限制削弱企业间竞争和形成垄断的产权交易,对从事交易活动或者对交易活动有影响的任何企业以直接或间接的形式获得其竞争对手的部分或全部权益或资产的行为进行规制。《克雷顿法》的处罚条款极其严厉。

对企业合并做出详细规定的是1968年出台的《合并准则》,对横向、纵向和混合合并进行规制,后来又于1984年对其修订。1992年推出新的《横向合并准则》,新准则在判断有无横向合并时,要求分析如下因素:合并是否明显导致市场集中;是否产生潜在的反竞争效果;是否影响充分的市场进入;能否获得合理的效益,而且该效益是当事人能通过合并获得的;是否为可免使当事人破产或被挤出市场的唯一途径。纵向合并主要考虑生产商的市场份额,销售商的市场份额,当前进入市场的条件等因素。混合合并主要考虑被兼并企业所占的市场份额,及该企业是否为同类市场中最大的厂商之一等因素。美国法院判例法理论主要考察潜在的竞争、构筑防御措施、互惠交易等。总体而言,美国对垄断的控制方式逐渐从严格的结构主义模式转向温和的行为主义模式。

欧共体国家的《反垄断法》有两个层次。一是由欧共体委员会制定的条约,主要是促进竞争的法规,例如《罗马条约》第85条禁止共谋,第86条禁止具有支配市场地位的企业滥用其支配力。另外,各国又有自己的反垄断法规。

欧共体条约对合并问题没有具体规制,1989年欧共体部长理事会制定了《欧共体企业合并控制条例》,根据该条例,如果合并被视为对共同体或对共同体的一个重大部分具有影响,应当由欧共体委员会做出决定是否批准合并。委员会是否批准合并,决定性因素是这个合并是否与共同体市场相协调。根据条例第2条第3款,一个合并如果可能产生或者加强市场支配地位,从而使共同体或者一个重大部分的有效竞争严重受到阻碍,该合并则被视为与共同体市场不协调。在欧共体委员会的实践中,要认定一个合并是否与共同体相协调,委员会首先要界定与合并相关的市场,然后判断合并后企业的市场地位。

合并控制条例没有相关市场的概念,但委员会在其发布的1994年第3394号条例之附录中,对市场作了详细规定,规定合并后企业的市场势力应当从相关产品和相关地域市场两个方面来确定。对于合并后的企业是否由于合并能够在该市场上产生或者加强市场支配地位,委员会考虑的最重要的因素是参与合并的企业在相关市场上的市场份额。在实践中,绝大多数的市场支配地位产生于合并后企业的市场份额达到40%～75%之间,如果超过75%,虽然不是绝对推断,但这些企业一般会被视为占市场支配地位的企业。市场份额虽然是判断合并后企业市场地位的一个基本测度标准,但不是绝对的和唯一的标准。其他因素包括合并后企业能否将多数竞争者排挤出市场、能否具有涨价能力、能否构成市场进入障碍等。

欧共体企业合并控制条例没有明确提及第三国企业的合并。但欧共体经社理事会的意见表明,如果第三国企业参与的合并会对欧共体市场上的竞争造成不良影响,这些合并应当接受条例的管辖。条例的第1条第2款关于对欧共体有影响的合并的规定虽然不是一条冲突规范,因为通过这个条款不能完全解决涉及第三国企业合并的管辖权问题,但是,实践表明,在禁止或者限制第三国企业合并问题上,欧共体竞争法在域外使用方面接受了美国《反垄断法》的效果原则。在共同体法律没有规定或者没有涉及的领域情况下,成员国的国内反垄断法将发挥作用。一般来说,成员国的法律都比共同体的法律更严格。

二、国内并购法律规制

随着我国证券市场的发展、上市公司并购重组呈现出数量庞大、形式多样、鱼龙混杂的局面。在十多年证券市场实践中逐步形成了较为完善的上市公司重组并购的法律法规体系,上市公司并购重组在不同阶段具有明显特征,本部分简要概述我国上市公司法律制度框架。

我国上市公司并购重组的法律规范主要有法律、行政法规、部门规章三个基本层次。此处还有中国证监会和其他相关的主管部门制订的规范性文件。第一,全国人大及其常委会颁布的法律中涉及并购重组的内容。主要有《公司法》和《证券法》,其中部分章节条款对上市公司并购方面进行粗略的规范,《公司法》第四章,关于股份有限公司的股份发行和转让,对公司股份的发行和转让及上市作了规范,这些关于公司并购的规范也适应于上市公司。《证券法》第四章共十七款专门对上市公司并购进行规范,将上市公司收购分为要约收购和协议收购方式，对要约收购和协议收购的方式、程序、期限以及公告披露等都作了原则上的规范。

第二是国务院颁布的行政法规。较早规范上市公司并购的行政法规是1993年4月22日由中华人民共和国国务院令第112号发布的《股票发行与交易管理暂行条例》，该条例第47条至第52条集中规定了法人对上市公司的收购程序，从规定的表述看，其精神还是与国际规范比较一致的。但这些规定却不够详尽，对上市公司兼并收购操作缺乏具体的指引。

第三是中国证监会制订的部门规章。由于上市公司的收购兼并行为涉及一些具体的操作性问题，部门规章较多涉及了这方面的内容。中国证监会于1993年6月发布的《公开发行股票公司信息披露实施细则（试行）》中第五章《临时报告——公司收购公告》中对上市公司的股权变动以及收购兼并活动的信息披露要求作了详细的规范。1993年8月发布的《禁止证券欺诈行为暂行办法》，对上市公司发行人收购或兼并行为和发行人的合并和分立行为中的欺诈行为进行了规范，这是我国最早对上市公司重组并购活动的信息披露和欺诈行为进行规范的部门规章。2001年颁布的《关于上市公司重大购买或出售资产行为的通知》和《关于上市公司重大购买、出售、转换资产若干问题的通知》，首次界定了上市公司重大购买、出售、置换资产行为，强化重组方注入资产质量并要求完善的信息披露，目标在于鼓励绩优公司通过重组做大做强，主动进行业务整合。同时，为提高上市公司重大购买、出售、置换资产审核工作的透明度，保证审核工作按照公开、公平、公正的原则进行，中国证监会组成了股票发行审核委员会重大重组审核工作委员会，并颁布了委员会的工作程序。2002年12月1日正式实施《上市公司收购管理办法》和《上市公司股东持股变动信息披露管理办法》，这两项部门规章既是与《证券法》和《公司法》中有关重组并购的相关章节相互衔接，又对涉及上市公司收购兼并的相关重要法律问题作了较为详细的规定，进一步丰富完善了上市公司重组并购的法律框架。

第四是中国证监会及其他主管部门制定的规范性文件。规范性文件重点是指引性的，如中国证监会对进行并购重组的上市公司信息披露内容与格式制订准则，并就上市公司股东持股变动报告书、上市公司收购报告书、要约收购报告书、被收购公司董事会报告书以及豁免要约收购申请文件进行规范，这些操作指引更完善了法律规范执行。

我国上市公司重组并购的法律法规以《证券法》和《公司法》为核心，以《上市公司收购管理办法》为主体，以其他的部门规章、规范性文件和操作指引作为补充，共同构建起一个初步完整的上市公司重组并购的法律框架。

◆ **知识点**

兼并收购　横向并购　纵向并购　混合并购　恶意收购　金色降落伞　毒丸计划　规模效益　焦土战术　跨国并购

◆ **习题**

1. 联想收购IBM的PC业务主要原因有哪些？取得了哪些成果？
2. 兼并的效应有哪些？举例阐述。
3. 反"恶意收购"的策略有哪些？

第十一章　公司国际化经营

公司参与跨国经营,使世界经济发生质的变化,由国际贸易转向国际生产,由世界市场转向世界工厂。国际化是企业经营内部化过程超越国界的表现。本章首先介绍公司国际化的动因与模式,然后重点论述跨国公司的经营与管理,最后阐述公司进入到海外市场方式决策。

GE 的全球化

在 20 世纪 90 年代,GE(通用电气)主要追求的是四大理念:全球化、服务、六西格玛和电子商务。GE 从来就是一家全球性的公司。早在 19 世纪,爱迪生就在伦敦的霍尔邦高架桥安装了电力照明系统,规模达 3000 只灯泡。20 世纪初,GE 在日本建造了最大的发电厂。公司早期的一些 CEO 们用一两个月的时间乘船去考察 GE 在欧洲和亚洲的业务。

20 世纪 80 年代早期,GE 唯一真正的国际化业务是塑料制品和医药系统。GE 过去只是在美国进行资产投资。其他业务都或多或少地涉及全球性销售,其中两项业务——飞机引擎和动力系统规模较大。但是,这些基本上都属于出口业务,相关设施无一例外地都在美国。70 年代,GE 与法国国营飞机发动机研究和制造公司 Snecma 成立一家合资企业。其业务范围是制造飞机引擎,服务于最普及的商业飞机——波音 737 飞机。

20 世纪 90 年代初期,GE 将最好的人才投入全球化工作中。通过收购和建立联盟继续推动全球化发展的车轮。1991 年年底,GE 采取两个重要步骤:一是任命 GE 最好的 CEO 吉姆·麦克纳尼承担新设立的职位——GE 亚洲总裁。吉姆到亚洲不是去经营任何企业,而是促进该地区的发展。他的全部工作是寻找交易机会、建立商务关系,努力成为 GE 在亚洲的"吹鼓手",他是个说服力很强的人,具有不凡的影响力。二是吉姆在亚洲上任 8 个月后,GE 又将负责动力发电企业销售和市场营销工作的德尔·威康森派到中国香港,负责全球销售工作。将销售中心转移到中国香港是符合市场需求的,因为商业机会在美国。从心理角度讲,看到德尔这样的人物在"远离故乡"的地方从事高层经营管理工作,对于整个公司的意义也是巨大的。

这两个动作的象征意义惊动了整个系统。人们在说:"他们是动真格的了,全球化真的动起来了。"数字也说明了这一问题,十年间,GE 的全球销售额增长了近 6 倍,全球销售额占总收入的比例也翻了一番。

资料来源:https://max.book118.com/html/2017/0120/85572026.shtm.

第一节　公司国际化的动因与模式

跨国公司为何要通过对外直接投资形式开展国际化经营？自19世纪60年代，跨国公司就已经产生，但相关研究则比较晚。直到20世纪60年代，美国跨国公司不断向欧洲和其他地区扩张，并被称为"美国的挑战"，西方学者才开始正式将跨国公司作为研究对象加以跟踪研究。现代国际生产与跨国公司理论以海默（S. H. Hymer）在其博士论文中提出垄断优势理论为标志，随后在70年代出现一系列对外投资理论，例如弗农（R. Vernon）的产品生命周期论，达到了美国对外直接投资的理论高峰期。一般意义上的跨国公司理论是在20世纪70年代后期出现的，并将跨国公司作为一种经济现象，从一般理论高度去解释。此阶段的跨国公司理论以巴克莱（P. J. Buckley）、卡森（M. Casson）、拉格曼（A. M. Rugman）提出的内部化理论，邓宁（J. H. Dunning）提出的国际生产折中理论为代表。80年代之后，随着国际投资格局的变化以及新型跨国公司的出现，对跨国公司的研究出现全面化、综合化的趋势。发达国家之间行业内部交叉投资的迅速增长，欧洲、日本跨国公司的崛起，新型工业化国家和地区跨国公司的出现，美国成为最大的外资吸收国，以及跨国公司采取全球一体化与网络化经营战略，需要提出新的理论解释上述现象。

一、公司国际化的动因

目前，有关直接投资于跨国公司的理论至少有20多种，但限于篇幅，本节将着重介绍垄断优势论、寡头国际竞争论、产品生命周期论、内部化理论、国际生产综合论、技术能力国际生产论的六大理论进行评述。

（一）垄断优势论

海默在其博士论文《民族企业的国际经营：对直接投资的研究》（1960）首次提出垄断优势理论，认为直接投资和间接投资存在根本的差别，单纯从国际资本流动获取利率差异来分析跨国公司的对外直接投资行为是不够的。除了资本外，跨国公司还包括技术、人力、管理经验等资源的流动，跨国公司还要对国外子公司进行控制并直接经营管理。此外，跨国公司大部分发生在寡头占统治地位的行业，主要为一些技术先进、资本密集程度高、产品差异性强的制造业。研究跨国公司的理论不再满足完全竞争特征，代之为不完全竞争假设。

垄断优势理论主要观点有：在成长早期阶段，企业通过兼并和自身能力扩张，稳定增加国内产品的市场份额，导致国内产业集中和市场垄断。但是，随着国内市场逐渐被瓜分，垄断企业再增加国内市场份额比较难，于是向国外扩张，将在国内因垄断而赚取的高额利润投资到国外经营，在国外市场中形成产业集中。通过共谋协议寻求高利润，跨国公司投资国外经营的主要目的是减少竞争，增加行业进入壁垒，从而增加市场垄断程度。跨国企业垄断优势主要体现在专有技术、管理技能、品牌营销能力等无形资产上以及巨大规模所产生的规模经济优势。

金德伯格（C. P. Kindle）认为跨国公司的垄断优势主要来自于市场的不完全性。主要体现在以下四个方面：第一，产品市场的不完全竞争，如产品差别、商标、销售技术与操纵价格等。第二，要素市场的不完全的优势，如专利技术、融资条件优势以及企业特有的管理技能。第三，企业垂直一体化和水平一体化经营所产生的内部与外部规模经济优势。第四，由于政府干预特别是对市场进入以及产量的限制所造成的企业优势。

垄断优势论将产业组织理论与跨国公司理论结合起来,将直接投资理论与国际资本流动理论和国际贸易理论区分开,为跨国公司的微观研究开创新的分析思路。与此同时,该理论较好地解释了第二次世界大战后的一段时期美国跨国公司大规模向海外开展直接投资的行为。但垄断优势论分析的只是企业行为理论,而不是现代意义上的产业组织理论,认为企业将主动提高进入壁垒,并且与其他企业共谋,故市场结构是企业行为的结果。故垄断优势论的局限性表现为:第一,强调垄断的作用,而忽视了跨国公司的激烈竞争。这种理论与20世纪50年代至60年代美国在世界经济政治中的霸权地位分不开,但随后欧洲、日本和第三世界的跨国公司成长扩张,研究和开发的日益国际化也表明跨国公司促进了技术竞争。第二,对市场的不完全分析主要从市场结构着眼,而忽视了因市场交易成本所引起的不完全。第三,垄断优势论以寡占行业环境为分析背景,无法解释20世纪60年代以来发达国家和发展中国家的大量中小企业成为跨国企业的现实。

(二)寡头国际竞争论

美国学者尼克博克(F. T. Knickbocker)在对187家美国大公司研究的基础上,讨论跨国公司对外直接投资的动因。研究发现第二次世界大战后,美国企业对外直接投资主要是由寡头行业的少数几家寡头公司进行的,而且一个显著的特点是,这些投资大都在同一时期成批发生。但海默的垄断优势论却无法解释。在垄断行业,为保持自己的市场份额和利润不受影响,寡头企业的行为将受到竞争对手的约束,每一家寡头企业对竞争对手的行为都很敏感,领先寡头的行动会引发其他寡头的相应行动。当国内同一行业的寡头率先在国外市场采取直接投资行动时,其他寡头就会采取追随竞争对手的手段,在对方已经进入的市场上建立自己的子公司,以保持与竞争对手的势力均衡。尼克博克的经验研究表明,美国大公司在1948~1967年间,在国外某些行业建立的制造业子公司,几乎一半是集中在3年之内成立的,即呈现出明显的成批性。尼克博克把直接投资分为"进攻性投资"和"防御性投资"。在国外市场首先建立子公司的寡头公司的投资是"进攻性投资",同一行业其他寡头公司追随其后在当地投资的是"防御性投资"。

格雷厄姆(E. M. Graham)则在尼克博克的模型基础上进行扩展,尼克博克模型分析国家内部数家寡头企业为何同时或者在比较集中的时间里进行对外直接投资,即国内寡头竞争导致直接投资,而格雷厄姆模型分析同一行业的属于不同国籍的国家寡头企业之间开展国际竞争而从事国际生产,从而出现发达国家彼此交叉投资的现象。准确地说是国际寡头竞争论,将行业内部国际生产看做一种"交换威胁"方式。同一行业内国际寡头之间的互动反应,随企业成长而增加,因为生产的资本强度增加,随着产品趋向成熟,规模经济变得更为重要。寡头之间进行价格战会导致两败俱伤,因此,每个寡头企业都要考虑风险与收益,安全保障以及盈利能力的平衡。为强调与垄断优势论的差别,格雷厄姆指出行业内部国际生产一般将加速新产品开发和引入市场。

寡头国际竞争论与垄断优势论是相互矛盾的。这两个理论都以寡占行业环境为分析背景。但是,垄断优势论假设,一般而言国际化会降低竞争程度,而增加企业之间的寻找安全性是通过垄断和共谋取得,而且与追求盈利能力是一致的。而寡头国际竞争论则认为,一般国际生产的成长是与竞争相联系的。跨国公司之间的技术竞争是一个持续的过程。

尼克博克的寡头竞争论较好地解释了战后美国企业对外直接投资的同时性和成批性。他的寡占反应理论和格雷厄姆的"交换威胁"概念对跨国公司的分析无疑具有十分重要的意义。即他们实际上把战略因素引入到跨国公司的分析当中,这为跨国公司的分析提供了另一条新的途径。20世纪80年代以来,跨国公司的竞争越来越具有整体性和全局性,是牵一发而动全身的竞争。直接投资本来就是企业的一项战略决策,这就需要从战略管理角度分析跨国公司的行为。但是,无论是尼克博克还是格雷厄姆都没有对跨国公司的战略问题做出详细分析。

(三) 产品生命周期论

产品生命周期本来是市场营销学中的一个概念,20世纪60年代在美国商学院中颇为流行。雷蒙德·弗农借用这一概念来分析美国跨国公司在当时的对外直接投资活动。弗农1966年提出产品周期论,并于1971年、1977年和1979年对该理论进行修改和补充。该理论认为,企业对外直接投资是随着产品的生命周期而展开的。产品生命周期是指一个产品存在产品创新、产品成熟和产品标准化三个阶段。

1. 产品创新阶段

新产品的生产需要密集地使用大量的先进技术和熟练劳动力,同时,技术创新往往是对国内消费需求的反应。美国消费者的人均收入水平高于其他国家,而且,美国是研究开发实力最雄厚的国家,所以,新产品往往是在美国这样的发达国家产生,并首先在美国生产。因为这时新产品的需求收入弹性比较高,生产成本还不是选择生产区位的决定因素,而且产品尚未定型,需要与消费者保持密切联系以不断改进产品设计和生产工艺。新产品主要供应国内市场,一部分出口供应国际市场。

2. 产品成熟阶段

随着产品走向成熟,国内外市场对产品的需求不断增加,产品具有获得较高收益的机会。同时,一些国外厂商开始仿造新产品,创新企业面临丧失技术优势的危险。因此,创新企业对国际市场日益重视,选择对外直接投资以占领当地市场。因西欧国家的经济技术和消费水平最接近美国,所以,美国企业首先在欧洲投资。

3. 产品标准化阶段

当产品进入标准化阶段后,其生产技术已经扩散,产品竞争主要靠价格竞争。这时,产品生产成本成为选择区位的决定因素。于是,跨国公司把生产转移到发展中国家,因为那里拥有大量非熟练劳动力。技术创新国从国外进口自己需要的产品,自己开始新一轮的新产品开发和生产。

产品生命周期论把产品的要素强度和生产区位结合起来,动态地分析跨国公司在出口和直接投资两种方式上的选择。可以说是一个动态的、融国际贸易与国际投资为一体的、统一的国际分工理论。弗农的理论较好地解释了战后美国企业在西欧大量投资的实际情况。20世纪70年代起,发达国家的跨国公司把一些劳动密集型产品转移到发展中国家生产,这说明产品生命周期的假设对分析当代的国际分工仍然具有一定的现实意义。

产品生命周期论也存在不少局限性,具体表现在:第一,在分析层次上,弗农的分析单位是产品,而不是跨国公司。第二,弗农的产品生命周期论假设产品生命周期是单向的、线性的,这与现实不符。产品的生命周期有多种类型,即使成熟产品通过技术创新也可以重新成为新产品。如一些原材料行业具有比较长时间的生命周期。第三,弗农的产品生命周期理论事实上还隐含着两个重要假设。第一个假设是,创新总是发生在跨国公司母公司本国,通常在公司技术总部。第二个假设是,国际投资主要由技术领先者主导,由此增加了国际市场与国际生产份额。

(四) 内部化理论

内部化理论是建立在科斯(R. H. Coase)的交易成本理论基础上的。科斯在《论企业的性质》一文中,提出了一个重要的问题,即企业为什么存在？科斯认为使用市场价格机制做交易是有成本的,即交易成本。具体地说,交易成本包括信息成本、寻找成本、谈判成本和合同执行成本。交易成本是企业存在的原因。巴克来、卡森、拉格曼等人把交易成本概念运用到跨国公司的分析之中,提出了内部化理论。

内部化理论将技术、知识等作为一种无形资产,使用市场价格机制进行贸易,成本很高。因为知识产品的生产具有沉没成本的性质,外部转让使用存在信息不对称问题,难以准确定价,而内部转移使用的成本很低,因而需要内部化这些知识中间产品的交易。此外,对一些原材料、半成品等中间产品,当交易成本很高时,企业也会采取内部化经营。企业的内部化决策取决于企业对内部化的边际收益与边际成本的衡量。只要内部化的收益小于市场交易成本,内部化即可执行。内部化的收益包括增强控制和计划能力、通过实行差别定价提高总利润、避免双边垄断以减少不确定性、消除市场不完全的不利影响以及利用转移定价避开政府的干预等。内部化的成本包括资源成本、国际通讯联络成本、东道国干预的风险成本以及跨国公司内部管理协调成本。内部化的影响因素包括产品的行业特性、地区因素以及国家专有的因素。知识产品跨国公司内部化的动机是最强的。

内部化理论作为跨国公司的一般理论,而不是对外直接投资理论,在西方跨国公司理论中占有核心地位。它有助于说明各种类型的跨国公司形成的基础,因而具有较强的解释力。用内部化理论分析跨国公司的垂直一体化,如前后向一体化是很有效的。内部化理论对跨国公司的成长也提供了一部分解释。从国际分工角度看,内部化理论对解释跨国公司为何要采取内部国际分工这种组织形式而不是采取外部市场形式,具有较强的说服力。

内部化理论也存在不少局限性,主要有:第一,内部化理论本质上是一种静态效率理论,而不是动态成长理论。它只能说明跨国公司为何存在,而无法说明跨国公司行为的变迁和持续成长。第二,内部化理论的一个隐含假设是:跨国公司所面临的外部技术环境稳定不变。显然这是不合理的假设,尤其在技术发生很大变化时,如信息技术使企业出现紧缩和网络化趋势,这是内部化理论无法解释的。第三,内部化理论没有考虑企业战略的作用。事实上,当市场交换带有垄断因素时,跨国公司可以控制交易对方,而并不需要求助于内部化。严格说来,在内部化理论中,跨国公司被看做是国际生产网络的组织者、协调者和控制者。比如跨国公司可以把生产分离出去,而不失去控制。因为它是具有垄断力的购买者。这种交易具有外部市场特征,而生产是由某个管理中心控制和协调的。

(五) 国际生产综合论

邓宁在1976年俄林(Bortil Ohlin)主持的国际贸易与经济地理诺贝尔国际研讨会上,提出了国际生产综合论。这一理论成为近20年来最有影响力的国际生产理论。他的理论包含有三个优势:所有权优势、内部化优势和区位优势。

1. 所有权优势

所有权优势即跨国公司拥有竞争对手所没有的竞争优势。具体包括两种类型:一种是独特的无形资产,如企业专有技术、品牌、企业管理能力等;另一种是整个公司网络互补资产的联合所有权优势,如企业创新技术的能力。

2. 内部化优势

内部化优势即跨国公司对其网络资产(生产的、商业的、财务的)能够实施控制,对其独特资产(如自己的技术)享有充分的独占权,并且协调其互补资产的使用。邓宁认为,内部化优势来源于互补资产的协调使用。

3. 区位优势

区位优势指各国的生产要素成本与质量、基础设施完善程度、政府政策、市场规模以及语言、文化、商业惯例等心理距离。

邓宁的理论之所以被称为综合论,是因为他的理论中包含有三个优势,而其他国际生产理论,大多只涉及其中一个优势。邓宁国际生产综合论的高明之处在于把三个优势都纳入自己的理论框架之中。

邓宁国际生产综合论的优点在于其综合性,即包含了各家学说的长处,构造出一个一般的跨国公司理论。实际上,他的所有权优势来自海默的垄断优势论,内部化优势来自内部化理论,区位优势来自国际贸易理论。从国际分工角度看,这一理论也是一个融合国际贸易与国际投资为一体的国际分工统一论。因为跨国公司对国际分工的影响,必须包含有两重含义才算比较完整:一是组织分工的含义,内部化理论的解释最为全面;二是区位分工的含义,传统国际贸易理论的解释最为全面。而邓宁的理论包含了这两重含义,可以说是比较全面的国际分工理论。

(六) 技术能力国际生产理论

技术能力国际生产理论是由英国里丁大学的坎特威尔(J. Cantweu)所创立的,坎特威尔在1989年完成的博士论文《技术创新与跨国公司》中系统地分析了欧洲跨国公司技术能力积累与其国际生产的关系,从而提出技术能力国际生产理论,在20世纪90年代,坎特威尔对这一理论进行了进一步的验证和发展,技术能力国际生产理论要回答的问题是,为何某些跨国企业比其他企业成长得更快,竞争优势或所有权优势是如何在不同的跨国企业中产生的,以及这些优势如何随时间而变化。

技术能力国际生产理论的基本要点可概括为:技术能力的积累是跨国公司开展国际生产的决定因素。行业内部不同国籍的跨国公司之间的技术竞争是行业内国际生产的重要原因。

技术能力理论强调技术的企业专有性,认为企业的核心技术没有市场存在。企业技术大部分是非编码化的,即使编码化技术也需要互补技能,程式与配套技术的配合。其他企业往往不具备这些条件。非核心技术至少部分是可交易的。这种交易往往是某些编码化技术,通常需要缄默知识(Tacit Knowledge)的支持。技术转让合同中的技术支援往往是最重要的,对接受企业来说,目标是结合自身的传统,在接受企业建立相类似的技能与程式。

但是,并非所有编码化的技术都可以通过这种交易协议进行转移,因为有些有形资产具有企业特性,与企业特有能力和技能程式相联系。而且,编码技术转移时,涉及原创者的标准和规范,在转移时需要转变为接受企业的操作系统。所以,技术在不同区位和不同公司之间转移很困难。例如,第二次世界大战期间,英国飞机发动机图纸供给美国企业时,技术人员花了至少10个月才使其符合美国的标准。

技术能力国际生产理论出现的原因,从学术背景上说,与彭罗斯(E. D. Penrose)的企业成长论、内尔逊(Nelson)的经济进化论、帕维特(Pavitt)的技术积累理论是密不可分的。内尔逊在20世纪80年代初提出经济进化论后,这一新的理论范式很快被运用到许多经济学与管理学的分支学科。创新学者运用它来分析技术变迁过程,称为技术能力;组织学者则用来分析组织变迁,称为组织能力。但在内尔逊本人的分析中,技术能力与组织能力这两者是融合在一起的。总之,技术能力是一个一般的竞争与成长理论。坎特威尔把它运用到了跨国公司的分析当中,这正如内部化理论作为一般的交易成本理论在国际生产中的运用一样。

技术能力国际生产理论强调了国际寡头开展技术竞争对直接投资的影响,而对跨国公司的其他所有权优势有所忽略。技术成为影响跨国公司对外直接投资区位选择的唯一变量,这是一种对跨国公司复杂行为过分简单化的处理。

二、公司国际化的模式

在上一部分中,主要分析了公司为何要开展国际化经营活动,探讨企业国际化经营需要具备何种前提条件,包括企业内部条件和外部环境条件。当企业具备了基本的国际化条件时,就需要考虑以何种方式开展国际化经营活动,即企业选择何种国际化经营模式进入国际市场。这就需要考察企业参与国际竞争的形式。根据产品生产是发生在母国还是国外,可以把企业参与国际竞争的方式分为三种。第一种国际竞争类型是国际化经营企业在国内市场进行产品生产,采取出口的形式参与国外市场的竞争,出口可以是间接形式的,也可以是直接形式的。第二种国际竞争类型是把生产转移到国外,但企业仍然留在国内,企业国际化采取与国外独立企业签订合约的形式进行经营。例如,技术许可合约、特许经营权合约、技术服务合约、管理合同、交钥匙工程、国际分包合同以及契约式合资企业等。这些合同通常有一定的固定期限,契约双方有一定的技术与资源交换。第三种国际竞争类型是企业走向国际化,产品生产在国外进行,而且企业在国外的分(子)公司中拥有股权并直接参与该投资机构的经营管理。这些不同的国际化经营模式的基本特点如表11.1所示。

表11.1 不同国际化经营模式的特点

国际化经营模式	股权或非股权	时间有限或无限	地理范围限制	资源转移模式
全资子公司	股权	无限	依跨国公司安排	大范围内部转移
股权式合资企业	股权	无限	协商决定	宽范围内部转移
许可证	非股权	受合同期限限制	依合同约定	有限范围市场转移
特许经营权	非股权	受合同期限限制	有限制	宽范围(含支持服务)市场转移
管理合同	非股权	受合同期限限制	依合同约定	有限范围市场转移
交钥匙项目	非股权	受合同期限限制	通常没有	在合约期内有限市场转移
契约式合资企业	非股权	受合同期限限制	依合同约定	契约规定,市场或混合方式转移
国际分包合同	非股权	受合同期限限制	有限制	窄范围市场转移

(一)出口经营模式

出口是一种最古老的从事国际商业活动的方式。在我国古代就有著名的"丝绸之路"。第二次世界大战后,随着关税贸易总协定(GATT)的建立,加快推进了贸易自由化进程。世界贸易组织(WTO)的成立,迎来了全球贸易的新时代。这为企业开展出口贸易开辟了新天地。简单地说,出口是指商品和服务在不同国家之间的转移,主要包括间接出口与直接出口两种形式。

1. 间接出口

间接出口是指企业通过本国的外贸公司或国外企业设在本国的分支机构出口,即利用各种出口中介机构来向国外市场销售本企业的产品。在间接出口模式下,出现企业国际化与产品国际化的分离。企业的产品走向了世界,而企业的生产营销活动等都是在国内进行的。间接出口和一般的国内销售几乎没有多大差异,企业不需要自己从事与出口贸易相关的商务活动,如出口文件的准备,也不需要承担因出口而引起的相关风险,因此,间接出口是一种不需要太多专门的出口投资和相关经验的国际化经营方式,这可以说是间接出口的最大优点。对缺少国际化经营经验和人才的广大中小企业而言,间接出口无疑是一种可行的模式。

间接出口的渠道比较典型,有如下四种:第一,例如日本的综合商社,它在组织日本企业的产品走向国际化的过程中起了非常大的作用。我国也需要建立类似的大型出口贸易集团公司,以发挥它们在组织出口活动中的作用。第二,例如美国有数千家出口管理公司,它们专门组织某一地区或某一行业的企业,尤其是中小企业的产品向国际市场销售。这种出口战略联盟的组织形式也值得我们国家借鉴。第三,借助于大企业的国际营销渠道。一些大企业用自己的品牌建立了国际市场销售渠道,为了充分利用这些渠道资源和客户资源,它们往往采用 OEM 方式来充分利用自己的核心能力,这就为一些企业带来了间接出口的机会。第四,利用外国零售机构、品牌制造商设立在本国的采购办事处来出口自己的产品。如销售额排在全球 500 强首位的美国沃尔玛公司的全球采购办事处就设立在中国的深圳。这就为我国众多的企业开展间接出口创造了条件。当然间接出口也有其缺点,就是对出口过程缺乏控制,因为整个出口过程完全掌握在他人手里,同时,国外最终用户的意见可能得不到及时反馈或者反馈信息受到扭曲。这对企业的长期出口活动会产生不利的影响。

2. 直接出口

当企业的间接出口达到一定规模时,因间接出口而与国外终端客户联系沟通不方便时,企业就需要考虑设立自己的出口部门或国际业务部门来从事直接出口活动。这需要企业自己处理出口订单、与国外客户直接联系谈判、制定出口商品价格、国际市场行情调研以及出口商品的运输等。显然这些活动都需要企业投入相应的人力与物力资源,设立相应的内部组织架构并做相应的组织承诺。

直接出口可以采取多种形式:第一,在国外主要市场设立销售代表处,人员从本国派出。这种形式的优点是本国派出的销售代表对出口企业及其产品非常了解,而且便于有效地控制市场和及时地向出口企业反馈国外市场信息;缺点是对销售代表的能力和个性依赖较大,如销售代表可能对当地市场不太了解,或语言沟通上有问题。第二,通过国外代理商来出口,即代理商根据销售额获取出口佣金。代理商一般对当地市场比较了解。困难在于找到具备销售能力而且易于沟通合作的代理商往往是不容易的。第三,采取国外经销的形式,即国外经销商以自己的名义购买商品,从商品加价当中获取利润。相对代理商而言,经销商能够提供更好地售后服务。第四,出口企业在国外设立自己的销售子公司。设立销售子公司表明企业对国外市场做出更大的承诺,从而增加国外消费者的购买信心。相对上述几种形式,企业卷入海外经营的程度大大增加,管理国外销售子公司的难度也加大,包括从当地选拔销售人员、制定一系列营销组合决策以及营销战略等。

出口是企业国际化经营模式中风险最小的一种。从国际化过程的角度看，出口一般是企业国际化经营的起点。即使像 IBM、通用电气这样的巨型跨国公司，出口仍然是它们基本的国际商务活动。一个企业要取得良好的出口绩效，取决于企业的出口能力、企业管理人员的出口意识以及企业的出口战略。

(二) 非股权式市场进入模式

非股权式市场进入模式是指企业把自己开发的专有技术或诀窍以签订合约的形式卖给国外的公司。技术专利、商标、版权、管理技术等无形资产是企业的核心竞争优势来源，在国外市场，利用这些无形资产有多种形式，如技术许可证交易、特许经营等。

技术许可证交易是指企业通过向国外技术使用方收取相应的费用和报酬，转让自己开发的专利技术。这种国际化经营模式要求企业的参与程度和投入的资源都较低，大约界于直接出口与间接出口之间。这种方式一般也不要求转让方大量投资或参与管理，只需帮助技术受让方掌握技术、协助组织初期的生产即可。企业采取技术转让的方式去占领国际市场的原因是，企业缺少把技术进行商业化生产的经济和组织能力，或者不具备商业化生产的优势。如许多科研机构或高等院校，其核心能力是从事科研开发，从事商业化生产并不是其专长。有时企业也使用技术转让方式来进行市场测试或去占领次要的市场。随着产品更新周期的加快，技术转让相对于技术出让来说，更具战略意义。像 IBM 这样的技术领先公司，每年都有数量巨大的专利产生。从 20 世纪 90 年代起，IBM 公司改变了原来的专利自己使用的原则，改为向市场甚至竞争对手出售自己开发的技术专利战略，IBM 公司董事长郭士纳形象地称之为"敞开仓库"。

特许经营也是一种常用的非股权式市场进入模式。特许经营有两种类型：一种类型与技术许可证交易相类似，即被许可方向特许方购买其商标或者品牌，特许方只向被许可方提供有限的支持和指导。这种特许经营方式在软饮料、汽车和石油零售业使用较多。另外一种特许经营方式被称为商业格式特许，在这种特许模式下，特许方需要向被许可方转移较多的管理技术和商业指导，不仅包括品牌和商标，而且包括详细的操作指令和服务标准指导，以及提供培训甚至融资。特许方对被许可方的日常运作进行较多的监督和控制，这种特许模式在快餐业、酒店业以及出租车业等运用较多，如麦当劳公司、假日酒店公司等就是这种特许经营模式的典型代表。对于中小企业而言，特许经营是一种低成本和低风险的国际化经营模式。

非股权式市场进入模式的主要阻碍可能是涉及较高的交易费用，即寻找合作伙伴、开展商业谈判以及契约执行的成本。

(三) 股权式市场进入模式

股权式市场进入战略是指企业用股份控制的方法，通过对外直接投资直接参与国外生产设施的经营管理，直接投资的形式可以是合资，也可以是独资，组建国外分（子）公司，既可以采取"绿地投资"，即新建方式，也可以采取兼并收购东道国现有企业的方式进入国外市场，随着经济全球化的推进，跨国并购作为直接投资的一种形式和国外市场进入模式的重要性大大增加。2000 年的《世界投资报告》就是以跨国并购为主题，随着我国改革开放进程的加快，我国需要从政策上重视利用这种新的直接投资形式，同时，我国在大力推进企业"走出去"战略的同时，也需要学会利用并购这种模式进入国外市场，如 TCL 集团公司通过并购进入德国市场就是一个典型的例子。

【专栏 11-1】

一个世界,一个福特:昨天、今天、明天

昨天:亨利·福特制造出了 100% 的美国产汽车

福特公司在密歇根州迪尔本的工厂建于 1919 年,生产美国第一代 T 型汽车。该厂在一个厂区拥有自己的钢铁厂、玻璃厂和另外 32 家制造厂。T 型车的唯一外国货是来自马来西亚的橡胶。亨利·福特曾经试图种植橡胶树,但没有成功。直到 20 世纪 40 年代出现了合成橡胶,福特汽车才成为 100% 的美国货。汽车全部在罗杰工厂生产,该厂是当时世界上最大的工业联合企业。

20 世纪 60 年代初期,形势开始发生变化。一份福特公司的备忘录记载着这样一段话:"为了进一步扩大我们在世界范围内的业务,在采购活动中应考虑在世界各地选择货源。"换句话说,如果国外便宜,就从国外购买。福特公司的备忘录预示了美国公司的未来。

今天:全球开发、制造和销售

福特嘉年华是在美国构思,在日本由马自达设计,在韩国由起亚制造的。水星由福特设计,在墨西哥埃莫西约的马自达生产平台上制造,采用在墨西哥制造的福特引擎和来自中国台湾的零部件。

根据福特的 2000 年计划,福特的美国公司和欧洲公司将正式合并为一个超级组织;拉美公司和亚洲公司以后也将采取同样的步骤。这一设想旨在在世界范围内创建并使用相同的系统和流程,以便设计出略做调整就能在不同地点制造、销售的产品。同样的平台、同样的生产和设计流程将用于美国市场生产小型汽车。美国的四个车辆工程中心将负责设计较大额汽车和卡车,在世界各地销售,甚至将采用相同的制造系统和几乎相同的平台在世界各地制造。公司预计这样可以节省巨额资金。

福特 2000 年计划并不是让大家都用一种车,看似集约化,实为非集约化。尽管基本的生产平台减少了,但是同样的平台会用于大不相同的车辆。福特欧洲公司设计的世界小型汽车将在世界各地采用相同的引擎、传动器和其他主要元器件,但是将有不同的风格迎合当地的偏好。2004 年,福特的 32.7 万名雇员在世界 200 多个国家和地区的福特汽车制造和销售企业中,共同创造了 35 亿美元的净收入。2010 年福特在全球销售汽车共计 531 万辆,盈利达到 66 亿美元,为过去 10 年中的最好成绩。

明天:全球产品将变为现实

在 2010 年北美车展上,福特公司发布了全球产品计划,将在包括美国密歇根韦恩、德国萨尔路易斯、西班牙巴伦西亚、俄罗斯圣彼得堡、中国重庆在内的 5 个地区工厂构造全球工厂体系,并加强和全球供应商的联系。

福特的首款全球化产品——新型中级平台的推出是福特在日益重视全球供应商方面迈出的重要一步。正如需要全球制造资源一样,福特的全球装配运营比以往任何时候都更依赖真正全球性的供应基地。随着公司从区域转向全球业务关系,为新的中级产品组合建立一个坚实的全球供应基地已经成为福特在世界各地的采购组织的主要目标。福特历时 4 年制定的"联合业务框架"(ABF)原则为福特与供应商的合作提供了准则,从而为福特在全球范围内与供应商进行有效合作铺平了道路。

为了尽可能在资本密集的汽车行业利用其资源,对于汽车中最具价值的 112 种商品(占车辆总生产成本的 80%,动力系统的部件除外),福特制定了一套"商品业务计划",并使之在

"同一个福特"的协作模式下得以增强。每项计划都有关于技术开发、成本驱动因素、采购策略和全球供应商的详细评估。这一策略使新型中级车的部件通用性有了显著提高,达到了80%。福特与其供应基地一直保持合作,从而推动了供应商的全球化发展。福特及其供应商攫取了全球规模的好处。在其推动之下,效率得到了提高,从而使得福特的开发成本与2006年开发的车辆相比减少了60%以上。

福特全球产品开发集团副总裁德里克·库扎克(Derrick Kuzak)解释道:"提高质量和扩大规模的措施之一就是减少供应商的数量。质量和效率不仅可以使福特获得回报,还可以使外延企业与我们的供应商合作伙伴都获得回报。"

看今朝,一个世界,一个福特,一类产品。

资料来源:凯特奥拉,格雷厄姆.国际市场营销学[M].北京:机械工业出版社,2000:4. 刘卫琰.福特制定全球化产品计划 重庆工厂年产15万[EB/OL]. http://auto.163.com/10/0111/16/5SOU1VST000836P0.html,2010-01-11;http://www.ford.com.cn.

第二节 跨国公司的经营与管理

当前,跨国公司已经成为世界经济的引擎,是经济全球化的主要载体和科技全球化的驱动力量,正在超越国家边界成为世界经济活动的主体。跨国公司结构的演变导致全球化竞争加剧,以向外输出商品和服务为主的传统做法,已经满足不了在全球范围内优化资源配置,更加灵活的跨国公司的经营与管理方式将显得尤为重要,是跨国公司管理人员的必备知识。本节从生产管理、营销管理两个方面介绍跨国公司的经营与管理。

一、跨国公司生产管理

企业的生产目标、生产组织结构、生产方式和方法,都必须适应生产环境和市场需求的变化。在当今多样化的市场需求条件下,生产组织方式和方法显得尤为重要,并且日趋复杂化。在激烈的国际市场竞争的环境中,对于生产组织与管理的完善和改进是跨国公司经营管理的重要内容之一。生产管理就是对企业生产组织、协调管理,包括生产计划、生产组织、质量检验、原材料组织、仓库管理、人力协调、技术服务管理、业绩管理与考核定额管理等。下面从跨国公司生产的本地化、国际采购、国际生产体系和国际研发四个方面来介绍。

(一)跨国公司生产的本地化

生产的本地化是跨国公司本地化的一部分,它是指在以实施多国战略为主的企业中,战略的重点是强调不同环境下生产的差异性和市场的适应能力。跨国公司生产的本地化降低了产品标准化程度,适应了多国战略的实施,主要表现在三个方面:第一,生产系统相对独立。因为当地化生产要根据子公司所处的东道国的环境,进行独立的生产经营,因此生产系统相对独立、自成体系。这样的设计保证了满足当地消费者的差异化需求、适应当地的环境,但是各个子公司与母公司职能部门的重叠,从而产生了成本、高效率等问题。第二,产品设计和生产多样化。由于母公司提供的产品技术要根据当地市场的需求特点进行调整,因此,同一品牌、规格的产品在不同国家的市场上可能存在差异。要求子公司根据当地的环境进行设计和开发,使产品能够体现当地的特色。因此,不同子公司所使用的生产设备也有所不同,跨国公司的生产设计和产品呈现多样化的特征。第三,技术的适用性。世界上没有普遍适用的技术,即使生产同一产品,在不同国家也可能采用不同的技术,因为它要受到不同国家经济、政治和文化等方面的影响。

总之,跨国公司的本地化生产是与标准化生产相对应的一种形式,它们各自具有一些优点和缺陷,在跨国公司进行生产设计的过程中,应该相互结合、扬长避短,实现利益最大化。

(二) 国际采购

国际采购是指利用全球的资源,在全世界范围内寻找供应商,寻找质量好、价格合理的产品货物与服务。随着经济的全球化,为了使企业在一个快速变化的新世界和新经济秩序中生存与发展,采购行为已成为企业的重大战略。德国学者阿诺德(U. Arnold)把国际范围内的采购看做一个连续发展的过程,如图11.1所示。

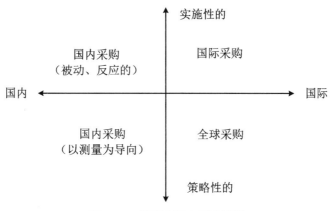

图 11.1　国际范围内采购过程

图11.1中横轴表示市场的地理范围,纵轴表示采购活动的层次,实施性层次一般仅对需求做出反应,而策略性层次着眼于未来潜力的发展。第一层代表进行国内采购;第二层代表对需要的物资进行国际采购,但它是为了满足国内的供应无法满足的需求而进行的,是被动的、反应性的、机会性的跨国采购;第三层代表将国际采购视为采购战略的一部分,是跨国采购直接、主动的行为;第四层代表从全球范围内考虑采购战略的整合和协调,全球采购经常被视为公司全球化战略的一部分;第五层代表将采购战略与其他功能集团整合和协调,这个阶段要求全面的组织和信息系统,公司可以利用世界范围内最好的供应商的设计和制造优势。

1. 国际采购的伙伴选择

国际采购中供应商的选择需要遵循一定的原则,理论上,要根据供应商的创新能力和成本优势以及跨国公司所要采购的货物进行选择。供应商选择组合模式如图11.2所示。

在实践中,对供应商的选择要注意以下三个方面:一是供应商能力。这里的能力包括工艺、设备、流程、试验设施、工程技术人员以及生产能力等。通过与供应商建立合作伙伴关系,跨国公司可以充分利用供应商的核心能力,充分发挥各方的优势,并行开展新产品的设计和制造,从而缩短新产品的上市时间。二是质量保证体系和售后服务。虽然很多供应商取得了认证的证书,但采购商也要看他们对标准和某些参数是否深刻理解,是否有相应的设备和工艺手段使产品达到参数要求。当出现用户不满意时,通过跨国公司和供应商建立的合作伙伴关系,可以将问题快速反应给企业,及时保证售后服务的质量。三是供应商的成长状况。选择好的供应商,考察供应商的产品销售及盈利状况,在财务方面是否有足够的能力

图 11.2　供应商选择组合模型

与采购商合作,可以节省跨国公司的成本。因为如果供应商可以参与产品设计,仅需双方进行合作,从而提高企业的运营效率、降低生产成本。

2. 国际采购体系

合理的国际采购体制在跨国公司国际生产中具有保障性作用。供跨国公司选择的国际采购体制有三种。

第一,中心购买式。该体制强调总部对整个跨国公司体系内各单位所需物资的集中采购与统一管理。由于汇集了各单位的订单,就提高了订单的订货规模,使跨国公司获得了采购规模经济,并增强了与供货商进行讨价还价的能力。在跨国公司体系庞大、所需采购物质种类多的情况下,中心购买体制需要有较高的采购技能与调配技能才能使该体制的优点得以发挥,否则,其集中采购规模经济会被调配管理的不经济所抵消。一般情况下,中心购买体制较适合于采购物资种类不多但总量较大、供应商比较集中的情况。

第二,自主采购式。在该体制下,各个子公司或工厂自行采购其所需部件。例如,国际商用机器公司巴西子公司可能向国际商用机器公司在东亚的国际采购处发出进货报价,进行谈判以争取最好的订货条件。这样,为了从国际商用机器公司各子公司或工厂获得订单。各个国际采购处相互之间展开直接竞争。这种内部竞争迫使每个国际采购处对第三方供应商采取强硬的态度。自主采购体制可充分调动各子公司与工厂的主观能动性,灵活性强,适合采购物资种类多、供应商较分散的情形。

第三,混合式。该体制是中心购买体制与自主采购体制的折中。在混合式体制下,部分部件集中采购,其他部件则分散自主采购,在发挥集中采购的规模经济效应的同时,发挥各子公司和工厂自主经营的积极性。

(三) 国际生产体系

跨国公司国际生产体系是指跨国公司控制下的国际价值增值活动的区位安排。国际生产体系亦被称为"以世界为工厂""以各国为车间"的全球化经营模式,因此把跨国公司称为全球公司似乎更能反映其国际生产体系的典型特征。例如,庞蒂亚克·莱曼品牌的汽车被人们称为"21 世纪世界工厂的产物",它由美国福特汽车公司牵头,德国负责设计,零部件产自 7 个国家,最后在韩国组装成车,并销往世界各地。

1. 跨国公司国际生产体系的特点

跨国公司国际生产体系特点是:跨国公司利用全球资源,实现研究与开发、生产制造、采购与销售的全球优化配置。即为了从各州生产要素(如劳动力、自然资源、资本)的成本和质量差异中获得好处,以改变成本构成,降低总成本,提高产品质量和功能,从而增强其竞争力,而把价值链中不同环节进行区域分布,以全球市场为操作平台,不再局限于一国的地理范围。跨国公司生产体系的主要特点有以下几个方面。

第一,从全球生产价值链的角度合理配置资源。国际生产体系发展的趋势之一是走专业化道路,集中资源加强核心竞争力。由于跨国公司在价值链的不同环节的投资回报率不同,在生产价值链的技术开发、产品制造、市场营销三大环节中,跨国公司更多的是抓两头:一头抓技术创新、技术标准的制定和推广,新产品的开发和升级;另一头抓产品销售渠道,在品牌管理、市场营销、售后服务等环节上不惜重金。跨国公司价值链投资曲线如图11.3所示。

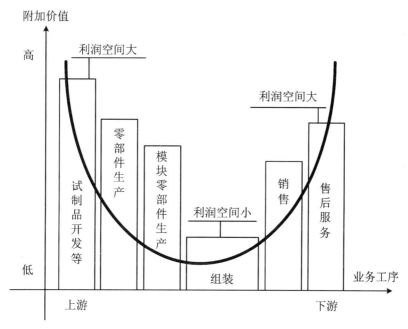

图11.3 跨国公司价值链投资的微笑曲线

第二,通过外包业务,提高企业的灵活性。外包指企业只注重发展核心业务,而其他业务则外包给专业公司去做。这种业务在国外比较流行,如企业所需的某些产品由原来自己内部生产变为从外部供应商处购买。外包战略的实质是给企业重新定位,截取企业价值链中比较窄的高利润部分,缩小经营范围,重新配置企业的各种资源,将企业有限的资源集中于最能反映企业优势的领域,以构筑企业竞争优势,使企业获得持续发展的能力。

第三,在国际生产体系中突显合同制造商的作用。合同制造商是根据供货合同,为客户提供商品和服务的企业。合同制造商的兴起是近年来国际生产一体化发展的新趋势。合同制造商的优势在于,它可同时为不同的客户提供产品和服务,因而具备较高的设备利用率和效率。合同制造商不仅拥有规模经济优势,而且具备相当的技术创新能力。在必要的情况下,可为客户开发新产品,并承担与产品制造相关的其他业务,如物流和订购、产品的售后服务等。

跨国公司国际生产体系的变化是其为适应全球经营环境的变化而做出的战略调整的结果。总体上,由经济自由化、技术变革、竞争的加剧三大因素直接促成了跨国公司国际经营战略的调整。

2. 跨国公司国际生产体系的发展

跨国公司从15世纪末16世纪初产生,发展到今天,从国际生产体系自身的属性来看,其发展主要分为三个阶段。

第一阶段:第二次世界大战之前,跨国公司在海外建立分支机构是为了促进贸易。跨国公司国际生产体系主要表现为生产和流通,生产主要在本国完成,而产品销往世界各地。国际贸易主要表现为产业间贸易,体现了各个国家的资源禀赋和比较优势。

第二阶段:第二次世界大战以后,跨国公司的对外直接投资即向国外以资本流动转移资源的方式进行国际生产的直接投资,获得了巨大的发展。跨国公司的对外直接投资可以获得对投资对象的直接控制权,满足生产国际化的需要,避开贸易壁垒,取得原材料的稳定供应等。此时,跨国公司国际生产体系覆盖研发、生产、销售、服务等四个方面。国际贸易中产业内贸易的比重逐渐上升,体现了产业内产品的差异性和规模经济。

第三阶段:跨国公司在全球实行的统一战略部署。这个阶段跨国公司国际生产体系主要覆盖研发、生产、营销、服务四个方面。在生产方面,跨国公司的国际分工进入到更深的层次,围绕着一类产品将它的零部件进行专业化分工,按照各环节所需要的要素优势找寻其最优区位,并在各区位进行投资(垂直一体化),或外包一些环节给最优区位的其他企业(垂直分离化);在人力资源方面,跨国公司不再像过去是由母国的人力资源为主导进行技术开发,而是根据不同东道国的自身条件与比较优势,在全球范围内有组织地安排研发活动,从而促进跨国公司研发活动的全球化战略部署;在组织结构方面,跨国公司的组织结构出现了一些新的特点,如扁平化、网络化、柔性化等。

3. 跨国公司国际生产体系的形态

(1) 垂直一体化

垂直一体化形态可以描述为跨国公司以独资、控股、参股的直接股权控制模式,把研发、生产、营销、服务等环节按照最有利的区位分布于世界各地,使每一个分支机构及其所联系的企业在职能专门化的情况下统一形成一个一体化网络。该网络是一个等级制,各个环节的衔接在跨国公司内部完成。该形态具备两个特征:一是资产的完全一体化;二是交易的完全内部化。例如日本家电业巨头索尼公司,它所奉行的经营理念是"全球化策略,本地化运营",它主要以独资、合资、合作等方式在全球120多个国家和地区建立分子公司和工厂,2011年的合并销售额达838亿美元。

跨国公司连接价值链的各个环节是通过企业组织实现的而非通过市场交易完成,这首先取决于跨国公司本身的技术特点和工艺上的可分性,如果生产的各环节在技术工艺或者在所使用的机器设备上具有较强的不可分性,必然会将各个生产环节集中在一个企业内进行。其次,取决于交易费用。影响交易费用的因素包括两方面。一是机会主义。随着资产专用程度的提高,资产挪作他用难度加大,即使挪作他用,也会引起很大的损失。这时,交易双方的交易关系具有高度的依赖性。如果占据有利位置的一方采取机会主义行为,如改变价格,减少、终止供应或购买,另一方将蒙受很大的损失。二是人的理性是有限的。影响未来的因素是很多方面的,人们能够把握的因素总是有限的,即使人们能够穷尽所有影响因素,也不可能做出完全正确的预测。人的有限理性导致交易的不确定性,提高了交易费用。

(2) 垂直分离化

垂直分离化是跨国公司采用非股权合作关系,从专业化的角度出发将一些原来的属于企业内部的职能部门转移出去成为独立经营单位的行为,或者说取消使用原来由企业内部所提供的资源或服务,转向使用企业外部更加专业化的企业所提供的资源或服务,使价值创造过程的很大一部分在主导企业之外完成。"外包"这个独特的现象诞生了。外包是指把一些现有的企业活动转移到企业外部的过程。例如,在中国香港和新加坡同时上市的冠捷科技集团是世界上最大的显示器生产厂家之一,其很重要的一部分业务就是OEM,即为国内外多家著名品牌的电脑贴牌生产显示器。

跨国公司采用垂直分离化的原因,首先是产品生命周期的缩短、对市场反应速度的加快和大规模投资会导致风险加大。其次是由科技进步带动了产业分解、要素分解和工艺分解。分工以分解的方式存在,以此促进专业化的更加细化,效率更高。最后是随着世界自由贸易的推进,网络技术的发展,中间产品的规模越来越大,市场机制更加健全,交易费用自然也就降下来了。

当技术可分新成立时,企业价值链模块化经营也就产生了。模块化经营即将价值链中的每个工序分别按一定的"块"进行调整和分割。日本经济学家青木昌彦所称的"模块"是指半自律的子系统,把一个复杂系统和过程分解为可进行独立设计的子系统的行为称为"模块分解化",把可进行独立设计的子系统统一起来的行为称为"模块集中化"。价值链理论的核心内容是:在一个众多的价值活动中,不是每一个环节所创造的价值都高(图11.3);企业所创造的价值实际上主要来自企业价值链上的某些特定的价值活动;这些主要创造价值的经营活动就是企业价值链上的"战略环节"。因此,企业在竞争中的优势,特别是能够长期保持的优势,实质上就是企业在价值链上某一特定的战略价值环节上的优势。谁抓住了这些战略价值环节,谁就抓住了整个价值链,也就控制了该行业。这些特定环节可以是产品开发、工艺设计,也可以是市场营销、售后服务等,视不同的行业而异。跨国公司把战略环节留在企业内部,把创造低价值的环节如加工、制造、装配、检测、包装等分离出去。

(四) 国际研发

随着经济全球化趋势的迅猛发展和国际竞争的日益激烈,跨国公司技术研究与开发的组织形式发生了重要变化。发达国家一些颇具实力的大型跨国公司为了适应世界市场的复杂性、产品的多样性以及不同国家消费者偏好的差异性的要求,同时也为了充分利用世界各国现有的科技资源,降低新产品研制过程中的成本和风险,并有效地缩短产品的市场化时间,改善研究效率,提高技术学习技能,谋求产品价值链各环节的总体最大收益,在生产国际化水平不断提高的基础上,跨国公司一改过去以母国为技术研究开发中心的传统布局,根据不同东道国在人才、科技实力以及科研基础设施上的比较优势,在全球范围内有组织地安排科研机构,以从事新技术新产品的研究与开发工作。跨国公司的研发活动正在向全球化发展,为了适应多样化的需要,研究与开发的组织模式也是多种多样的。下面介绍五种主要的研发组织模式。

第一,母国中心型研发模式。在这种研发模式中,跨国公司的研究与开发力量主要集中在母国的总公司,母国公司的技术优于其他东道国子公司的技术,母国可以对它的子公司在技术方面进行有效的控制。

这种研发模式的优点是跨国公司的研发成本低、效率高、有规模效应和便于控制核心技术。但是由于新产品的创造主要在母国公司,子公司主要负责生产和销售,这就容易出现信息不对称和决策模式的问题。目前许多大型跨国公司仍使用这种模式,如大众公司,它的主要研发力量在本国,而在中国的公司主要是生产和销售,研发力量不强,不具有核心技术。

第二,地理中心型研发模式。由于母国中心型研发模式不利于海外市场的开发和竞争优势的提高,随着全球经济的发展,跨国公司为了摆脱母国中心的战略,同时又要保持集中化的优势,于是开发了地理中心型研发模式。在这种模式中,跨国公司派遣研发人员到海外收集信息,加强与当地制造商、经销商和消费者的联系,不断增加人力资本的投资,在不同文化背景下建立高效的研发团队。这种模式的主要优点是既便利了技术的国际化开发,又保持了研究与开发的集中化优势。

第三,研发中心模式。在这种模式中,研发中心是由位于母国的研发中心和东道国子公司的研发机构组成的,它是技术和产品开发的主要基地。这种模式的优点是可以高效率地转移技术,并保持长久的技术实力。因为在这种模式中母公司的研发中心主要从事技术领域前沿性研究活动的规划和全球资源的配置,而子公司的研发机构可以在某个技术领域内,监视国外技术的发展动向。但是这种模式也存在明显的缺点,如合作成本高,研究分支机构的灵活性差,研发中心的指导无形中压制了各个分支机构的创造性等。

第四,多极化研发模式。为了满足当地市场对产品特定的需要,跨国公司一般采用多极化研发模式。在这种模式中,跨国公司通过对当地的营销和生产的考察,建立了区域研发分支机构,负责当地的研究和开发活动。这种模式的主要优点是满足了当地市场的需要。但是出现了效率低下、重复性开发、没有核心技术和人员过多等方面的缺点。于是如何摆脱各个机构之间的相互独立,建立一个范围广泛的一体化网络成了多极化研发模式面临的主要挑战。也由于多极化研发模式的这些不足,研发一体化网络模式逐渐发展起来。

第五,研发一体化网络模式。在这种模式中没有母公司和子公司在研发上的主次关系,母国的研发机构,不再是整个研发活动的中心,许多研发的分支机构通过灵活、分散的合作机制密切联系。这种研发模式的优点是可以实现专业化的协同效应,使全球效率高于区位效率,便于开展跨区域的组织学习,能够开发和改善区位优势。但是这种模式也存在协调成本高、组织管理和决策过程复杂等缺点。

以上五种跨国研究与开发的模式各具特点,跨国公司在进行研发时要根据自身的情况和公司的战略进行选择。一般来说,目前跨国公司都是采取几种模式的组合以达到扬长避短的效果。

二、跨国公司营销管理

企业国际化是企业积极参与国际分工,由国内企业发展为跨国公司的过程。而国际营销是企业国际化的必然产物,是企业走向国际化必须要经历的初始阶段。在世界经济全球化、一体化向纵深发展的今天,任何企业的生存与发展都不可避免地参与国际竞争。当企业经营活动与国际经济发生某种联系时,企业的国际化过程就开始了。这种联系既可以是生产要素方面的,比如资金、技术、人力资本等,也可以是商品或服务的中间产品中最终产品的交换。可以说,国际营销活动是企业国际化的一个重要的组成部分。

(一) 市场细分

尽管国际市场竞争日益激烈,但不充分竞争仍应是引导商品和资本在不同国家与地区之间流动的主要动因。国际企业在国际经营中,如何面对海外纷繁复杂的市场环境,寻求市场机会,以尽可能少的风险、尽可能高的投资回报,成功开拓海外市场,其首要问题是选择正确的目标市场。目标市场的选择需借助必要的市场调研,并在大量信息整理、分析的基础上进行市场的宏观细分与微观细分,而后才能做出目标市场决策。

根据市场细分,目标市场策略有三种,即:无差异市场营销策略、差异性市场营销策略和集中性市场营销策略。

1. 无差异市场营销策略

无差异市场营销策略是指企业将产品的整体市场视为一个目标市场,用单一的营销策略开拓市场,即用一种产品和一套营销方案吸引尽可能多的购买者。无差异营销策略只考虑消费者或用户在需求上的共同点,而不关心他们在需求上的差异性。可口可乐公司在20世纪60年代以前曾以单一口味的品种、统一的价格和包装、同一广告主题将产品面向所有顾客,采取的就是这种策略。

无差异市场营销的理论基础是成本的经济性。生产单一产品,可以减少生产与储运成本;无差异的广告宣传和其他促销活动可以节省促销费用;不搞市场细分,可以减少企业在市场调研、产品开发、制定各种营销组合方案等方面的营销投入。这种策略对于需求广泛、市场同质性高且能大量生产、大量销售的产品比较合适。对于大多数产品,无差异市场营销策略并不一定合适。首先,消费者需求客观上千差万别并不断变化,一种产品长期为所有消费者和用户所接受非常罕见。其次,当众多企业如法炮制,都采用这一策略时,会造成市场竞争异常激烈,同时在一些小的细分市场上的消费者需求得不到满足,这对企业和消费者都是不利的。最后,易受到竞争企业的攻击。当其他企业针对不同细分市场提供更有特色的产品和服务时,采用无差异策略的企业可能会发现自己的市场正在遭到吞食但又无法有效地予以反击。

2. 差异性市场营销策略

差异性市场营销策略是将整体市场划分为若干细分市场,针对每一细分市场制定一套独立的营销方案。比如,服装生产企业针对不同性别、不同收入水平的消费者推出不同品牌、不同价格的产品,并采用不同的广告主题来宣传这些产品,采用的就是差异性营销策略。

差异性营销策略的优点是:小批量、多品种,生产机动灵活、针对性强,使消费者需求更好地得到满足,由此促进产品销售;由于企业是在多个细分市场上经营,一定程度上可以减少经营风险;一旦企业在几个细分市场上获得成功,有助于提高企业的形象及提高市场占有率。差异性营销策略的不足之处主要体现在两个方面:一是增加营销成本。由于产品品种多,管理和存货成本将增加;由于公司必须针对不同的细分市场发展独立的营销计划,会增加企业在市场调研、促销和渠道管理等方面的营销成本。二是可能使企业的资源配置不能有效集中,顾此失彼,甚至在企业内部出现彼此争夺资源的现象,使拳头产品难以形成优势。

3. 集中性市场营销策略

实行差异性市场营销策略和无差异市场营销策略,企业均是以整体市场作为营销目标,试图满足所有消费者在某一方面的需要。集中性营销策略则是集中力量进入一个或少数几个细分市场,实行专业化生产和销售。实行这一策略,企业不是追求在一个大市场角逐,而是力求在一个或几个子市场占有较大份额。

集中性市场营销策略的指导思想是:与其四处出击收效甚微,不如突破一点取得成功。这一策略特别适合资源力量有限的中小企业。中小企业由于受财力、技术等方面因素制约,在整体市场可能无力与大企业抗衡,但如果集中资源优势在大企业尚未顾及或尚未建立绝对优势的某个或某几个细分市场进行竞争,成功的可能性更大。

集中性市场营销策略的局限性体现在两个方面：一是市场区域相对较小，企业发展受到限制；二是潜伏着较大的经营风险，一旦目标市场突然发生变化，如消费者趣味发生转移，或强大竞争对手的进入，或新的更有吸引力的替代品出现，都可能使企业因没有回旋余地而陷入困境。

（二）产品策略

国际企业在经过调研、市场细分和目标市场选择之后，就要制定其营销组合策略，即产品策略、定价策略、分销策略和促销策略。产品是营销组合中的首要因素，产品策略是国际企业营销组合策略的首要组成部分，是其他组合策略的基础。

1. 产品的概念

产品是一个整体的概念。现代市场营销中，产品是指能够提供市场、供使用和消费的、可满足某种欲望或需要的实物、劳务、组织和构思等。它不仅包括有形的物品，还包括无形的服务，使消费者购买之后获得满足。产品作为一个整体概念，包括以下三层含义：

第一层是核心产品。它是指产品提供给顾客的基本效用或利益，是产品的核心内容。

第二层是形式产品。它主要指产品的外观、状态等方面，如品牌名称、包装、款式、功能等内容，这些是产品不可缺少的物质基础。它是核心产品借以实现的形式，形式产品的差异性给消费者提供了选择不同产品的依据。

第三层是附加产品。它是指顾客在购买产品时所得到的附加服务和利益。附加产品的主要部分是售后服务，同时免费送货、提供信贷等内容也是附加产品的一部分。

就一个企业而言，企业形象处于第一层次，品牌形象处于第二层次，产品形象处于第三层次。一个品牌必须存在于企业中，必须依托在有形的产品（服务）上。产品是一个整体的概念，企业为消费者提供产品时，不仅要注重核心产品，还要注意形式产品和附加产品，只有将这三者结合起来，才能体现产品的整体化竞争优势。

2. 产品生命周期及其策略

产品生命周期（Product Life Cycle）是指产品从进入市场开始直到最终退出市场为止所经历的全部过程。即产品的经济寿命，而不是产品的使用寿命。产品生命周期可分为四个阶段，即介绍期、成长期、成熟期和衰退期，如图11.4所示。

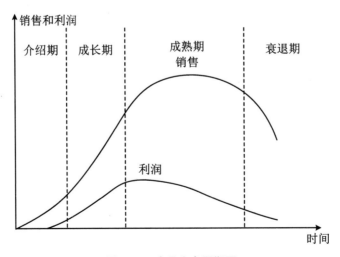

图11.4 产品生命周期图

产品生命周期的每个阶段呈现出不同的特点。

(1) 介绍期的特征及经营策略

介绍期是新产品进入市场的最初阶段,是指从开发产品的设想到产品制造成功的时期。此期间该产品销售额为零,公司投资不断增加。其主要特征是消费者对产品不了解,销售量低,生产成本高,促销费用大,利润很少,甚至出现亏损。

在介绍期,企业的主要营销目标是迅速为新产品打开市场,扩大销售量。在这一时期确定销售策略时,一方面要充分认识到新产品的发展前景;另一方面也要考虑风险性,采取一定的防范措施。可采取的策略有:灵活选择分销渠道,大力促销,广泛开展广告宣传,吸引潜在顾客的注意;完善生产技术,稳定质量,改进产品,以适应市场需要或降低成本;选择恰当的价格与促销组合策略。

介绍期企业可采取以下三种市场定价策略:① 高价策略。即高价投入新产品,售价大大高于成本,力求短期内补偿全部成本,并迅速获利。一般适用于市场寿命周期较短的时尚产品,如服装、化妆品等。② 低价策略。即低价投放新产品,使产品在市场上广泛渗透,从而提高市场份额,然后再随市场份额的提高调整价格,实现盈利目标。一般适用于有替代用品的中高档消费品。③ 中价策略。即价格水平适中,同时兼顾厂商、中间商及消费者利益,使各方面满意。一般适用于生活必需品和重要的生产资料。企业采取定价策略的总原则是努力取得市场占有率。

(2) 成长期的特征及经营策略

成长期是产品在市场上已经打开销路,销售量稳定增长的阶段。其主要特征是消费者对产品已比较熟悉,销售量增加,生产成本与营销费用下降,利润不断提高,新的竞争者进入市场,竞争趋向激烈。

在成长期,企业的主要任务是进一步扩大市场,提高市场占有率,延续获取最大利润的时间。在这一阶段,可采用的策略有:注重促销改进、产品改进、市场开发、分销改进和价格调整,从而不断提高产品质量,增加花色品种,改进包装等,创建产品的品牌优势;改变促销重点,从提高产品知名度转变为说服人们购买产品来扩展销售渠道,完善销售体系;适当时应降低价格,以扩大销售,抑制竞争。

成长期企业可采取的市场定价策略有:① 通过高质量、高工艺、多品种增加市场竞争力;② 通过产品特色宣传,确立商品知名度;③ 通过市场细分,积极寻找新的市场;④ 通过规模效益,适度降价来吸引消费者。成长期企业定价策略的总原则是努力扩大产品的市场占有率。

(3) 成熟期的特征及经营策略

成熟期是产品在市场上销售量达到高峰时的饱和阶段。其主要特征是产品相当普及,销售量趋于稳定,利润开始下降,市场竞争十分激烈。

在成熟期,企业应该牢牢地占据市场,尽量延长成熟期。可采用的策略有:改进产品,开发产品的新用途,创造新特色;改变销售方式,扩大销售对象,或开拓新的市场,以扩大市场份额;改进营销组合策略,例如降低价格,提高服务质量等。

(4) 衰退期的特征及经营策略

衰退期是产品销售量大量减少,即将退出市场的阶段。其主要特征是新的产品大量进入市场,逐渐替代老产品,销售量和利润每况愈下,生产力过剩。

在衰退期,企业可采取的策略有:放弃该产品的生产,进行有效的转产;转移市场,把产品转移到经济欠发达的国家和地区市场上,使产品生命得以延续;采用大幅降价、特种促销等方法,尽量把过时产品销售出去。

衰退期企业可采取以下两种市场定价策略:① 驱逐价格。对需求弹性较大的商品可以其边际成本为限定价,以驱逐竞争者,维持其市场份额,延长本企业产品市场寿命,将抽出的资金用于研制和生产新产品。② 维持价格。对一般生活必需品和重要的生产资料,继续保持成熟期价格或小幅降价。因这类商品销售量相对稳定,利润变化不大,降价潜力较小,实行维护价格尚能保持一定销量。衰退期定价策略的总原则是力争维持局面,使新老产品顺利交替,尽量减少企业损失。

产品生命周期和产品开发策略及企业的营销策略密切相联系,管理者要认清产品所处的生产周期阶段,采取相应的策略,延长产品的生命周期,提高企业的市场竞争力。表 11.2 对产品生命周期各个阶段的特点及营销策略作了总结。

表 11.2 产品生命周期各阶段的特点及营销策略

	介绍期	成长期	成熟期	衰退期
各阶段特征				
销售额	低	高速增长	缓慢增长	下降
利润	几乎全无	趋近顶峰	达到顶点后下降	低或无
现金流量	负	由负转正	高	低
顾客	革新者	一般群众	一般群众	保守的用户
竞争对手	几乎全无	开始增加	多	减少
企业反应				
战略重点	扩大市场	由市场深度发展	维持市场份额	确保生产率
销售支出	高	高	下降	低
销售宣传重点	了解产品	选择商标	商标专利	有选择
流通渠道	尚未建立	扩大	扩大	有选择
价格	高	稍低	最低	上升
产品	开发产品基础	改进	产品差异化	合理化

资料来源:杨德新.跨国公司与跨国经营[M].北京:中国统计出版社,2000.

(三) 价格策略

在国际市场中,价格往往是很重要的一环。它不仅受到许多外在因素的影响,还要根据企业自身的竞争策略来制定。其复杂程度远比国内定价要高得多。

在国际市场上,我们会发现这样一个事实,许多产品由产地卖到另外的国家和地区,其价格会上升很多,这就是所谓的国际价格的升降现象。这通常是由于该种产品在分销过程中渠道延长,被征收关税、需承担运输成本和保险费用以及汇率变动所致。仔细分析不难看到,国际定价的因素远比国内定价要多,除了需求因素、成本因素、生产因素以外,还要考虑东道国关税税率、消费税税率、外汇汇率浮动、国外中间商毛利、国外信贷资金成本(即利率情况)、运输与保险费用、国外通货膨胀率、母国与东道国政府的干预以及国际协定的约束等情况。

企业要使利润最大化,而消费者要使效用最大化,结果导致了零利润,也就是说价格竞争的最终结果是市场价格等于边际成本。事实上,单纯依赖价格竞争,有很多弊病:第一,价格竞争是竞争对手易于仿效的一种方式，很容易招致竞争对手以牙还牙的报复，以致两败俱伤，最终不能提高经济效益；第二，以削价为手段，虽然可以吸引顾客于一时，但一旦恢复正常价格，销售额也将随之大大减少；第三，定价太低，往往迫使产业或服务质量下降，以致失去顾客，损害企业形象。因此，单纯的价格战对一个企业的长远发展非常不利。

国际市场定价是一种高超的艺术，也是一种高风险的赌博，尤其是在当今世界经济形势变幻莫测的时代。价格定得太低就不能产生利润，定得太高则需求下降。

企业产品的销售价格，即客户的主要购买成本。对国际工业品贸易而言，客户购买的总成本还包括各种国际商务费用，需要考虑价格升降问题。制定价格策略，必须要考虑客户购买本企业产品所愿意花费的成本，产品的价位应当处在客户愿意支付的价格与产品的成本之间。而企业的定价目标、市场需求、产品成本和竞争者价格决定了企业定价方法的选择。

企业一般通过定价来追求六个目标：生存、当期收入最大化、当期利润最大化、销售量增长最大化、市场最大化和产品质量领先。通过低价可以迅速开拓市场，并抑制当前的和潜在的国内其他竞争对手的进入。

（四）渠道策略

分销渠道是由企业、中间商、顾客组成的网络，它使企业的产品能够从企业到达顾客手中。在国际市场营销中，大多数工业品生产企业不是将产品直接转移到国外的最终用户，而是要通过一定的分销渠道。企业所选择的分销渠道，将直接影响其他营销决策。可以说，分销渠道决策是企业管理层面临的最重要的决策之一。

对国际市场上分销渠道的决策，首先是选择如何进入某国外市场方式的决策，其次在该国外市场上再选择渠道模式的决策。目前世界上流行的渠道模式大体上可分为两类：传统渠道模式和新兴渠道模式。

传统渠道模式就是指产品由生产企业经批发商或代理商至零售商最后到达消费者手中的系统。在这种系统中，每个成员都完全独立，相互缺乏紧密合作与支持。

新兴渠道模式是指渠道成员采取了不同程度的联合经营策略，具体有纵向联合和横向联合两种。纵向联合有三种系统：一是公司垂直一体化系统，主要为大制造商或大零售商牵头建立的控制批发、零售各个层次，直至控制整个销售渠道的系统，它往往集生产、批发、零售业务于一体；二是合同垂直一体化系统，它是由不同层次的相互关联的生产单位和销售单位，以契约形式联合起来的系统，它有特许经营系统、批发商自愿连锁系统和零售商合作社三种形式；三是管理一体化系统，制造企业通过与中间商协议，以控制其产品在销售中的供应、促销、定价等工作。横向联合是指中小批发商组成的自愿连锁，它较少涉及渠道结构中的其他层次，主要是中小批发商相互合作支持以抗衡大批发商的一种方式。

从客户购买的便利性角度考虑工业品国际市场分销渠道，客户需要的是及时交货、交流顺畅、技术服务、资金融通和配套供应等。而企业还要在满足客户便利的前提下考虑分销成本、渠道的可控制性和风险性等因素。

（五）促销策略

促销策略是市场营销组合的基本策略之一。促销策略是指企业通过人员的推销、广告、公共关系和营业推广等各种促销方式，向消费者或用户传递产品信息，引起他们的注意和兴趣，激发他们的购买欲望和购买行为，以达到扩大销售的目的。企业将适合的产品，在适合地点，以适合的价格出售的信息传递到目标市场，一般是通过两种方式：一是人员推销，即推销员和顾客面对面地进行推销；二是非人员推销，即通过大众传媒媒介在同一时间向大量顾客传递信息,主要包括广告、公共关系和营业推广等多种方式。这两种推销方式各有利弊,起着相互补充的作用。此外,目录、通告、赠品、店标、陈列、示范、展销等也都属于促销策略范围。一个好的促销策略,往往能起到多方面的作用,如提供信息情况,及时引导采购;激发购买欲望,扩大产品需求;突出产品特点,建立产品形象;维持市场份额,巩固市场地位等。

根据促销手段的出发点与作用不同,可分为两种促销策略:第一,推式策略,即以直接方式,运用人员推销手段,把产品推向销售渠道。其作用过程为,企业的推销员把产品或劳务推荐给批发商,再由批发商推荐给零售商,最后由零售商推荐给最终消费者。推式策略适用于以下几种情况:① 企业经营规模小,或无足够资金用以执行完善的广告计划;② 市场较集中,分销渠道短,销售队伍大;③ 产品具有很高的单位价值,如特殊品、选购品等;④ 产品的使用、维修、保养方法需要进行示范。第二,拉式策略,即采取间接方式,通过广告和公共宣传等措施吸引最终消费者,使消费者对企业的产品或劳务产生兴趣,从而引起需求,主动去购买商品。其作用过程为,企业将消费者引向零售商,将零售商引向批发商,将批发商引向生产企业。拉式策略适用于:① 市场广大,产品多属便利品;② 商品信息必须以最快速度告知广大消费者;③ 对产品目的初始需求已呈现出有利的趋势,市场需求日渐上升;④ 产品具有独特性能,与其他产品的区别显而易见;⑤ 能引起消费者某种特殊情感的产品;⑥ 有充分的资金用于广告。

(六)国际营销组合

国际营销组合是企业可以控制的各种营销手段的综合。一个企业在选定目标国市场,并完成市场定位后,就要针对目标国市场的需求和不同环境的影响把自己可以控制的各种因素相互配合起来,进行最佳的组合,使其综合地发挥作用。国际营销组合就是在特定的时间,向特定的目标市场,以特定的价格、渠道和促销手段,销售特定产品的各种营销因素综合运用的总称。由于营销手段和营销因素多种多样,为了便于分析运用,众多学者曾对此提出过多种分类方法,其中运用最为广泛的是美国营销学家麦克塞提出的 4P 理论,即产品(Product)、价格(Price)、渠道(Place)和促销(Promotion)理论。

营销组合策略是指企业针对目标市场,对可采用的各种营销策略进行优化组合的综合策略。因营销活动的范围不同,营销组合策略可分为国际营销组合策略和国内营销组合策略。显然,国际营销活动不同于国内营销活动,它具有自己的特殊性。

首先,国际营销活动是一种"交叉文化"的营销活动。由于各国不同的经济发展程度、不同的语言和价值体系、不同的政治法律制度,使得国际营销与国内营销处在完全不同的环境因素中。例如飞利浦公司针对日本人的厨房比较狭小、手比较小的特点,缩小了咖啡壶的尺寸和剃须刀的尺寸后才开始盈利。其次,外贸企业面临的风险比国内贸易的风险多得多,也复杂得多。因为影响国际营销活动的不可控因素比国内营销活动多得多,如外汇波动、关税及其他贸易壁垒、政府态度、语言文化、价值观、法律因素等。最后,出口贸易量往往比国内贸易量大,环节多,消耗的资金、人员、设备等较多。由于上述特点,国际营销组合策略由政治权力策略、产品策略、价格策略、促销策略、公共关系策略五大策略组合而成。国际营销组合策略与国内营销组合策略的区别和联系主要有三个方面。

第一,与国内营销组合策略相比,国际营销组合策略增加了政治权力策略和公共关系策略两个部分。政治权力策略是指企业必须懂得如何与其他国家打交道。政府部门,尤其是立法部门的影响在国际营销活动中是非常重要的,有时甚至是致命的。例如,百事可乐公司为了进入印度市场,一方面和一家印度贸易集团合作,向其转让食品加工、包装和水处理等技术;另一方面又向政府提出帮助印度出口一定数量的农产品,最终使得印度政府同意百事可乐公司进入印度市场。所以说在制订营销计划,考虑营销组合策略时,有必要对政治权力策略进行专门的考虑和研究。

第二,相同名称含义不同。在国际营销组合策略中也包括价格策略、配销策略、产品策略,但它们的含义与国内营销组合策略中的含义大不相同。例如价格策略中需考虑国内价格和国际价格之间的关系,考虑如何确定内部调拨价格;配销策略需考虑企业进入国际市场的途径。最为重要的是,判断产品是否适宜,价格是否合理,促销是否有效等不再是以国内惯例为标准,而应考虑国际市场或进口国中约定俗成的、通用的准则作为策略决定标准。例如,亨氏公司在澳大利亚销售用羊脑制成的婴儿食品,在荷兰则销售用黑豆生产的婴儿食品。

第三,国际营销组合策略是各种国际营销策略的有机组合,利用各种营销策略间的联系性、补充性、制约性、替代性,采用不同的组合方式,会给企业带来不同的利益和损失。所以在制定策略时需要考虑在各个不同的国家采用的子组合之间的关系。如果把企业在某个国家内采用的组合称为该企业国际营销组合策略的一个子组合,那么企业在确定国际营销组合策略方案时,就必须考虑这些子组合之间的关系,根据各国具体的环境特点制定不同的子组合。只有这样,才能保证发挥国际营销组合策略的整体优势。

【专栏 11-2】

TCL:将中国企业的世界梦变成现实

国家的强大在于经济的强大,经济的强大在于拥有一批强大的企业。"走出去"发展成为跨国公司,是无数中国企业的梦想。TCL 集团抓住机遇,积极推进国际化,率先将中国企业的世界梦变成了现实。

2004 年北京时间 1 月 29 日凌晨,在巴黎法国总理府,TCL 集团董事长兼总裁李东生与法国汤姆逊公司首席执行官达哈利签订了共同成立 TCL-汤姆逊电子有限公司的协议。根据协议,TCL 集团的子公司 TCL 国际对合资公司控股,占 67% 的股份,汤姆逊公司则占有 33% 的股份。汤姆逊公司是法国最大的电子产品制造商,其所有彩电、DVD 播放机的销售业务及研发中心都投入了合资公司。除 TCL 品牌外,合资公司还将拥有汤姆逊公司在欧洲彩电市场大力推广的"汤姆逊"品牌和面向北美市场的 RCA 品牌。

这项合作对于 TCL 集团的国际化进程具有里程碑式的意义:合资公司彩电的年销量将超过 1800 万台,约占全球彩电市场份额的 10%,中国企业首次在主流产业领域经济规模位居世界第一。TCL 集团将成为中国第一个真正意义上的国际化企业。

依托中国大市场以制造和管理优势拓展国际市场

创办于 1981 年的 TCL 集团,始终以超前的观念和行动,主动认识和培育市场,发展步伐迅速而稳健。20 世纪 90 年代以来,TCL 集团连续 13 年以年均 42.65% 的速度增长,目前已拥有多媒体电子、通信产品、家用电器、信息类产品、电工照明和部品(各种零部件)六大产业,其中彩电、手机、电话机及家用电脑等产品在国内市场具有领先优势。2003 年,TCL 集团实现营业收入 394 亿元,比上年增长 23.5%;彩电销量 1140 万台,同比增长 44%;手机销量 968 万台,同比增长 62%;出口额 15.5 亿美元,同比增长 40.2%。

近年来,TCL 与飞利浦、英特尔、松下、LG 等国际著名企业加强了合作。随着与这些世界级企业合作范围的扩大和合作程度的加深,TCL 不仅拓展了业务,而且从中学习到这些企业的成功经验,提升了国际化经营能力。

TCL在国际化发展的战略上,制定了比较清晰的发展思路:依托中国大市场,将在国内具有领先优势的彩电和手机项目,作为拓展国际市场的突破口;在发展中国家推广自有品牌产品;在发达国家开展OEM、ODM业务或兼并重组当地知名品牌,拓展国际市场。

1999年,TCL在越南设立了彩电生产厂,目前TCL品牌已在越南享有较高知名度,拥有众多的经销商和用户,彩电市场份额达15.6%,在当地排名第三。同时,TCL在菲律宾、印尼、新加坡、泰国等东南亚市场,也取得了良好的销售业绩。

2002年10月,TCL收购德国老牌电子企业施耐德的品牌资产及部分固定资产,成立了新的施耐德电子有限公司。经过一年的努力,新施耐德消化了有关存货,针对欧盟市场开发了全系列TV、AV产品线,并由中德两国富有国际经营管理经验的人员组建了高、中层管理团队。在2003年八九月间的欧洲国际电子展上,新施耐德不但全面恢复了原施耐德品牌产品重要的客户关系,而且带动了TCL品牌产品的海外业务,获得3000万欧元的产品订单。

2003年5月,TCL通过资本运作方式收购了美国Govideo公司,通过运用Govideo这一品牌尝试进入美国市场。2004年1月,TCL与法国汤姆逊的全球彩电业务合并重组。

构筑国际化的人才团队

国际化的企业必须有国际化的人才。中国企业进军国际市场的一大障碍,就是匮乏具有国际市场开拓管理能力的人才。TCL在推进国际化战略中,大力培养自己具有国际营销能力的管理团队,同时吸引大批有国际经营经验的人才加盟。

如曾经领导微软维纳斯计划,参与过Windows95的开发、担任过WindowsNT项目经理及微软中国研发中心副主任的任健;荷兰郁金香计算机亚洲有限公司副总裁严勇;AST远东计算机有限公司总经理孙熙伟等。迄今为止,已有20多位国际化高级管理人才加盟TCL,大大缓解了因海外业务迅速膨胀而导致的具有国际运作经验的管理人才缺乏的问题。

韩国人安明浚在韩国LG公司工作二十多年,主要负责其海外销售及管理海外公司,加盟TCL后,即担起海外控股公司总经理的重担,负责国际业务,并兼任李东生的特别助理,对TCL国际化经营的策略实施起到了重要作用。日本人山根亲雄在东芝公司服务四十年左右,是彩电制造技术和管理方面的资深专家。作为TCL王牌电子有限公司的生产技术总监,山根亲雄将TCL彩电制造企业的独有特色与日本管理方式融为一体,对快速成长的TCL彩电制造系统从更长远的角度进行矫形和营养补充,夯实了前进的基础。

建立适应参与国际竞争的现代企业制度

建立起具有国际竞争力的世界级企业,是TCL的战略目标。对于国际竞争力,李东生认为包括三个方面:建立适应市场竞争的现代企业制度;具有自主知识产权的核心产品研发能力;具有国际营销能力的管理团队。

TCL集团的前身是一家地方国有企业。1997年4月,惠州市政府批准TCL集团进行经营性国有资产授权经营试点:集团到1996年底的资产全部划归市政府,此后每年的净资产回报率不得低于10%;如果增长超过10%,管理层可获得一定比例的奖励,并按净资产购买公司股份。TCL产权改革的序幕由此拉开。

为进一步建立现代企业制度、完善公司治理结构,TCL开始引进战略投资者。2002年4月,TCL集团股份有限责任公司成立,总股本16亿股,惠州市政府由绝对控股变为相对持股40.97%;公司管理层和工会持股25%;新增南太电子、飞利浦、东芝、住友、金山等境外战略投资者,持股18.38%;其余股份分属其他发起人。2004年1月,TCL公开发行股票并上市,社会公众投资者持股占发行后总股本的38.45%,国有股占25.22%,仍为单一最大股东。

通过股份制改组,建立了多元化的股权结构,TCL成为国内首家实现投资主体多元化、混合所有制企业体制的大型国有企业,产权结构更加明晰,公司治理结构更趋国际化。

2003年7月,TCL依据全球竞争环境的变化及自身产业的发展规划,提出了"龙虎计划":即在2005年实现销售收入700亿元,2010年达到1500亿元,形成具有国际竞争力的大型企业集团。在未来3~5年内,多媒体显示终端与移动信息终端两大业务要建立起国际竞争力,进入全球前五名,成为腾飞寰宇的"龙";家用电器、信息类产品、电工照明三大业务,以及正在发展的部品产业、文化产业,形成国内领先优势,成为雄踞神州的"虎"。

TCL-汤姆逊电子有限公司成为全球彩电行业最大的制造商,使TCL提前实现了"龙虎计划"的主要目标之一——多媒体显示终端进入世界前五强。

但是,由一家中国公司整合欧洲的跨国公司是前所未有的,TCL因此面临新的巨大挑战。李东生告诫全体员工:"这是一件不能输、也输不起的事。"李东生表示,今后将进一步加大研发资金的投入,增强TCL的核心产品研发能力;同时要引进更多的人才,进一步加强公司的整体管理水平,特别是国际营销水平。

资料来源:http://business.sohu.com/2004/02/23/49/article219174924.shtml.

第三节　国际市场进入方式

企业采取什么方式进入海外市场,将对其跨国经营效果产生直接影响。本节主要介绍进入的规模选择和有助于跨过经营决策的进入模型。企业在进入海外市场时,需要对是采取股权还是采取非股权的进入模式进行决策,这一重要决策可以对跨国公司(采用股权模式)与非跨国公司(采用非股权模式)加以区分。最后,比较股权模式和非股权模式下不同进入方式的优缺点。

一、进入规模选择

海外市场进入决策中的一个重要维度就是确定进入规模(Scale of Entry)。大规模进入往往代价高昂。例如,许多欧洲金融服务公司(如汇丰银行、荷兰商业银行和荷兰国际银行)通过进行一系列的股权并购,不惜花费数十亿美元打入美国市场,这些大举进入所带来的利益就是要证明对目标市场的战略承诺。这种承诺一方面给当地市场和消费者以及供应商留下大规模投资和长期经营的印象;另一方面也给潜在的进入者带来强大的竞争压力。然而,这种大规模的战略承诺也存在一些缺点:一是限制了某些经营的灵活性;二是进入成本高昂;三是如果这些大规模的承诺最终被证明是错误的,企业就要蒙受巨大的损失。

小规模进入成本相对较小。通过让公司小试锋芒,"下海"前试试水,重在到东道主国家通过"边干边学"进行组织学习、积累经验。例如,在伊斯兰金融市场几乎没有任何利息可言,但为了进入该市场,花旗银行建立了一个附属公司——花旗伊斯兰银行,汇丰银行建立了一个阿玛纳银行,而瑞士银行也建立了一个诺利巴银行,从而进入伊斯兰国家开展金融业务。如果立身于伊斯兰世界之外,要想获得金融业务的经验几乎是不可能的事情。

选择进入海外市场的规模必须考虑企业所能承受的交易成本。外国公司在东道国驻留的时间越长,就越能与东道国的经营环境相融合,遇到的经营障碍可能就越小,交易成本将会下降。小规模进入的缺点是缺乏很强的战略承诺,这可能会在获得市场份额和夺取抢先优势方面带来困难。

二、进入模式

战略家不可能同时考虑所有的进入模式。制定进入决策十分复杂,战略家必须优先考虑少数几个处理方便、关键性的变量,然后再依次考虑其他变量,最后再安排列出轻重缓急的进入顺序,战略家通常要在出口、合约性协议、合资企业和全资子公司这四种主要的进入模式中进行决策。

大规模进入与小规模进入方面的考虑因素通常归结为股权(所有权)问题。非股权模式(Non-equity Mode)是指企业不参与东道国企业股权,而是通过向其提供产品、技术、管理营销渠道等各项服务参与企业经营活动,从中获取利益。主要包括出口和合同性协议,非股权模式意味着对海外市场的承诺相对较低,股权模式(Equity Mode)是指跨国公司遵照东道国法律在当地建立合资企业或独资企业,它意味着对海外市场较高的承诺。股权模式需要在海外设立独立组织(部分控股或完全控股),非股权模式并不要求在海外设立独立组织。股权和非股权模式在成本、承诺、风险、回报和控制方面都有重大差异。

股权和非股权模式之间的差异界定了什么样的公司才能算是跨国公司。跨国公司通过海外直接投资拥有海外股权,从而直接控制和管理海外生产经营活动。企业如果只是实施进出口贸易而没有进行海外直接投资就不能被视为跨国公司。问题是:为什么企业愿意对海外进行直接投资?如石油公司在产油国进行直接投资,成为跨国公司,而不是依赖市场机制向产油国购买石油。

相对于非跨国公司来说,跨国公司有两个主要优势:所有权和内部化。跨国公司在产油国和进口国都持有资产,就能够有效管理和协调跨境生产经营活动,比如在进口国的炼油厂有富余的加工处理能力时,将原油及时送到炼油厂(及时配送),而不是让原油长时间地在租金高昂的油船或油库中闲置,这种优势因此被称为所有权优势(Ownership Advantage)。另一个优势来源于消除石油进口商和石油出口商的市场关系,因为交易成本高时可能会使双方蒙受较大的损失。使用市场手段,交易就必须经过谈判,价格要事先议定,交货事宜要确认,所有这些活动都牵涉到很大的成本。更为高昂的代价是交易双方都会投机取巧。例如,一方面,石油进口商在油轮到港后可能会声称质量不如意而拒绝接受运来的石油,但真实的原因却可能是进口商无法把精炼油卖给下游客户。出口商因此被迫另寻买方,以"大甩卖"的方式折价销售掉这船原油。另一方面,石油出口商要价也可能会比原先的议定价要高,索要高价有很多理由,从通货膨胀到自然灾害,不一而足。进口商因此就只好要么支付高价,要么拒付货款,否则只能让昂贵的炼油设施空转,蒙受巨大的损失,这些交易成本降低了国际市场的效率,加剧了国际市场的不完善。而通过跨国公司的内部化(Internalization),使外部市场关系转化为公司内部联结,企业就能够降低跨国交易成本并提高效率,这种优势被称为内部化优势(Internalization Advantage)。

约翰·邓宁是一位研究跨国公司的学者,根据他的观点,同非跨国公司相比,跨国公司通常都在一些理想的地方经营,拥有所有权(Ownership)、地域(Location)和内部化(Internalization)优势,称为OLI优势。

考虑进入模式过程中,第一步是极其关键的一步。到底是选择参股模式通过对外直接投资而成为跨国公司还是采用非参股模式而依靠市场机制,在这个问题上必须做出战略性决策。

三、进入模式的比较

选取不同的进入模式实施跨国经营决定了企业取得差异化的效益。每一种进入模式既有优点也存在可能的缺陷,这要根据企业的资源状况和海外战略目标进行选择。不同进入模式具有的显著特征见表11.3。

表11.3 进入模式优势与劣势比较

进入模式	优势	劣势
1. 非股权模式:出口 直接出口 间接出口	• 集中在母国生产而具有的规模效益 • 对销售有很强的控制力(相对于间接出口) • 生产资源集中 • 不需要直接处理出口流程	• 批量生产运输成本高 • 远离消费者 • 贸易壁垒 • 对销售的控制不足(相对直接出口) • 无法学习如何到海外经营
2. 非股权模式:合约性协议 许可/特许营销 交钥匙项目 研发合同 联合营销	• 开发成本低 • 海外扩张风险小 • 能从限制国外直接投资的国家在技术流程上获益 • 能打进某些低成本创新的地区 • 接触到更多的客户 • 风险共担,成本共摊	• 对技术和营销缺乏控制 • 可能会培养竞争对手 • 不能进行全球性协调 • 可能会产生强劲的竞争对手 • 业务不能长期持续 • 难以进行合同谈判与履行 • 可能会培养出有创新素质的竞争者 • 可能会丧失核心创新能力 • 协作范围有限 • 合资各方的利益和目标不同
3. 股权模式:合资企业	• 利用合伙方的知识与资产 • 政治上易于接受	• 权益和业务控制权有限 • 全球范围内协调困难
4. 股权模式:全资子公司 绿地项目 收购	• 拥有股权和业务的全部控制权 • 有利于技术和技术诀窍的保护 • 全球范围内的协调能力强 • 优点与绿地项目相同 • 进入国外市场速度快	• 潜在的政治问题风险 • 开发成本大 • 进入海外市场慢(相对于收购) • 与绿地项目相同 • 公司收购后的整合问题

(一)非股权模式

非股权模式包括出口和合同性协议。

战略决策者要对每组进入选择方案中的变量因素进行考虑。如果决定要出口,那么下一个需要决策的问题就是直接出口还是间接出口。

直接出口(Direct Export)是最基本的方式,可以充分利用母国生产的规模效益优势,并能较好地控制销售活动。然而,如果相关的产品庞大笨重(如汽车、冰箱和电视机),运输成本也许会过高,中国的海尔公司就遇到过这样的情况。这种战略从本质上来说是把国外需求看做国内需求的延伸,而且公司的目标首先是为国内市场进行设计和生产。如果出口量不大,直接出口也许行得通,但是,如果公司的海外客户很多,这却不是最优的方法。公司必须与消费者靠得更近些,这就促使企业考虑进行更密切的海外活动,如海外直接投资。

从制度上来说,直接出口可能会激起贸易保护主义的反对。20世纪70年代后期,日本汽车直接出口很成功,大量物美价廉的丰田汽车进入美国市场,导致自我标榜是"自由贸易者"的美国发出警告:如果日本不削减出口,美国就实施贸易保护机制。1981年,日、美两国政府签订了出口自愿约束(Voluntary Export Restraint,VER)协议,据此协议日本"自愿"同意限制其汽车出口量。日本人当然不会真的自愿地同意这样做,他们显然是在美国惩罚性关税的胁迫下才同意这样做的。出口自愿约束只不过是贸易保护主义的委婉说法,但它却能说明直接出口战略也伴随着巨大的代价。

间接出口,是通过出口中介实现出口。小公司自己没有能力出口或大公司要打入陌生国家通常会采用这种出口模式。这种战略不仅可以享受到国内生产的规模经济利益,而且对生产商来说也相对较省事。大批量的商品出口贸易(如纺织品、木材和肉食品)主要是价格上的竞争,一般是通过中介方进行间接出口。间接出口也有一定的缺点,因为有像出口贸易公司这样的第三方介入,这些第三方自己的计划和目标,未必就一定与生产商的计划和目标相一致。生产商之所以要选择中介方,主要是因为在海外市场,相关的风险和不确定因素等方面存在信息不对称。而专门从事国际中介业务的中介商,具有国际联络广泛、国际知识全面的优势。从实质上来说,中介商正是利用这种信息的不对称谋求生存,甚至可能会确保信息不对称性持续下去而获得既定的利益。例如,中介方可能会使用自己的品牌重新包装拟出口的产品,并坚持独家与海外顾客的交流。

另一类主要的非股权进入模式是合同性协议,包括:① 许可/特许经营许可;② 交钥匙项目;③ 研发合同;④ 联合营销。

(1) 许可/特许经营许可是指许可/特许人将专利和专有技术等知识产权出售给被许可/特许经营人,以收取提成费。一方面,许可/特许人并不需要承担与海外市场扩展有关的全部成本和风险。另一方面,许可/特许人也不必严格地控制生产和市场营销活动。这种模式可能会催生潜在的竞争对手,并可能出现合同性风险,如必胜客在泰国的经历。

(2) 交钥匙项目是指客户出钱,由承包商规划设计和建设新设施,并培训相关人员。项目竣工时,承包商将准备就绪随时可以投产的设施"钥匙"交付给客户。如果在项目所在国,外国直接投资受到限制(如通信和电力行业),交钥匙项目使利用工艺技术获利成为可能。缺点是:首先,如果外国客户是竞争对手,采用交钥匙项目出售给他们尖端的技术就可能会增强东道国企业的竞争力;其次,交钥匙项目中一旦项目钥匙交付给客户,承包商就不能长期留下来开展业务。为了能在较长时间内留下来,通常采用建设-运营-移交(Build-Operate-Transfer,BOT)的模式,简称BOT协议,而不采用沿袭已久的"建设-移交"式交钥匙模式。例如,由意大利的桑德尔、德国的迪林格尔斯特尔和伊朗的电站工程管理公司组成的国际企业集团,获得了伊朗的大型BOT发电项目。项目竣工后,将由该企业集团经营20年,然后再移交给伊朗政府。

（3）研发合同(R&D Contracts)是指公司与公司间签署的研发活动外购协议，这些合同允许公司以相对低的成本进入最佳市场获得某些创新。如印度的信息技术工程和俄罗斯的航空航天研究。然而，这也有三个主要缺点：其一，由于研发活动具有不确定性和多维性，这些合同常常在谈判和执行时很困难，且研究成果的质量常常难以平定。其二，共同的研发工作可能会培育竞争对手。印度的信息技术公司（如韦普罗技术公司和塔塔咨询服务公司）就是因为承担美国公司的软件开发业务而发育成长起来的，如今已成长为全球性的信息技术公司，并在信息技术的研发业务上可以向像西方国家的竞争对手挑战。其三，如果一个公司长期依赖外人承担大量的研发和创新工作，就可能会丧失自己的研发能力和核心竞争能力。

（4）联合营销是指多家公司联合营销产品和服务的协议。例如，快餐店就经常与电影制片商和玩具制造商开展联合经销活动，推出根据电影中人物制造的玩具。通过共用代码，航空公司联盟（如"天台联盟"和"明星联盟"）就大张旗鼓地进行联合营销。联合营销的优势就是能够接触到更多的消费者，其缺点主要是协作有限，因为任何一方都无法在业务上控制其他地方，而且任何事情都需要通过谈判来议定。

（二）股权模式

海外市场的另一组进入模式是股权模式，所有的股权模式都必须进行一定程度的外国直接投资，将公司转变为跨国公司。股权模式有两种形式。

（1）合资企业是跨国公司与东道国企业依照当地法律共同投资、共同经营的一家企业实体，有两个或多个公司组成并共同拥有企业的股权。合资企业有三个优势：其一，跨国公司同本地的合伙方分摊开发成本，共担风险，从而降低风险并获得一定程度的控制权；其二，跨国公司可以方便地使用本地合伙方的有关东道国知识，而本地公司也可以通过利用跨国公司的技术、市场营销和管理方面的专长获得利益；其三，在政治上，相对于全资子公司，东道国更容易接受合资企业。合资企业也存在相应劣势。首先，合资企业通常包括多个合伙方，背景不同，目标不一致，能力参差不齐。合伙各方也许会达成共识合作一段时间，但从长远角度来看，一旦目标出现分歧，各方的关系可能就会失去稳定，有可能出现"同床异梦"的局面；其次，经营管理策略要经过多方反复磋商达成一致，因此，可能错失转瞬即逝的市场机会；最后，合资公司不像跨国公司能够紧紧控制国外的分支机构进行全球性的协调。需要着重指出的是，从广义角度来说所有的非股权合同协议和股权型合资企业都可看成某种形式的战略联盟。

（2）全资子公司是股权模式的另一种形式。建立全资子公司的主要手段有两种：一是绿地项目；二是收购。

绿地项目就是从零开始建设工厂和办公室（在一片农用的绿地上）。例如，20世纪80年代，丰田和本田在美国就新建了这样的绿地工厂。这种做法主要有三个优势：第一，绿地全资子公司使跨国公司能对股权和管理有全面的控制权，因此，没有了合资企业常有的令人伤脑筋的事情；第二，由于经营管理控制权独家所有，就能更好地保护专有技术和专门知识；第三，全资子公司可以使全球性活动统一地协调。有些时候，子公司还会受命做一些故意要赔钱亏损的活动，如前述德州仪器公司在日本的案例。而本地的被许可/被特许人或合资企业合伙方不可能接受这样的屈从角色。绿地项目的缺点有两点。无论是从经济角度还是从政治角度来说，绿地全资子公司必须全部承担经营风险和损失，有时可能会付出重大代价。在有些国家,这可能会成为民族主义情结的攻击目标。另一个缺陷就是进入速度慢(同股权购并相比),因为它一般都需要用上至少1~2年甚至更长时间才能建立起来。

从涉及的资本数额来看,收购这种进入模式可能是最重要的一种方法(约占全球外国直接投资的60%)。除了具有绿地全资子公司所具有的全部长处外,股权购并还有其他优势,即进入速度较快。例如,从20世纪90年代中期开始,在不到10年的时间里,原先几乎没有国际经验的西班牙两家主要银行——桑坦德和比尔鲍维兹卡亚经过20次股权购并,现已成为拉丁美洲最大的外国银行。股权购并具有绿地全资子公司除了进入速度慢以外的所有劣势。另外,购并后的生产整合与不同文化背景下的管理融合是必须面对的一大难题,有时这可能会是毁灭性的劣势。如世界级汽车品牌德国奔驰公司和美国克莱斯勒公司的购并最终以失败告终。

【专栏11-3】

联想收购 IBM 全球 PC 业务

2005年5月1日下午3点,联想正式宣布完成收购IBM全球PC业务,任命杨元庆接替柳传志担任联想集团董事局主席,柳传志担任非执行董事。前IBM高级副总裁兼IBM个人系统事业部总经理斯蒂芬-沃德(Stephen Ward)出任联想CEO及董事会董事。合并后的新联想将以130亿美元的年销售额一跃成为全球第三大PC制造商。

根据收购交易条款,联想已支付IBM的交易代价为12.5亿美元,其中包括约6.5亿美元现金,及按2004年12月交易宣布前最后一个交易日的股票收市价价值6亿美元的联想股份。交易完成后,IBM拥有联想18.9%股权。此外,联想将承担来自IBM约5亿美元的净负债。

在2005年3月31日宣布的另一项交易中,联想引入全球三大私人股权投资公司:德克萨斯太平洋集团、General Atlantic及美国新桥投资集团,同意由这三大私人投资公司提供3.5亿美元的战略投资。根据协议,联想将向这三家私人投资公司共发行价值3.5亿美元的可换股优先股,以及可用作认购联想股份的非上市认股权证。

在获得香港联合交易所审批及联想股东投票通过后,IBM的最终交易代价预期将为约8亿美元现金及价值4.5亿美元的联想股份,此安排将按照目前建议的方案由联想向IBM回购股份达成。

联想PC的合并年收入将达约130亿美元,年销售PC约为1400万台。IBM与联想将结成独特的营销与服务联盟,联想的PC将通过IBM遍布世界的分销网络进行销售。新联想将成为IBM首选的个人电脑供应商,而IBM也将继续为中小型企业客户提供各种端到端的集成IT解决方案。IBM亦将成为新联想的首选维修与质保服务以及融资服务供应商。

联想总部设在纽约的Purchase,同时在中国北京和美国北卡罗莱纳州的罗利设立两个主要运营中心,通过联想自己的销售机构、联想业务合作伙伴以及与IBM的联盟,新联想的销售网络遍及全世界。联想在全球有19000多名员工。研发中心分布在中国的北京、深圳、厦门、成都和上海,日本的东京以及美国北卡罗莱纳州的罗利。公司主要的PC生产基地设于中国的深圳、惠阳、北京和上海。联想的移动手持设备生产基地设于中国厦门。其他主要的制造与物流设施分别在美国、墨西哥、巴西、苏格兰、匈牙利、印度、马来西亚、日本和澳大利亚等。联想拥有庞大的分销网络,在中国约有4400个零售网点为客户提供服务。

资料来源:http://finance.people.com.cn/n/2013/1008/c70392-23127008.html。

在做进入海外市场决策时,除了以上讨论的因素外,还有三个需要考虑的内容。第一,在实践中,企业不会局限于只选择单一的进入模式。同一个跨国公司可能会在某些区域建立合资企业,而在别的区域采用股权购并模式。第二,随着市场和需求的变化,进入战略可能会发生改变。一般而言,公司的国际参与活动趋向于逐步从在文化和制度上相近的国家采用非股权战略向在文化和制度上相差较大的国家采用股权战略过渡。尽管这些模型不会100%的准确,但在许多情况中,它们具有很强的指导意义。第三,尽管进入战略很重要,即便进入战略选择正确,也并不能保证企业在跨国经营活动中就一定能成功。

【总结案例】

海尔远征美国

8月1日 远征美国(1)难题

海尔远征美国,用简单的思维来说,不出去死定了,出去了可能死但也可能活,所以晚出去不如早一点出去。而出去的话最有影响力的就是美国。我们其实原来在菲律宾、马来西亚都办过工厂,没有引起注意,不知人家知不知道,但是在美国办工厂影响非常大,无论是在美国还是中国。现在只是刚刚开始,真正的较量还没有往下进行。

有两个大的问题都是很难说的,第一个就是海尔的管理方法会不会被外国人所接受,中美有文化差异,不光是文化差异,还有制度上的差异。当然现在我去了美国之后,就不能空想了,要借鉴多方面的东西,包括中国企业在那儿失败的教训,包括其他外国企业在那儿成功的经验,这是最好的办法。再一个大的难题,就是来自于美国的竞争对手太强大了。

背景分析

海尔把1999年定为自己的"国际化年"。在"国际化年"中,海尔最大的一步莫过于在美国投资建厂。1999年4月30日,海尔投资3000万美元,开始在美国南卡罗来纳州的卡姆登建设它在北美的第一个家用电器生产基地。该基地是海尔的独资企业,计划分几期建设。首期项目是建筑面积为27万平方米的电冰箱厂,年生产能力40万台。这是中国企业在美国最大的一笔投资,总额达4000万美元。

海尔集团已在洛杉矶建有技术开发中心,在纽约设有贸易公司,连同卡姆登生产基地建成,致力于实现海尔产品设计、生产和销售的当地化,初步形成设计、生产、营销"三位一体"的美国海尔公司。

行动指南

世界经济一体化的时代背景下,走出去有风险,不走出去是否就没有风险?!

8月2日 远征美国(2)竞争对手

美国的竞争对手太强大,其实美国说是什么自由竞争、市场经济,但是真正到它的国土上去,它会不会容忍你侵占它的市场份额?我们既然到了美国,我们干的产品肯定是在美国占据市场份额比较大的,应该是比较受欢迎的,这样做会产生什么样的影响?

几乎世界级的电气公司都在那儿,像通用电气、惠而浦、西屋电气,这都是世界级的,还有一些本土品牌。日本公司和韩国公司都警告我们,根据其实践经验,只要你开始在美洲干,美国公司都会以非常强的力量和你竞争,想把你扼杀在萌芽状态。但是我们现在还没有完全开始就已经遇到了这种竞争,海尔产品在一个连锁店的销售上得非常快,美国大公司找到那个商店,说你要么把海尔退掉,要么我从你这儿退掉,这样商店肯定是要美国大公司,不会要我们,那么这个问题怎么来解决,怎样站住脚?我想美国公司一开始肯定要砸你,你真是咬着牙站起来,它会和你比较平等地对话,但是真正要做到这一步不是那么简单。所以说,在美国的这个海尔园比青岛海尔园还要大,想起来的话,风险是比较大的。

背景分析

海尔走出去面临的挑战也许远远超过了不少学院派经济学家和管理学家的想象。当时海尔在美国买的地,地款很便宜,当地给海尔很好的优惠政策。州政府想要吸引外资,当时州议会为这事辩论得很厉害,说凭什么给优惠政策吸引一个中国企业来:"你们对中国了解不了解,你们对企业了解不了解?"最后议会投票还是通过了。对海尔的国际化来讲,在美国建厂是非常非常关键的因素,海尔在全球各地的进程都会因此大大加强。如果出现问题,则会影响下一步。最坏的后果是什么,海尔也设想了很多。去了之后,时任驻美大使李肇星曾对张瑞敏说,中国企业很少有到美国去的,去的也都没有什么竞争力,制造业几乎一点没有。真正在美国搞制造业的主要就是日本人,像本田汽车就做得很成功。所以这确实对海尔是很大的挑战,很大的考验。

行动指南

走出去简单,如何打造竞争力得到当地认可,超越对手是更大的考验。

8月3日 远征美国(3)本土化的协调

首先在美国的部门的领导跟自己的成果挂钩,我们雇的就是美国当地人,但我是有指标、有要求的,并不是你完成了多少销售额就可以了,我要求你在美国建立信誉、建立网络。在美国成立了美国海尔贸易公司,经理要25万美元一年,这是底薪,做得好的话,还要再加。我付出这么大的代价,你要我的钱,我要我的效果,你必须能拿出效果供我考核。

设计中心也是同样的模式。我们并不是以生产中心为主,营销中心跟着生产来走,而是生产要跟着营销走。我给它们摆的关系并不是互相依存的关系,而是我营销中心在这儿,我们就建立一个生产基地;它们之间是一种采购的关系。营销中心说我要100台冰箱,可以是你在这儿生产的,也可能是从供应冰箱的经销商那里拿来的,或者从青岛运来也行,比较之下,看你这个价格有没有竞争力,有竞争力我才要。不是吃大锅饭那种,否则就完了,在美国市场就没有地位了,它们必须这么互相促进。所有这一切的目的,就是要让美国人说,这是美国的海尔。

背景分析

在去美国之初,海尔就设定了将来要在美国实现海尔产品设计、生产和销售当地化的发展目标,作为控股方对于实施本土化,如何与美国公司协调发展?张瑞敏如上解答。

海尔走出国门,以一个世界品牌的形象,以一种高度融合的本土化的姿态,崛起于全球化的市场,又源于其适应全球化潮流、带有跨国集团本色的全新变革。在没有任何蓝本、没有任何成熟借鉴的前提下,海尔以超越性的追求,瞄准全球化的目标,全力实施。

行动指南

中国有句话叫做隔行不隔理,不同的市场其实是相同的经营理念,经营理念一样的,只不过市场不同,只不过是要怎么样符合当地的要求。

8月4日 远征美国(4)本土化品牌

必须推出本土化的品牌,或者换句话说,将来可能青岛不再是总部,甚至中国海尔也只是海尔的中国分部,应该到这么一个份儿上才行。许多国际化公司的财务一般都在瑞士,像我们这次在美国设厂,账户就不是在南卡罗来纳州,而在另外一个州,那个州有减税优惠,实际上就应该是这样子的,这才是一个真正的国际化的公司。

另外,我们想这种本土化一定要跳出产品的概念,将来的目标,就是希望能够做到在当地融资、在当地融智。美国的工厂能不能在当地上市?这次去美国,谈了这个想法之后,美国人并没有表示反对,在这儿做得好就在这儿上市,用美国人的钱做美国人的生意有什么不好呢?而且,真正的国际化应该是当地融智,也就是说人力资源应该主要用当地的。这当然还都是以后的设想。

背景分析

初到美国,美国当地大公司对海尔存在很大的压力,因为美国大公司和日本的竞争到一定程度,它们也煽动民族情绪。如果美国海尔是美国生产、美国制造的,并不是从中国运来的,这个情绪就很难煽动起来,时间长了,就是美国自己的名牌。海尔在美国成功了,在世界各地都能够借鉴推广。一是会具备当地竞争力,另外最重要的就是将来避开非关税贸易壁垒。如果在本土生产就可以解决不少贸易壁垒问题。企业在当地采购原材料,当地什么待遇企业可以平等使用。

海尔远征美国,张瑞敏带领海尔人满怀豪情,就像播下了一粒种子,这粒种子不仅要能长成参天大树,而且还要能长成树林。

行动指南

全球经济一体化,走出去的包袱会越来越重,走出去成为当地品牌是艰难的,但却是卸掉包袱的手段。没有在当地消费者中创出品牌,是不会成为世界品牌的。

8月5日 与狼共舞

很多国外大公司到中国寻找家电合作伙伴,第一个找的就是我们,希望我们跟它们合资,什么条件都可以答应,就一条——要求控股。我们什么条件也都可以答应,但也要求必须控股。这样就谈不拢,他们就到别的企业寻求合作。

我觉得中国许多企业都有一种比较恐慌的感觉,认为中国自己的民族工业肯定是没有希望了,与其最后被人吃掉,不如现在与人合资。由于外国公司进来都要求控股,这样中国自己的名牌就越来越少。

更加严峻的市场挑战已扑面而来,这种竞争犹如与狼共舞。其结果是,要么战胜狼,要么被狼吃掉。我们海尔的回答是:与狼共舞,挑战国际名牌!

背景分析

从1990年产品第一次出口开始,海尔进军国际市场已经蓄了多年的势。

1994年,中国复关未成,洋家电大举入侵,一时间民族品牌纷纷倒旗易帜,如在国内有一定知名度的"万宝""扬子""雪花""香雪海"等电冰箱,"孔雀"牌电视机等都在合资合作中卖掉品牌,并由外商控股。

当年10月,在全国质量万里行总结表彰大会上,张瑞敏代表海尔发言一语惊人:他把国产品牌与外国名牌的同台竞争比为"与狼共舞"。

行动指南

与世界品牌竞争,不可自大,也无需妄自菲薄。

8月6日 并非新春寄语

当你津津乐道于洋名牌的氛围时,可曾想过有多少曾有口皆碑的中国名牌已成明日黄花;又可曾发现那些登堂入室的洋名牌,已不是纯粹的舶来品,而是地地道道用中国人的双手,中国产的原料,在中国地盘上的"中国造"。将国际名牌与低廉成本相结合便意味着可怕的竞争力。

关税壁垒的消失,国际市场的一体化,已使名牌没有了国界。这对我们是挑战,也是机遇;是痛苦,更是现实。

那么出路在哪里?我看应该从时间和空间两个方面去寻求,即抢时间和扩空间。所谓抢时间就是以最短的时间全面达到国际先进水平;扩空间,则是要最大限度地扩大我们在市场上(不管是国内还是国际市场上)的生存空间。

至于怎样抢和扩,应从何处入手,我不想再叙述下去。因为它牵涉到我们每一个人,不仅要说更要做,需要12000名海尔人的众志成城。作为抛砖引玉,我希望大家都能来表达一下心声,用笔更用心来谱写一曲你自己的"新春寄语"。

背景分析

张瑞敏1996年2月18日写给《海尔人》报的《并非新春寄语》,针对当时已经兵临城下的洋品牌大举进攻的现状,为激励大家斗志所作。

行动指南

要敢于在风险中抓住机遇,没有风险就没有事业,没有风险就没有机会。

8月7日 两强相遇勇者胜

在狼烟骤起的家电市场上,海尔将与攻城略地的洋名牌狭路相逢,决一雌雄。

大军已压境,兵临城下。听,速败论甚嚣尘上;看,弃城易帜者,弹冠相庆。但勇者无惧。那个曾让青岛人都感陌生和茫然的名字——海尔,今天却在北起阿尔卑斯山脉、南至亚马孙平原那无限广阔却又融入胸中的地球村回荡着。

决战在即之时,我们不仅要靠信心坚定,更要靠实力,即创造出优势和转化出强势。

靠速度去创造优势。靠快,我们争得了中国家电第一名牌,因此使某些跨国大公司盯上了我们,并直言不讳:"想在中国取胜须先打败海尔。"那我们的对策呢?唯有针锋相对,以快制快,永远得比对手快一些,高一筹。

转弱势为强势。从国际市场一体化全局看,海尔尚处于"敌强我弱"之势,但却可以转化出无数个"我强敌弱"之势。关键在于"战略上以一当十,战术上以十当一",集中优势兵力打歼灭战,从而造出若干个局部的"小强势",进而转化为全局的"大强势"。

背景分析

1997年2月5日,海尔集团内刊《海尔人》报刊登张瑞敏此文:《两强相遇勇者胜》。写得像散文一样美的字里行间,海尔国际化征途的方略已经闪现其中。

行动指南

在经济全球化的今天,中国企业无论是否走出国门,面对的都是全球化市场。在与具有百年历史和雄厚财力的跨国"巨鳄"的竞争中,中国企业劣势明显,既不能用时间,也不能用金钱来换取市场空间,唯有创新和速度是制胜法宝。

8月8日 为什么要"海尔中国造"

有的人认为中国要成为全世界的制造中心。但我认为,这忽略了一点,不是"全球产品中国造",而是"全球名牌到中国制造"。世界上很多产品都是中国生产的,但有几个是中国自己的品牌?其实,它们是打着外国的牌子出去的,我认为这非常危险。比如说日本的,我不在日本造,我到中国制造,它制造完之后,出口的时候是打着日本的牌子。我是到你中国来制造产品,今天来造,明天就可以不来造。现在就有人认为越南比中国更划算,他们随便哪个地方都可以去。

我们打出"海尔中国造"的概念,就是要与"德国造""日本造""美国造"比高低,就是不服气,就是要长"中国造"的志气。

背景分析

随着中国开放步伐的加大,标有"中国制造"的产品的确进入了国际市场。但那是一些什么样的产品呢?主要是低附加值、劳动密集型的产品。

多年来经济落后、闭关锁国所造成的中国与世界的巨大差距,令张瑞敏、柳传志这些一流的企业家人才在无比震惊之余,立下了创造中国的世界名牌的宏图大志。

1997年,海尔首次喊出"海尔中国造",国际化逐渐成为海尔日程上第一位的问题。海尔提出"中国造"之前,酝酿了很长时间。为什么非要提"中国造"?因为在国际上有许多"中国生产"的产品,但以中国品牌形象出现的却很少。

行动指南

树立世界品牌的理想,用于向世界传达一种信息,企业的产品并不比世界一流制造企业差,而且它是中国制造的。

8月9日 "海尔中国造"的内涵

"海尔中国造"首先是民族造。中国从鸦片战争开始,一百多年来,一直怀抱经济强盛的梦想,现在面临改革开放的契机,靠中国人自己的努力,希望真正在世界上打响中国的品牌。松下就是从20世纪40年代开始,经过四五十年的奋斗成为世界知名的大品牌。人们都说通过松下来了解日本,那么能不能通过海尔的努力也形成一个大品牌,依靠这个品牌来了解中国,同时带动中国产生更多的名牌?今天,世界名牌的多寡已是国力强弱的重要标志,中华民族理应也必须有自己的世界名牌。创建世界一流的中国品牌是全体中国人共同的期望。

但这一切并不意味着"海尔中国造"代表狭隘的民族情绪。"中国造"是在经济全球化背景下的"中国造",是在国内市场国际化前提下的"中国造"。

"海尔中国造"是海尔每一个人所造。国际化的大目标握在全体海尔人手中,他们是同一个学习型团队的成员,不论他们的职位有多么普通。锲而不舍,目标始终如一,千百遍不厌其烦地重复着正确的动作,这,就是"海尔中国造"的真谛。

背景分析

"海尔中国造"是什么?有哪些丰富的内涵?张瑞敏对此有上述深刻的阐释。1999年2月17日,海尔集团内刊《海尔人》报刊登张瑞敏《海尔?中国造》一文,是上述观点的点睛之文,文章四个小主题:海尔中国造是民族造;海尔中国造是全球造;海尔中国造是我们造;海尔中国造是自强造。

行动指南

中国造不仅仅是一句豪言壮语,一厢情愿的空中楼阁是不存在的。走向全球,更是艰难的行走和实践,对于精神和意志的考验是非同一般的。

资料来源:张瑞敏. 张瑞敏如是说[M]. 杭州:浙江人民出版社,2007.

思考题:

1. 海尔为什么要走出去到美国设厂经营?
2. 海尔在美国经营将遇到哪些难题?

◆ **知识点**

国际生产体系　市场策略　特许经营　股权模式　非股权模式

◆ **习题**

1. 简述公司国际化动因的理论有哪些?试比较这些理论的异同点。
2. 简述国际生产体系的发展阶段。
3. 什么是进入海外市场的股权模式和非股权模式?它们分别包括哪些具体的进入方式?

第十二章　企业生命周期理论

本章要点

世界上任何事物的发展都存在着生命周期,企业也不例外。本章首先对企业生命周期理论进行概述,对企业生命周期理论的发展历程进行归纳。其次,探讨不同生命周期阶段公司的发展特征,从大量经验事实中,爱迪思把企业生命周期划分为10个阶段。再次,分析不同生命周期阶段公司的战略选择。最后,介绍企业生命周期理论的应用。

引导案例

没有一个人会不关心自己的生命,没有一个企业会不关注自己的命运。生与死是永恒的主题。《幸福》杂志1970年所列的世界500强企业,到80年代初有1/3破产。500强平均寿命为40岁,跨国公司平均寿命为12岁,中国企业平均寿命为7.5岁,中国民营企业平均寿命只有2.9岁。到目前,全国的老字号企业已有70%"寿终正寝"。中国烘焙业少有大企业,90%以上是中小企业,几乎每天都有生与死。做企业的人,谁不想发展,哪个不想长大,但对任何企业来讲,长期稳定增长都是非常困难的一件事,因此,研究企业生长的规律,总结长寿的经验,吸取夭折的教训,实施以长期生存发展为目标的战略管理,有着十分重要的现实意义。我国很多烘焙企业目前面临的最大问题是"第二次或第三次创业"的陷阱,尤其是民营企业。这时企业基本上已经发展起来了,处在学步期或青春期,将要从创业型转为管理型,进行较大的跳跃。爱迪思指出的创办人或家族陷阱,也正是我们现在民企关心的如何超越家族制的问题。而这恰恰是企业最危险的一个陷阱。还有一些做得比较大,可以说进入青春期的企业,也遇到了成长的困惑。企业发展到一定程度,再也难有增长,似乎冥冥中有一种力量制约和摆布着自己的命运,左冲右突,难以脱离这个怪圈。实际上是企业长期停滞在粗放经营和管理上,缺乏留住人才和培育人才的机制,落后的管理和组织机构制约了企业的发展。根据爱迪思理论,壮年期是企业生命周期曲线中最为理想的点,在这一点上企业的自控力和灵活性达到了平衡。壮年期的企业知道自己在做什么,该做什么,以及如何才能达到目的。壮年期并非生命周期的顶点,企业应该通过自己正确的决策和不断的创新变革,使它持续增长。但如果失去再创业的劲头,就会丧失活力,停止增长,走向官僚化和衰退。企业生命周期的理论和方法,把企业看成一个机体,而不仅仅是一个组织,从把握全程到注重阶段提出动态管理的思想,对于思考企业的战略管理,提供了一个新的视角。

资料来源:薛求知,徐忠伟. 企业生命周期理论:一个系统的解析[J]. 浙江社会科学,2005(5):192-197.

第一节 企业生命周期理论概述

世界上任何事物的发展都存在着生命周期,企业也不例外。企业生命周期如同一双无形的巨手,始终左右着企业发展的轨迹。所谓"企业的生命周期",是指企业诞生、成长、壮大、衰退甚至死亡的全过程。虽然不同企业的寿命有长有短,但各个企业在生命周期的不同阶段所表现出来的特征却具有某些共性。了解这些共性,便于企业了解自己所处的生命周期阶段,从而修正自己的状态,尽可能地延长自己的寿命。

企业生命周期理论是关于企业成长、消亡阶段性和循环的理论。企业生命周期有两种划分,一种是自然生命周期,另外一种是法定生命周期。自然生命周期是我们前面这些生命周期理论所研究的范畴;法定生命周期来源于各个国家对不同企业形式在工商登记时对企业有效期限的限制。企业生命周期问题所运用的基本思想——生命周期的思想,不仅仅运用在理解企业生命现象上而且运用在企业经营有关的很多方面上。例如最常见的是对产品生命周期的探讨,产品生命周期问题会自然影响企业的寿命周期,尤其是对那些单一产品的企业而言更是如此。企业生命周期理论的发展自20世纪50年代以来,许多学者对企业生命周期理论开始关注,并从不同视角对其进行了考察和研究,其发展历程大致可归纳为以下几个阶段:

一、企业生命周期理论的萌芽阶段(20世纪50年代至60年代)

在1960年以前,关于企业生命周期的论述几乎是凤毛麟角,对企业生命周期的研究刚刚起步。在这一阶段,马森·海尔瑞首先提出了可以用生物学中的"生命周期"观点来看待企业,认为企业的发展也符合生物学中的成长曲线。在此基础上,他进一步提出企业发展过程中会出现停滞、消亡等现象,并指出导致这些现象出现的原因是企业在管理上的不足,即一个企业在管理上的局限性可能成为其发展的障碍。

二、企业生命周期理论的系统研究阶段(20世纪60年代至70年代)

从20世纪60年代开始,学者们对于企业生命周期理论的研究比前一阶段更为深入,对企业生命周期的特性进行了系统研究,主要代表人物有哥德纳和斯坦梅茨。

哥德纳指出,企业和人及其他生物一样,也有一个生命周期。但与生物学中的生命周期相比,企业的生命周期有其特殊性,主要表现在:第一,企业的发展具有不可预期性。一个企业由年轻迈向年老可能会经历20~30年,也可能会经历好几个世纪。第二,企业的发展过程中可能会出现一个既不明显上升也不明显下降的停滞阶段,这是生物生命周期所没有的。第三,企业的消亡也并非是不可避免的,企业完全可以通过变革实现再生,从而开始一个新的生命周期。

斯坦梅茨系统地研究了企业成长过程,发现企业成长过程呈S形曲线,一般可划分为直接控制、指挥管理、间接控制及部门化组织等四个阶段。

三、企业生命周期理论的模型描述阶段(20世纪70年代至80年代)

在20世纪70年代到80年代,学者们在对企业生命周期理论研究的基础上,纷纷提出了一些企业成长模型，开始注重用模型来研究企业的生命周期，主要代表人物有：邱吉尔、刘易斯、葛雷纳以及伊查克·爱迪思。

丘吉尔和刘易斯从企业规模和管理因素两个维度描述了企业各个发展阶段的特征，提出了一个五阶段成长模型，即企业生命周期包括创立阶段、生存阶段、发展阶段、起飞阶段和成熟阶段。根据这个模型，企业整体发展一般会呈现"暂时或永久维持现状""持续增长""战略性转变"和"出售或破产歇业"等典型特征。

葛雷纳认为企业通过演变和变革而不断交替地向前发展，企业的历史比外界力量更能决定企业的未来。他以销售收入和雇员人数为指标，根据他们在组织规模和年龄两方面的不同表现组合成一个五阶段成长模型：创立阶段、指导阶段、分权阶段、协调阶段和合作阶段。该模型突出了创立者或经营者在企业成长过程中的决策方式和管理机制构建的变化过程，认为企业的每个成长阶段都由前期的演进和后期的变革或危机组成，而这些变革能否顺利进行直接关系到企业的持续成长问题。

伊查克·爱迪思可以算是企业生命周期理论中最具代表性的人物之一。他在《企业生命周期》一书中，把企业成长过程分为孕育期、婴儿期、学步期、青春期、盛年期、稳定期、贵族期、官僚初期、官僚期以及死亡期共十个阶段，认为企业成长的每个阶段都可以通过灵活性和可控性两个指标来体现：当企业初建或年轻时，充满灵活性，做出变革相对容易，但可控性较差，行为难以预测；当企业进入老化期，企业对行为的控制力较强，但缺乏灵活性，直到最终走向死亡。

在这一阶段里，西方学者们已经将企业生命周期理论研究的比较深入和完善，因此这一阶段是企业生命周期理论研究的繁荣阶段。

四、企业生命周期理论的改进修正阶段(20世纪90年代至20世纪末)

在西方学者对企业生命周期研究的基础上，我国学者对此又进行了修正和改进，主要代表人物有陈佳贵和李业。

陈佳贵对企业生命周期进行了重新划分，他将企业生命周期分为：孕育期、求生存期、高速发展期、成熟期、衰退期和蜕变期。这不同于以往以衰退期为结束企业生命周期研究，而是在企业衰退期后加入了蜕变期，这个关键阶段对企业可持续发展具有重要意义。

李业在此基础上又提出了企业生命周期的修正模型，他不同于陈佳贵将企业规模大小作为企业生命周期模型的变量，而将销售额作为变量，以销售额作为纵坐标，其原因在于销售额反映了企业的产品和服务在市场上实现的价值，销售额的增加也必须以企业生产经营规模的扩大和竞争力的增强为支持，它基本上能反映企业成长的状况。他指出企业生命的各阶段均应以企业生命过程中的不同状态来界定。因此他将企业生命周期依次分为孕育期、初生期、发展期、成熟期和衰退期。

五、企业生命周期理论的延伸拓展阶段(21世纪初期)

目前，企业界和理论界的研究重点开始从原有的企业生命周期研究转向对企业寿命的研究，即如何保持和提高企业的成长性，从而延长企业寿命。

历史上没有一家企业的生命是超过1000年的，也没有一家企业是超过500年的，其至连超过300年的企业也很难找到。美国波士顿咨询公司对《幸福》杂志中世界500强企业的研究显示:20 世纪 50 年代《幸福》杂志所列的世界 500 强企业,近一半在 20 世纪 90 年代《幸福》杂志所列的世界 500 强企业的名单中消失;20 世纪 70 年代《幸福》杂志所列的世界 500 强企业,近 1/3 在 20 世纪 90 年代《幸福》杂志所列的世界 500 强企业的名单中消失。到 2000 年为止,我国已经破产的企业达到 25000 家,注册资本在 50 万元以下的民营企业平均寿命只有 1.8 年,高新技术园区 5000 家企业中能坚持 3 年的大约为 5%,能坚持 8 年的只有 3%。①

因此,企业可持续发展的背后是企业对稳定利润的追逐。一个企业也只有做到可持续发展,不断地从战略转型中成长蜕变,才能不断延长企业的寿命,扩大企业的成长空间,真正实现企业价值最大化。

第二节　不同生命周期阶段企业的发展特征

在企业的生命周期中,正常与不正常的问题都会不期而至,只有认识了企业所处的生命阶段,才会知道它需要什么,可以对它做些什么。从大量经验事实中,爱迪思把企业生命周期划分为十个阶段,它们分别是孕育期、婴儿期、学步期、青春期、盛年期、稳定期、贵族期、官僚化前期、官僚期、死亡期。盛年期之前是成长阶段,盛年期之后是老化阶段。

一、孕育期(Courtship Stage)

这是先于企业出现的一个阶段,即梦想阶段。在这个阶段,激动的创业者可能为了某个好主意而夜不能寐,向能抓住的每个人贩卖自己的好主意,如果把企业喻为婚姻,这一阶段就是坠入爱河的激动。这一阶段的最大特点就是创业者高谈阔论,却没什么具体行动。没有这种梦想,就不会有后来的企业。这个阶段的本质,是创业者确立自己的责任,而且相应责任一旦确立,此后将一直伴随着创业者经历企业的全部生命周期。这种责任的形成标志,不是公司在形式上的成立,而是创业者的主意通过了利益相关人的检验。他的主张成功贩卖出去,就意味着创业者和加盟人都树立起了承担风险的责任心,凭借这种责任心才能让企业按照自己的意愿运转。风险越高,责任越大。同时,这种责任能够得到经理人、雇员、客户、供应商等利益相关者的支持。成功的企业不仅要有好的点子、市场和资金的支持,更需要那种把自己的全部热情和精力都能投入事业的人。创业者的责任心和凝聚力,决定着资源能否积聚和充分利用。

如果创业者的动机仅是为了赚钱,这种急功近利的狭隘肯定不能支撑他建立真正的企业,即便取得了所谓的成功,也不过是养了一头快速催肥然后宰杀的猪。真正的企业,在创业阶段必须要带一点超凡脱俗的动机,如满足市场需求,创造附加价值,增添生活意义等。那种一心想着投资回报的人,就像紧盯着比赛记分牌的体育选手一样,无法领略比赛的精彩,真正的运动员只会盯着比赛,寻求那种激动人心的刺激。创业者是预言家,他们是以产品为导向而不是以市场为导向的,因为他们醉心的是某种未知的或者无法确切表达的需求,而不是对现有市场的跟进。产品导向还会造成狂热的责任心,这对于创业是必需的。不管他们受过多少营销训练,他们肯定会钟爱自己的产品。如果他们把目光过早地投向市场,反

---

① 资料来源:http://www.360doc.com/content/14/0817/00/18860011_402480340.shtml.

而会冲淡自己的梦想。所以，孕育期的创业者不关心市场是正常的，不应该受到责难。然而，这种正常的问题，如果在企业建立后还继续支配着创业者，就会变成阻碍发展的问题。它有可能会使产品或服务定位不准确而造成习惯性赔本，也有可能会阻碍由产品导向到利润导向的转变。而利润导向是企业诞生后能否存活的关键。

创业的责任承诺在后来的兑现过程中，还会产生出一些不正常的和病态的问题。创业者在激动状态下，会被迫或者自愿地做出一些不现实的承诺，以至于出现问题后相当后悔。常见的问题如慷慨地给加盟者分配股份，在梦想阶段这种股份是悬在空中的，后来公司有了真正价值而使这种股份权益变为现实时，创业者将会备受折磨。

二、婴儿期（Infant Stage）

婴儿期不再有浪漫和梦想，而是实实在在的生存问题。企业在这一阶段能否健康成长，取决于营养摄入和父母照顾，即营运资金和创业者承诺的兑现。因为公司的运转都需要钱来付账，增加销售量就成为头等大事。婴儿期的正常问题是完善产品与扩大销售的矛盾，这将会使企业筋疲力尽。羽翼未丰的企业处处都需要资金，空想清谈不再有用，需要的是行动和销售。这时候必须稳定产品，核定价格，支持销售，但这个时候的企业管理是不到位的，创业者忙得只能解决最紧急的事，他是最熟悉产品的人，却没有时间去推销产品。

这时候的企业，没有明确的制度，缺乏必要的程序，预算相当有限，不足以建立庞大的团队，整个管理构架可能只是创业者兜里一张皱皱巴巴的纸，甚至连纸也不需要。所以，创业者只能高度集权，他承诺过度，日程过满，加班加点，从领导到员工都在忙，没有等级，没有聘用，没有考核。家庭式的小本经营企业都很脆弱，一不留神，小问题就变成了危机，所以，全部人员都全神贯注，决策权高度集中，领导者事必躬亲，只有那种每天工作十几个小时以上而且没有星期天的人才能胜任。

导致婴儿期企业夭折的第一个因素就是现金流断裂。婴儿期的企业总是投资不足，为了避免耗尽企业的流动资金，必须要有现实的商业计划，现金流要以星期为单位来进行监控。一旦出现把短期贷款用于长线投资、不恰当的价格打折、将股份转让给不能同舟共济的风险投资家等失误，都会严重到足以毁灭公司。导致企业夭折的第二个因素是创业者失去控制权或者丧失责任心。缺乏规章制度，为了获取现金而采取权宜之计的坏习惯，尤其是为了保证资金链而引进了只求快速收回投资的"狼外婆"式控股者，会让创业者渐渐丧失企业的控制权；当追求事业的热情变成了不堪重负的压力之后，特别是在外来投资者不当干预下企业背离了创业者的初衷时，创业者可能会放弃自己的责任。

应当指出，在婴儿期的企业中，独断专行的领导风格几乎是不可避免的，这样才能适时处理危机。但这种独断专行如果不适当地长期延续，就会在下一个阶段学步期病态地阻碍企业发展。

三、学步期（Go-go Stage）

当公司运转起来，产品和服务得到市场认可时，企业就进入了学步期。这一阶段，好点的企业，现金流也不错了，销售也提高了，就会出现"初生牛犊不怕虎"的自大，最常见的问题就是摊子铺得过大。领导人会觉得任何机会都要优先考虑，任何好处都舍不得丢弃，卷入太多相干和不相干的生意，大家的精力都不集中。学步期企业就像刚刚学会到处乱爬的儿童，什么都感兴趣，似乎到处都有机会，于是往往会多元化遍地开花，公司就像是个微型的企业集团，一个小部门甚至一两个人，就想要撑起一个"事业部"的架势。企业领导独断专行，虽然造就了婴儿期的成功，却隐含着学步期的管理危机。老板们沉醉于眼前的成功，相信自己的天赋，脑子里都是些不成熟的疯狂想法。大展宏图的雄心，使他们迷恋"更多即更好"的信条，而那些促销的折扣与奖励，可以使销售直线上升却没有利润，甚至销得越多赔得越多。

凡是学步期的企业都应该知道，尽管快速增长表面上是不费力的，然而让销售额直线上涨是危险的，把资金流寄托于未知的扩大市场份额更危险。这时候的企业应该夯实基础，稳扎稳打，关注预算、组织结构、分工、职责、激励机制等基本制度建设，学会自律，学会放弃。但是，经营现实中这种企业最常见到的情况是一连串的决策失误，碰了钉子才会有些许清醒。所以，学步期实际上是频繁的试错阶段。

学步期的企业要围绕人来组织，而不是围绕事来组织，因人设事。因为它缺乏规划，它不断对机会做出反应，而不是先计划周密、组织完善、定位准确后再行动。在经历了试错的学习过程后，如果还没有聚焦行政管理制度建设，那么就要落入"创业者陷阱"或者"家族陷阱"，即无法实现由创业向规范经营的转变。因为没有合理的规章制度和方针政策，授权将会变成分权。爱迪思所说的授权是指下放不影响全局的执行权，而分权则是有制度保证的下放决策权。学步期的企业缺乏规范的制度体系，所以，分权产生的离心力将使领导人丧失对企业的控制。他的授权，本意是要求部下做出只有创业者才能做出的那种决定，而任何下属也无法一开始就做到这一点，因为部下只有通过试错才能准确掌握上司的意图。部下不合领导人的意图，促使领导人再度收权。收权后又因为忙得不可开交而不得不再度授权。这种钟摆式的权力集散会严重影响企业运营，最后可能会产生出背地的抱怨"老头子不死，什么也干不成"。

最糟糕的情况是，创业者事业有成，有了松一口气的念头，想授权于部下，但又不愿失去控制，于是采用某种遥控式管理手段。放开让下面去干，自己去旅游一圈，或者去钓鱼看书，过几天回来看看。但离开后，却对公司依然牵肠挂肚，又会不断电话询问某项业务进展。当他得知有某事不合己意或者离开时间过长不太放心时，就会突然回来，而多半又会看到乱糟糟的景象，于是很可能一夜之间又重新回到独断专行。等事情"理顺"了，他可能又走了。这次，部下决策会费尽心思揣摩"老头子在的话会怎样做"，但这种揣摩和模仿会使创业者当初独具个人风格的新意丧失殆尽，企业得不到改善。结果会导致下属都害怕老板回来，就像划船的水手讨厌海鸥不时地来甲板上"扔炸弹"一样，员工们都患上了"海鸥综合征"，期望着老板不再回来。反过来，企业的命运系于老板一身，意味着一旦创业者死亡，企业也就死亡了。创业者就像整合的黏合剂，然而在学步期的扩张中会明显不够用，因此需要非人格化的制度化建设。有的领导人，在学步期经过一场严重的危机打击会使自己清醒过来，更明智的领导人会引进外部力量来完善制度建构，向职业化的管理方式转变，最基本的方式是实现管理权和所有权分离，以保住创业者打下的江山。

四、青春期(Adolescence Stage)

如果用人的发育作比喻，爱迪思所说的学步期，更接近于人类的青春期，而他所说的青春期，则更接近于人类的社会化。青春期的企业，最重要的事情是摆脱创业者的影响而进入经理人治理阶段。所以，爱迪思把这一阶段称为再生阶段，即脱离父母监护的独立阶段。

从管理角度看，企业的青春期，要完成创业者向职业经理人的交棒过程，所以，这是一个痛苦的过程。即便是创业者本人转变为职业经理人，其中的冲突、摩擦也在所难免。这种管理上的转型,最明显的特征就是企业行为缺乏连续性,人员中间产生隔阂,新人和旧人合不来。

规章制度的建立和授权是青春期企业的必经之路,原来的创业者就像国王,现在必须走向君主立宪制。但国王很少有心甘情愿遵守宪法的,所以往往会引发"革命"。从这一点看,管理中的"问题"与所处周期阶段的关系就昭然若揭了。婴儿期绝对不能授权,大权独揽不存在任何问题,而到青春期则必须授权,就像父母对长大的孩子必须放手一样。只要授权后不会因为手下出错就重新集权,就不会引发病态问题。如果父母看到孩子有不如意的地方就强化监护,那么这个孩子永远长不大。但是,一旦引入职业经理人,肯定就会发生管理风格的变革和企业文化的转化。对于领导人来说,婴儿期需要的是冒险,学步期需要的是远见,而青春期需要的是规范经营。而且多数情况下职业经理人是外来户,管理风格与当初的创业者完全不一样。即便这个职业经理人在受聘之前很受老板的青睐,但他真正执掌大权后也会同创业者发生剧烈的冲突。职业化、减少直觉决策、驾驭机会而不是被机会驱使、创建新的制度、形成新的责任体系、改变薪酬规定等等,都会成为冲突之源。创业者加上当初的元老们,与新经理矛盾频发,新经理要管住老家伙的强硬态度,又会使冲突不可调和。这一阶段的难点,是创业者潜意识中希望新经理"同我一样",但又要能做"我已经做不了的事",爱迪思把这种现象比喻为"寻找那种能够使潜水艇上天的飞行员"。创业者希望跑马拉松,而企业生命周期更替注定是接力赛。于是,青春期企业常见的问题是经理人"走马灯"。

青春期的麻烦,实质上是经营目标的转变。概括起来,这一时期必须由"更多即更好"转变为"更好即更多",由盲目扩大市场份额转向明确追求利润。这种转变中职业经理人要站住脚跟,前提是经营目标的转变能够得到董事会的认可。在频频发作的矛盾之中,最大的可能是经理人与董事会结成同盟,挤走富有开拓精神却在不断破坏制度的创业者,病态的结果是企业未老先衰,有了"数字化管理"却失去了前瞻眼光,有了组织纪律性却失去了朝气活力,最终会丧失盛年期的收获而直接进入贵族期。完成青春期转变的要害,是创业者与经理人之间的理解、信任与合作。所以,那些由所有者身份充当经理人的企业,如果这些所有者能够直接转变为职业经理人,成长的烦恼就会减少许多。也许,杜邦公司的家族经理人训练,就是在类似冲突中演化出来的一个可行样板。

五、盛年期(Prime Stage)

企业经营中,一直存在着灵活性与控制力的矛盾。婴幼儿的灵活性非常高,但行为的自控力却相当差;成年以后控制力不断增强,但灵活性在不断消退。所谓盛年期,就是灵活性和控制力达到平衡状态的阶段,这是企业蒸蒸日上的时期。

企业经过了青春期的痛苦,实现了领导机制的转变,建立了有效的管理制度体系,梦想和价值观得以实现,合适的权力结构平衡了创造力和控制力的关系。企业明白它要什么不要什么,关注点可以兼顾顾客和雇员,销售和利润能够同时增长,它能预测到即将取得的成效,这时的企业已经成为能够共享某些功能的利润中心组合体,规模经济和显著效益可以让公司多产起来,能够分化和衍生出新的婴儿期企业,也能够扩展到新的事业领域,有了相互尊重和信任的企业文化,可以促进企业的内部整合和团结。

盛年期和青春期的区别,在于青春期知道此前是怎样取得成功的,而盛年期明白今后应当怎样取得成功。有一个具体标志可以看出两者的不同:青春期的蓬勃发展,使预算和现实往往有很大差距,而盛年期的预算和后来的现实吻合程度要高得多。

当然，盛年期的企业也有问题，这种问题主要是培训不足。婴儿期、学步期、青春期出现过的问题，有可能在盛年期还会出现，但是，在问题重要性的排序上，以前出现过的问题位置统统会后移，而鼎盛状态下要想持续发展，管理人员的培训不足、训练有素的员工不够，则会上升到首要位置。企业运行中的问题可以分为常态问题和病态问题，常态问题是影响当前发展的问题，或者说是当前发展中肯定会孕育出的问题，而病态问题则是上一阶段没有解决的遗留问题。盛年期已经进入公司发展有预见可控制并具有资金基础的阶段，所以关键的难题是如何以高素质人员来保持兴盛状态。

需要指出，盛年期并不处于企业发展的最高点。过了盛年期，发展曲线还会继续上升。这时的发展源泉，来自于以前积累起来的活力。企业如果不滋养维持这种活力，就会逐渐丧失进取精神。爱迪思在后来的补充和修正中，把盛年期又分为两个阶段：盛年前期和盛年后期。前期和后期的区别在于，前期经营者还在力求兴旺发达，后期经营者则满足于维持已经形成的大好局面。在盛年后期，企业自满了，远见和梦想不复存在，灵活性和创造力都在下降，概括为一句话就是彻底成熟了。就像事业有成的中年人，表面上处处光鲜正常，而内在的各种健康指标都已经有了小毛病。

六、稳定期(Stable Stage)

稳定期是企业的转折点，虽然一切还是欣欣向荣，但是大家都越来越循规蹈矩，安于现状，保守处事。花在一线客户上的时间少了，在办公室的时间多了起来。会议中没有年轻时的直截了当和犀利锐气，更多的是小心翼翼和习惯防卫。决策的隐含准则是保护自己的利益而不是保护公司利益。这时的高管层虽然也能倾听建议，但却不会探索新的领域。权力中心的关注点慢慢地向财务和法律事务部门转移。琐细的事实、大量的数据和精密的公式在决策中满天飞。

稳定期的表象，是企业遇到了增长瓶颈，实际上是发展曲线到了顶点。表面上看，企业的组织良好，运行有序，按部就班，中规中矩，不再有那种为了事业的固执己见和剧烈争吵。对于胸无大志的领导人来说，可能还会因为冲突明显减少而沾沾自喜，企业由于已经赢得市场的稳定地位而富有安全感。公司里有时也会出现新的构想，但却没有了当年的那种兴奋和刺激。领导人为了保持企业的良好声望，会压缩长远的研发预算而加大短期赢利能力的投入，甚至为了保持现有赢利水平而削减市场调研费用。一个最典型的表现，就是对财务部门的重视超过了对营销部门和研发部门的重视，对改善人际关系的兴趣超过了对冒险创新的兴趣，对昔日辉煌的津津乐道超过了对发展愿景和新战略定位的探索，在用人上更乐意用唯唯诺诺者而不愿再见到桀骜不驯者。表面上，这一阶段没有大毛病，高管层更多地会误以为这就是盛年期，但衰败的种子正在悄悄发芽。

七、贵族期(Aristocracy Stage)

贵族期的表面是雍容华贵，骨子里则是那种半老徐娘在风华已逝之后的浓妆艳抹。这个阶段的企业，不再有真正的长期目标和事业追求，只是为了维持面子而热衷于短期获利和低风险目标。钱主要用于控制和笼络人心的福利，对表面形式的重视远远超出了实质内容。这种企业也想有所发展，但由于已经没有创业精神，所以通常采取并购方式来满足发展欲望，试图通过并购买到新的产品、市场和技术。贵族期的企业本身比较成熟，所以它也会成为别人并购的对象。

贵族期企业的本质就是两个字——平庸。企业内部好像波澜不起的一潭死水。大家关心的不是你做了什么,而是你如何做。衣着、会议室、工作空间、相互称呼等形式,是区分贵族期同其他阶段的明显标志。婴儿期是没人关心穿戴的;学步期开始有了正装,但并不统一;盛年期出现了职业化套装,但一般颜色较浅;贵族期则是深色套装,犹如参加庄严的典礼。会议室也类似,婴儿期没有正式会议场所,走廊和电梯中都是议事地点;学步期的办公室就是会议室,甚至一边吃盒饭一边讨论问题;青春期的争论往往在会议室之外,会外的碰头和协商比正式会议更重要;盛年期会议室将正规化,宽敞明亮,桌椅简单舒适;贵族期的会议室经过了精心装饰,墙上挂着创业者的画像,奢侈豪华的深色大会议桌配有典雅的沙发式椅子,地毯、暗色厚窗帘和柔和的灯光衬托出肃穆的气氛。办公地点也一样,婴儿期和青春期都非常散乱,哪有业务就在哪租房子办公;盛年期有了办公大楼,但比较实用,没有过分的浪费和炫耀;贵族期的办公楼则极其奢华,空旷的回廊,带有个人盥洗间的总经理办公室,摆放着昂贵的高档家具和装饰品。在相互称呼上,婴儿期和青春期直呼其名,盛年期注重称呼以示尊重,贵族期只能战战兢兢地只称姓氏而且还要带上头衔。在沟通上,婴儿期和青春期是直言不讳,盛年期是有板有眼,贵族期则是官话连篇。到贵族化的后期,在公司运营上就不得不采用杀鸡取卵的方法来维持局面,比如以涨价来增加收入,以兼并来取得市场。

八、官僚化前期(Early Bureaucracy Stage)

当公司挣不到钱,也不能兼并有价值的企业时,就进入了官僚化早期。人们都为了维护自己的利益而争斗,强调是别人造成了灾难,似乎只要找出"罪魁祸首"就能恢复正常,总要有人为错误承担责任,于是内讧和中伤不断,大家都在争夺企业内部的地盘,客户的需要无人理睬,那些平时就看着不顺眼的员工(正是这些人往往保存着一些创造力)就变成了牺牲品,凡是有创造力的人,在官僚化内讧中往往不是那些擅长权位者的对手,他们会被送上祭坛。而试图推行变革、彻底扭转官僚化趋势的人,其努力不过是"把煮熟的面条向山上滚",不但无济于事,而且往往还会搭上自己的职业前程,最后不得不走人。

贵族化和官僚化的区别,在于有无"管理偏执"(Managerial Paranoia)。贵族化阶段能够维持表面的友好,人人都像绅士;官僚化阶段则会出现"人祭"仪式,解雇那些被指斥为造成公司困境的责任者。所谓"偏执",是指推上祭坛者不过是替罪羊而已。如果情况还不好转,这种偏执经过一段时间就会重演,而人们不清楚下一个替罪羊是谁,所以又会加剧内部争斗和互相诋毁。

九、官僚期(Bureaucracy Stage)

官僚化的结局是企业濒临破产,此时靠企业自身的商业努力已经无力回天,其出路只有两条,或者是接受政府补贴,或者是被收归国有。这两条出路前景都不美妙。可以说,此时的企业已经病入膏肓,由政府插手等于把它送入重症监护病房。这种强力救护,有可能使企业表面上得以再生,但实质上不过是回光返照。因为在这样的企业中,具有创新精神的企业家是站不住脚的,他们可能来了又走,最后剩下的是行政型管理者。官僚越积越多,他们擅长的是制定制度,建立城市迷宫。

官僚期的企业,到处充斥着制度、表格、程序、规章,就是看不到真正的经营活动。典型的官僚组织,企业已经不在乎客户,与外界隔绝,盛行文件崇拜,不管什么事情都需要打书面报告,客户提交了书面请求而最终找不到谁能对产品中出现的问题负责。部门负责人只能照章行事,但制度为何这样规定却说不清楚。不管是内部员工还是外部的利益相关者,得到的答复都是"公司就是这样规定的"。这样的企业本质上已经死亡,但是,有些官僚期企业却能够维持昏睡式生存,这种生存主要依赖两种方式:一是靠垄断避开市场竞争,二是靠工会压力不让倒闭。

十、死亡期(Death Stage)

爱迪思对企业死亡的定义为"已经没有资源鼓励人们为自己工作"。一般来说,进入官僚期的企业,已经患上了不治之症,发出死亡通知书是迟早的事,不过,如果政治因素还能让它苟延残喘,那么它的死亡期会延长下去。等到政治力量不再对这个企业承担义务时,死神就会降临。那些事实死亡而靠政府的监护输液维持生命的企业,是以政府发行钞票以及潜在或显现的通货膨胀为代价的。

第三节 不同生命周期阶段企业的战略选择

一、成长阶段企业的战略选择

企业在成长阶段总体来说具备以下特征:具有很快的增长速度、专业化水平不断提高、综合实力趋于增强、管理机制和组织逐步趋向正轨、企业的创造力也不断增强、产品的方向基本确定等。

(一) 企业成长阶段战略选择的分析

在成长阶段,企业从梦想变成现实,并有了初步的发展,但由于刚开始创业,企业的竞争能力还很弱。在此阶段,作为企业的领导者需要解决的现实战略问题有:① 我们要进入到哪个产业? ② 我们要做什么样的产品和服务? ③ 我们同别的企业怎样展开合作与竞争? ④ 在这种竞争中我们如何取得竞争的优势? 第一问题可以分解为:我们可以进入哪个行业? 我们能够进入哪个行业? 前者主要是从外部环境分析,特别是对顾客价值的分析,从中找到创业的机会;而后者主要是从自身的资源和能力来分析,从中定位自身的优劣势,找到创业的机会。解决第二个问题有两套思路:一个是由内而外,在选定好的事业领域内,以企业自身为中心思考,依据自己的资源和能力来开发产品和服务;另一个是自外向内,在选定好的事业领域内,以顾客为中心思考,依据顾客的需求来开发相应的产品和服务。第三个问题基本涵盖了三种情况:一是我们什么时候应该和对手合作;二是我们什么时候与对手展开竞争,怎样竞争;三是要在不同的时间、不同的地点、不同的层面怎样既开展竞争又相互合作。第四个问题是这个阶段战略的核心问题,即企业应当采取什么策略与对手竞争,怎样才能占据优势,得到发展。

(二) 企业成长阶段的一般战略选择

1. 企业进入战略

企业进入战略要考虑的是企业成立并要进入的行业,企业必须利用自身的资源、能力以及环境所带来的机遇特点,明确使命目标,明确从事的业务范围以及服务的顾客在哪里。

2. 专业化经营战略

一般企业在创办之初往往都采取专业化经营战略,即将所有资源集中于单一业务,如单一产品、单一生产线、或单一技术领域,以谋求企业的生存发展。实施专业化经营有其优势:经济目标集中,管理简单方便,便于集中使用整个企业的力量和资源;将目标集中于特定的部分市场,企业可以比他的竞争者更好地熟悉这块市场,更多地耕耘,形成竞争优势;由于生产高度专业化,可以达到规模经济效益,降低成本;战略目标集中明确,战略管理过程也容易控制。同时专业化经营也有劣势:忽视其他能形成竞争优势的战略;造成企业对环境的适应能力差,经验风险大;忽视能形成长期竞争优势的创新投资;如果竞争对手打击到目标市场,并采用更有效的专业化战略,则会对企业形成严重的威胁。

3. 成本领先战略

成本领先战略是指企业发现和发掘自身的资源优势来强调生产规模和出售标准化的产品,在行业内保持整体的成本领先地位,并以行业内最低价格来为产品定价的战略。它的理论基础是规模效益,产品的单位成长成本会随着生产规模的扩大而降低。实行成本领先战略可以获得许多优势,例如,可以抵挡住现有竞争对手的对抗;购买者惧怕提高现有企业的垄断水平,反而降低了购买者的谈判议价能力;能够更灵活地处理供应商的提价行为;通过巨大的生产规模和成本优势,形成进入障碍,使欲加入该产业的新进入者望而却步;树立与替代品的竞争优势。

成本领先战略的实施可从以下几个方面入手:简化产品、改进设计、节约材料、降低人工费用、生产创新和提高自动化、合理设计业务流程、重新配置价值链等。

在战略实施方面,企业的组织结构将面临由集权的直线职能制向分权的事业部制转变,有的企业也可能倾向于调整为超事业部制或集控股制。在组织结构的构建过程中,要合理划分企业各个层级的责、权、利关系,充分调动中层和基层的积极性,这也是成长阶段企业战略实施的成败关键。

二、成熟阶段企业的战略选择

成熟阶段是企业生命周期中最理想的时期,此时企业的自控力与灵活性达到了平衡,企业拥有完整的创意政策、规划与监控能力,营收与获利持续增长。同时这个阶段企业最显著的行为特征是矛盾与缺乏连续性,比如,新人与旧人合不来,企业目标缺乏连续性,工资与激励机制缺乏连续性等。此时企业容易出现的问题有:开拓型人才离去;行政人才掌权;创业者被排挤出企业;由于权力变来变去使企业日常工作瘫痪;相互之间的信任与尊重飞速丧失等。企业关注的是快速扩张并将成功模式快速复制到新的领域或地域,实现规模化经营,巩固自己在市场中的领先地位。一方面,基于前一阶段丰富的业务经营和原始积累,企业不论是在业务战略、运营和财务实力上都具备了支持快速扩张的条件。另一方面,随着时间的推移,企业的成功模式开始被后来者效仿,市场竞争开始变得激烈。所以,企业需要通过快速扩张寻找新的机会。这个阶段企业业务模式的挑战主要因规模化而生。企业在壮大规模的过程中,往往因缺少对新进市场的认知而缺乏明确的战略定位。

(一)企业成熟阶段战略选择的分析

处于成熟阶段的企业形势一片大好,资本、资源、能力、商誉都有了一定的积累,而往长远看,企业在现有的行业细分后的市场内遇到了发展的瓶颈,于是企业便开始尝试着进行业务的纵向整合、横向拓展或是国际化经营。这个阶段企业的管理者面临的现实战略问题有:① 选择何种战略来突破现有瓶颈? ② 组织机构如何调整以适应战略的调整? ③ 建立什么样的企业文化? 解决第一个问题有多种思路:一体化、多元化,国际化都是方向,关键是要选取适合自身情况的路线。第二个问题包括：企业战略中心在哪？如何定位企业总部功能？按照业务划分还是按区域划分事业部？第三个问题是企业文化随着战略的调整要起到积极的促进作用。

（二）企业成熟阶段的一般战略选择

1. 一体化战略

一体化战略是指企业为了扩大发展，为了加强自身在行业中的市场地位和竞争优势，沿着产业链向上下游和水平不断延伸自己的业务活动范围，包括横向一体化和纵向一体化。横向一体化通常是指企业收购或兼并同类产品生产企业以扩大经营规模的成长战略。纵向一体化即企业对纵向上与企业经营业务相关的其他经营活动的直接拥有。一体化战略有下列优势：范围经济，内部信息畅通、内部交易、交易费用节省；稳定供应与销售，有利于开发新技术；合理避税，内部信息畅通，提高进入壁垒，把握市场敏捷。

2. 多元化战略

多元化战略是指企业同时经营两种以上基本经济用途不同的产品或服务的一种发展战略，这种战略试图在现有企业中增加不同的产品或不同的事业部，以使企业能够从事更广泛业务领域的经营。采取多元化主要取决于以下几个因素：一是范围经济，即企业通过自身发展或者在专业化道路上继续发展无法达到其战略目标。范围经济是由于企业经营规模的扩大而引起的单位成本的降低或由此产生的节约，它不同于规模经济的地方在于范围经济是在规模经济发展到一定程度遇到"瓶颈"后，企业谋求更大发展而以核心产品为圆点进行的相关多元化，增加覆盖的产品和服务种类，寻找新的增长点。二是资源过剩，即企业阶段目标达成后，在满足现有阶段扩张的情况下仍有剩余资源，如果企业拥有剩余资源，就会产生扩大规模的内在动力。当现有产品比较成熟时，就会为这些剩余资源寻找出路，而在这时多元化就是一个很好的选择。三是提高企业市场地位，市场地位可以用市场占有率、品牌忠诚度、顾客满意度来衡量。尤其是企业集团喜欢采用多元化战略，这样的好处主要是企业集团可以用一个优势市场中获得的多余利润来支撑其在其他行业中的发展，以此来扩大影响力。四是企业的战略转型，即企业所在行业进入成熟期后，竞争已趋白热化，成长性较低，这时企业为了寻找新的增长点，不得不寻找新的主营业务，很多时候就采用不相关多元化战略。五是规避风险，很多企业进行多元化的主要目的就是规避风险，"将鸡蛋放在一个篮子里"是很危险的，保证企业的持续稳定发展是首要任务。此外，战术性发展也是企业实施多元化发展战略的重要因素，与战略转移相对应，当某个新行业的吸引力很大，也就是市场容量大、增长率高、竞争程度低的时候，拥有足够经营资源剩余的企业可能会以战术性发展为目标来进入新的行业，从事多元化经营。

值得强调的是，企业在制定多元化经营战略时，必须要将多元化与其自身的核心竞争力结合起来进行战略统筹，这样才能保证多元化的成功。

3. 国际化战略

国际化经营战略是指企业从国内经营走向跨国经营，从国内市场进入国外市场，在国外设立多种形式的组织，对国内外的生产要素进行配置，在一个或若干个经济领域进行经营活动的战略。通过系统地评价自身因素和经营使命，执行国际化战略的企业要确定战略任务与目标，并根据国际环境的时时变化来拟定执行方针，这样才能在国际环境中长期生存和发展。

三、老化阶段企业的战略选择

这个时期的企业处于发展停滞的阶段。内部是视野的开拓与创造力的发挥已经制度化；注重成果，企业能够满足客户需求；能够制定并贯彻落实计划；有背离创新精神的危险，只是利用而不是滋养这种发展势头的话，就会丧失增长率。对占领新市场、获取新技术的期望值越来越少；对变革产生疑虑；对处理人际关系的兴趣超过了追求创新的兴趣。开始成为潜在的被兼并的对象。灵活性下降导致企业获取成效能力的下降。有官僚化的倾向：强调做事方式，而不问出发点和内容；强调是谁造成了问题，而不去关注应该采取什么补救措施；强调制度，已经没有了明确的方向。外部竞争趋向于行业间竞争，虽暂时没有行业内竞争者的威胁，但是随着技术的发展，产业整合的风险加剧，有失掉整个产业链位置的风险。

原有产品的市场已经饱和，生产能力出现过剩；企业效益下降，成本开始上升，企业内部出现官僚主义倾向。为了解决这些问题，使企业重新迈入增长轨道，就需要技术、管理创新，或通过分立、合并、资产重组等形式，使企业完成业务的转变和管理体制的改变。

（一）企业老化阶段战略选择的分析

当企业规模很大，在行业处于领先时，管理者们往往沉迷于过去的成功，将更多精力花费在内部争夺上，注重形式、传统、制度，而越来越缺乏创新。在此阶段，企业领导者需要解决的主要战略问题有：现有的战略能达到预期的业绩水平吗？业务停滞下滑的原因是什么？如何使企业重新焕发生机？这些问题涉及总体战略执行、企业绩效管理、员工薪酬管理、企业结构治理等方面，解决这些问题的理论基础和实践方法主要有委托代理理论、组织生态学和演化理论等，它们认为所有者与经营者的冲突会影响企业创新，经理人不愿意承担风险开展创新活动，结果导致企业失去竞争力、绩效降低，由于这个时期人们对组织的可靠性、责任感以及可复制性的高要求，使得企业具有很强的相对惯性，抵制变化，很难对环境做出响应。解决这些问题的根本是企业需要适时进行战略变革，再造、重组、创新是企业战略变革的重要内容。

（二）企业老化阶段的一般战略选择

1. 放弃战略

放弃战略指企业明智地评估企业的内外部环境，将企业的一个或几个主要部门转让、出卖或停止经营。这个部门可以是一个经营单位、一条生产线或者一个事业部。放弃战略的目标是清理、变卖某些战略业务单位，以便把有限的资源用于经营效益较高的业务，从而增加盈利。在放弃战略的实施过程中通常会遇到一些阻力，包括：结构上或经济上的阻力，即一个企业的技术特征及其固定和流动资本妨碍其退出；公司相关性上的阻力，如果准备放弃的业务与企业的其他业务有较强的联系，则该项业务的放弃会使其他有关业务受到影响；管理上的阻力，企业内部人员，特别是管理人员对放弃战略往往持反对意见，因为这往往会威胁他们的职业和业绩考核。这些阻力的克服，可以采用以下办法：在高层管理者中，形成"考虑放弃战略"的氛围；改进工资、奖金制度，使之不与"放弃"方案相冲突；妥善处理管理者的出路问题等。

2. 战略联盟

战略联盟指的是由两个或两个以上有着共同战略利益和对等经营实力的企业，为达到共同拥有市场、共同使用资源等战略目标，通过各种协议、契约而结成的优势互补或优势相长、风险共担、生产要素水平式双向或多向流动的一种松散的合作模式。通过建立战略联盟的方式将帮助企业进入蜕变期,重新获得生命力和可持续发展。战略联盟的好处有:提升企业核心竞争力;实现战略多样性;促进研究和开发;防止过度竞争。其方式有:合资,由两家或两家以上的企业共同出资、共担风险、共享收益而形成企业,合作各方将各自的优势资源投入到合资企业中,从而使其发挥单独一家企业所不能发挥的效益;研发协议,为了某种新产品或新技术,合作各方鉴定一个联发协议,汇集各方的优势,大大提高成功的可能性,加快开发速度,各方共担开发费用,降低各方开发费用与风险;定牌生产,如果一方有知名品牌但生产力不足,另一方则有剩余生产能力,则另一方可以为对方定牌生产;特许经营,通过特许的方式组成战略联盟,其中一方具有重要无形资产,可以与其他各方签署特许协议,允许其使用自身品牌、专利或专用技术,从而形成一种战略联盟;相互持股,合作各方为加强相互联系而持有对方一定数量的股份;这种战略联盟中各方的关系相对更加紧密,而双方的人员、资产无须合并。

第四节 企业生命周期理论的应用

随着经济全球化和社会信息化进程的加快以及技术创新速度的提升,市场竞争日益激烈,市场环境更加动荡不安、瞬息万变,企业稍有不慎就会造成重大失误,甚至走向破产。尤其是对改革开放后成长起来的众多中小企业,由于资金实力和技术水平的影响,市场竞争的国际化更使其举步维艰。中小企业的成长对我国国民经济的发展极为重要,但中小企业平均寿命不长,实现可持续发展困难重重。因此,基于企业生命周期及其各阶段的特征,探讨企业采纳的管理模式能否适应企业发展的要求和市场环境变化的需要。

一、我国中小企业存在的主要问题

(一) 中小企业个体抗风险能力差

中小企业总体规模很大,但单个个体却很小。特别是在创立阶段和成长阶段,中小企业抗风险能力差,难以适应以高投入、高竞争和高风险为特征的现代市场竞争环境。

(二) 技术创新能力影响企业寿命周期

中小企业大多数是以一个产品起家的,由于技术创新能力弱,产品升级或更新换代没有跟上,往往以一个产品独撑企业,随着产品寿命的终止,企业生命周期也随之终结。这往往出现在成长阶段和成熟阶段。

(三) 用经验或惯例对待不同的外部环境和生命周期

按照企业生命周期理论,企业在生命周期的不同阶段,有不同的特征问题。在生命周期某一阶段起作用的行为,在另一阶段可能没有作用,而且根据时间的不可逆性理论,不同阶段所处的外部环境已经不同。许多中小企业却把在创业初期企业成功的经验和惯例(或运作模式和经营理念)简单地照搬到不同的外部环境和成长阶段的不同时期,导致经验和惯例过时或不适应新情况。主要体现在:① 产权清晰,但两权不分,产权结构单一;② 管理体制僵化,缺乏创新能力;③ 缺乏应有的风险防范和控制能力。

(四) 中小企业家的短视行为

中小企业遇到的主要问题是资金不足,尤其是在创立阶段和成长阶段,而目前我国中小企业的融资渠道并不畅通。因此中小企业家们往往以做短期项目见长,缺乏长期目标和长期投资能力,或者将短期资金用在长期项目上,不注意资本运用和资本结构。经营管理缺乏计划和目标。投机意识强,风险意识差。遇到复杂情况或困难时,缺乏应变策略和抗风险能力。

(五)中小企业内部治理结构易致内耗

目前,我国由于还没有形成职业经理人队伍,中小企业基本上是依托朋友、家族血缘等关系进行创业的。优点是信任度高,减少代理成本。但是当企业发展到一定规模时,这种创业时的平等关系却可能产生争斗和内耗,导致企业衰败。这是企业在成长阶段和成熟阶段容易出现的问题。

(六)盲目的多元化扩张

许多中小企业在企业发展到一定规模后,也即完成成长阶段而进入成熟阶段后,都开始寻求多元化经营,因为最初进入的产业市场日渐饱和。利润越来越薄,而要在技术、产品质量和结构、管理运营成本等许多方面进一步提高水平,在同行中占据领先地位已经越来越难,风险也日益增大。多元化发展有其分散风险的优势,但未形成或丧失核心竞争力就得不偿失,甚至走向衰落。

二、我国中小企业发展对策

(一)加大创新力度,提高企业发展的推动力

创新是中小企业生命力的不竭动力。创新包括技术创新、管理创新、知识创新和制度创新。① 中小企业在创立阶段要采用产品创新策略;在成长阶段和成熟阶段,要通过技术创新建立产品储备制度,提高产品的升级换代能力和新产品的开发能力。② 要认识到企业生命周期会影响企业的经营行为,中小企业家要有预测、预见周期的能力,针对企业所处的不同阶段制定不同的经营与发展战略和管理对策,实现管理创新。③ 在成熟阶段,中小企业要提高工艺装备水平、企业员工的知识水平,实施知识积累和知识创新,提高企业的核心能力。④ 在成熟阶段,要从传统企业管理体制向现代企业制度转换,实现治理结构的合理化,克服内耗,完成中小企业的制度创新。

发展的可持续性要求中小企业不满足于一次性或短暂的发展,而是要求企业在各个阶段都应具有可持续学习、持续创新、自我超越、不断进取的精神。

(二)把握组织变革,提升企业经营活力

组织变革是思考组织存在的意义,调整组织的架构,重新组合资源,构建新的竞争优势,以达到企业继续经营的目的,组织变革是指从上到下的整个组织的变革,关系到每一个人、每一件事,但满足顾客的需要是组织变革的唯一目的。顾客的满意度是企业存在的价值,更是企业存亡的关键。只有不断地随着外部环境的变化而进行组织的变革,才能更好地满足顾客的需要,才能提高市场占有率,也才能保证企业的生存和发展。当企业出现市场反应能力不足或变慢时就需要进行组织变革。市场反应能力不足或变慢,这是中小企业在成熟阶段最严重的一种警示。倘若企业不及时改进,企业将没有办法获得顾客,进而销售业绩下降,市场占有率下滑。与此同时,没有目标或目标不明确、缺乏创造力、高流动率、泛政治化等都是需要进行组织变革的症状。

(三)培育核心竞争力,提高企业抗风险能力

核心竞争力,是指企业在经营过程中形成的不易被竞争对手效仿的、能带来超额利润的独特能力。核心竞争力是能不断提高顾客价值,并使企业获得可持续发展的竞争力,是企业

持续竞争优势的来源和基础。企业要保持长盛不衰,一定要培育自己的核心竞争力。例如,丰田汽车的品质战略、IBM 的服务能力、奔驰公司的机械设计能力、海尔的市场创新能力、微软的产品研发能力等都是企业的核心竞争力。核心竞争力的要素主要包括:① 企业在竞争过程中所形成的各种关系(波特的产业竞争力量模型);② 企业可拥有的或可获得的各种资源;③ 能够保证企业生存和发展以及实施战略的能力;④ 不受物质资源约束而本身却能够物化为企业的资源和能力的知识或学识。核心竞争力应具有如下特征:① 对最终产品或服务的价值有重要贡献;② 代表了独一无二的并能提供持久竞争优势的能力;③ 具有支持多种最终产品或服务的潜能。中小企业要成为长寿公司,做"强"比做"大"更为重要,因此在整个生命周期内,要谨慎对待多元化发展,切实培育自己的核心竞争力,以获得持久竞争优势,是企业发展战略中的重中之重。

(四) 加强管理创新,保证企业组织的健康发展

决策的制定、战略的实施在一个管理混乱、人心涣散的企业,即使再好也不会有多大作用。管理创新贯穿于企业生命周期的每一阶段,一定要特别重视,可从几个方面来实现:① 建立现代企业制度,引进职业经理人和高级经理持股制度。② 建立内部控制和风险控制制度,建立危机管理预警系统和实施机制,鼓励全员创新,保证企业组织的健康发展。③ 建立学习型组织,提高组织的学习力,寻找解决问题的支点。学习型组织就是一个不断创新、进步的组织,要求人们不断突破自己能力的上限,培养全新的、前瞻的、开阔的思考方式,全力实现共同愿景。企业要善于组织学习,从而对内外环境变化做出快速反应,及时调整组织结构、管理方式,实现健康成长。

(五) 树立科学发展观,提高企业发展的和谐性和可持续性

发展观经历如下几个阶段:① 单纯追求经济效益;② 追求经济效益和社会公平;③ 经济、社会和生态的可持续发展;④ 科学发展观等四个阶段。科学发展观指出,发展要实现人和自然的全面和谐发展。将科学发展观应用到企业组织的发展上,就要求企业的目标不仅仅是为顾客提供产品和服务,也不仅是为股东带来利润回报,更大程度上是使企业能够生存和繁荣,能够积极发展循环经济,能够实现绿色现代化,也就是人、企业、社会和自然的全面发展。长寿公司和短命公司的主要区别在于企业追求上的差异。短命公司往往是那些把追求利润最大化看成唯一目标的企业;而长寿公司的目标在于自身的生存和发展,利润只是其达到这个目的的手段。企业要长期生存和发展,就要把企业自身改造成适应性企业。要具有较强的学习能力和进化能力。我国中小企业只有放弃单纯追求利润的目的,克服短视行为,追求企业的长期生存和繁荣,在生命周期的每一阶段,把适应性学习和调整作为企业可持续发展的基本协调机制,提高企业的适应能力,才能成为长寿公司。

◆ **知识点**

企业生命周期　盛年期　贵族期　官僚化前期　官僚期　成本领先战略

一体化战略　多元化战略　联盟战略

◆ **习题**

1. 简答企业生命周期的概念。
2. 简述不同生命周期阶段公司的战略选择。
3. 谈谈企业生命周期理论的应用。

参 考 文 献

[1] 利克特. 企业经济学:企业理论与经济组织导论[M]. 范黎玻,译. 北京:人民出版社,2006.
[2] 高程德. 现代公司理论[M]. 北京:北京大学出版社,2000.
[3] 张仁德,王昭风. 企业理论[M]. 北京:高等教育出版社,2003.
[4] 王国顺. 企业理论:契约理论[M]. 北京:中国经济出版社,2006.
[5] 聂锐,王元地. 现代企业理论[M]. 北京:经济管理出版社,2007.
[6] 姚继东,沈敏荣. 超级合作:如何在动态的竞争中展开合作[M]. 北京:机械工业出版社,2014.
[7] 张世君,刘荣英. 企业战略管理[M]. 武汉:武汉理工大学出版社,2006.
[8] 莫斯坎瑞斯. 企业经济学[M]. 北京:北京大学出版社,2004.
[9] 毛诗韵. 公司经济学[M]. 大连:东北财经大学出版社,2005.
[10] 吴德庆. 管理经济学[M]. 北京:中国人民大学出版社,2014.
[11] 杨善林,胡祥培,傅为忠. 企业管理学[M]. 北京:高等教育出版社,2015.
[12] 刘冀生. 企业战略管理[M]. 2版. 北京:清华大学出版社,2016.
[13] 爱迪思. 企业生命周期[M]. 北京:中国社会科学出版社,2017.
[14] 任荣. 基于战略联盟生命周期的企业合作创新动态管理[M]. 北京:经济科学出版社,2009.
[15] 曹裕,万光羽. 关注企业生命周期[M]. 北京:经济科学出版社,2010.
[16] 张仁德. 现代公司经济导论[M]. 天津:南开大学出版社,1994.
[17] 韦伯. 新教伦理与资本主义精神[M]. 桂林:广西师范大学出版社,2010.
[18] 黄仁宇. 资本主义与二十一世纪[M]. 上海:生活·读书·新知三联书店,2006.
[19] 梅德韦杰夫. 政治经济学[M]. 张仁德,等译. 天津:天津人民出版社,1989.
[20] 奥村宏. 法人资本主义[M]. 李建国,等译. 上海:生活·读书·新知三联书店,1990.
[21] 王涛. 公司理财[M]. 西安:西安电子科技大学出版社,2016.
[22] 蓝裕平. 投融资策划理论与实务[M]. 海口:南方出版社,2015.
[23] 任淮秀. 投资经济学[M]. 北京:中国人民大学出版社,2017.
[24] 中国社会科学院经济研究所. 国有资本投资与运营:国有投资公司的实践探索[M]. 北京:经济管理出版社,2015.
[25] 廖连中. 企业融资:从天使投资到IPO[M]. 北京:清华大学出版社,2017.
[26] 马瑞涛. 企业融资与投资[M]. 北京:中国金融出版社,2017.
[27] 杨飞翔. 融资之道:公司融资路径与法律风险控制[M]. 北京:法律出版社,2016.
[28] 波特. 竞争优势[M]. 北京:华夏出版社,1997.
[29] 白万纲,满妍. 百胜的管控之道[J]. 企业管理,2012,11:36-38.

[30] 李琴. 价值链分析在企业成本降低中的应用研究[D]. 武汉:华中农业大学,2009.
[31] 郭含文. Web2.0条件下的我国团购网站商业模式创新研究[D]. 威海:山东大学,2011.
[32] 陈春花,赵海然. 争夺价值链[M]. 北京:中信出版社,2004.
[33] 何冰. 价值链视野下的中外体育用品企业比较分析:以耐克、阿迪达斯和李宁为例[J]. 福建体育科技,2009,6:3-7.
[34] 何欢. 价值链分析在企业成本管理中的应用研究[D]. 成都:西南财经大学,2006.
[35] 陈浩. 公司治理[M]. 上海:上海财经大学出版社,2011.
[36] 利克特. 企业经济学:企业理论与经济组织导论[M]. 范黎波,宋志红,译. 北京:人民出版社,2006.
[37] 拉丰,马赫蒂摩. 激励理论:第一卷[M]. 陈志俊,等译. 北京:中国人民大学出版社,2002.
[38] 爱波斯坦,汉森. 公司治理[M]. 北京:北京大学出版社,2014.
[39] 格尔根. 公司治理[M]. 王世权,译. 北京:机械工业出版社,2016.
[40] 赵忠龙. 论公司治理的概念与实现[J]. 法学家,2013,1(3):97-112.
[41] 肖渡,等. 知识时代的企业合作经营[M]. 北京:北京大学出版社,2000.
[42] 姚继东,沈敏荣. 超级合作:如何在动态的竞争中展开合作[M]. 王世权,译. 北京:机械工业出版社,2014.
[43] 田冠军. 基于竞争决策的动态战略成本管理系统[M]. 成都:西南财经大学出版社,2011.
[44] 张世君,刘荣英. 企业战略管理[M]. 武汉:武汉理工大学出版社,2006.
[45] 克拉林格. 兼并与收购交易管理[M]. 北京:中国人民大学出版社,2000.
[46] 陶启智. 兼并与收购[M]. 北京:北京大学出版社,2014.